译文科学

科学有温度

JUDITH R. HARRIS

THE NURTURE ASSUMPTION

WHY CHILDREN TURN OUT THE WAY THEY DO

教养的迷思

父母的教养方式能否决定孩子的人格发展?

[美] 朱迪斯·哈里斯 著
张庆宗 译

上海译文出版社

献　给

查理、内奥米和伊莱恩

你的儿女，其实不是你的儿女。

他们是生命对于自身渴望而诞生的孩子。

他们借助你来到这世界，却非因你而来。

他们在你身旁，却并不属于你。

你可以给予他们的是你的爱，却不是你的想法，

因为他们有自己的思想。

你可以庇护的是他们的身体，却不是他们的灵魂，

因为他们的灵魂属于明天，属于你做梦也无法到达的明天。

你可以拼尽全力，变得像他们一样，

却不要让他们变得和你一样。

因为生命不会后退，也不在过去停留。

——卡里·纪伯伦

目 录

第二版序言

他们叫我“来自新泽西的奶奶”，说我勇气可大了！十年前，当《教养的迷思》第一版发行时，我住在新泽西，那个时候我已经六十岁了，有一个小外孙女，现在她已到了青春期。目前我四个孙辈中最小的都已上了托儿所。

至于我的勇气，我得说一点儿都没变。虽然这是《教养的迷思》的第二版，但它传递的信息仍然与第一版相同，即“专家们”是错误的。父母的教养并不能决定孩子的成长，孩子的社会化不是家长帮助完成的。教养假设是一个无稽之谈，许多支持教养假设的研究都毫无价值。妥协从来不是我的强项。

尽管这本书传递了丝毫不妥协的信息，但第一版的面世遭到了激烈的批评，还被召回过一次，我想人们对该书再版的反应不会再那么强烈了吧？至少在某种程度上时代已经发生了变化。

我不断地在超越自己，我的第一个工作是向大家介绍这本修订版的《教养的迷思》。书中有一个新的介绍，附录 2 中“测试儿童发展理论”是全新的。附录 2 中描述了一些用来测试我的理论的研究，非常新颖，有的还没有发表。有趣的是，这些研究不是儿童发展心理学家设计的，而是犯罪学家设计的。

正文中有许多小的变动和一些较大的变动。我修订了一些错误，对有些难懂的、容易引起歧义的段落做了修改。为了读者能更好地理解后面讨论的话题，我对部分章节进行了改写。但无论是正文部分，还是尾注部分，我没有做全面的修改，因为这本书的第一版已出版，做大的修改意味着要写一本新书。

碰巧我写了一本新书：《基因或教养》（*No Two Alike: Human Nature and Human Individuality*）。该书除了更新了一些研究之外，还对理论部分进行了更新。这虽然不是大的革新，但新的理论充实了你手头上这本书的内容。计算机行业人士会说，这不过是又多了一些花里胡哨的东西罢了。原来的理论很好地解释了社会化的过程，但在解释人格的个体差异时却含糊不清，即使在同一个家庭中成长的同卵双生子身上，人格中的个体差异都十分明显。《基因或教养》重点讨论人格差异，而《教养的迷思》主要讨论社会化问题。

我很清楚社会化和人格发展是两个不同的过程。社会化是让儿童更加适应自身的文化，使自己的行为与同性别同伴的行为更加相似的过程。而人格发展正相反，它要么保持、要么扩大了个体之间的差异。将这两个过程混为一谈是我的过错，但自弗洛伊德以来的所有的心理学家都是如此。第一章中谈到行为主义者摒弃弗洛伊德心理学，但摒弃得并不彻底。

然而，十年前该书第一版问世时，没有人指责我背离得不彻底。相反，我被描绘成一个疯狂的激进分子，一个极端分子。如果说家长对孩子的影响被夸大了，人们可能会打着哈欠接受这个观点。但我的观点显然被视作异端邪说，我认为家长对孩子的人格不会产生持久的影响，也不会对他们走出家门后的行为方式产生影响。这个命题并不是说家长不重要，实际上，他们在孩子生命中扮演了其他的角色。但当媒体把我的论点用简单的几个字来表述时，这些细微的差别就已荡然无存了。《新闻周刊》的封面上赫然出现了“家长重要吗?”这个大标题。马尔科姆·格拉德威尔（Malcolm Gladwell）也在《纽约客》上发问“家长重要吗?”家长看到这个提问后大为光火，这显然可以理解。一时间，美国几乎所有的报纸和杂志上都刊登了对这本书的意见，甚至《乡村遗产》，一个支持马、骡、牛养殖的双月刊也表达了类似的观点。

斯蒂芬·平克（Steven Pinker）在《白板说》（*The Blank Slate*）的第十九章中所描述的发生在《教养的迷思》之后的事情，使他惹火上身。我得设法平息自由派和保守派的愤怒。有博士学位的人说我没有博士学位，不知道我在说什么；发展心理学家们排起队来告诉记者，说我忽视了所有的证据。有些人指责我，说我允许家长虐待或忽略自己的孩子，说我断言孩子不需要家长，这些指责都是错误的。

但事情也有好的一面。我以前在家里安静地工作了二十年，除了家人，很少能见到其他人。突然，所有的人都想跟我说话，记者和电视台的工作人员蜂拥而至，我的家立刻变得门庭若市。当这本书在国外出版后（已被译成十五种语言），国外的记者也纷纷前来。我收到了来自许多不同国家、不同阶层的人写给我的信和电子邮件，有少数讨厌的人，但绝大多数都非常友好。

《教养的迷思》甚至给著名的漫画家（现在已退休）朱尔斯·费弗（Jules Feiffer）带来了创作的灵感。他用六幅画描绘了一个躺在心理分析师诊所躺椅上的人。这个人说：“在我这一生中，当我交不到女朋友、找不到工作时，我总是责怪我的母亲……就在这个时候这本书出版了。这本书科学地验证了家长对我们的成长并不起太大的作用，而是我们的同伴在影响我们！……不是我的母亲毁了我的人生，而是弗雷迪·阿布拉莫维茨。”

不，不是弗雷迪·阿布拉莫维茨。费弗并不是唯一犯这个错误的人。让我借这个机会消除人们关于同伴影响一个人成长的误解。

首先，你不能将你的烦恼归结于你与你母亲的关系上，也不能归结于你与弗雷迪·阿布拉莫维茨的关系上。人际关系的确很重要，他们会产生强大的情感力量，占据我们思维和记忆中的一大部分，但是人际关系对我们的成长并没有太大的影响。我的理论并不是将社会化归因为同伴关系或同伴之间的互动。

我用的“同辈群体”（peer group）这个术语也给大家带来了一些困惑。它让你想到一群整日在一起闲逛的青少年，当然这些青少年也是同辈群体，但是在该书中，同辈群体的内涵要大得多。我在第七章中解释过，“群体”是“社会范畴”。所谓社会范畴，例如，“女孩”可以是一群人，也可以不是。如果认同“女孩”的社会范畴，一个小孩就会被社会化为女孩。她要学会孩子的行为方式（而不是成年人的行为方式），还要学会女孩的行为方式（而不是男孩的行为方式）。即使她生活的地方只有两三个女孩，她仍然会认同“女孩”这个社会范畴。即使其他女孩不喜欢她，不愿意跟她玩，她还是将自己归类为女孩，哪怕她也不喜欢她们。

对“同辈群体”概念的混淆也引起了其他的误解。该书中提到的群体社会化理论并不是主要关于青少年这个群体的。社会化不是指那些只发生在大孩子、不发生在小孩子身上的事情，也不是指孩子越大、发生越多的事情。我说的是孩子一旦迈出家门，与其他孩子在一起时，社会化过程就开始了。这个过程早在两岁时就开始了，对大多数孩子来说，从三岁开始。

该理论也没有描述近来社会上出现的问题，这些所谓由家长造成的问题只不过是人们臆想出来的罢了。尽管文化在发生变化，但如今的孩子与过去的孩子相比，并没有更多地受到同伴的影响。群体社会化理论关注的是孩子的智力活动，如今孩子的智力活动与早期孩子的智力活动并没有什么两样。

因此，我在该书中提到的理论和观点并不仅仅适用于生活在当今复杂的都市化社会中的孩子们。人类学家、生态学家和历史学家发现不同社会、不同历史时期的父母教养方式存在着显著差异。尽管如此，全世界的儿童都是一样的。在每一个社会里，孩子们都强烈地渴望与其他孩子在一起。至于他们在一起做什么，这在世界范围内、不同历史时期基本上都是一样的。

人们对我另外一个误解是：我对教养假设的摒弃主要基于双生子研究。双生子研究提供的证据固然重要，但它不是唯一的证据。双生子研究的证据很重要，因为它与许多不断出现的、令人费解的研究发现吻合。例如，独生子与有兄弟姐妹的孩子没有太大的差别，上幼儿园的孩子与在家由父母照看的孩子没有太大的差别，有两位同性家长的孩子与有两位异性家长的孩子没有太大的差别等。在该书中你会发现许多观察实例与儿童发展的普遍观点并不一致。我内心深处储存的观察实例为第十二章中所描述的顿悟打下了基础。正如一位聪明的读者所说："设法将现存的事实塞进一个过时的理论框架中就像将一个小号的双人床单套在一个大号的双人床上，一个角套上了，另一个角就掉下来。"最后人们不胜其烦，只好把旧床单扔掉。

尽管这是一个家庭主妇的比喻，但并不因为我是全职母亲，就排斥教养假设，是证据使然。当我做母亲时，大脑中关于儿童发展的观念都是传统的、约定俗成的。在我开始对那些观念产生质疑时，我的孩子已长大成人，成功地过上了成年人的生活。遗憾的是，对于他们的成长，我不能给我自己加分。

但我的理论有证据支撑并不意味着它已被证实。朱尔斯·费弗漫画中的人物说这本书"科学地证明了家长对孩子的成长是不起作用的"。科学地讲，"不起作用"这个观点是不能被证明的，因为人们很难检验"零假设"。与其验证零假设，还不如捍卫它。我的立场是：父母的教养方式对孩子的成长不起作用。现在轮到信奉教养假设的人们去寻找证据来推翻零假设，他们需要具有说服力、值得推敲的证据。

虽然经过数十年的努力，他们仍然一无所获。至少到2005年他们还没有找到相关证据。一位非常坦诚的发展心理学家2005年在一个在线杂志《边缘》中公开承认："心理学家还没有向持怀疑态度的人证明父母有强大的影响力。"在一群回答"你自己都无法证明的东西，你相信是真的吗?"的科学家和技术专家中，波士顿学院的发展心理学家埃伦·温诺是其中一员。温诺说她认为"家长的确塑造了自己的孩子"。虽然她不能证明教养假设，但她依然信奉教养假设。她没有放弃希望，她坚信总有一天会找到证据，到那时朱迪思·哈里斯将被钉在历史的耻辱柱上。

其他心理学教授（知识不是那么渊博，也不是那么直率）声称早在1998年他们就找到了证据。我花了很多时间来考察这些证据，有些发现并不令人感到吃惊，只是研究方法上出了一点问题，然而有些研究发现却令人不安，即使像我这样一只疲惫的老鸟也感到深深的不安。你会在《基因或教养》的第三章、第四章中找到那个故事。

在序言的开头，我异常谨慎地说："至少在某种程度上时代发生了变化。"这句话需要解释一下，在什么程度上，时代发生了哪些改变。

首先，人们更加接受基因影响行为、基因差异影响个体行为差异的看法。人们更愿意承认孩子除了遗传父母头发的颜色和鼻子的形状外，还遗传了父母的行为习惯和人格特征。这是一个文化上的转变，是一个渐变的过程，当然，这和我没有任何关系，然而，这使人们变得更能接受我的观点了。问题是迄今为止，许多观察研究都认为父母对孩子的影响缘于父母与孩子基因的相似性。因此，"我从我妈那儿得到的"这句话现在听起来有一点歧义：你是指从你妈那儿遗传的，还是说从你妈那儿学的。十年前，人们对这句话的理解差不多都是"我从我妈那儿学的"。

是文化的改变使人们更加接受我的理论吗？抑或是与我的理论一致

的新发现不断地涌现出来？随着时间的流逝，无论是在学术圈内还是学术圈外，人们当初对《教养的迷思》愤怒的反应现在有了明显的缓和。如今，该书广泛地被教科书和期刊论文引用，被许多高等院校指定为课程学习和讨论的内容，甚至还出现在考试题中。

另一方面，许多引用和讨论令人不快。我经常被当作稻草人，随时准备让学生打翻在地。让我感到愉快的引用多半不是来自发展心理学领域，而是来自其他领域，如犯罪学领域。尽管有些研究儿童发展的学者被我争取过来了，但大多数还没有，他们仍然在做同样的、在该书中将被无情剖析的研究。我在介绍的开头就谈到这些研究毫无价值，因为研究者们使用的研究方法使他们无法区分是成长环境对孩子有影响，还是基因对孩子有影响。我主要的兴趣是研究环境，而不是基因。只有当我们了解孩子能给环境带来什么时，我们才知道环境对孩子有什么影响。

在斯蒂芬·平克为《教养的迷思》作的序中，他对该书作了一个过于性急的预测："我预测该书将是心理学史上的一个转折点。"也许判断心理学是否绕了一个大圈还为时尚早，也许要等上二三十年，但现在已经有变化的迹象了。在发展心理学中，我已注意到人们对研究步骤和研究结果的描述已开始处于防守的态势。心理学其他领域也发生了很大的变化，我从学生那儿收到的电子邮件让我看到了年轻一代成长的希望。

但学术圈外几乎没有进步的迹象。虽然人们越来越了解遗传学，但他们仍然相信教养假设。例如，在最近的一期《时代周刊》上刊登了几篇关于儿童肥胖的文章。尽管作者承认基因和文化对儿童的肥胖产生影响，但家长依旧要为此负责。"家长如何教孩子控制自己的饮食习惯?"一篇文章问道。"为什么家长为孩子树立一个良好的饮食习惯如此重要?"问题是没有任何证据显示家长教给孩子饮食习惯或家长的榜样对孩子产生长久的影响。正如第十三章中提到的，养子/女长大成人之后，饮食习惯并不受收养父母的影响。体重不完全由基因决定，超出基因的部分不能怪罪家庭或家长。

我希望我能够让抚养孩子这件事变得容易一些，让家长压力小一点，但这个愿望并没有实现。家长仍然沿用他们文化中约定俗成的令人忧心忡忡、劳动强度极大的教养方式。我提出一些善意的忠告，想让家长们变得轻松起来，但他们却完全置之不理，甚至连我自己的女儿也是那样抚养孩子的。

但我为什么指望我能影响自己的女儿呢?

朱迪斯·里奇·哈里斯

新泽西中心镇

2008 年 6 月

第一版序言

三年前，《心理学评论》（*Psychological Review*）上的一篇文章彻底改变了我对童年和儿童的看法。像大多数心理学家一样，我经常谈论遗传和父母教养的作用，我们理所当然地认为，不是来自基因的东西，一定来自父母。但是朱迪思·哈里斯（不是大学工作人员）的文章却说，儿童不是被父母社会化的，而是被同辈社会化的。这听起来不可思议，但哈里斯很快用事实让我信服，我知道这些事实是正确的，但被储存在保留那些与我们信念系统不相符合、但又无可争辩的真理的心理文件夹中。

我是研究语言发展的，研究儿童如何在父母输入的基础上习得语法规则系统，但在我们正确却不方便的文件夹中有一个奇怪的仿真陈述，即儿童习得的是同辈的而不是他们父母的语言和口音。迄今为止，心理语言学领域还没有人注意到这个事实，更谈不上解释它了，但是这里有一个理论可以对它作出解释。

语言的其他方面也符合哈里斯的理论。即使在许多文化中，大人不跟小孩说话，但小孩听稍微大一点的孩子说话，也能学会语言。虽然孩子没有接触到大人具有规范语法的语言，但他们自己可以创造出合乎语法规范的语句。移民的后代在操场上玩耍的时候，也能很好地学到语言，这些孩子很快就开始嘲笑自己父母的语法错误了。

习得本族语是一种文化的学习。例如，日本儿童说日语，意大利儿童说意大利语，这些差异与基因没有任何关系。如果这些差异与他们从父母那儿学到的东西有关系的话，那么，正如哈里斯指出的，我们需要重新思考文化学习。一直以来，我都认为儿童是被父母社会化的，但在正确却被忽视的文件夹中储存了这样一个事实，即许多包括我父亲在内的成功人士，他们是移民的后代。他们的父母对移民国家的语言、风俗习惯、专业知识一无所知，但他们丝毫没有受父母的影响。

哈里斯的文章不仅包含了一个好主意和一些日常的真理，她还运用心理学、人类学、文化历史学、行为遗传学和灵长类研究学的文献来支持她的理论，并阐明了性别角色发展、青少年犯罪等许多话题。在我给她写的第一封邮件中，我问她："你有没有想过写一本书呢?"

《教养的迷思》论文谈到，在儿童长大成人的过程中，基因和同龄人起作用，而父母不起作用，由此提出的关于儿童和家长的问题具有深远的意义。它对正统的社会科学模式提出了质疑，该模式认为儿童是由一组条件反射和一个空白的大脑皮层构成，等待心地善良的父母对他进行编程和设置。其实从生物学的角度来说，这是不大可能的。像其他的生物一样，孩子是演化的产物，必须在适者生存的过程中努力拼搏，才能得以生存和繁衍下去。在此进行深入的探讨具有重要的意义。

首先，家长的生物利益和孩子的生物利益不一样，尽管孩子当时对家长的奖赏、惩罚、榜样、唠叨表示顺从，那是因为他们还小，除了顺从别无选择，但他们不会让自己的人格永久地因此受到影响。

再者，人类是群居物种。人类群体就像任何一种有机体的生态环境，具有一切有机体需要适应的因果结构。在群体中获得成功，意味着要得益于集体的智慧和力量、共享集体的成果；意味着弄清楚看起来是任意的、但被大家共同遵守的当地的行为规范（熟悉的例子有货币、靠道路的右边行驶等）；意味着努力与其他人保持联系，并从中获得好处，而不是被其他人利用或支配。因为每一个群体都有着与其他群体相冲突的共同利益，因此，也意味着参与群体之间的竞争和对抗。

今天，孩子在群体中赢得或失去获得成功的能力，而在过去，关乎孩子在群体中能否生存下去。孩子从父母那里得到卡路里和保护是有道理的，因为父母是唯一愿意提供食物和保护的人，但是他们需要从更重要的渠道获取信息，这些重要的渠道不是来自他们的父母。孩子要与同伴竞争在群体中而不是家里的地位，群体的游戏规则完全不一样。孩子与家长甚至发现他们可能处在相互竞争的群体中。当然，大自然没有把孩子设计为父母手中的面团。

同样，婴儿对母亲的依附不可能为他设定今后与外界打交道的模式，这是在这些页面上消失的另一个教条。与父母的关系、与兄弟姐妹的关系、与同龄人的关系、与陌生人的关系大不相同，人类大脑大量的神经元的突触有足够的计算功率将不同的关系储存在不同的地方。依附假设的流行归功于弗洛伊德和行为主义者给我们灌输的、令人厌倦的观念，即婴儿的大脑是一块白板，会永远保留最初印刻在上面的东西。

《教养的迷思》一书真的很特殊。尽管最初它的观点是违反直觉的，但是人们有一种感觉，即书中出现的儿童和家长不像在现实生活中找不到的机器人。该书给读者另外的享受是它对儿童发展研究方法提出了毁灭性的批评，对学校为什么失败做了令人瞠目结舌的分析，对为什么身为母亲的医生和律师坚持认为妇女应该做家庭主妇作出解释，以及非常睿智地回答了以下问题：你是说我怎样对待我的孩子都没有关系吗？

首批阅读这本令人兴奋的书，是我作为一个心理学家职业生涯中的一个最高点。人们很少能读到一本像这样充满学术性、创新性、有洞察力、清晰、诙谐的书。但是不要被所有的乐趣误导了，《教养的迷思》是一部严肃的、具有原创性的科学著作。我预测该书将是心理学史上的一个转折点。

斯蒂芬·平克

马萨诸塞州剑桥市

1998 年 5 月

第一版前言

这本书有两个目的：第一，改变你认为孩子的人格——过去叫做“性格”——是由父母塑造而成的看法；第二，告诉你孩子的人格是怎样塑造而成的。我在 1995 年发表在《心理学评论》上的一篇论文中谈到我为什么反对旧的看法，提倡新的观点。这篇论文的开头这样写道：

> 父母对孩子的人格发展有长久的影响吗？本文在考察了相关证据后得出的结论是：没有。

这是一个挑战，是一记打在传统心理学脸上的耳光。我料想到人们会大吃一惊，甚至愤怒不已。但是许多读者注意到的是：这篇论文作者的名字后面没有任何一个大学或机构的名称，在致谢中，也没有提到该研究的赞助机构。是的，我不是大学教授，甚至不是研究生，几乎没有人听说过我的名字，但我居然在心理学最知名的学术期刊上发表论文，该期刊对稿件的接受率只有百分之十五。

我以为我的读者都气疯了，但事实上他们只是感到好奇，他们纷纷给我发邮件。学术圈里的人给我写信，礼貌地（也有不怎么礼貌的）问我是谁，谁是我的指导老师。我把这些邮件叫做“你到底是谁？”邮件。下面这位康奈尔大学教授的来信就是一个很好的例子。

> 你的论文对人格和发展心理学作出了重大的贡献，这使我对你越发感到好奇。你是学者吗？是临床医生吗？或者是一位有撰写开创性学术论文爱好的失业的炼钢工人？

我告诉他，在这些选项中，我选失业的炼钢工人。事实上，我是一个失业的大学教科书作者，我没有博士学位，我被哈佛大学心理学系赶了出来，只有一个硕士学位而已。因为身体的原因，在家里呆了很多年，没有指导老师，也没有学生。我成为教科书作者，是因为这是我在家里就可以做的事情。我是一个失业的教科书作者，因为我辞去了教材编写工作。

从此我再也没有收到他的回信。不过也有人继续给我写信，有的人成了我的朋友和同事，但我没有见过他们，我与学术界的联系完全通过电子邮件和信件。

1997 年，我发表在《心理学评论》上的那篇论文被美国心理学会评为“心理学优秀论文”，这个奖项以著名心理学家、美国心理学会前主席乔治・米勒（Georg A. Miller）命名。上帝真有幽默感。三十七年前，我收到哈佛大学心理学系的一封信，信上说他们决定不授予我博士学位，因为他们认为我不够资格。那封信的签名就是心理学系当时的执行主席乔治・米勒。

在我再次看到乔治・米勒这个名字前，我与我的研究生同学结了婚，有了两个女儿，她们不时地在我的书中出现。我结婚的时候，身体很好。在接下来的十五年里，我没想过要回去读书，也没有想去证明哈佛大学作出那个决定是错误的，因为我一直认为他们是正确的。

生病改变了我的想法。也许是死亡的暗示（如果你知道生命只剩下两个星期的时间，你的心智会突然变得很专注），也许是因为生病呆在家里十分无聊，卧床休息了一段时间之后，我开始做哈佛大学教授们会认可的事情，有些研究结果还被发表了。

幸运的是，这种蜕变来得太晚，使我无法回到研究生院继续学习，而这正好让我远离学术的教化。发展心理学和社会心理学的知识，都是我自学来的。一个局外人关注学术圈内的事儿，一切都变得不一样了。对于一些学术机构得出的理论和假设，我不会全盘接受，我也不欠任何赞助机构的人情。并且，一旦放弃了教科书的编写，我不会继续把一些广为人们接受的信条教义兜售给那些轻信无知的大学生。我放弃编写教科书，是因为我突然发现我一直写在教科书里的许多东西都是错误的。

一个医生在《美国医学会杂志》（*Journal of the American Medical Association*）上说："假如可能的话，一个努力的效果应该由不因此努力得到任何好处的旁人来评判。"也就是说，你想知道皇帝新衣的真相，不要去问裁缝。

虽然我不是学术圈内的一员，我却欠了他们很多，因为该书中提到的儿童发展理论有很大一部分是基于学术界的前期研究。我要特别感谢学术界的一些人，长期以来对我有求必应，慷慨地将他们发表的论文寄给我。

不能去大学图书馆带来的不便也被克服。公立图书馆帮了我很大的忙，帮我从大学图书馆里借了许多书。我特别感谢新泽西州中心镇图书馆的 Mary Balk 和红岸图书馆的 Jane Eigenrauch，她们通过图书馆际合作渠道帮我借书。也特别感谢 Joan Friebely，Sabina Harris 和 David G. Myers，他们给我寄来许多阅读资料。

因为有许多人的帮助和支持，我并没有感到离群索居、孤立无援。我的第一批通过电子邮件交往的学术界朋友，Neil Salkind 和 Judith Gibbons，他们让我感到"被关在家里"并不等于"被隔离"。Daniel Wegner 确保我投给《心理学评论》的论文受到公平的待遇，他对论文的批评促使我对论文中的观点做了更深入的思考，最终使整篇论文和理论观点都有了很大的改进。我收到斯蒂芬·平克，我的代理人布洛克曼公司的 Katinka Matson 小姐，自由出版社的第一任编辑 Susan Arellano，我的第二任编辑 Liz Maguire 的鼓励和忠告，它们对我意义非凡，在此对他们表示深深地感谢。我还要感谢 Florence Metzger，她把我的家打扫得窗明几净，另外，她还用她的欢快和善良感染了我。

我的同事、朋友和家人在阅读、评论该书的初稿时贡献了大量的时间和才智，我非常感激他们的批评和指点，他们的批评和指点不仅提升了我的士气、改进了我的写作，还使我避免犯一些令人尴尬的错误。Susan Arellano，Joan Friebely，Charles S. Harris，Nomi Harris，David Lykken，David G. Myers，斯蒂芬·平克，Richard G. Rich 等人阅读了整本书稿，并给予了具有洞察力的评论。Anne-Marie Ambert，William Corsaro，Carolyn Edwards，Thomas Kindermann 和 John Modell 对书稿中的部分章节也给予了专业性的指点。

我的女儿、女婿，我的兄弟，尤其是我的丈夫，给与了我一个作家所需要的支持。他们宽容我、信任我。在此，我献上对他们的爱和永恒的感恩。

朱迪斯·里奇·哈里斯

新泽西中心镇

1998 年 4 月

第一章

“教养”不同于“环境”

遗传与环境是阴和阳的关系，是亚当和夏娃，是通俗心理学中的老爸和老妈。我还在上中学时，就比较了解这个话题了。当我爸妈对我的行为不满，对我大喊大叫时，我跟他们说我的遗传和生长环境都是他们给的，我变成这样，要怪只能怪他们。

“遗传与环境”是过去人们对它们的叫法，现在被叫做“先天与后天”（nature and nurture）。这一对单词本身就已经够强大了，改了名字后就变得更强大了。人人都知道先天与后天的法则，它们是儿童成长的助推者和塑造者，没有人质疑这一点。它们造就了今天的我们，并将决定我们的下一代未来的样子。

在 1998 年 1 月的《连线》杂志上，一位科学记者设想，也许二十年、五十年、一百年之后，家长可以很容易地去商店购买孩子的基因，就像今天人们买牛仔裤一样简单。这位科学记者把这叫做“基因选择”。你想要一个女孩还是一个男孩？卷发还是直发？是数学小能手还是拼写大赛的冠军？他说：“家长有能力决定孩子成长为什么样的人。在很大程度上，家长已具备这种能力。”

这位记者说家长有能力决定孩子成长为什么样的人。他的意思是，家长为孩子提供了成长的环境，即教养（nurture）* 。

没有人质疑这一点，因为它不需验证。决定孩子成长的两个要素是天生（基因）与教养（抚养方式）。你相信这一点，心理学教授也相信这一点。这种令人高兴的巧合并不多见，因为在大多数学科中，专家的看法与走在大街上普通老百姓的看法是截然不同的。但关于先天禀赋与后天教养的法则，一个教授与一个站在你前面准备在收银台付钱的人的看法一致。大自然赐予了父母一个婴儿，但孩子的成长取决于父母的教养。良好的教养能弥补孩子先天的不足，缺乏教养会毁掉大自然美好的馈赠。

我在改变看法之前也是这么认为的。

我是对教养的方式而不是对环境的重要性改变了看法。这本书不是那种遗传决定论的书，绝对不是环境与基因同等重要，孩子成长过程中的体验与他们与生俱来的特质同等重要。我认为“教养”不是“环境”的同义词，把教养当作环境的同义词是自找麻烦。

“教养”不是一个中性词，它还有其他的涵义。它的字面意思是“照顾”或“抚养”，与“营养”和“哺乳”来自同一个拉丁文词根。把“教养”作为“环境”的同义词是基于这样一个假设，即除了基因之外，影响孩子发展的主要因素是家长的教养方式。我把它叫做“教养假设”。直到我抚养了两个孩子，与人合编了三本关于儿童发展的教科书之后，我才开始对教养假设产生质疑，断定这个假设是错误的。

要反证假设是一件很难的事情，因为它们本身并不需要证据。我做的第一件事情是证明教养假设只是一个假设而已，第二件事情是说服你相信教养假设是一个不成立的假设，第三件事情是正本清源，用一个新的假设来取代它。我提出的关于儿童成长的新观点与原有的教养假设一样强大，新观点回答了一个最基本的问题，即我们何以变成今天这个样子。我的回答是基于儿童的心智与人类的演化历史。让我们一起去不同

---

* 教养，狭义指家庭或学校的教育性实施，对个人身心发展所产生的综合影响。广义指后天环境中影响个体身心发展的所有因素之总和。在本书中，nurture 视行文译为教养或后天，其意为专指父母为子女所做的一切。——译者

的时代、不同的社会转一转，甚至去黑猩猩的社会里看一看。

在合理的质疑之外？

我怎么可能去质疑有如此多证据支撑的假设呢？你可以亲眼看到家长对孩子的影响。经常挨打的孩子在家长面前战战兢兢；如果家长懦弱无能，孩子会变得无法无天；没有接受道德教化的孩子，注定没有规范的道德行为；被家长认定没有出息的孩子终将一事无成。

对此表示怀疑的人应该去看看充斥在市面上的大量相关书籍，例如，临床心理学家福沃德（Susan Forword）为我们描绘了“恶毒的父母”对孩子产生的持久的、灾难性的影响，这些过于苛求的、专横的、缺乏爱心的、喜怒无常的父母往往会削弱孩子的自尊和自主性，或者过早地把自主权给了孩子。福沃德博士亲眼目睹了这些父母对孩子造成的伤害。她的病人心理状况很糟糕，都是他们的父母造成的。只有当他们向福沃德和他们自己坦承这一切都是父母的过错时，他们的病情才会好起来。

也许你还是怀疑，认为临床心理学家的意见不足以成为证据，因为他们的看法仅来自与少数有心理疾患病人的谈话。那么，还有更科学的、来自精心设计的对普通家长和孩子进行的研究的证据，这些家长和孩子的心理健康范围大大超出了福沃德博士候诊室里病人的状态。

在《举全村之力》（*It Takes a Village*）一书中，美国前总统夫人希拉里·克林顿总结了一些发展心理学家精心设计的研究。如果父母对孩子充满爱心和关注，他们的孩子就会对家长产生安全感和亲近感，就会成长为有自信、友善的孩子；如果父母与孩子交谈、倾听孩子的心声、为孩子读书，他们的孩子就会变得聪明活泼，在学校表现好；如果父母对孩子严格要求，他们的孩子就可能少去闯祸；如果父母对孩子过于严厉、苛刻，他们的孩子就会变得具有攻击性或焦虑，或二者兼而有之；如果父母对孩子诚实、友善和体贴，他们的孩子同样也会诚实、友善和体贴；如果父母没有为孩子提供一个完整的家，他们的孩子在成年之后，多半也过得不好。

这些观点不是空穴来风，背后有大量的研究作为支撑。在我为本科生编写的教科书中，有关儿童发展的观点来自以上研究，教这些课程的教授也对这些研究深信不疑。新闻记者在报纸和杂志上不时地报道一些研究结果；儿科医生也是基于这些研究结果，给家长提供一些忠告；其他著作和报刊文章的作者和顾问同样也对这些证据深信不疑。发展心理学家的研究对传播我们的文化产生了深远的影响。

我在编写教科书时，对这些研究证据也深信不疑。但当我回过头来审视它时，我却瞠目结舌地发现，它在我手上已经分崩离析。发展心理学家用来支撑教养假设的证据其实不成其为证据：表面上它们证明了教养假设，但实际上并没有。现在反对教养假设的证据越来越多。

教养假设不是公理，也不是公认的真理。它是我们文化的产物，是一个被大众喜爱的文化神话。在本章中，我将告诉你教养假设是从哪儿来的，我是如何开始对它产生怀疑的。

教养假设的遗传和环境因素

查尔斯·达尔文（Charles Darwin）的表弟，弗朗西斯·高尔顿（Francis Galton）被人们公认是创造“先天禀赋与后天教养”词组的人。高尔顿的灵感可能来自莎士比亚，但莎士比亚也不是原创者。莎士比亚在《暴风雨》中将两个词并列放在一块，但比莎士比亚早三十年，英国教育家理查德·马尔卡斯特（Richard Mulcaster）就曾写到：“先天禀赋让孩子作好准备，后天教养使孩子得以成长。”三百年后，高尔顿将这一对单词变成巧妙、醒目的广告语，并迅速流行开来，成为了我们语言的一部分。

但教养假设真正的鼻祖是西格蒙德·弗洛伊德。弗洛伊德在大致的背景下，精心地描绘了这样一个场景：即成年人的心理疾患都可以追溯到年幼时发生在他们身上的事情，他们的父母对此负有不可推卸的责任。弗洛伊德认为，两个性别相反的父母给孩子带来难以名状的痛苦，这种痛苦具有普遍性，并且是无法避免的。即使是极具责任心的父母也不能避免给孩子带来痛苦，所有的男孩都会经历恋母情结的危机，所有的女孩都会经历女性降价甩卖的阶段。母亲（不是父亲）也被指责是引发儿童早年两大危机——断奶和如厕训练——的人。

弗洛伊德理论在20世纪上半叶非常流行，甚至连斯波克博士（Dr. B. Spock）著名的育儿手册也引用了该理论。

> 家长要帮助孩子度过这个既浪漫又充满嫉妒心的阶段，要温和而又明确地告诉孩子：父母属于他们彼此双方，小孩子是不能霸占爸爸妈妈的，小男孩不能将妈妈占为己有，小女孩也不能将爸爸占为己有。

毫不奇怪，精神病专家和临床心理学家（帮助病人解决情感问题的人）是受弗洛伊德影响最大的人。然而，弗洛伊德理论同样也影响了那些学术圈内做科研、在专业期刊上发表论文的心理学家。有些人还试图找到科学依据来支持弗洛伊德理论，但都没有成功。更多的人只满足于在讲座和科研论文中提到弗洛伊德的时髦术语。

一些人则走向另一个极端，把婴儿连同洗澡水一起倒掉了。行为主义，20世纪40至50年代在美国高校非常流行的心理学流派，在某种程度上是对弗洛伊德理论的回应。行为主义者几乎摒弃了弗洛伊德所有的学术思想：性和暴力，本我和超我，甚至意识。但奇怪的是，他们却接受了弗洛伊德理论中最基本的前提，即童年的经验极为重要，而父母在其中扮演了重要的角色。他们丢掉弗洛伊德心理剧的脚本，却保留了剧中的角色。在他们看来，父母依旧很重要，但不再扮演性对象的角色。相反，行为主义者的脚本把他们变成了条件反射的制约者，或是施予奖励或惩罚的人。

行为主义大师约翰·华生（John B. Watson）注意到，在生活中父母不能系统地制约孩子的反应。他主动提出做一个示范，这个示范就是在严格控制的实验室中将十二个孩子抚养长大。

> 给我一打健康的婴儿，让我在特定世界中将他们抚养成人。我保证随机挑选一个，就能把他训练成我想让他变成的行家——医生、律师、艺术家、大商人，哦，是的，甚至乞丐和小偷，无论他的才智、爱好、性情、能力、素质以及他们的种族如何。

这些婴儿很幸运，因为没有人接受华生的提议。直到今天，可能还有些上了年纪的行为主义者认为，只要华生有足够的经费，他一定能成功。但事实上，华生夸了一个大海口，恐怕连他自己都不知道如何实践他的诺言。在《婴幼儿心理护理》（*Psychological Care of Infant and Child*）一书中，华生为家长提出了许多建议，例如，如何不溺爱孩子，如何让他们克服恐惧感、变得自立起来（你不要理会孩子，不要流露出你对他们的喜爱之情）。但华生没有告诉家长，如何将孩子的智商提高二十分，这将为孩子进入医学院和法学院、今后从事他在就业清单上列出的职业作好准备。华生也没有为孩子提供选择指南，例如，选择医学而不是法律，或选择法律而不是医学。当你认真思考、追究下去的话，你会发现华生唯一的成功案例，就是让一名叫阿尔伯特的婴儿对毛茸茸的动物产生恐惧感。华生在阿尔伯特每次伸手去摸兔子时，就发出一个巨大的响声，让他感到害怕。尽管这个训练让阿尔伯特长大后不想当兽医，但他仍然有许多其他的职业可以选择。

斯金纳（B. F. Skinner）倡导了一种更有希望的行为主义研究方法。斯金纳采用的是强化反应的方式，而不是制约反应的方式。这种方式非常有效，因为它不限制婴儿天生的条件反射，但通过食物、表扬等进行新的强化，使孩子的行为反应一步一步地接近你所希望的行为。从理论上讲，你可以奖励一个为受伤的小朋友贴胶布、缠绷带的孩子，通过这种方式制造出一个医生；或是奖励一名因自己的朋友从自行车上摔下来而要起诉自行车制造商的孩子，通过这种方式制造出一名律师。但是如何制造出华生就业清单上的第三种职业——艺术家呢？20 世纪 70 年代的研究显示，如果你给孩子们奖励许多糖果和星星贴纸，他们会画出一大堆画来。但奖励有一种奇怪的效果：奖励一旦停止，孩子们马上会停下来，不再画画了。与那些画画、但从未得到奖励的孩子相比，那些拿过奖品的孩子在没有奖励的情况下画的画要少得多。尽管有后续研究显示，给予奖励可以不带来负面影响，但结果如何却很难预测，因为这要取决奖励的性质和奖励的时间，以及接受奖励人的个性。

人们说，天才是九十九分努力，加一分灵感。而行为主义只关注努力，却忘掉了灵感。与斯金纳相比，《汤姆·索亚历险记》中的汤姆·索亚是一个更好的心理学家。他把粉刷篱笆的“特权”交给他的朋友，使他的朋友对他感激不已。他的高明之处在于，他不仅让他们帮他干了活，还让他们喜欢上这份美差。

我认为华生并不是真正想用一打健康的婴儿来做实验，他只是用这种自负的方式来表达行为主义最根本的思想：孩子是可以被塑造的。他们的生长环境，而非才能、性格等内在品质决定他们的未来。有一个宣传这种理念的极端表述是：华生把自己放在了高高在上的“环境论专家”的位置。

研究儿童的艺术与科学

研究儿童发展作为一个专门的学术领域出现的时间较晚，大约在1890年。早期的发展心理学专家只对儿童有兴趣，并没有关注他们的父母。如果你去看看弗洛伊德理论和行为主义之前的发展心理学，你会发现几乎没有哪一本书谈到父母对儿童人格发展的影响。在弗洛伦斯·古迪纳夫（Florence Goodenough）于1934年出版的一本成功的教科书《发展心理学》（*Pevelopment Psychology*）中，没有任何章节提到亲子关系。在谈到青少年犯罪的原因时，古迪纳夫的确谈到“坏环境”的影响，但她所说的“坏环境”是指城市中破烂不堪的贫民窟，以及酒吧、弹子房、赌场聚集的地方。

与此同时，凯洛格（Winthrop and Luella Kellogg）夫妇报告了他们饲养灵长类动物的实验。他们在家里养了一只叫“瓜”的黑猩猩，这只黑猩猩与他们的儿子唐纳德一块生活，接受同样的待遇。“环境”这个词经常出现在凯洛格的书中，但他们只是用来区别“文明环境”“人类环境”与“瓜”生长的丛林或动物园。在当时，人们并没有用“环境”这个词来精确地区分一个文明家庭和另一个文明家庭。

也许早期最有影响的发展心理学家是阿诺德·格赛尔（Arndd Gesell）。无论是在格赛尔，还是古迪纳夫看来，家长是孩子成长环境中的一个理所当然的组成部分，是匿名的且可以相互替换的。对他们来说，某个年龄段的孩子也是可以相互替换的。当格赛尔告诉你如何去照顾“你四岁的孩子”或“你七岁的孩子”时，就跟车辆保养手册中告诉你如何保养“你的福特”或“你的斯蒂贝克”一样。家庭就像一个车库，晚上孩子回来后，匿名的维修工为他们清洗、打蜡，并把油箱加满。

现代发展心理学诞生于20世纪50年代。研究者不再寻找某个四岁的孩子与其他四岁的孩子有什么相同之处，而开始研究他们之间有什么不同之处。这种做法引发了一种观念，这在当时是非常新颖的想法，即从孩子的差异中追溯他们父母不同的教养方式。显而易见，这类研究植根于弗洛伊德心理学和行为主义心理学，主要考察父母给予孩子的奖励和惩罚，包括断奶和如厕训练，是如何影响孩子的人格的。研究者尤其对涉及弗洛伊德的一些概念，如超我的形成等儿童人格方面感兴趣。埃莉诺·麦科比（Eleanor Maccoby）是其中的一位研究者，目前已从斯坦福大学退休，淡出漫长而杰出的职业生涯。在三十年后的一篇文章中，麦科比这样描述那些早期的研究结果：

> 这些研究结果在许多方面令人失望。在一个调查了近四百个家庭的研究中，父母的教养方式与孩子人格特质之间几乎没有任何关联度，关联度小到没有一篇论文是根据这两套数据写出来的。这个研究的主要成果是一本书，从母亲的视角谈如何抚养孩子。这本书主要是描述性的，只有一些当时为什么开展这个研究的理论依据，以及对这些理论的一点点测试而已。

这种看似不妙的开端并没有让后来者裹足不前，相反，直到今天仍涌现了大量的类似的研究。尽管这些研究与弗洛伊德理论和行为主义不再有密切的联系，但两种观念还是保留下来了，即行为主义认为父母可以通过奖励和惩罚孩子的方式影响孩子的发展；弗洛伊德理论认为父母可以把孩子的生活搞得一团糟，而且这种情况经常发生。

家长影响孩子的发展，对此大家已达成了共识。后来的研究者不再研究父母是否影响孩子的发展，而研究父母是如何影响孩子的发展的。研究步骤变得规范起来：去观察父母如何抚养孩子，并观察孩子的成长。选取一定数量的家长与孩子，把所有的数据放在一起看整体的趋势，试图说明父母的教养方式对孩子的性格养成的确产生一定的影响。希望发现父母的行为与孩子的特性之间的关系具有“统计学意义”，或者说达到发表的水平。

虽然埃莉诺·麦科比描述的研究结果没有达到统计学意义水平，但许多后续类似的研究却很成功，研究结果很有意义，纷纷发表在《儿童发展》（*Child Development*）和《发展心理学》等专业期刊上，这些堆积如山的证据支持着教养假设。还有一些不为我们所知的研究，研究结果没有意义，可能多半堆在垃圾场上了。我们之所以知道这一类研究中第一个有关父母教养方式与孩子人格之间几乎没有任何关联度的研究，主要是因为麦科比博士三十五年后主动承认的。

把野孩子变成一个好公民

从事上述研究的发展心理学家被称为社会化研究者。社会化是将野孩子驯服为听话的孩子，为成为社会的一份子作好准备的过程。被社会化的个体说与其他社会成员一样的语言，他们行为得体，有必要的技能，并且拥有社会共同的信仰。教养假设认为社会化是由父母帮助孩子完成的。社会化研究者主要研究家长如何使孩子社会化，并从孩子的成长情况来判断家长在孩子社会化中所起的作用。

社会化研究者相信教养假设，我原来也相信，还与人合编了三本关于儿童发展的教科书。但当我开始独自编写一本新的教科书时，发生了一件事情让我放弃了这个写作项目。多年来，我一直对社会化研究中的数据有一种隐隐约约的不安，我也一直回避思考那些观察结果，因为它们与我的出版商想让我传递给读者的信息并不符合。突然有一天，我发现我再也不相信这个故事了。

下面是三个使我困扰的观察。

第一个观察：当我还是研究生时，住在马萨诸塞州剑桥市的一户人家中。房东是一对俄国夫妻，带着三个孩子，他们住在一楼。夫妻俩彼此用俄语交谈、对孩子也说俄语。他们的英语很差，带有浓浓的俄国口音。但三个五到九岁的孩子，都说着标准的英语，没有一点口音。他们与其他邻居的孩子一样，说着带有波士顿和剑桥口音的英语。他们看起来也跟邻居的孩子一模一样，但他们的父母却看起来像外国人，我不知道是不是他们的衣着、举止、面目表情的原因。但他们的孩子一点也不像外国人，他们跟普通的美国小孩一个样。

这让我感到困惑。婴儿不会自己学说话，他们是跟着父母学说话的。但这几个孩子说的语言并不是从父母那儿学的。即使是五岁孩子说的英语，都比她妈妈说的好。

第二个观察：这个观察与英国抚养孩子有关。这得感谢我对英国推理小说的喜爱，我发现英国上层社会世世代代的男性被抚养的方式并不能用教养假设来解释。生活在有钱人家庭的孩子，他们头八年中的大部分时间与保姆、家庭教师，或一两个兄弟姊妹一起度过。他很少跟母亲一起，跟父亲相处的时间更少。父母对孩子的典型态度是：不要听到孩子说话，最好不要见到他们。当孩子八岁时，被送到寄宿学校，在那儿要呆上十年，只有在放假的时候才回家度假。然而，当他离开伊顿或哈罗等私立贵族学校时，已做好成为英国绅士的准备了。他的谈吐和行为既不像他的保姆、家庭教师，也不像学校的老师。他特有的上层社会的口音和举止更像他的父亲，对他的成长没有任何影响的父亲。

第三个观察：许多发展心理学家认为孩子通过观察、模仿自己父母的行为进行学习，尤其是观察和模仿同性的家长。这个假设也源自弗洛伊德理论。弗洛伊德认为恋母情结或恋父情结最终会导致孩子认同同性家长，从而形成超我。那些没有顺利度过恋母情结动荡时期的孩子通常会有些行为问题，因为他们的超我还没有形成。

儿童心理学家塞尔玛·弗雷伯格（Selma Frraiberg）接受了弗洛伊德的社会化理论，她的书在20世纪50年代很畅销。她用以下例子说明了孩子在不确定时期的行为表现。在这个时期，他们已经知道哪些事情不该做，但还是忍不住做了。

> 两岁六个月的朱莉亚独自在厨房，她妈妈正在接电话。餐桌上有一碗鸡蛋，朱莉亚有一种想做炒鸡蛋的冲动……当她妈妈回到厨房时，发现女儿正兴高采烈地往地板上摔鸡蛋，每摔一次，还严厉地责骂自己："不不不，不能这么干！不不不，不能这么干！"

弗雷伯格将朱莉亚的失误归因为她的超我还没有形成，还没有认同自己的妈妈。但我们仔细看看当她妈妈回到厨房时，朱莉亚在干什么：她一边做炒鸡蛋，一边大声喊道"不不不"，朱莉亚在模仿妈妈！但她妈妈并没有因此而感到高兴。

事实上，孩子并不是通过模仿父母的行为而习得行为方式。因为在大多数时间里，父母做的许多事情在他们看来非常有趣，如把东西弄得一团糟、对别人发号施令、把火柴划着、想来就来想走就走等，而他们是被禁止做这些事儿的。从孩子的角度来看，早期社会化过程中的学习内容主要是：他们不能有像自己父母一样的行为举止。

也许你在想，在一个相对简单的社会里，孩子模仿同性家长是否会好一些，答案是：不会。在前工业化社会里，成年人的可接受行为与儿童的可接受行为之间的差距更大。例如，在波利尼西亚群岛的乡村社会里，孩子必须服从大人，在大人跟他们说话时，他们才能开口说话。而大人在与孩子或其他成年人交往时并不是这样。尽管波利尼西亚的孩子通过观察父母的行为，学会织布或捕鱼，但他们却不是通过这种方式习得社会行为规范的。在许多社会里，如果孩子的表现太像成年人，往往被认为是没有礼貌的。

教养假设认为，是父母将文化知识（包括语言）传递给自己的子女，为他们成为社会中合格的成员作好准备。但移民父母的女儿并不是从自己家长那儿学到当地的语言和习俗，英国人家的儿子连父母的面都很少见到，这都说明教养假设不成立。在许多不同的文化中，如果孩子的行为举止太像他们的父母，往往会有麻烦。不过这些孩子的确习得了社会对他们期待的行为方式。

教养假设基于一种特殊的家庭生活，即典型的北美或欧洲中产阶级家庭。一般来说，社会化研究者不去调查不会说当地语言的家庭，也不去调查寄宿学校的孩子或被保姆和家庭教师带大的孩子。尽管人类学家和跨文化心理学家研究了其他社会中的儿童教养方式，但社会化研究者却很少检验他们的理论是否适用于那些社会中的儿童。

当然，每个社会中亦有相同之处。在每一个社会中，婴儿出生时是无助的、无知的，需要大人的照顾。他们要学习当地的语言和习俗，要与家庭中的其他成员建立起联系。他们必须记住社会是有规则的，他们是不能为所欲为的。这种学习很早就开始了，在他们还完全依赖大人的照顾时就开始了。

照顾婴儿的成年人在婴儿的生命中起了非常重要的作用。婴儿从大人那儿习得母语，获得建立和保持亲子关系的体验，以及在遵守规则方面得到了第一次教训。但社会化研究者还得出其他的结论：儿童对早期亲子关系、规则的了解影响他们后期的亲子关系和对规则的遵守，并将决定他们一生的轨迹。

我原来也是这么想的。我仍然相信儿童需要在早期学习如何建立关系和遵守规则，习得一门语言也很重要。但我不再相信这种发生在家庭中的学习会影响孩子以后的行为规范。尽管学习本身重要，但在家里学的东西与外面的世界无关。当他们迈出家门，便马上将这些东西抛在脑后，就像妈妈逼他们穿上毛衣，他们一出门马上就脱掉一样。

第二章

先天禀赋（和后天教养）的证据

从一开始，学术心理学就泾渭分明。一派主张先天和遗传，一派相信教养和后天习得。发展心理学的分歧则更大，社会化研究者站在教养学说一边，行为遗传学家则站在遗传学说一边。

社会化研究者和行为遗传学家都以教大学本科生、研究生和做研究谋生。他们的地位取决于他们的研究是否成功，以及发表研究成果的数量和质量。虽然他们都是专家，但他们不会花时间读对方的论著，部分原因是他们知道自己不会同意对方的观点，部分原因是他们没有时间去读。一般情况下，学者们只会关注各自的研究领域或密切相关的研究成果。

我的情况不一样。我没有在大学任教，也没有承担某一个领域的研究项目。一个好的教科书作者要保持中立。在编写、修订教科书的过程中，我广泛阅读了不同观点的著作和期刊论文，这使我获得了更全面的视野审视整个学术领域，这是其他学术心理学家所不具备的。有时候，站在远处比在近处能看到更多的东西。

在本章和下一章中，我将告诉你我全面了解的社会化研究和行为遗传学研究。我将告诉你他们的研究结果，以及他们对研究结果的解释错在哪里。

如果你不是他们中的一员，你可能会想我为什么要关心那些教授说了什么。我要告诉你的原因是他们的研究和他们对研究结果的解释几乎成为每一个育儿忠告的理论支撑，这些育儿忠告在报纸、育儿杂志上比比皆是，人们还经常从小儿科医生那儿听到类似的忠告。希拉里・克林顿在《举全村之力》中给家长的忠告也基于那些大学教授的研究。当然，希拉里为《举全村之力》做了大量的准备工作。

教养假设认为父母是孩子成长环境中最重要的组成部分，在很大程度上决定了孩子的成长。教养假设是学术心理学的产物，尽管它已经渗透到我们的文化中，但它并不是民间故事。事实上，民间原本不相信它。

吃花椰菜的效应

社会化研究是研究环境对儿童心理发展的影响，尤其是父母的教养方式或行为对孩子的影响。社会化研究是科学，因为它应用了科学的研究方法，但大体上来讲，它不是实验科学。做实验时，要先操纵或控制一个变量，观察它对另一个变量的影响。由于社会化研究者不能控制父母的教养方式，因此，他们没有做真正的实验。相反，他们利用了父母教养行为的差异性，让其他变量自行发生变化，然后系统地收集数据，试图发现其他变量的变化。也就是说，他们做的是相关性研究。

你可能对流行病学中的相关研究很熟悉。流行病学家研究引起人们生病或保持健康的环境因素，他们收集和分析数据的方法与社会化研究者使用的方法相同，并存在同样的问题。我简单地介绍一下流行病学，因为流行病学与社会化研究两者之间很相似，能为我们提供一些启示。

假设我们是流行病学家，决定做一个吃花椰菜与健康之间关系的研究。我们的方法直截了当：就是调查大量的中年人，问他们吃多少花椰菜。五年之后，再看他们中间还有多少人活着。我们用“还活着”作为衡量健康的标准。大体上，活着的人当然比死去的人更健康。

以下表格显示了五年后吃花椰菜与存活之间的关系（请注意，这些结果都是我杜撰出来的。）

	五年后存活者的百分比		
	所有被试	女　性	男　性
喜爱花椰菜者（每星期至少吃一次）	99	99	99
容忍花椰菜者（一个月吃一次）	98	99	97
躲避花椰菜者（绝对不碰它）	97	99	95

我们将数据输进计算机，计算机告诉我们吃花椰菜对所有被试的长寿没有产生任何影响（99，98 和 97 之间没有多大差别），对女性也没有任何影响。但对男性来说，吃花椰菜与长寿之间的关系具有统计学意义。这意味着我们发现的差别“不太会”是巧合。虽然它只是“不太会”，而不是“不可能”，但有了这个“不太会”，我们就可以将研究结果写成论文发表，并可以申请一笔经费来研究吃花椰菜与健康之间的关系。

我们的研究会出现在流行病学期刊上，一个报社记者碰巧读到它。第二天，报纸上就会出现一个标题：吃花椰菜使男性更长寿。

果真如此吗？研究表明吃花椰菜使男性更长寿吗？吃花椰菜的男性也可能吃大量的胡萝卜和芽甘蓝。与不喜欢吃花椰菜的人相比，他们可能较少吃肉和冰淇淋。也许他们运动得多一些、常系安全带或烟抽得少。任何一种或所有的上述生活方式都有可能使吃花椰菜者更长寿。吃花椰菜可能与长寿没有任何关系，甚至会缩短被试的生命，但这种效应被喜欢吃花椰菜的人做的其他事情带来的好处掩盖了。

另一个有关的因素是吃花椰菜与婚姻状况的联系。已婚男性可能比单身汉花椰菜吃得多一些。众所周知，已婚男性的平均寿命比单身汉的平均寿命长。因此，也许是婚姻使吃花椰菜的人更长寿，而与花椰菜无关。但话说回来，也有可能的确是吃花椰菜使已婚男性更长寿。

显然，很难从吃花椰菜与长寿的相关性研究中得出什么结论，但人们却一直这么做。即使我们在论文中小心翼翼地指出我们的研究结果还可能有其他不同的解释，但我们的警告绝不会出现在报纸上，也不会引起其他流行病学专家的注意。

你看到了，流行病学专家做研究并不仅仅是为了从花椰菜协会拿到研究经费，他们还有更高的追求。他们的目的是告诉人们：今天人们选择的生活方式将决定他们明天的健康状况。这个领域的研究者很难保持一种开放的心态，因为一开始他们就先入为主，即有“好的”生活方式与“坏的”生活方式之分，好的生活方式使人们更健康。我们都知道好的生活方式指什么：吃大量的蔬菜，避免高脂肪的食物，每天运动，不抽烟等。流行病学家测量被试的生活方式和他们的健康状况，他们是要告诉人们，好的生活方式会让他们更健康。

社会化研究者也是先入为主，他们认为有好的教养方式和坏的教养方式之分，用好的教养方式抚养长大的孩子比用坏的教养方式抚养长大的孩子听话。好的教养方式指家长给孩子充分的爱和嘉许，给他们制定宽严适度的规则，不体罚孩子、不贬低孩子，对孩子的态度前后一致等。我们也很清楚我们心目中的好孩子是什么样的：阳光，有合作精神，顺从但不被动，既不鲁莽又不胆怯，在学校表现好，有许多朋友，不无故打人。

在两种研究中，研究者收集的数据基于好的方式（生活或教养）和好的结果（健康或孩子）。两种研究的目的是想说明，如果你做对了，就会得到你想要的结果。并且两种研究的结果均来自相关性研究，而相关性研究本身是十分复杂的。

在此向流行病学家致歉，我对他们研究的批判并不是要你放弃吃花椰菜，回到懒散、放纵的生活中，我是要回到社会化研究上。如果我们决定做一个考察环境因素与儿童智力增长的相关性研究，我们假设那些为孩子提供促进智力增长环境的家长，他们的孩子更聪明。于是，我们开始收集数据来检验（换句话说也就是“证明”）这个假设，我们需要测量家庭环境和儿童的智力。我们用“家里有多少儿童读物”来作为家庭环境方面的指标，用“智力测验”的分数来作为智力方面的指标。（这些手段对于我们感兴趣的问题只能提供粗糙的评量，但它们方便易行，不用转换成数字，因为它们本身已经是数字了。）

我们要用家庭中书籍的数量来解释儿童智商的差异——为什么有的儿童智商高，有的儿童智商低，有的儿童智商中等。如果我们的假设是正确的，那么我们就会发现家里有许多书的儿童智商高，家里没有任何书籍的儿童智商低，家里的书不多也不少的儿童智商处于中等水平。也就是说，我们希望在智商与书籍数量之间找到正相关关系。

如果完全相关（相关系数等于 1.00），我们只要知道一个儿童家里有多少书，就能精确地预测他/她的智商。由于现实生活中没有完全相关，那么如果得出的相关系数是 0.70 或 0.50，甚至是 0.30，我们就很满足了。相关程度越高，越能根据家里书籍的数量来预测儿童的智商，也越能说明结果具有统计学意义。即使相关程度较低，只要被试者的数量足够大，研究结果在统计学上也有意义。不久前，我读了一篇文章，是关于孩子对父母有敌意或不合作的次数，与这个孩子对同伴有敌意或不合作次数之间的相关研究。该研究共调查了 374 名被试，相关系数为 0.19，虽然该研究的相关系数具有统计学意义，但并没有实用价值。如果相关系数太低，知道一个变量根本没法告诉你另一个变量的情况。因此，就算你知道一个孩子在父母面前有多么不听话，你也不能预测他在同伴面前也一样令人讨厌。

社会化研究有 374 个被试是很不寻常的。不过，许多社会化研究从被试身上收集到的数据远比我们做的智商与书籍数量研究中的数据多得多，因为他们要对某一个家庭环境和某一个儿童做好几次测试，虽然很辛苦，但却值得。假设我们用不同的测量指标分别对家庭环境和儿童的智商测量五次，我们就可以得到 25 种不同的配对方式，得出 25 种相关关系。这样的话仅凭巧合，也会得到一到两对有统计学意义的关系。即使没有的话，也不要担心：我们可以把数据拆分开来，继续找，就像我们做花椰菜研究一样。例如，分别对男孩和女孩进行分析，立刻会增加一倍的相关关系，达到 50 的成功率，而不是 25。分别对父亲和母亲进行分析也值得一试*。我把这种方法叫做“分步解决，各个击破”。就像买彩票一样：买两倍数量的彩票，中奖的概率也增加到两倍。

尽管“分步解决，各个击破”的方法能让人们经常得到可发表的研究结果，但把研究结果写成论文却不是一件容易的事。以下是一个社会化研究的报告，一字不改抄录：

> 母亲的全部表情、正面表情、负面表情都与女孩被同伴接受程度呈正相关，但与男孩被同伴接受程度没有相关性。相反，父亲的全部表情、负面表情与男孩的被接受程度之间具有相关性，而与女孩的被接受程度没有相关性。父亲的正面表情与男孩的被接受程度没有相关性，但与女孩的被接受程度具有相关性。
>
> 父母的情绪表情也与同伴和教师的行为具有相关性。对儿子来说，母亲的全部表情越多，那么儿子的亲社会行为就越多，调皮捣蛋行为就越少。母亲的正面表情、负面表情的效果亦是如此。但父亲的情绪表情的效果却不同。对儿子来说，父亲的全部表情越多，那么儿子的攻击性就越少，害羞的程度就越低，亲社会行为就越多。对女儿来说，父亲的全部表情越多，那么女儿的攻击性行为就

---

* 在研究上，很容易发现有意义的相关关系，统计软件会自动把所有显著者用星号标注，你只要找星号就可以。这种技巧被叫做“心理星象学”：即找星星即可。

越少，调皮捣蛋行为就越少，亲社会行为就越多。父亲的正面表情、负面表情的效果亦是如此，有一个例外：父亲的负面表情与女儿的害羞程度呈正相关。

研究发现揭示了家庭中父母的情绪表情与孩子的社会能力之间的关系。

此类的研究报告不断在增多，这使两位著名的发展学心理学家在一篇较长、较全面的社会化研究综述中，对“统计学上有意义的相关关系是否超出了概率”提出了质疑。如果一个研究的相关关系碰巧有意义，那么在另一个研究中可能不会有意义。正如我刚才引用的那个复杂的研究结果，一般情况下不可能在下一个研究中再次得到。

然而，我并不认为社会化研究结果都是靠偶然、运气、巧妙地分析数据获得的，也不是靠对不成功的研究结果隐而不报而成立的。其实，有两种相关性研究让我信服。虽然这些研究中的相关性不是太强，但在其他研究中也呈现出一致的趋势。以下是我对这些趋势的总结：

概括1：那些善于管理生活，与他人和谐相处的父母，他们的孩子也会这样。那些在生活、持家、人际关系方面有问题的父母，他们的孩子也会有问题。

概括2：与被严厉对待的孩子相比，那些被赋予爱和尊重的孩子更善于管理自己的生活和处理人际关系。

社会化研究者异口同声地赞同此类研究，他们喜欢这些概括，并把它们作为证据。在他们看来，令人愉快的、有能力的父母养育的孩子长大成人之后，也会变得令人愉快、有能力，因为他们在家里耳濡目染了父母的行为。父母善待孩子，孩子就会较好地成长。

不仅是社会化研究者相信这个观点，几乎每一个人都相信这个观点。但我要求你保持一个开放的心态，认真审视支持这个观点的证据。

基因效应

猎狗的行为不同于狮子狗，这两种狗有不同的习性。相信教养假设的人指出，这是因为猎狗与其他十来条狗一起被关在狗窝长大，而狮子狗在城市的公寓里养大、可以睡在主人的床上的缘故。而相信先天遗传的人会嘲讽到："即使你在公寓里养猎狗，它也不会变成狮子狗。"可以做这样一个实验：在狗窝里养几条狮子狗，给一条猎狗找一个主人，租一套公寓，然后对它们进行观察。你会发现相信遗传学说和相信教养假设的人都是对的：虽然你不能把一条猎狗变成一只狮子狗，但它的习性与在狗窝中长大的猎狗的习性已大相径庭了。

这个实验将遗传效应和环境效应完全分开。我提到的那些社会化研究的问题在于没有将遗传效应和环境效应分开，当然也分不开。几乎每一对参加研究的家长和孩子都有生物学关系，他们有相同的DNA，就像一个窝里的两只狮子狗一样。父母不仅将基因遗传给了孩子，也为孩子提供了生长的环境。为孩子提供什么样的生长环境，也就是说，他们是什么样的父母，这在某种程度上，取决于他们的基因。其实，人们无法区分家长提供的基因效应与他们提供的环境效应。社会化研究者是想在不调换小狗的情况下，试图发现为什么猎狗不同于狮子狗。

虽然我们不能打着科学的旗号去调换婴儿，但由于某种原因，有些婴儿的确被调换了。一个养子（女）有两对父母：一对父母给了他基因，一对父母为他提供了生长环境。研究被收养儿童是行为遗传学领域的研究者常使用的一个方法，他们的研究目的是将遗传效应与环境效应分开。像社会化研究者一样，他们也有一个秘而不宣的动机，就是要证明遗传是一股不可忽视的力量，同时也要证明约翰·华生是错误的，证明婴儿不是一团泥巴，可以任意由环境塑造成型。

在行为遗传学研究的早期，研究被收养儿童主要是要发现他们与亲生父母（提供基因）更相似，还是与养父母（提供环境）更相似。最引人关注的要素是智商。在亲生家庭中，孩子的智商通常与父母的智商相关，例如，中等智商的父母，他们孩子的智商也是中等水平。早期研究的目的是想检验这种相关性主要是来自聪明父母的遗传基因，还是他们为孩子提供了促进孩子成长的环境。如果被收养孩子的智商更像亲生父母，那么遗传就是胜利者；如果他们的智商更像养父母，那么环境就是赢家。

虽然这种研究方法可以研究智商，但研究人格特性就不行了。例如，我们可以假设聪明的父母能提高孩子的智商，但不能假设喜欢发号施令的父母养的孩子也喜欢发号施令。也许，喜欢发号施令的父母使孩子变得更加胆小、被动。还有一个问题就是父母和孩子是两代人，他们生长在不同的年代。社会的文化变迁加大了父母与孩子之间的差异性，因此，更难找到他们之间的相似性了。

为了避开这个问题，现代行为遗传学注重研究同代人之间的相关性，把孩子与他亲生的或收养的兄弟姊妹做比较，而不是与孩子的养父母或亲生父母做比较。他们找来一对被收养的孩子（生活在同一个家庭中没有血缘关系的孩子），或一对亲生孩子，最好是同卵和异卵双生子进行研究。这样一来，研究者就有三个层面的基因相似性：没有血缘关系但生活在一起的养子（女），异卵双生子有50%相同的基因，同卵双生子有完全相同的基因，因此在这个研究中，环境相同，基因不同。也可以做一个相反的实验，即改变环境，保持基因的相似性，但要将同卵双生子分开来养。在现实生活中把同卵双生子分开放在不同的家庭中抚养，这恐怕比在猎狗窝里找到狮子狗更难。

行为遗传学研究寻找被试不是一件容易的事儿。几乎任何人都有资格参加社会化的研究，但只有养子（女）和双生子才能参加行为遗传学的研究。另外，行为遗传学家要至少对每一个家庭中的两个孩子同时进行观察，而社会化研究只用观察一个孩子就行了。不过，多付出的辛苦是值得的，这可以让研究者厘清遗传效应和环境效应。同卵双生子身上的遗传效应比异卵双生子的大一些，异卵双生子身上的遗传效应比养子（女）的大一些。因此，遗传效应可以通过观察人们基因的相似程度来测量，环境效应可以通过观察人们生活在同一个家庭或不同家庭来测量。

现在许多有关人格特质的研究都运用了行为遗传学研究的方法。研究结果明确且具有一致性：大体上，在被试的差异性中，遗传因素占50%，环境因素占另外50%。人与人之间的差异表现在多方面：有的人比较冲动，有的人比较谨慎，有的人比较随和，有的人比较喜欢争辩。大约有一半的“冲动”可以归因到人们的基因上，另一半归因到人们的经验上；“随和”也是如此，大多数心理特质都是如此。

这个研究发现并不令人感到意外，就像你预想的一样。但在20世纪70年代，当这些研究结果首次出现在心理学期刊上时，美国心理学界仍然受行为主义心理学的影响，对遗传带有深深的偏见。当时的政治气候也是反对遗传说，似乎谈论先天的差异与众生平等的思想相矛盾。当遗传—环境论与政治混为一谈时，民众的情绪迅速高涨起来。行为遗传学在当时很不受欢迎。但对遗传学感兴趣并不代表某一个政治立场，即使一位激情万丈的自由党也会因此感到烦恼。随着时间的推移，由于分子生物学的发展，学术界逐渐接受了基因效应的研究，行为遗传学家也日益增多。

然而，社会化研究者的数量远远超出行为遗传学研究者的数量，这也许是为什么大多数社会化研究者能够轻易地忽视行为遗传学研究结果的原因。但行为遗传学家并没有忽视社会化研究者的研究，他们一再指出：社会化研究者没有对遗传效应进行有效地控制，使许多社会化研究结果变得无法解释。他们是对的。

概括1提到，父母令人愉快、有能力，他们的孩子也是如此。换一种表述：孩子通常像他们的父母。父母善于管理生活、待人真诚（包括对自己的子女），他们的孩子也会具有相同的品质。这是因为父母的教养方式，还是因为孩子遗传了父母的能力和真诚的基因呢？相关研究没法回答这个问题。行为遗传学50比50的研究结果（50%遗传，50%环境）并不意味着父母与孩子之间的相关性，一半是基因的影响，另一半是因为环境影响。50比50的研究结果意思是：孩子之间的差异性，如“真诚”中的50%是由基因的差异引起的，而不是说父母真诚与孩子真诚之间的相关是遗传所致。事实上，孩子与父母在性格上的相关系数通常低于0.50，相关性如此之低，以至于他们之间共用基因的相似性就可以解释所有的相关了。

听不太懂吗？让我再给你解释一遍，这次用植物的例子。让我们种一些玉米，从每一株上掰一个玉米下来尝尝它的甜度，你会发现有些玉米比另一些甜。然后，从每一株上留下一些玉米粒作为种子，下一年栽种。一般来说，那些甜玉米种子会长出甜玉米。这个相关完全是因为遗传，来自父代的基因是子代百分之百相似的原因。但子代玉米甜度的差异性，却只能将一半的原因归因为基因的影响，因为环境因素，如土壤质量、水、阳光同样也起作用。所以，遗传可以百分之百解释父代和子代之间的相似性，但只能百分之五十解释子代之间的差异性。

环境对孩子和玉米都有影响。人格特质差异性一半是由环境的差异造成的。社会化研究者认为环境因素对孩子有影响，这一点是对的。但他们错误地认为他们的研究指出了哪些因素在起作用。事实上，他们的研究并没有展示他们希望展示的东西，因为，他们没有考虑遗传的影响。他们忽视了一个事实，即父母与孩子之间的相似性是基因造成的。

概括 1 是正确的。一般来说，令人愉快、有能力的父母会有令人愉快、有能力的孩子。但这并没有证明除了基因以外，父母对孩子的成长还有任何其他的影响。

双向街

在典型的社会化研究中，研究者会找来一群年龄相同的孩子（从幼儿园或从小学中找）和他们的家长，然后通过访谈、让家长填写问卷或观察家长与孩子互动等方式收集父母教养方式的数据。然而，对父母教养方式的测量只能从一个孩子身上得到，因为每一个家庭中只有一个孩子参加该类研究。如果父母的教养方式是一个比较稳定的特质，像眼睛的颜色或智商，那么这种研究步骤是对的。但是，父母的教养方式并不是一成不变的。父母对待孩子的方式取决于孩子的年龄、长相、现有的行为、过去的行为、智力和健康状况，父母要针对不同的孩子调整教养方式。教养孩子不是父母单方面对孩子做的事情，而是父母与孩子共同做的事情。

不久前，我和我的狗在院子里。一个母亲带着一个五岁的女孩和一个七岁的男孩从街边走过。虽然我的狗受过训练不会到街上去，但还是冲到人行道边，对他们大声狂吠。两个孩子的反应完全不一样。尽管狗的态度很不友好，女孩仍向狗跑过来，问："我可以摸摸它吗?"妈妈说："不！奥德丽，我想这只狗不愿意让你摸它。"与此同时，男孩跑到街对面，惊慌失措地朝这边张望，不敢向前迈一步。他妈妈说："来吧！马克，这只狗不会咬你的。"（我当时正抓着狗的项圈）。过了一分钟，马克才鼓足勇气来到妈妈身边，虽然妈妈很同情马克，但还是极力掩饰着不耐烦。当三个人沿着街道走下去的时候，我听到奥德丽在取笑马克。我虽然听不到她在说什么，但那个语调是不会错的。

我很同情马克，但我觉得自己很像他的妈妈。我自己也有两个性情迥异的孩子，大女儿很听话，她绝对不做我和她爸爸不让她做的事，但小女儿却偏要去做。养第一个孩子很容易，养第二个孩子，嗯，有趣。

我的叔叔本，自己没有孩子，但非常喜欢我的孩子，并经常告诉我怎样带孩子。我还记得当我女儿一个八岁、一个十二岁时，我与他的一次对话。我向他抱怨小女儿的表现时（他知道我的大孩子没有问题），叔叔本问我："你用同样的方式对待她们吗？"

我用同样的方式对待她们吗？我不知道怎么回答这个问题。当两个孩子不一样，即当他们干不同的事儿，说不同的话，有不同的人格和不同的能力时，你怎么能用同样的方式对待他们呢？马克和奥德丽的妈妈能用同样的方式对待他们吗？这意味着什么呢？告诉奥德丽："这只狗不会咬你。"（她跟马克是这样说的）而不是："我想这只狗不愿意让你摸它。"

如果马克与他母亲去参加一个社会化研究，研究者可能会觉得马克的妈妈属于过度保护型家长。如果奥德丽跟她妈妈参加了这个研究，那么她妈妈就是一个明智的约束者。每个研究团队只看到她与其中的一个孩子在一起，因此，对她下的结论也不一样。我跟大女儿在一起，我是一个放任的家长，跟小女儿在一起，我就是一个专制的家长了。

家长与孩子的关系，就像任意两个个体之间的关系，是一条双向街——就像做一笔业务，双方都要扮演角色。当两个人互动时，一方说的话、做的事是对另一方说的话、做的事的回应，也是对过去说的话、做的事的回应。

即使是婴儿也会强化亲子关系。当婴儿两个月时，他们知道看着父母的眼睛对着父母微笑。婴儿对你微笑，是一件非常令人欣慰的事。一个婴儿见到父母时表现出的高兴和喜悦，足以抵消他给父母带来的所有的麻烦。

自闭症的孩子却做不到这一点。自闭症的孩子不与父母对视，不对父母微笑，看到父母也不高兴。面对一个没有热情的孩子，你也很难变得热情起来。如果一个孩子压根不看你，你没办法与他互动。布鲁诺·贝尔特海姆（Bruno Bettelheim）生前创办了一个专门照看自闭症孩子的机构，这个机构办了许多年。贝尔特海姆断言，自闭症是由母亲对孩子的冷漠和无情造成的。后来，一位母亲写文章攻击他，称他为一个“卑鄙的小人”，指责他“把排斥和痛苦带给了自闭症患儿的家人”。贝尔特海姆不仅残忍，而且是错误的。自闭症是由于大脑发育不正常而导致的后果，主要是一些遗传因素引起的。母亲的冷漠不是引起自闭症孩子非典型行为的原因，而是对自闭症的反应。

约翰·华生假设，如果两个孩子不同，一定是因为他们的父母对待他们的方式不同，我叔叔本也赞同这个观点。但是就在第二个孩子出生不久，大多数父母已经意识到来到这个世界的孩子本来就不一样。他们的个性不同，他们的父母对待他们的方式也就不同。胆小的孩子需要多鼓励，胆大的孩子需要多提醒。一个爱笑的孩子，自然会有人跟他玩，会得到更多的亲吻。一个对外界没有反应的孩子在喂完奶、换好尿布后，就会立刻被放回婴儿床上。社会化研究者有兴趣研究父母对孩子的影响，殊不知，孩子对父母也会产生影响。我把它叫做“孩子对父母的效应”。

类似概括 2 的结论说：经常被拥抱的孩子会成为一个令人愉快的人，经常挨打的孩子长大后不讨人喜欢。如果你把这句话颠倒过来也说得通：令人愉快的孩子会得到更多的拥抱，不讨人喜欢的孩子会经常挨打。是拥抱使孩子变得更加可爱，还是可爱使孩子获得更多拥抱，抑或是二者兼而有之？是挨打使孩子变得不讨人喜欢，还是面对这样的孩子家长会发脾气，抑或是二者兼而有之？在标准化的社会化研究中，人们无法区分这两种不同的解释，无法分清楚原因和结果。因此，这结论不能证明它想要证明的东西。

平行的宇宙

卡斯托和波吕克斯，罗米拉斯和里默斯是两对让人着迷的双生子。对行为遗传学家来说，他们是研究的主要部分。研究者用不着去找在不同家庭中长大的双生子，因为绝大多数参加研究的双生子，都是在同一个家庭里由亲生父母亲自带大的。这类研究主要是比较同卵双生子和异卵双生子。在比较同卵双生子和异卵双生子的相同之处后，研究者可以判断双生子的某一特质是否为基因所控制（以及控制的程度如何）。例如，调查双生子是否好动或不好动。如果发现一对同卵双生子活动量大致相同（两人不停地动，或两个人成天窝在沙发上看电视），而异卵双生子的活动量不一样时，就可以断定基因影响运动特质。

社会化研究者反对这种研究方法，认为这种研究假设不堪一击：即异卵双生子和同卵双生子的生长环境是一样的。与同性异卵双生子相比，如果同卵双生子的生长环境更相同，那么他们之间的相同之处应该归因为相同的环境，而不是相同的基因。

与异卵双生子相比，同卵双生子的生长环境更加相同吗？穿同样的衣服、玩同样的玩具不是我们要讨论的问题：问题是同卵双生子被同等对待了吗？他们是否得到同样多的爱和同样多的纪律约束？他们被拥抱的次数一样吗？他们挨打的次数一样吗？

有证据表明，父母对待同卵双生子的方式比对待异卵双生子更相似。当研究者问处于青少年时期的双生子从父母那儿得到多少爱或排斥时，同卵双生子比异卵双生子给出的答案更加一致。如果同卵双生子中的一个孩子说她的父母很爱她，那么另一个孩子多半也会这样说。但如果异卵双生子中的一个孩子说她的父母很爱她，另一个孩子有可能说她的父母也很爱她，或不爱她。父母也许给同卵双生子穿不同的衣服、买不同的玩具，但对他们的爱是一样的（或者不爱他们也是一样的）。然而，对异卵双生子来说，他们的长相不一样、行为不一样，父母可能爱一个孩子胜过爱另外一个。由此可以看出，同卵双生子的生长环境更加相似。

事实上，即使生长在不同的家庭，同卵双生子比起异卵双生子的生活环境也更相似一些。从小被分离的同卵双生子长大成人之后，他们对童年生活的描述惊人的一致，一致认为他们从养父母那儿得到了同样多的爱。虽然这可能是因为他们记忆系统的工作方式相同，快乐的双生子对童年有着快乐的记忆，阴郁的双生子只记得小时候的明枪暗箭。但我却并不这样认为。我认为从小分开长大的同卵双生子的确从养父母那儿得到了同样多的爱，其中一个原因是同卵双生子长得很相像：一个长得可爱，另一个也长得可爱。一个相貌平庸，另一个也相貌平庸。研究者将孩子长得可爱或相貌平庸作为一个变量，考察该变量是否对家长的教养方式产生影响。有一个研究表明，一般情况下，一位母亲对长得可爱的婴儿会关注多一些（婴儿的可爱程度由独立的评判员打分，评判员由得克萨斯大学的学生组成）。虽然研究者发现所有的婴儿都得到了很好的照顾，但家长更喜欢看长得可爱的婴儿，更愿意与他们一起玩耍。在该研究中，研究者引用了维多利亚女王写给自己已出嫁女儿的一句话。女王自认为对婴儿很在行（她一共生了九个孩子），她说："一个长相丑陋的婴儿是一个非常令人讨厌的东西。"

大多数长得丑的婴儿长大以后会变得好看一些，但想想那些长相没变的孩子。人们对相貌平庸的孩子的态度远不如对漂亮孩子那么友善。当相貌平庸的孩子做错了事，他们会受到严厉的惩罚；即使他们没有做错什么，人们也会迅速地认定是他们做错了。长相平庸和长得漂亮的孩子生活体验不同，成长环境不同。

当然，孩子的体验并不仅仅取决于他们的长相，其他品质也同样影响人们对他们的态度。人们对待像马克这样胆小的孩子的方式，与对待像奥德丽这样胆大的孩子的方式，一定不一样。但胆怯的确是基因造成的。如果马克有一个同卵双生的兄弟生活在地球的另一端，他也可能很胆小。他们由不同的母亲抚养，但这两位母亲的态度可能会非常相似，即对他们很同情，但有一点儿不耐烦。他们的父亲可能不那么同情他们，对他们会更不耐烦。马克和他分开长大的双生子兄弟可能也有同样的同伴体验，即被同伴嘲笑和欺负。对胆小的孩子来说，课间休息时间不好过。

就孩子的体验是天生性格和特征（如胆小或美貌）的应变量来说，同卵双生子有更相同的体验。关于这一点，社会化研究者是对的。但问题是，你会在下一章看到，我们不是要解释同卵双生子为什么如此相像（无论是由于相同的基因还是相同的体验），而是要解释他们为什么不一样。即使生活在同一个屋檐下，同卵双生子人格差异也会非常大。

基因效应的效应

基因有制造身体和大脑的指令，基因决定人们的相貌、大脑的结构和化学成分。身体上的遗传表现是执行基因指令的结果，我把它叫做“直接基因效应”。胆怯是直接基因效应，有些婴儿生来就异常敏感。天生丽质也是直接基因效应。

直接基因效应也会产生自身的后果，我把它叫做“间接基因效应”，也就是基因效应的效应。面对一个胆小的孩子，他的妈妈会鼓励他，他的姐姐会嘲笑他，他的同伴会欺负他。一个长相漂亮的孩子往往会赢得父母的宠爱，朋友的羡慕。这些都是间接基因效应。由于间接基因效应的作用，同卵双生子通常过着同样的生活。

社会化研究者指责行为遗传学家应用双生子数据，将环境效应与基因效应混为一谈时，他们是有道理的。事实上，行为遗传学方法无法区分基因效应和基因效应的效应，也就是说，他们不能分清直接基因效应和间接基因效应。他们所说的遗传实际上是直接基因效应和间接基因效应的结合。

如果能将二者区分开来就好了，但目前我们还做不到这一点。将间接基因效应归因为“遗传”而不是“环境”，我已经很满意了。尽管从技术上来说，间接基因效应也是孩子生长环境的一部分，但它们是孩子基因产生的后果。我赞同社会化研究者的意见，行为遗传学家的确没有处理好这个问题，他们不是错在将直接效应和间接效应混为一谈，而是没有说清楚他们在做什么。

让我在这里说得更清楚一点。行为遗传学研究主要是区分基因效应和环境效应。研究者观察被试的某一个性格特质，将性格特质的差异性分为两个部分来研究：一部分来自基因，一部分来自环境。研究结果发现，大多数心理特质的差异性几乎都是一半来自基因，一半来自环境。但是基因效应还包括间接效应，即基因效应作用下的环境后果。这意味着差异性的另一半应该归因为纯粹的环境影响，该环境影响既不是直接基因效应，也不是间接基因效应。

这一半的差异性就足以让社会化研究者忙乎了。然而，他们并不是证明整个环境对孩子的影响，他们只对环境的某些方面感兴趣，即对父母的教养方式感兴趣。在我看来他们并没有做到这一点。的确，能力强的父母多半有能力强的孩子，但这可能与遗传有关。被善待的孩子的个性比被虐待的孩子的个性好一些，但这可能是孩子对父母的效应。

社会化研究者不喜欢人们认为他们所研究的效应可能是孩子与父母之间遗传的相似性所致。但是孩子也会对父母产生影响（亲子关系是双向的）的看法已广泛被人们认可。几乎在每一篇有关父母行为和孩子行为相关性研究的论文中，都会在结尾部分加上一句话：直接的因果关系尚不清楚，论文中报告的相关更有可能是孩子对父母产生的影响，而不是父母对孩子产生的影响。这句话就像香烟盒上的警告一样，按规定香烟盒上必须要印有警告，但是谁也不会理睬它。

我感觉社会化研究者所说的孩子对父母的效应的确会发生，但主要出现在其他人的研究中。社会化研究者用教养假设来解释他们模棱两可的研究结果，因为教养假设从未被质疑过。他们的研究不是验证父母提供的环境对孩子的行为和人格产生持久的影响，因为这个假设不必验证，它是已知的。

质疑教养假设是我写这本书的目的。在这一章中，我已经告诉你哪些支持教养假设的说法是错误的，在下一章，我将告诉你反对教养假设的证据有哪些。

第三章

先天禀赋，后天教养，抑或两者都不是

从小被分离、被不同家庭收养的同卵双生子，长大之后两个人之间出现了惊人的相似性，这样的故事不断地被媒体报道，并引发了无数人的想象力。例如，有两个吉姆，两个人都有咬指甲的习惯，都喜欢做木工活，都开雪佛兰牌的汽车，都抽同一个牌子的香烟，喝同一个牌子的啤酒，都给儿子起詹姆斯·艾伦的名字（James Alan and James Allan）。我们当地报纸上刊登了一对孪生兄弟因成为消防志愿者而重逢的故事，照片上两个人长得一模一样，都戴着消防员头盔。还有一个杰克·雅夫和奥斯卡·斯托尔的故事。杰克在特立尼达岛由他的犹太父亲抚养成人，而奥斯卡在德国由他信奉天主教的祖母带大。当他们重逢时，两人都戴着一副长方形金丝边眼镜，留着短髭，穿着蓝色、带有肩章和两个口袋的衬衫，两人都喜欢从后往前看杂志，都习惯在如厕之前先将马桶冲一遍，两个人都喜欢在电梯中故意打喷嚏来吓别人。还有一个艾米和贝丝的故事。她俩被不同的家庭收养，艾米是一个被抛弃的孩子，贝丝却备受宠爱，她们俩在认知和人格方面都存在着缺陷。

这些同卵双生子的故事证明了基因的力量，说明基因使同卵双生子在人格特质方面有惊人的相似之处，即使他们的生活环境有天壤之别。这些故事也表明了基因以其微妙、复杂的方式控制着人们的行为，目前遗传机制和大脑神经生物学还无法对此作出解释。

但是故事的另一个方面却很少被人提及，即生活在同一个家庭中的同卵双生子，不像人们想的那么相像。不在一起长大的双生子都如此相像，你会想在一起长大的双生子更应该是一模一样，就像每年寄出的圣诞节信件一样。事实上，与从小被不同家庭收养的双生子相比，在一起长大的双生子之间并非更相像。尽管他们之间有许多巧合之处，但还是存在着许多差异。

是的，他们并不是更相像！这两个人不仅基因相同，还与亲生父母生活在同一个屋檐下，然而，他们却有着不同的人格。一个可能比较友好（或羞涩），另一个可能更友好（或不太友好）。一个可能比较谨慎，另一个可能比较鲁莽。一个虽然不同意你的观点，但可以做到心平气和，而另一个可能会说你一派胡言。我说的是同卵双生子。他们长得很相像，你分不出谁是谁，但他们在人格测试中选择的答案却不一样。生活在同一个家庭中的同卵双生子的人格特质的相关系数只有 0.50。

在同一个屋檐下长大的孩子并不会更相似

明尼苏达大学一些行为遗传学家正在进行一项研究，叫做“明尼苏达双生子研究”。当他们找到那些从小不在一起长大的双生子时，给他们提供免费旅行的机会，让他们来明尼苏达大学做为时一个星期的心理测试（我常想，这个研究的第二个奖励是找他们做两个星期的心理测试吧！）。不出意料，几乎没有人拒绝。能见到子宫里的室友的机会是无法抗拒的，因为两个人可能从脐带剪断后就不曾见过面。

来到明尼阿波利斯做测试的双生子中有一对双生子被叫做“爱笑的姐妹”。尽管生长在不同的家庭，而且她们的养父母都是一副阴沉、不苟言笑的样子，但她们两个人都特别爱笑。两个人都说，在没有重逢之前，她们从来没有遇到一个像她们这样爱笑的人。

通过观察爱笑姐妹，你会轻易地下结论说爱笑是遗传的。但她们只是研究中的一对双生子，我跟你们讲的是她们的趣事，而不是数据。收养她们的家庭非常相似，两个人爱笑可能是她们小时候缺乏欢笑。事实上，很难确定这对双生子爱笑是因为她们有相同的基因，还是因为她们有相同的经历。她们之间的差异可以归因为环境因素，因为她们有相同的基因，但她们之间的相似性却可能是由于遗传因素或环境因素造成的，或二者兼而有之。

虽然不能对爱笑姐妹做什么研究，但却可以对她们因此而闻名的特质进行研究。如果你给行为遗传学家几打双生子或兄弟、姐妹（亲生或收养，一起长大或分开长大），他们会告诉你爱笑的倾向是遗传、环境还是两者作用的结果。行为遗传学家的研究方法基于一个略有变化的老问题。养子更像他们的养父母还是他们的亲生父母？将“父母”换成“兄弟、姐妹”省去了比较不同年龄段人群的麻烦，但原理是一样的。这种方法基于两个前提：有相同基因的人比没有相同基因的人更相似，有相同成长环境的人比没有相同成长环境的人更相似。

我们可以基于两个前提形成预测。如果“爱笑”完全是遗传决定的话，那么同卵双生子爱笑的程度应该是相似的（但是无法完全相似，因为即使是同一个人，每天爱笑的程度也有一点不同），无论他们是否在一起长大都是如此。如果“爱笑”完全受环境影响，那么我们会发现一起长大的同卵双生子、异卵双生子、被收养的兄弟姐妹爱笑的程度应该相似，而在不同家庭中长大的双生子应该很不相似。最后，如果“爱笑”是遗传因素和环境因素的共同产物，我们会发现有相同基因的人比较相似，生长在同一个家庭中的人比较相似，基因相同、生长环境相同的人应该最相似。

听起来符合逻辑，不是吗？再猜猜看。如果“爱笑”这个特质与其他被研究的特质一样的话，那么，答案是“以上皆不是”。

出乎人们预料的结果开始在 20 世纪 70 年代中期出现。到了 70 年代末期，已有足够多的数据表明行为遗传学的基本前提是错误的。基因的前提没有错，在人格特质方面，基因相同的人更相似。有问题的是环境前提。许多研究指出，在同一个家庭中长大的孩子之间的相似程度与生活在不同家庭中的孩子之间的相似程度没有多大的差别。研究结果并不符合基因预测，因为有基因关系的人并不是那么相像，他们的相关系数太低了，而是基因以外的东西正在影响被试的人格，但似乎又不是家庭环境。如果是家庭环境的话，它的作用方式让人难以理解，它并没有让兄弟、姐妹更相似，而是让他们彼此更不相像。

也许你在想为什么这些结果出乎人们的意料。为什么生活在同一个家庭的孩子就应该一样呢？假如你的父母整天阴沉着脸、不苟言笑，你不觉得你可以变得很像他们或跟他们完全相反吗？你难道不能想象父母性情乖戾，而他们的两个孩子却完全不一样：一个乖戾，一个开朗吗？

问题是研究儿童发展的人，包括行为遗传学家都相信父母的态度、人格和教养方式对孩子的行为产生影响。流行病学家想预测饮食习惯和生活方式对人们健康和长寿产生的影响，发展心理学家想预测父母的行为和教养方式对孩子的心理健康和人格产生的影响。

不同的父母对孩子的态度和对家庭生活的观念都有所不同。有的家庭认为幽默是一个美德，笑声是对幽默感的回报，允许孩子打断大人的话语，说一些好笑的话。我就生长在这样的家庭里。读中学时，我有一个朋友叫埃莉诺，她家里的学术气氛非常浓厚，我家一点学术气氛都没有。一天晚上，她到我家来吃饭，后来她告诉我她真希望生在我家。我们家吃晚饭时非常热闹，每个人都愉快地交谈，俏皮话连连，笑声不断。埃莉诺的父母严肃刻板，她说在家里吃饭枯燥无味。你难道不认为在我家长大的孩子比在埃莉诺家长大的孩子更爱笑吗？你难道不认为在我家长大的两个人比分别在我家长大的和在埃莉诺家长大的人更相似吗？

如果你相信孩子“非此即彼”，或者像他们的父母，或者完全不像，那么你主张父母对孩子没有可预见性影响。如果你的看法比较温和，即大多数孩子受父母的影响，偶尔有一个比较叛逆，那么你预期兄弟姐妹之间都很相似，因为大多数的孩子是不跟父母唱反调的。正因为孩子生下来就不一样，一个可能像阿博特，另一个像科斯特洛，所以我们不能指望他们对父母的态度和行为有一模一样的反应。当然，在鼓励说笑话和笑声的家庭中长大的人，应该比在不苟言笑家庭中长大的人更爱笑一些。

但这并不是行为遗传学家发现的。他们研究了许多人格特质（据我所知，他们并没有研究爱笑这个特质），结果都一样。数据显示，生长在同一个家庭、由同一父母抚养的兄弟姐妹，成年后的人格并不受家庭因素的影响。在一起长大的兄弟姐妹有相似的人格，是因为他们有相同的基因，相同的基因而不是相同的环境解释了他们之间的相似性。对于许多心理特征来说，有证据显示家庭环境对智力产生短暂的效应，处在青春期前期被收养的兄弟姐妹之间的智商有一些相关性。但到了青春期后期，所有非基因的相似性都会消失。智商和人格一样，生活在同一个家庭中的养子/女，长大成人之后，他们之间的相关性趋向于零。

心理学的研究结果往往瞬息万变。一个研究中得到的有趣的结果，不会在下一个研究中再次出现。但行为遗传学的研究结果是可靠的，这是统计学家们公认的。行为遗传学之后的研究都得出同样的结论，即几乎所有成年的兄弟姐妹之间的相似性都是基因作用的结果，只有极少的相似性可以归因为他们从小一起生活的环境。

生活在同一个家庭中的兄弟姐妹之间并不相似。如果父母狠毒，他们并非对所有的子女狠毒，或者说，狠毒的方式也不一样。即使狠毒的方式一样，每一个孩子对狠毒的反应也不一样，即使是同卵双生子也会有不一样的反应。如果狠毒的父母只对一个孩子有影响，使这个孩子到了看心理医生的地步，而其他的孩子却过得很快活，这又该如何解释呢？

进退两难

总的来说，社会化研究者忽视了行为遗传学家令人不安的研究结果。少数几位注意行为遗传学研究的学者中，最有名的是第一章中提到的斯坦福大学教授埃莉诺·麦科比（她在多年之后承认第一个社会化研究并不成功）。

1983 年，麦科比和她的同事约翰·马丁（John Martin）发表了一篇篇幅较长且有深度的社会化研究综述的论文，综述了社会化研究的研究方法、研究结果和理论，谈到父母对孩子的影响，以及孩子对父母的影响。在写了满满当当八十页之后，他们用几个段落轻快地总结了对该研究领域的看法。他们指出父母行为与孩子人格之间的相关性既不强也不具有一致性，他们甚至怀疑大量测量之后得到的相关关系是否纯属偶然。他们还将读者的注意力引向行为遗传学令人费解的研究结果，即在同一个家庭中长大的养子，他们的人格没有相同之处，即使是亲生的兄弟姐妹之间，人格的相关性也很低。

鉴于社会化研究中相关性不强、趋势较弱，加上行为遗传学出现的令人不安的研究结果，麦科比和马丁得出以下结论：

> 这些发现强有力地说明，父母给孩子提供的物质环境对孩子的影响很小。父母的基本特质，如父母的受教育程度、夫妻关系的好坏等，对孩子的影响也很小。研究结果表明，要么父母的行为对孩子没有影响，要么父母的行为对不同的孩子有不同的影响。

要么父母的行为对孩子没有影响，要么父母的行为对不同的孩子有不同的影响，这是麦科比和马丁提出的两种选择。但社会化研究者一个都不喜欢。这就像告诉流行病学专家吃花椰菜和运动对健康没有影响，或者吃花椰菜使某些人更健康而使某些人病得更厉害一样。我同意吃花椰菜和运动对不同的人有不同的效果，至少在流行病学中，总体趋势表明，吃蔬菜和有规律的运动对绝大多数人有好处。麦科比和马丁认为在社会化研究中，人们甚至看不出有总体趋势。

我想再仔细研究一下他们的结论，因为这很重要。他们说："这些发现（指社会化研究中微弱、不一致的趋势，加上行为遗传学家在住在一起的兄弟姐妹身上发现的较低相关性这两件事）强有力地说明了父母给孩子提供的物质环境对孩子的影响很小，父母基本的特质对孩子的影响也很小。"换句话说，人们认为对孩子有重要影响的事情其实对孩子没有什么影响。父母有没有工作，读不读书，酗不酗酒，打不打架，结婚还是离婚，这些我们以为对孩子来说一定是很重要的事情，结果发现它们对孩子没有什么影响。同样，一个家庭的物质环境，例如是公寓还是农庄，宽敞还是拥挤，凌乱肮脏还是干净整洁，家中放着艺术品、厨房放着豆腐，还是家中堆满汽车零件、厨房放满零食，这些对孩子来说一定是很重要的事，结果发现也对孩子没有产生什么影响。

麦科比和马丁的大笔一挥，就划掉了社会化研究者长期以来赖以生存的一大半东西。如果再划上一笔，恐怕要划掉全部的东西了。麦科比和马丁让你在两者中作出选择：要么家庭和父母对孩子没有影响，要么对每一个孩子有不同的影响。第一个选择意味着教养假设是错误的，第二个选择则变成拯救教养假设的唯一希望。

没有人会选第一项。发展心理学家们比较关注全局，会围绕着第二个选项兜圈子。其他人则完全不理会天要塌下来的警告，继续耕种自己的自留地。

麦科比和马丁的第二个选项是：父母对不同的孩子有不同的影响。换句话说，父母和家庭都重要，但事实上每个孩子在家中有各自的生长环境。发展心理学家把它叫做“家庭内环境差异”，指同一个家庭中的孩子有不同的生活体验。例如，父母可能偏爱某一个孩子，被偏爱的孩子面对的是疼爱他的父母，而另一个孩子则要时时面对冷漠的父母；或者父母对一个孩子管教严格，对另一个孩子却很宽松；或者父母认为一个孩子有运动天赋，另一个孩子会读书。家庭内环境差异也是孩子之间互动的结果。例如，某个孩子有一个喜欢发号施令的姐姐，另一个孩子有一个令人讨厌的弟弟。因此，家庭不是一个单一、统一的环境，而是由许多小环境组成，每一个孩子都拥有一个小环境。

这个看法非常合理。毫无疑问，这些小环境的确存在，同一个家庭中的孩子有不同的生活体验，每个孩子与家人都有着不同的关系。大家都知道，父母对待不同孩子的方式是不一样的，即使他们想用同样的方式对待每一个孩子。妈妈总是喜欢你一些，所以你就变得很有出息。

但我们马上就遇到了麻烦，因为我们陷入了因果关系的无限循环中。我们怎么知道妈妈不是因为你本来就比较聪明才偏爱你呢？你是因为聪明才被父母称为“天才”，还是因为被称为“天才”才变得聪明的？如果父母对待每个孩子的方式不同，是他们对孩子之间差异的回应，还是他们引发了这些差异呢？

为了跳出这个循环，我们需要证明父母没有引发孩子之间的差异，差异是与生俱来的。我们需要知道为什么家长用不同的方式对待两个孩子，这个不同是不能用孩子们的基因不同来解释的。然后我们必须找到证据说明父母用不同的方式对待孩子的确对孩子有影响。我们需要证明父母对子女的效应，因为如果我们只有孩子对父母的效应，我们就不能解释父母对孩子的人格有任何影响。

出生顺序

我想起来有一件事情使父母用不同的方式对待不同的孩子，这就是出生顺序，出生顺序不是孩子与生俱来的特征。老大和老二在基因上的概率是相等的，但当他们出生之后，他们就发现各自的小环境是不一样的。老大和老二在家里的体验不同，只要知道谁是老大，就能准确地推测出他的生活体验。老大至少有一年的时间得到了父母全部的爱，然后突然跌下宝座，沦落到与对手竞争的境地，而老二一出生就面临着竞争。老大出生时，父母因为没有什么经验而紧张不安，当老二出生时，父母已经知道如何照顾他了。父母通常给老大更多的责任、指责和较少的独立性。

如果父母的教养方式影响孩子的人格，并且父母对待老大的方式不同于其他孩子，那么出生顺序应该在孩子的人格上留下一些痕迹，这些痕迹在他们成年之后仍然能够找到，这些痕迹叫做出生顺序效应。出生顺序效应是大众心理学作家喜爱的话题，例如，约翰·布拉德肖是“功能失调家庭”的权威人士，详细说明了老大、老二、老三的人格差异：

> 老大能够做决策，他的价值观也许跟父亲的一样，也许截然相反……他们善于与他人交往……老大在自尊发展方面有些麻烦……老二通常与系统的情感维系需求相关……他们会快速发现“背后的阴谋”，但无法清楚地表达自己的感受，因此，老二常常给人天真和茫然的感觉……老三跟系统的关系需求直接挂钩……表面上看起来他们事不关己、高高挂起的样子，事实上他们很在意。他们经常陷入矛盾之中，难以作出选择。

问题是心理学家不会这样说，除非他们有证据支持。他们要能证明：一般来说，老大自尊的问题比老二、老三多一些，老三更矛盾一些。如果人格测试能够测出老大、老二、老三之间存在系统性的差异，就达到了这个目的。

五十多年来，心理学家们一直在找这种系统性差异，寻找出生顺序对人格产生影响的有力证据。行为遗传学家和社会化研究者也想找到同样的证据。对行为遗传学家来说，如果能找到出生顺序的证据，就能澄清那些令人不安的研究结果了（行为遗传学家也相信后天教养的作用）。对社会化研究者来说，好处是不言而喻的。如果能找到出生顺序的证据，就能证明家庭中发生的事情，对孩子产生了重要和持久的影响。

多年来有关出生顺序的数据堆积如山，其中大多数是人格测试的分数。数千名被试在测试卷首写下自己在家里的排行，接下来说明他们对自己的能力是否有信心，表达情感是否有困难，是否讨厌作选择。然后，几百名研究者将这些问卷收集起来进行分析。遗憾的是，整个事情是浪费时间和物力。1990 年，朱蒂·邓恩（Judy Dunn）和罗伯特·普罗明（Robert Plomin），前者是世界上研究兄弟姐妹关系的权威，后者是世界上行为遗传学领域的权威，认真仔细地研究了这些数据之后，得出以下结论：

> 当人们谈到父母用不同的行为方式对待不同的孩子时，人们自然会想到孩子的出生顺序。我们常常假设父母对待老大的方式不同于对待后面的孩子……严格来说，这些差异并不重要。这是因为，人格上的个体差异和一般所谓的“心理变态”与孩子的出生顺序无关。尽管这个证据与人们普遍接受的观念不相符合，但看过大量出生顺序研究的人得出的结论是，出生顺序对孩子人格的影响微乎其微……如果出生顺序对人格差异没有影响的话，那么父母对待不同

孩子的不同行为方式对孩子以后的发展也不会产生重要影响。

在邓恩和普罗明所指的“那些看过大量出生顺序研究的人”中，首屈一指的就是具有百折不挠精神的瑞士研究者塞西尔·厄恩斯特（Cécile Ernst）和朱尔斯·昂斯特（Jules Angst），这两个人不是我杜撰出来的。

厄恩斯特和昂斯特对出生顺序研究作了一个综述。在这项艰巨的任务中，他们收集了从 1946 年到 1980 年之间发表的所有关于出生顺序的文章。数据包括对被试行为的直接观察，父母的评分，兄弟姐妹的评分，教师的评分，以及各种人格测试的得分。他们将所有的研究结果放在一起，试图对“人格因出生顺序的不同而不同：老大人格”的假设加以验证。

他们没有成功。首先，他们发现许多研究存在着不可救药的漏洞。在大多数研究中，研究者没有考虑家庭大小和社会经济地位等变量，这些变量之间本来就具有相关关系，会影响研究结果。厄恩斯特和昂斯特将有漏洞的研究剔除掉，把剩下的研究放在一起，他们发现了什么呢？出生顺序对人格没有产生一致性的影响。绝大多数研究没有得出任何有意义的结果，仅有的影响发现在被试的子集身上：对女孩有影响，对男孩没有；对小家庭有影响，对大家庭没有。研究结果毫无规律可循。

为了确保他们没有忽略掉什么，厄恩斯特和昂斯特亲自做了一个研究。按照社会科学的标准，这是一项规模庞大的研究，他们对 7 582 名住在苏黎世的大学生进行了人格测试。测试的人格内容有十二个方面：社会性、外向性、攻击性、易激动性、紧张性、神经质、忧郁性、抑制性、冷静、男子气概、支配欲和开朗（没错，他们没有测量爱笑性）。

研究结果让那些相信家庭环境效应的人倍受打击。在有两个孩子的家庭中，老大和老二的人格没有任何显著性差异。在有三个以上孩子的家庭中，存在着一点点差异，最小的孩子在男子汉气概这个维度得分稍微低一点（当你测量这么多变量时，出现显著差异可能纯属偶然。）

厄恩斯特和昂斯特这样总结他们的研究结果："出生顺序这个环境变量被认为与人格高度相关，但它不能预测个体的人格和行为。这意味着，必须重新修正该领域中的许多看法。"

但是对出生顺序的信念并没有轻易地消失，它是那种多次被打倒，但又立刻爬起来的东西。在许多重振出生顺序信念的努力中，最引人注目的是科学史家弗兰克·萨洛韦（Frank Sulloway）。在《生而叛逆》（*Born to Rebel*）一书中，萨洛韦声称，凡是科学、宗教和政治思想的革新都是老大率先反对，后出生的孩子支持，因为后出生的孩子有一种"开放的心态"。然而，我注意到革新的思想并不一定来自老二、老三甚至老四：伽利略、牛顿、爱因斯坦、马丁·路德·金、弗洛伊德和毛泽东都是老大。萨洛韦书中的数据表明，但在接受新思想时，老大总是止步不前。萨洛韦认为，从一出生开始，老大就占据了优势，除非与父母合不来，或者有什么别的原因，一般情况下他们是不会反叛的。打个比方，他们得到的苹果已经大大超出了规定的份额，他们不想打翻这辆苹果车。他们得到父母的关注最多，他们只要说"是的，妈妈；是的，爸爸"，就能保住他们得宠的地位。当溜须拍马的角色已经有人扮演了，那么，后出生的孩子只能扮演其他的角色了。于是，后出生的孩子容易叛逆。后出生的孩子长大成人后，比较倾向拥有萨洛韦所说的"非正统"的人生观。

也许我对弗兰克·萨洛韦的理论有偏见，因为我自己就是一个有着非正统人生观的老大。萨洛韦他自己是后出生的孩子，因此，对老大们很苛刻。在他的书中，老大们被描绘成自私、不宽容、嫉妒、心胸狭隘、攻击性强、刚愎自用的人。他多次指出，《圣经》中的该隐就是老大，显然他认为自己就是亚伯了。

既然我一出生就开始扮演刚愎自用的侵略者角色，那我要尽力做得更好。我对《生而叛逆》一书的批评在本书的附录 1 中。萨洛韦重新审视了厄恩斯特和昂斯特的研究综述，却得出不同的结果来支持自己的理论，但我发现他的分析没有说服力。萨洛韦没有提到厄恩斯特和昂斯特精心设计的研究，规模比综述中提到的任何其他研究的规模都要大，都没有发现出生顺序有什么效应。尤其是，他们发现老大和后出生的孩子之间在开朗这个维度上没有显著性差异。

出生顺序效应好像是你眼角的余光看到的东西，当你定睛凝视时，它却消失得无影无踪。它们不断地出现，因为人们不断地在寻找它们，不断地对数据进行分析、再分析，直到找到它们为止。它们容易在老式、小型的研究中出现。当被试的人格由父母或兄弟姐妹评判时，出生顺序效应也很容易出现。关于这一点，我在下一章里还会再提到。

父母的爱和关注不会均匀分布，关于这一点，萨洛韦是对的。他在书中引用了一个研究，有三分之二的母亲承认她们偏心，比较偏爱两个孩子中的一个。但他没有提到，大多数不公正的母亲偏爱的是老幺，该研究结果得到了另一个后续研究的支持。在后续研究中，父母都参加了访谈，87%的母亲和 85%的父亲都承认他们偏爱老幺。

与萨洛韦的想法或者他自己童年的记忆正相反，通常是老幺得到了父母大量的关注和爱，这在全世界都是一样的。在有些地方，人们仍然沿用古老的教养方式（我在第五章里会提到），婴儿出生后倍受父母的宠爱，但在三岁左右，当弟弟妹妹出生之后，在猝不及防的情况下突然失宠。长子可能可以继承王位、庄园或农场，但这并不意味着母亲更爱他一些。就算母亲最爱长子，也不一定因为他是第一个出生的孩子。

我还会在下一章中谈到萨洛韦的理论。就出生顺序这个话题，我还是让来自瑞士、直言不讳的厄恩斯特和昂斯特做最后的总结。

出生顺序研究看起来很简单。只要将数字输进计算机，计算机就能找出相关变量之间的显著性差异。例如，如果老幺比其他孩子更焦虑一些，是因为多年来他们在家里是最弱小的。如果老大很胆怯，是因为没有育儿经验的母亲照顾不到位。如果排行在中间的孩子感到很焦虑，是因为他们既不是老大也不是老幺而常常被忽视的缘故。如果想象力更丰富的话，甚至可以找到很好的理由解释为什么四个女孩中的老二焦虑程度最高。这种解释可以一直延续下去。这种研究完全是在浪费时间和金钱。

父母的教养方式

行为遗传学家接受了厄恩斯特和昂斯特的忠告，放弃了对出生顺序的研究。但是他们并不是心甘情愿地放弃，因为他们原本指望出生顺序研究能够帮他们摆脱困境。他们早已知道父母用不同的方式对待不同的孩子，但他们需要一种方法显示父母对孩子的不同的态度，不是因为孩子的个性不同（子女对父母的效应），而是父母不同的态度对孩子的人格产生相当的效应（父母对子女的效应），出生顺序研究可以做到这一点。如果父母厚此薄彼的态度影响孩子的人格，那么出生顺序研究中就应该出现这样的结果。但是大多数研究，尤其是那些规模较大、较新的研究没有发现老大和后出生的孩子在人格方面存在着差异。对这种研究结果合乎逻辑的解释是，微环境差异，如父母的偏心对孩子的人格没有一致性的影响。孩子长大成人之后，这种影响完全看不出来。

麦科比和马丁的第一个选项是父母对孩子没有影响，第二个选项是父母的教养方式对孩子产生的影响因人而异。出生顺序效应有可能为第二个选项提供支持，但人们一直找不到令人信服的证据，出生顺序效应看起来是飘忽不定的。

麦科比和马丁提出进退两难的选择之后，没有提出第三种选择。行为遗传学研究继续证明家庭环境对孩子成长不会产生持续的影响。即使有持久的影响，对每个孩子的影响也是不一样且无法预测的，因为从许多被试身上收集的数据并未显示出这种效应。当然，如果我们对某一个人进行观察，很容易听到这样的故事，即家庭环境（一个挑剔、苛刻的母亲，一个不称职的父亲）如何影响孩子的人格，使孩子的人生变得一塌糊涂。这种事后推断是传记作家的惯用手段，是不可取的。

像行为遗传学家一样，社会化研究者也在继续从事该类研究。许多人甚至还在做麦科比和马丁批评的那种研究，即研究父母不同的教养方式与孩子的社交能力、情感控制和智力差异的关系。他们仍然在寻找家庭之间的差异，而不是家庭内差异给孩子带来的影响。我认为有必要仔细审视一下这种研究，因为它出现在每一本发展心理学的教科书中，包括我自己编写的教科书。

1967 年，发展心理学家戴安娜·鲍姆林德（Diana Baumrind）将教养方式划分为以下三种类型：专制型、放纵型和权威型。我总觉得这几个词有点混淆，我把它们称为：太严型，太松型，正好型。

“太严型”父母比较专制，没有任何弹性可言。他们制定规则，并严格执行，必要时采取体罚措施。他们是“闭上嘴巴，服从命令”类型的人。“太松型”父母正相反：他们不吩咐孩子做什么，他们请求孩子做事。规则？什么规则？他们认为重要的是多给孩子爱。

第三种选择是“正好型”。你已经知道这些父母是什么样子的了，我在上一章谈到吃花椰菜时，已经描述过这类父母。他们给孩子爱和赞同，但又定下规则，要孩子遵守；他们通过讲道理，而不是体罚的方式让孩子守规矩。当然，规则并不是一成不变的，父母会充分考虑孩子的意见和愿望。总之，“正好型”父母就是欧洲后裔的美国中产阶级心目中父母的样子。

鲍姆林德和她的追随者做了十几项研究，得出的结论是："正好型"父母养的孩子最有出息。不过用文字好像比数字更有说服力，如果你仔细看他们研究中的数据，你就会发现有许多颇有创意的数据分析方法。我在上一章中提过，你在父母身上做大量的测试，在孩子的身上也做大量的测试，那么，你很有可能得到显著性相关。即使你偶尔得不到显著性相关，你可以采取各个击破的方法，分别对男孩和女孩进行测量、分别对父亲和母亲进行测量、分别对白人家庭和非白人家庭进行测量。很有可能，你会发现"正好型"父母对男孩和女孩有不同的影响，父亲和母亲对孩子的影响也不一样，或者，只对白人孩子有影响。

也许我太挑剔。总体上来看，这些研究结果的确显示了"好父母的孩子有出息"的趋势。"正好型"父母的孩子更容易与他人相处，学习成绩好，在青春期很少闯祸。总之，与"太严型"或"太松型"父母的孩子相比，他们更能自如地管理自己的生活。

问题是这些研究发现与行为遗传学的研究数据相矛盾。也许你还记得教养方式的研究主要是寻找不同家庭之间的差异，例如，史密斯家庭与琼斯家庭之间的差异。他们通常只对每个家庭中的一个孩子进行观察。行为遗传学家却不一样，他们对每个家庭中的两个孩子进行观察，他们发现了什么呢？他们发现史密斯家的孩子与琼斯家里的孩子没有什么两样。史密斯家的两个孩子有相同的人格，因为他们是亲生兄弟姐妹。如果他们是养子/女，那么，无论两个孩子都生活在史密斯家，还是其中一个生活在琼斯家，他们都不会有相同的人格。

行为遗传学研究的启示是，要么父母的教养方式对孩子的人格没有影响（麦科比和马丁的第一个选项），要么父母对家里每个孩子的教养方式不一致（我把它称为 2a 选项），要么父母对不同的孩子使用不同的教养方式（2b 选项）。如果"正好型"父母使某些孩子变好，某些孩子变坏，那么研究儿童教养方式还有什么意义呢？

我不认为父母对孩子的教养方式一致，除非他们孩子的表现一致。我有两个个性迥异的孩子（一个是收养的，但这种情形也会发生在亲生的孩子身上），我用了两种不同的教养方式。我丈夫和我很少给老大定规矩，因为基本上不需要。给老二定了各种规矩，但定了也是白定，不起任何作用。跟她讲道理，省省吧！我们只好对她采取“闭上嘴巴，服从命令”的方法，但这也不管用。最后，我们只好放弃。不知怎么地，我们一起熬过了她的青春期。

如果父母根据孩子的个性来调整自己的教养方式，那么鲍姆林德和她的同事就要测量子女对父母的效应，而不是父母对孩子的效应。因此，不是好的教养方式能够培养出好的孩子，而是好的孩子产生好的教养方式。如果父母不根据孩子的个性调整教养方式，鲍姆林德等人就要测量基因效应，而不是环境效应了。因此，不是好的教养方式培养好的孩子，而是好的父母培养好的孩子。

我认为欧洲后裔的美国中产阶级都想用“正好型”的教养方式，因为这种教养方式被他们的文化所认可。如果他们不用的话，说明他们自己或他们的孩子有问题。如果他们自己有问题，那是因为他们有不健全的人格特质，并很可能遗传给孩子了。如果他们的孩子有问题，例如，脾气很坏，那么，“正好型”的教养方式不起作用，家长会采用“太严型”的教养方式。因此，在美国白人中间，用“太严型”教养方式意味着他们的孩子有问题。这才是教养方式研究者发现的。

在其他种族中，尤其是亚裔美国人和非裔美国人中，他们的文化规范却不一样。例如，华裔美国人通常采用“太严型”的教养方式，不是因为他们的孩子有问题，而是他们的文化认可这种方式。因此，亚裔美国人和非裔美国人采用“太严型”的教养方式，并不是因为孩子有问题、喜欢惹麻烦。这也是教养方式研究者发现的。

事实上，研究发现亚裔美国人最喜欢采用“太严型”的教养方式，然而，亚裔美国孩子在许多方面都是最能干的、最成功的。尽管研究发现与他们的理论相左，但教养方式研究者并不因此感到气馁，仍然顽强地继续他们的研究。

其实不仅仅是他们，其他发展心理学家亦是如此。凡是与教养假设相矛盾的数据都被忽略掉，而模棱两可的数据则被解释为支持教养假设的证据。

其他家庭间的差异

家庭间的差异通常由父母的个性差异导致，父母个性有一部分是可以遗传给孩子的，许多社会化研究也说明了这一点。如果父母不善于管理自己的生活、不能与他人和谐相处，那么他们的孩子一定会倍受其害，因为他们既遗传了父母不利的基因，又受到糟糕的家庭生活的影响。如果这些孩子长大后没有出息，人们通常会认为是糟糕的家庭生活导致的，但真正的原因可能是基因不够好。在大多数情况下，我们很难将两者区分开来。

让我们看一些不受父母基因影响的家庭间差异。父母对生活方式的选择与他们能否成功管理自己的生活无关。

例如，发展心理学研究的一个经典问题是职业女性的孩子与家庭妇女的孩子在人格和行为方面是否存在着差异。在上几个世纪，母亲基本上都呆在家里，除非她们的丈夫不能让她们过上体面的生活。那时，许多发展心理学家认为职业女性的孩子通常会有心理问题。但是现在职业女性遍布各个行业，人们基本上已无法区分职业女性的孩子与少数家庭妇女的孩子了。有人请一位发展心理学家写一篇关于母亲就业状况对孩子影响的综述文章，这位发展心理学家写道，“没有出现一致性差异”，整篇文章反而在讨论母亲就业对父母的影响。

另一个相关问题是人们对托儿所的关注。以前，只有出现问题的家庭才把孩子送到托儿所，那时候，人们普遍认为托儿所对年幼的孩子不好。现在，无论是家境好的家庭、还是家境不是那么好的家庭都将孩子送到托儿所，婴儿或学龄前儿童呆在托儿所、还是呆在家里都没有什么关系了。一位发展心理学家在 1997 年的一篇综述中问道：“早期母亲照顾的缺失会给婴幼儿带来长久的伤害吗?”在综述相关研究之后，她得出的结论是：“不会。”即使托儿所的质量参差不齐也不会给孩子造成多大的差异。“从文献综述中得出一个令人惊讶的结论，即对大多数孩子来说，不同的照顾形式对孩子的发展不会产生影响。”

研究者也考察了家庭构成和生活方式对孩子的影响。大多数家庭由母亲、父亲和孩子构成，但是现在另类的家庭越来越多了。另类家庭（由婚姻失败或不结婚造成）的孩子将来遭遇生活失败的可能性概率是大了一些（我将在第十三章中讨论离婚或单亲家庭中孩子的困境），但如果是人们有意选择了另类的家庭生活方式，那么对孩子就没有什么影响。加利福尼亚州的研究者对一些另类家庭展开了长期的研究。在这些家庭中，有的父母是嬉皮士，住在群居村里；有的人过着“开放婚姻”的生活；有的是未婚职业女性但选择做单亲家长。这些家庭的孩子与传统家庭中的孩子一样聪明、健康，有较强的适应性。

另一种另类家庭是由同性恋家长组成。人们对同性恋家庭的研究也没有发现同性恋家庭的孩子与正常家庭的孩子有什么大的差异，同性恋家庭的孩子与正常家庭的孩子有同样的适应性。在性别角色发展方面，同性恋家庭的女孩像其他的女孩一样具有女性化特征；男孩像其他的男孩一样具有男性化特征。研究者没有发现，由同性父母养大的孩子更有可能变成同性恋者，当然，目前还没有大规模的研究来研究这个问题。遗传学研究表明基因在性取向中起重要的作用，如果真是这样的话，那么，同性恋的后代成为同性恋的可能性更大。心理学家现在已经不再将同性恋看作是“适应不良”的符号了。

传统家庭中的许多孩子都是“事故”的产物。在美国，有超出50%的人是意外受孕，然而，现在越来越多的家庭借助现代生殖技术受孕，这个过程花费巨大且颇费周折。这些孩子的存在有赖于体外受精等技术，他们的父母对他们关爱有加，但他们与其他孩子没什么两样，“在情感、行为、亲子关系等方面没有差异性”。

另一个研究观察了三种另类家庭：没有父亲的家庭，有同性恋母亲的家庭，以及靠现代生殖技术，如捐赠精子而获得小孩的家庭。有的母亲是同性恋，有的是异性恋；有的是单亲，有的有同居者。这些母亲的孩子的适应性和行为表现与其他家庭的孩子没有差异，他们的表现甚至还优于一般孩子。在家庭组合这个变量上，研究者没有找到这些家庭的孩子与别的孩子有什么不同。有父亲的孩子跟没有父亲的孩子，表现都一样好。

在诸多研究家庭差异对孩子影响的因素中，有一个重要的因素是有无兄弟姐妹。独生子女的生活与非独生子女的生活完全不同。独生子女与父母的关系更为密切，她承担了所有老大应当承担的焦虑、责任和责备，同时又得到了老幺应得到的关注和爱。过去，大多数家庭至少有两个孩子，偏离了这个模式意味着不正常，独生子女的名声并不好。但现在大家都晚婚，孩子也越来越少。过去十五年的研究发现，独生子女和非独生子女之间没有出现一致性差异。虽然有的研究结果显示独生子女和非独生子女之间有一些小的差异，但差异没有一致性，有时表现为对独生子女有利，有时表现为对非独生子女有利。

寻找答案

生活在不同家庭的孩子有不同的家庭环境。有的孩子有兄弟姐妹，有的没有；有的孩子的父母是一男一女结了婚住在一起的，有的没有结婚；有的孩子由父母亲自照顾，有的不是。这些家庭间的主要差异对孩子没有可预见性的影响，该研究发现与行为遗传学数据一致。人们认为家庭间不显著的差异，即父母的教养方式对孩子产生可预见性的效应，但正如麦科比和马丁所指出的，这些效应比较微弱，可以用别的方式来解释。

这使我们回到麦科比和马丁的第二个选项上来，家庭中因不同孩子而异的教养方式才对孩子产生影响。但是如果家庭间的主要差异对孩子没有影响，那我们为什么要指望家庭中的细微差异会对孩子产生影响呢？如果妈妈有没有工作、已婚还是单身、同性恋或是异性恋都没有关系，那么我说妈妈是否最疼爱你很有关系，你觉得这种说法有意义吗？

每个孩子都生活在家里一个独一无二的微环境里，这个说法是行为遗传学家想摆脱困境的一个方法。遗传不能说明一切，行为遗传学家发现人格特质的差异中只有一半可以用基因来解释，而另一半则归因于环境。行为遗传学家跟其他所有人一样，把归因为环境的一半假设为“后天教养”。只有亚利桑那大学的一位行为遗传学家大卫·罗（David Rowe）指出，父母并不是孩子生活的全部。除了家庭环境之外，孩子还有其他的生活环境，这些环境对孩子来说，可能更重要。其他人仍然在家庭内寻找答案，就像人们找钥匙一样，钥匙一定在家里的某个地方。

也许你也在想，一定在家里的某个地方。所有的人都知道父母对孩子有影响。五万个心理学家不可能出错！问题家庭不是产生出问题孩子了吗？但是基因也很重要，孩子遗传了父母的、造成家庭功能失调的特质（我会在第十三章中仔细探讨功能失调家庭，它不仅仅是基因的问题）。

它不仅仅是基因的问题。你相信家庭环境的能量是因为你亲眼看到了一些证据。那些不知道教养之道、不知道如何对付可怕孩子的家长，往往培养不出成才的孩子：坏脾气的孩子之所以变成坏脾气，是因为他每次发脾气之后，家长对他赞赏有加；自尊心弱的孩子之所以自尊心弱，是因为家长在不断地贬低她；神经质的孩子之所以变成神经质，是因为家长对他的态度反复无常。在不同文化中成长的人，人格上会有很大的差异。我的工作挺不容易，我得找到其他的解释，对你亲眼所见、笃信不疑的父母对孩子产生的长久效应作出解释。

明尼苏达大学的一位行为遗传学家托马斯·布沙尔（Thomas Bouchard），是参与明尼苏达州双生子研究的其中一位研究者。1994 年，他在《科学》期刊上承认，童年环境对人格的影响“仍然是一个谜”。也许更大的谜是为什么心理学家长期以来坚持人格是基因和环境共同作用的结果的观点。先天禀赋（我们从父母身上得到的 DNA）被证明对孩子的人格有一定的影响，但不是全部的影响。后天教养（父母为我们所做的一切）却没有发现有任何影响。

是该找其他可能性的时候了，以上两种解释都行不通。

第四章

分离的世界

在早期流传下来的民间故事中，主人公经常被刻画成从小在家里备受虐待，长大离开家庭后变为成功人士。以《灰姑娘》的故事为例，我小时候读的《灰姑娘》是这样开头的：

> 从前有一个人娶了第二个老婆，这个女人既虚荣又自私，她的两个女儿和她一样的虚荣和自私。这个男人自己的女儿既温柔又善良，一点也不爱慕虚荣。

这个温柔善良的女孩就是灰姑娘。这本书中的两个继姐妹也很漂亮，不像迪士尼电影中刻画的那样，只是她们的人格很丑陋，像她们的妈妈一样。而灰姑娘则从她死去了的母亲那儿遗传到了善良的本质。在过去的日子里，母亲去世很常见。那时，许多家庭因为死亡破裂，就像今天许多家庭因为离婚破裂一样。在童话故事中，许多事件被压缩了。灰姑娘一定遭受继母和姐妹虐待了好多年，但她没有人可以依赖，她的父亲不愿意或不能帮助她，那个年代也没有儿童权益保障机构。她一定从很小的时候就学会了保持低调，不要引人注目，把他人吩咐的事情做好，对一切侮辱要忍气吞声的做法。就这样一直忍耐到皇宫举办舞会、仙女教母和王子的出现为止。

我们听这个故事时必须接受以下前提，即灰姑娘可以去参加舞会，而且不被她的继姐妹认出来。虽然多年来生活落魄，但灰姑娘依旧光彩迷人，吸引了见多识广的王子的注意。当王子再一次在灰姑娘家中见到穿着破衣烂衫的灰姑娘时，并没有认出她来。王子从未对灰姑娘是否能胜任王妃乃至皇后的责任产生过质疑。

荒谬可笑吗？也许不。假如你接受一个简单的想法，这一切就变得合理起来。孩子在不同的环境中会发展出不同的自我、不同的人格。灰姑娘在很小的时候就知道，在继母面前要表现出温顺的样子，不能引人注目，以免引起继母的妒忌。但有的时候，她也会溜出去找小伙伴玩耍，就像大多数小孩在家里关不住一样（他们没法把她关在家里，因为家里没有厕所）。

溜出家门之后的情形就不一样了，没有人欺负灰姑娘，没有人把她当奴隶看待。她发现由于自己长得可爱，也能赢得一些朋友（包括那位慈祥的、她后来称作“仙女教母”的邻居）。她的继姐妹在舞会上认不出她来，不仅因为她的穿着打扮不同，而且她的行为举止，如她的面目表情、她的站姿、她走路和说话的样子等也发生了变化。她们从来没有见过她在户外的样子，当然，王子也从未看过她在家里面的样子。因此，当他去灰姑娘家找那位掉了一只水晶鞋的美女时，完全认不出她来——灰姑娘在舞会上大放异彩，尽管不太老练。但是，王子想，这些都是可以补救的*。

双面的灰姑娘？

也许这听起来好像我在描述一个具有“分裂人格”的人，像《三面

* 我对故事中“从此，他们过上了幸福的生活”的说法不予评论，这只是一个童话故事。

夏娃》（*The Three Faces of Eve*）中的主角一样。治疗师认为，夏娃的不正常不是因为她有多重人格，或者她的其他人格大相径庭、各不相同；问题是夏娃的多重人格来无影、去无踪，无法预测，而且各个人格之间没有对方的记忆。

有多重人格是不正常的。威廉·詹姆斯（William James）（小说家亨利·詹姆斯［Henry James］的哥哥）是第一位指出这一点的心理学家。一百多年前，威廉就描述了在正常青少年和成年人身上存在的多重人格，指的是正常的男性青少年和成年人。

> 确切地说，一个人在社会上扮演多种角色。有多少人认识他，他就扮演了多少种角色……但如果对这个人不同的形象进行分类的话，我们可以说，这个人有多种社会角色，就跟他所在意的社交团体一样多。对于不同的社交团体，他展现出来的自我是不同的。许多年轻人在父母和老师面前表现得很温顺，但在同辈面前却表现得很粗野，脏话连篇，不可一世。我们在孩子面前展示的自我，与我们在俱乐部同伴面前展示的自我不一样；我们在顾客面前展示的自我，与我们在雇员面前展示的自我不一样；我们在主人和老板面前展示的自我，与我们在亲密朋友面前展示的自我不一样。由此，我们可以看到一个人有多重人格。这可能是一个不一致、不和谐的分裂，因为人们不愿意别人看到他在其他地方的样子，或者说是一个很和谐的分工，一个人对他的孩子很温柔，但对他手下的士兵或他管理的犯人却很严厉。

如果套用现在的术语，詹姆斯的观察就是研究人们在不同的社交场合，表现不一样。当代的人格理论家并不否认这一点。他们争论的焦点是，在所有的面具下是否有真正的“人格”。如果一个人在一个场合下温柔，在另一个场合下严厉，那么，究竟哪一个才是真正的他？如果不同的人都对自己的孩子温柔、对犯人严厉，那岂不是情境决定人格？

这一段摘自威廉·詹姆斯的《心理学原理》（*The Principles of Psychology*），该书是美国第一本心理学教材，出版于1890年（我自己也有一本，被翻烂了，已经不值钱了）。因为那个时候心理学刚刚起步，詹姆斯独占鳌头，他几乎涉猎了心理学的每一个领域，研究了人格、认知、语言、感觉、感知以及儿童发展。詹姆斯说新生儿的世界是"一片极度模糊、嘈杂的混沌"。他这样说是错误的。

现在，心理学的研究领域泾渭分明，一个领域的专家自从研究生毕业之后，很少读其他领域的研究论文。社会化研究者对晦涩难懂的有关成年人人格的争论不感兴趣，"自我"这个词也没有出现在行为遗传学家的词汇中。

很遗憾，因为我认为这是相关的。的确，我认为詹姆斯观察到在不同的社交场合，人们有不同的表现，以及关于这一切为什么会发生，到底有没有一个真实自我的后续讨论，都为人们解开人格发展之谜提供了重要的线索。

我已在前一章中提到，父母无法改变孩子与生俱来的人格，至少在孩子长大以后，看不出父母对孩子有什么影响。如果这是真的，那为什么所有的人都如此确信父母对孩子的人格产生重要影响呢？

不同的地方，不同的面孔

《三面夏娃》中的夏娃有多重人格，并且各个人格之间不能进入彼此的记忆。而我们则不然，我们在不同的社交场合有不同的行为表现，但我们将自己的记忆从一个场合带到下一个场合。不过，在一个场合学到的东西，不一定适用于另一个场合。

事实上，人们一般不会将知识和技能迁移到新的情境中去。根据学习理论专家道格拉斯·莱特曼（Douglas Detterman）的说法，人们不会自发地将自己在某一个情境中学到的东西迁移到新的情境中去，除非新的情境与旧的情境很相似。莱特曼指出概括不足比过度概括更具有适应性。与其墨守成规、莽撞行事，不如假设新的情境有新的规则、并决定新规则是什么，这样会更保险一些。

婴儿就是这样构建世界的。发展心理学家卡罗琳·罗夫科利尔（Carolyn Rovee-Collier）和她的同事做了一系列实验，研究婴幼儿的学习能力。婴儿躺在婴儿床里，看着挂在上方的悬挂饰物。一根丝带系在他的脚踝上，只要他的脚一踢，悬挂饰物就会摆动。六个月大的婴儿很快就学会了这一招，他们很高兴地发现，脚一踢就可以控制悬挂饰物的运动。过了两个星期，他们还记得。但如果这个实验的某一个细节发生了变化，如把饰物上的挂件换一两个，或者把婴儿床的内衬换成不同的款式，或者把婴儿床搬到不同的房间去，他们就会一筹莫展地盯着饰物，好像从来没有见过这个东西。很明显，婴儿与生俱来的学习机制上已贴上警示条：在某一个情境中学到的东西，不一定适用于另一个情境。

的确是这样，在某一个情境中学到的东西，不一定适用于另一个情境。一个小孩在家里放声大哭，如果幸运的话，他可能会得到关注和同情。但如果他在托儿所里也放声大哭，小朋友就会躲他远远的，不跟他玩；如果在小学，他还继续这样，只能招致同学的奚落。在爸爸面前表现出的可爱和孩子气会引起同学不同的反应。在家里，孩子聪明、机智的话语会引得笑声一片，但如果他没有学会在学校管住自己的舌头的话，他只能去校长办公室报到了。在家里，会哭的孩子有奶吃；在外面，枪打出头鸟。不过灰姑娘的例子，正好相反。

像灰姑娘一样，大多数孩子至少有两个截然不同的环境，即家里面和家以外的世界。每一个环境有各自的行为规范和奖惩规则。灰姑娘的情况之所以特殊，是因为她的两个环境，还有她的两个人格相差甚远。但是普通美国中产阶级家庭的孩子在家里、家外的行为方式也不同。我记得我的孩子还在上小学的时候，我和我丈夫都去学校参加家长会。年复一年，我们看到很多家长与老师谈话之后，难以置信地摇着头，以开玩笑的口吻说："她说的是我的孩子吗？"有时，老师谈论的孩子，在家长看来的确如陌生人一般。但更多的时候，孩子在学校里的表现超出他们的预料，"但他在家里很固执呢！""她在家里不停地说话，嘴巴一分钟也没有闭过！"

儿童，即使是学龄前儿童，也十分擅长从一个人格转换到另一个人格。也许他们比大人更容易转换人格。你有没有听过一两个四岁孩子玩过家家时说的话？

史蒂芬妮（用平常的声音对凯特琳说）：我来当妈妈。

史蒂芬妮（假装用妈妈的声音说）：好了，宝贝，快来喝牛奶，做个乖宝宝。

史蒂芬妮（小声耳语）：假装你不喜欢。

凯特琳（假装用婴儿的声音说）：不要喝牛奶嘛！

史蒂芬妮（假装用妈妈的声音说）：喝了它，宝贝，牛奶对你有好处哦！

史蒂芬妮在这里扮演了三种角色：作者/制片人，导演，扮演妈妈的角色。当她不断地转换角色时，赋予了每一个角色不同的声音。

不同社会情境中的行为

史蒂芬妮假装给凯特琳喂奶的奶瓶是一个圆柱形的积木。发展心理学家对这种假装的形式很感兴趣，因为它是行为的一种高级的、具有象征性的形式。这种形式在孩子两岁之前就出现了，许多文章指出这种行为出现的早晚主要受环境影响。毫不奇怪，研究者将注意力集中在孩子的妈妈身上，他们发现如果妈妈跟孩子一起玩这种想象的游戏，那么，孩子就会玩更多、更高级的想象游戏。

但这儿有一个陷阱。格里塔·费恩（Greta Fein）和玛丽·弗莱伊（Mary Fryer）是两位研究儿童游戏的专家，在综述了相关研究之后，她们得出以下结论：虽然孩子跟自己的妈妈一起玩游戏时，能够达到较高的水平，“但母亲对孩子玩游戏产生影响的假设不成立”。当妈妈鼓励孩子玩比较复杂的游戏时，孩子可以做到。但当小孩自己或与其他小朋友玩游戏时，他们玩的游戏和与妈妈在一起玩的游戏并没有什么关系。

其他的发展心理学家攻击这个结论。费恩和弗莱伊回应说她们“并不想贬低成年人在孩子生命中的重要性”，她们原先没有意识到这个想法在家长的心目中是多么的根深蒂固。但是她们坚持自己的观点。有证据显示只有当孩子与母亲一起玩游戏时，母亲才对孩子产生影响。她们建议：“当理论行不通时，要么抛弃它，要么改变它。”我的观点也是如此。

能跟妈妈一起学习当然是再好不过了，但孩子不会自动将这种学习迁移到其他的情境中去，这样做很明智，因为跟妈妈一起学的东西可能在其他情境中毫无用处。例如，有一个叫安德鲁的婴儿，他的妈妈得了产后抑郁症，这种症状在产妇头几个月里非常普遍。她可以给安德鲁喂奶、换尿布，但不怎么跟他玩，也不对他笑。当安德鲁三个月的时候，也出现了抑郁症的症状。当他与妈妈在一起时，也很少笑，面部表情很严肃，动作无声无息，远不如同龄的孩子活跃。幸运的是，安德鲁并不是所有的时间都跟妈妈在一起，一部分时间他呆在托儿所里，托儿所的老师可没有抑郁症。当安德鲁与托儿所的老师在一起的时候，你看到了一个完全不同的婴儿，爱笑也爱动。研究像安德鲁一样婴儿的研究者指出，当婴儿与患有抑郁症的母亲在一起时，常常是面无表情、动作无声无息。

对大一点、会走路的幼儿在不同的社会情境中的不同行为进行的研究发现，蹒跚学步的幼儿在家里（让他们的母亲填写问卷）和在托儿所（通过观察或询问托儿所的老师）的行为完全不同，孩子的母亲和老师对孩子行为的描述也完全不相吻合。一位研究者说："蹒跚学步的幼儿在家里和托儿所的行为有系统性的差别。"

兄弟和姐妹

假定孩子与母亲的互动无助于他们在托儿所与其他孩子相处，那么与兄弟姐妹的互动应该可以迁移吧？你一定觉得可以，我原来也是这么想的。但再细想一下，孩子开始与同龄人接触可能更有好处。在家里管教弟弟的孩子可能是托儿所班上最小的孩子，而在家里被管的弟弟可能在班上个头最大、最强壮。以下是一个研究团队对这个话题的看法：

> 还没有证据显示，兄弟姐妹互动中的个体差异迁移到同龄人互动中……即使多年来对老大服服帖帖的老二，也会在同龄人中担当领导角色。

另一位研究者的看法：

> 孩子与兄弟姐妹的关系和他们与同龄人的关系之间没有显著性相关……据他们的母亲报告，那些与兄弟姐妹有竞争、控制性关系的孩子和同龄人关系很好、友谊很深。与兄弟姐妹有着敌对关系的

孩子在同伴友谊方面得分更高一些……的确，我们不应该预期，对弟弟妹妹的竞争和控制行为一定与朋友之间的负面问题行为相关。

除非他们是双生子，否则兄弟姐妹之间的关系一定是不平等的。大多数情况下，大的是头儿，小的是跟班的。大的想支配，小的想避免被支配。同龄人之间的关系则不然，他们之间的关系更平等，更和谐。在美国孩子中，兄弟姐妹之间的冲突和敌意远远多于同龄人之间的冲突和敌意。

兄弟姐妹之间的冲突是弗兰克·萨洛韦《生而叛逆》一书的主题。萨洛韦认为，兄弟姐妹一出生就是对手，争取得到公平的份额。一般情况下，老大占有更多的份额，占有家庭更多的资源和父母的爱。萨洛韦说，孩子为了争取更多的份额，是八仙过海、各显神通。如果家里的一个位置被占了，那么，他们一定会想出其他的方法去赢得父母的关注和认可。

我并不反对这种说法。我也不怀疑人们常常将兄弟姐妹之间的敌意带到成年，甚至带到坟墓。我的姑姑格拉迪斯和叔叔本彼此憎恨了一辈子。我怀疑人们是否将兄弟姐妹关系中的情感和行为带到其他的关系中。但除了她的兄弟本之外，我的姑姑格拉迪斯亲切、善良，就像童话故事中的灰姑娘一样。

兄弟姐妹关系中的行为方式既无助于、也不阻碍我们与其他人之间的关系，这些行为方式没有给我们的人格留下永久的痕迹。如果留下痕迹的话，研究者会在人格测试中发现老大和后面出生的孩子长大成人之后的人格不一样。我在前一章中提到（也见附录 1），大多数研究没有发现出生顺序对成年人人格产生影响。但在一种特别研究中，即当被试的人格是由父母和兄弟姐妹来评判时，出生顺序效应出现了。当父母描述自己的孩子时，他们通常会说，老大更严肃认真、更有条不紊、更有责任心、焦虑程度更高。当弟弟妹妹描述老大时，他们最常用的一个词是：“专横”。在这里我们看到了被试在家中的行为。

家里存在出生顺序效应是毫无疑问的，我认为这是人们很难改变对出生顺序效应信心的原因。当你看到一个人与他的父母或兄弟姐妹在一起，你的确看到了你所预期的差异。老大的确更严肃认真，更有责任心，也更喜欢指手画脚，而老幺的确更逍遥自在一些，但只是当他们在一起时才有这样的表现。这些行为方式并不是负担，走到哪儿要带到哪儿，一辈子跟我们如影相随。我们甚至不用把这些行为方式带到托儿所去。

离家时绝对不能没有它

我最喜欢用挑食的例子来说明某一个情境中的行为不能迁移到另一个情境中去。挑食是父母经常抱怨的一个话题。你可能认为在一个情境下挑食，也会在另一个情境下挑食，但研究者发现并不是这么回事。在一项对瑞典挑食孩子的研究中，发现有三分之一的孩子要么在家里挑食，要么在学校挑食，只有8%的孩子在家里和学校都挑食。

啊！那个8%不就是这样吗？我得承认我一直在误导你，虽然家里的行为与家外的行为相关系数低，但不至于是零。我在第二章中提到过，在父母面前行为恶劣的孩子，在同伴面前不一定表现恶劣，反之亦然。两个情境中恶劣行为的相关系数只有0. 19，这意味着即使你看到一个孩子在父母面前的行为，但你并不能预测她在同伴面前的行为。这个相关系数不是零，事实上，它已经具有统计学意义了。

具有统计学意义，但相关系数惊人的低，之所以惊人是因为这是同一个孩子（同样的基因）在两个不同情境中的行为。我们从行为遗传研究中得知，人格特质，如不友善和攻击性有50%遗传的可能性。这意味着孩子人格中的一大部分是与生俱来的，而不是从环境中习得的。某一个孩子天生不友好，无论他走到哪儿，他都会表现得不友好。后天习得的特质与环境密切相关，但天生的特征如影相随，是无法摆脱的。在家里和学校都挑食的孩子可能对食物过敏或消化不良。因此，在家里、家外都挑食的孩子，在父母和同伴面前表现都恶劣的孩子，可能与直接遗传效应有关。

间接基因效应，即基因效应的效应，可以使一个情境中的行为迁移到另一个情境中。灰姑娘的例子很少见，当灰姑娘在继母的攻击范围之内，她的美丽会让她处于危险之中。只有在外面，她的美丽才成为她的财富。大多数漂亮的孩子发现无论她们走到哪儿，美丽都是她们的财富。大多数相貌平庸的孩子发现无论在哪儿，平庸的相貌都使她们处于劣势。也许那些在父母和同伴面前表现恶劣的孩子外表不吸引人，所以他们放弃了用讨好人的方式去达到目的，因为这不管用。或者，也许他们生下来性格就不好，使他们与任何人打交道都不愉快。令人不愉快的性格会给人带来直接和间接的麻烦：直接，是因为令人不愉快的性格使这个孩子不友好地对待他人；间接，是因为这个孩子令人不愉快的性格使其他人不友好地对待他。

代码转换

由于基因的作用，一个情境中的行为可以迁移到另一个情境中，我认为这是一个令人讨厌的说法，因为它影响了我，使我无法阐明一个观点。我想让你相信孩子是在不同的社交情境中，分别学习该情境中特有的行为方式的。但社会行为很复杂，它一部分由人的天生特质决定，一部分由人的后天经验决定。天生的部分是与人们须臾不分离的东西，因此模糊了不同社会情境的界限。为了解决这个问题，我要谈谈一个完全由经验获得的社会行为，即语言。

也许我最好澄清一下上面那句话。语言是后天习得的，但也是与生俱来的。语言是我们从祖先那儿继承来的，与人类中其他的种族没有两样，就像人类有肺、有眼睛、有直立行走的能力一样。每一个大脑发育正常的孩子都有学习语言的能力和愿望，环境只是决定了学习哪一种语言而已。

在北美和欧洲，我们理所应当地认为应该教婴儿如何用语言进行交流，的确，我们认为这是家长最重要的一项任务。我们很早就开始进行语言教学，孩子一出生，我们就跟他们说话。我们鼓励婴儿发出咕咕的声音，鼓励他们咿呀学语。当他们发出“妈妈”“爸爸”的声音时，我们会大惊小怪、兴奋不已。我们不断向他们提问，等待他们的回答。如果他们不回答，我们就自己回答这些问题。如果他们的答案中出现语法错误，我们会用正确的语句修正他们有语病的句子。我们用简短、清晰的句子对他们讲他们感兴趣的事情。

于是，在大人的鼓励下，婴儿们在一岁左右就开始说话，两岁的时候开始用句子表达意思了，四岁的时候，他们已经可以熟练地使用语言了。

请你想象一下，当一个孩子四岁时第一次走出家门，像灰姑娘一样，发现外面的世界完全不一样的情景。每一个人说的话，她都听不懂，别人也听不懂她说的话，她会感到惊讶吗？也许不会，从学习用脚来控制婴儿床上方的小饰物的婴儿的反应来看，她应该不会感到惊讶。改变婴儿床的内衬，他们好像到了一个新的世界。他们认为新的世界有新的规则，必须要学习这些新的规则。

移民的孩子，就像在剑桥招租的俄罗斯夫妻的孩子一样，他们在家里学到了很多东西，最明显的就是语言，但是也包括其他的东西，但到了外面几乎派不上用场。他们毫不担忧地开始学习另一个世界的规则，包括语言在内。

孩子通常有与其他孩子交流的强烈愿望，这是学习新的语言的强大动机。一位心理语言学家讲了这样一个故事，一个四岁的美国小男孩，住在蒙特利尔的医院里，他想跟邻床的小女孩说话。在他不断地尝试用英语与她交流失败后，他尝试用他有限的法语，蹦出了几个没有意义的音节："Aga doodoo bubu petit garcon?"一位意大利父亲，与讲瑞典语的妻子和儿子住在芬兰。有一天他带着三岁的儿子去公园玩，他的儿子很想跟讲芬兰语的孩子一起玩。他跑过去，大声地用他知道的芬兰话叫到，"Yksi，kaksi，kolme . . . yksi，kaksi，kolme"，也就是芬兰语的"一、二、三"。

小孩子通常用这种像傻瓜一样胆大的方法，大一点的孩子多半会采取少说为妙、快速修补的方法。研究者们对一个七岁半、叫约瑟夫的孩子进行了研究，约瑟夫跟他父母从波兰移民到密苏里州乡下。在学校里，约瑟夫安静地听了几个月，并仔细观察其他孩子对老师话语的反应。跟邻居孩子在一起时，他更愿意练习英语，一点也不怕出错。一开始时，他说的英语像一个蹒跚学步的孩子，例如"我今天学校"。几个月之后，他说的英语能被接受了，两年之后，他就像当地人一样说英语，没有一点口音。口音完全消失了，即使他在家里还说波兰语*。

移民的孩子在家里说母语、在外面说第二语言是很普遍的。让他们在新的国家里呆一年的时间，他们就能很容易地在两种语言之间转换，就像我在计算机上切换程序一样。迈出家门，按英语按钮；回到家里，按波兰语按钮。心理学家把这个过程叫做代码转换。

---

* 心理语言学家有时候声称，婴儿在一岁之前已失去听辨和区分母语中不明显的语音的能力。这是不对的。如果婴儿真的失去这种能力，那么像约瑟夫这样的孩子习得二语时，一定还带有口音。很有可能的是婴儿学会不去注意与母语不相关的差异。如果这些差异相关，他们还是能够将注意力调整回去的。

灰姑娘的人格转换是另一个代码转换的例子。踏出家门立刻就变得美丽动人、举止迷人；回到家中，马上就变得相貌平庸、举止谦卑。如果她像约瑟夫一样，在家里说一种语言，在外面说另一种语言，那么这也会成为家里和家外的另一个差异。掌握两种语言可能比在好看和平淡之间转换要容易得多。

代码转换就像大脑中两个独立的储存器，每一个储存器中都装有在某一个特定情境下学的东西。心理语言学家保罗·克勒斯（Paul Kolers），在对成人双语者进行研究之后，认为要提取某一个储存器中的东西，必须转换到这个储存器所使用的语言上。他提到一个十二岁就从法国移民到美国的同事，这位同事用法语做算术，用英语做微积分。克勒斯解释道："在某一个情境中进行的脑力活动和获得的信息，是不能应用于另一个情境的。人们必须在另一个情境中重新学习这些知识，尽管所花的时间和精力要少一些。"

并不仅仅是书本知识储藏在不同的储存器中。据克勒斯报告："许多双语者说即使面对同样的体验，也会因为使用的语言不同，而有不同的思考方式和不同的情绪反应。"如果他们在家里说一种语言，在外面说另一种语言，那么家里使用的语言就与家里的事情和情绪体验密切相关，在外面使用的语言就与外面的事情和情绪体验密切相关。在家里，灰姑娘认为自己毫无价值，但走出家门之后，她发现自己能赢得朋友，并具有一定的影响力。如果灰姑娘是双语者，而王子一直用她在家里使用的语言跟她说话，那她可能现在还在擦地板。

人格理论不大关注语言。然而，语言、口音和词汇都是社会行为的一部分，正如"随和""攻击性"等人格特质一样。像社会行为的其他方面，某一个人使用的语言与情境密切相关，无论是会一种语言的人还是双语者都是如此。威廉·詹姆斯曾说过："每个人在不同情境中的表现是不一样的。"他举的第一个例子是在同伴面前脏话连篇的年轻人，但“在父母和老师面前却表现得彬彬有礼”。一个中学生讲了下面这个故事：

> 我们学校一个女生在走廊上走路时，突然想起来她忘了什么东西。
>
> “噢，真该死！”（Oh，Shoot！）她大声叫道。
>
> 当她环顾四周，看到她朋友时，她连忙说：“我的意思是，哦，狗屎！”（Oh，Shit！）

当这个女孩的家长和老师分别对一个青少年和一个两岁的孩子说话时，也会对自己的言语行为做同样的调整，用不同的词汇和句子结构。当他们分别对汽车修理工和私人医生说话时，所用的词汇和句子结构也是不同的。

尽管语言也是社会行为，但它不受基因的影响。随和或攻击性倾向有一部分基因的关系，但一个孩子说波兰语而不说英语，或者在某些人面前说脏话，在其他人面前不说脏话，完全是环境因素所致。

语言和社会情境

代码转换是一个极端的例子，因为大多数儿童大脑的储存器其实泄漏得很厉害。因为，孩子们走到哪儿，就把他们的记忆带到哪儿，从一个情境带到下一个情境中。当一个孩子在四岁时走出家门，尽管发现外面人们说的语言，他在家里已经学过了，不用重新再学一遍，但一开始时，他还是会很谨慎地在家庭以外的地方使用它。对大多数儿童来说，家里的环境和外面的环境之间并没有一堵高墙来隔离。家长来学校看孩子表演节目，参加家长会；孩子们也会带家中的宠物、宝贝到学校与同学分享，在诸如“我的暑假生活”的作文中透露一些家庭生活，而且，他们还会邀请同学到家里来参加生日聚会。

当威廉·詹姆斯说“把一个人分成好几个自我”时，他认为有两种分裂：和谐的——如对孩子温柔，对犯人严厉；不和谐的——如害怕让熟人知道他在其他地方的表现。灰姑娘的分裂是不和谐的，她害怕让继母看到她在其他地方的样子。

大多数孩子都不敢让家长知道他们在外面的行为，但他们常常表现出如果他们把家里的生活情形透露出去，就会遭到严厉惩罚的样子。菲利普·罗斯（Philip Roth）在小说《波特诺伊的抱怨》（*Portnoy's Complaint*）中，讲了一个带有自传性质的故事。亚历山大·波特诺伊是第一代犹太移民的儿子，他的英语中夹杂着依地语单词，他讲述了童年时发生的一件事。

> 我读一年级时，备受老师的喜爱。每次老师提问时，我都希望被老师叫起来回答问题。有一天，老师让我回答图片上的东西叫什么名字。我只知道妈妈叫它“锅铲（spatula）”，但我怎么也想不起来它的英文名字。我结结巴巴、满脸通红瘫坐在位子上，老师比我还惊讶，因为我过去表现一直都非常好。我全身发抖，饱受折磨，因为我居然说不出这个厨房用具的名称。

亚历山大认为“spatula”是个依地语单词，只能在家里说，他宁愿死也不愿意在公共场合说这个词。我也有相似的经历，当我读三四年级的时候，我把小手指叫做“pinky（小指）”。跟我说话的那个女孩问我：“你说什么?”我非常慌乱，我犯了一个大错误，因为“pinky ”只能在家里说。这个女孩又问：“你说什么?”我咕咕哝哝地说：“什么也没说。”她一再追问，我越来越尴尬，不敢告诉她我说了什么。许多年后，我意识到，她可能也不确定“pinky”这个词的地位，想知道是否能在外面的场合说这个词。

约瑟夫跟他父母说波兰语，跟他的老师、同学和朋友说英语。有时候他的朋友到他家玩，他跟他们说英语，这样英语就入侵他的家庭了。也许，像亚历山大·波特诺伊一样，约瑟夫也觉得在外面还说家里的语言很难为情，因此，当他跟父母去购物时，他跟他们说英语。不知是如何开始的，移民到英语国家的孩子最后都把英语带回了家，跟自己的父母说英语。有一个韩国移民的儿子这样描述他是如何与他妈妈交流的。“她对我说韩语，我对她说英语。”来自东欧的犹太人没有将语言传递给自己的孩子，一位人类学家这样解释道：“他们跟孩子说依地语，孩子跟他们说英语。”类似的事情也发生在说英语的家庭里，我听到许多土生土长的美国人抱怨说，他们的孩子在家里说英语的腔调跟同学说英语的腔调一模一样。

如果移民父母坚持跟自己的孩子说母语，孩子也可能用母语与父母交流，但孩子母语交流的能力可能只停留在孩提阶段，而与外界交流的语言能力则会不断地增强。以下讲的是一个年轻的华裔美国人，她的父母是移民，她自己在哈佛大学读书：

> 我从来不与我父母谈论文学或哲学问题。我们用粤语谈论健康、天气和晚餐等话题，因为他们不会说英语。当我在哈佛大学读书的时候，我不知道该如何与我的父母交流，因为我完全没有粤语的词汇来描述我在哈佛大学上课和研究领域的情形。

许多移民家长看着他们的孩子正在失去祖国的语言和文化，竭力想阻止这一切发生。我们当地的一家报纸报道了来自印度西孟加拉邦的一位妇女为自己的孩子和其他孟加拉语移民的孩子创办了一所孟加拉语学校。

> 像许多移民一样，巴格奇想让她的孩子了解祖国的文化。她认为，要做到这一点，首先必须要说一口流利的孟加拉语，这是他们父母的语言，也是印度境内十五种语言之一……如果每周只花几个小时学习一种语言，你是学不好的。孩子每天都沉浸在英语的环境中，如上学、看电视、开展小组活动等。尽管家长和孩子都很努力，但说一口流利的母语仍然是一件具有挑战性的事情。“他们用英语做梦，他们不会用孟加拉语做梦。”巴格奇这样描述出生在美国的孟加拉儿童。

他们用英语做梦。无论他们习得的第一语言是英语还是孟加拉语，英语已经成为他们的母语。约瑟夫在七岁半之前说波兰语，但如果他一直呆在美国，那么他的母语就不是波兰语。作为成年人，他用英语思维，用英语做梦，用英语做算术和微积分，他可能会把波兰语全部忘光。

家长用不着教孩子说社区人们使用的语言，事实上，家长根本不需要教孩子任何语言，可能你很难接受这个观点。给婴幼儿上语言课是我们文化中特有的现象。在世界上有些地方，大人不教小孩说话，也不与小孩交流，他们认为学习语言是小孩自己的事情，不是家长的事情。心理语言学家斯蒂芬·平克说：“在许多社会中，除了偶尔的要求或斥责之外，母亲是不跟尚未学说话的孩子说话的。因为，小孩子根本听不懂你在说什么，为什么要白费力气呢?”与美国两岁的孩子相比，这些社会中的孩子在语言发展方面显得很迟缓，但是结果却是一样的，即最终他们都变成流利的母语使用者。

你也许在想，是的，即使母亲不跟孩子说话，但孩子听到母亲跟别人说话。没错，但这也不是必要的。希腊历史学家希罗多德曾经讲过这样一个故事：有一位国王想看看，即使不跟孩子说话，看他最终能产出什么样的语言。于是，他把两个婴儿放在牧羊人的小屋里，不让其他人跟他们说一句话，也不要在他们的听力范围之内说话。两年之后，国王去看这两个孩子，这两个孩子跑过来说了一个字，听起来像“bekos”，这个字是古老的“弗里吉亚语”中“面包”的意思。因此，国王得出结论，弗里吉亚语一定是世界上的第一种语言。

当你得知美国有成千上万的孩子是这样长大的，你感到震惊吗？这不是实验。这些婴儿出生在聋哑人家庭。多数聋哑人与聋哑人结婚，但他们生的孩子90%以上具有正常的听力。这些婴儿在发展过程中失去了一些关键的体验，例如，当他们因恐惧或疼痛大声喊叫的时候，没有人跑过来安慰他们；当他们咿呀学语时，好不容易发出“妈妈”“爸爸”的声音，没有人鼓励他们。现在，许多聋哑人家长用手语与听力正常的孩子交流。但曾经有一个时期，人们反对使用手语。那时，除了最基本的要求之外，聋人家长几乎不跟孩子进行交流。然而，当这些孩子长大之后，并没有受到什么影响。尽管他们没有从父母那儿学到英语，但他们都说一口流利的英语。别问他们是怎样学的，他们可能也记不住了，他们会觉得这是一个很无礼的问题。我想他们学习语言的方式可能跟约瑟夫学习语言的方式一样。

社会化研究者不大可能去研究说波兰语或孟加拉语的家庭，更不会去研究父母用手语与孩子交流的家庭。他们不关注孩子怎样、在什么地方习得语言，因为在他们的研究中，所有的家长都说英语，所有的孩子也说英语，语言是一个常量，不发生任何变化。因此，他们假设小孩的语言是从家长那儿学到的。对于社会化其他方面，他们也作出同样的假设。他们对语言的假设是错误的，对社会化其他方面的假设也是错误的。双语是特定情境社会化最明显的一个标识，也就是说，社会化是与某一个社会情境密切相关的。

物有所归　各尽其用

“锅铲”的故事表明，孩子喜欢将家里和学校两种生活分隔开来。虐待儿童的事件通常不为人所知，是因为孩子在外面不愿意谈论家里发生的事情，他们不想让任何人知道他们的家庭与众不同，例如，他们的继母打他们，逼他们擦地板等。同样，如果孩子在学校受到欺负，他们也不会告诉家长。在我童年时期，我受同学排斥长达四年之久，没有一个同学跟我说话，然而，我的父母对此毫不知情。

但是，不想让家庭生活泄露出去的动机大于让外面的事情侵入家庭，尤其是那些看起来不正常的家庭，更为严重。如果某个孩子的母亲酗酒或父母打架或父亲残疾，那这个小孩特别不希望别人知道他家里的情况。移民的孩子不会邀请朋友到他家里玩，有钱人家的孩子与没钱人家的孩子一样，都不愿意别人知道他们的家庭状况，因为他们不希望自己跟别人不同。

为了弄清楚要隐瞒什么，孩子们需要了解他们的家庭是否是正常的家庭。有一种方式就是通过看电视，但是，这只有当他们在电视上看到的家庭与其他邻居的家庭差不多时才有效。如果差别太大时，孩子必须在从朋友或同学那儿了解到的情况的基础上，形成正常家庭的概念。

然而，从朋友或同学那儿了解信息不是一件容易的事情。孩子彼此之间相互打探对方家庭的情况，往往会一无所获，因为，他们害怕说漏嘴，把不该说的也说了，就像我在同学面前说“pinky”一样。但是，孩子很聪明，他们用“过家家”的方式，试图发现正常家庭是什么样子。这种方式对他们来说没有什么风险，因为，它不过是个游戏。

当小孩玩“过家家”时，他们描绘的家庭是直接从电视节目《奥齐和哈丽特》（*Ozzie and Harviet*）（这是美国20世纪40年代的一部当红家庭电视剧）中翻制的。一位发展心理学家详细记录了孩子们“过家家”的情景。一位演爸爸的男孩说：“亲爱的，我干完了活，赚了一千块钱。”演妈妈的小女孩表现出非常高兴的样子。但当一个男孩提出要去做饭时，他的同伴非常严肃地跟他说：“爸爸是不下厨房做饭的。”另外一个小女孩坚持要当护士，她说只有男人才能当医生，尽管她自己的妈妈是医生。

除了性别歧视之外，“过家家”中的父母都是出奇的仁慈、善良。爸爸妈妈之间也可能发生争吵，责骂他们的“婴儿”，但仅此而已。并不是孩子刻意回避表现暴力，相反，艾奥娜·欧比（Iona Opie）和彼得·欧比（Peter Opie）观察到：在过家家中，小孩被偷去吃掉，破坏行为无所不在。不过，这些坏人都是女巫、怪兽、强盗。小孩们自己通常演孤儿，只有这样，才能解释为什么爸爸妈妈没有保护他们。如果他们自己的父母忽视他们、虐待他们，他们是绝对不愿意让朋友知道的*。

孩子们非常渴望跟其他人一样正常，而与其他人一样正常意味着要有正常的父母。如果他们的父母跟别人不一样，他们会竭力在同伴面前隐瞒这些令人尴尬的不同之处。幽默作家大卫·贝瑞（David Barry）捕捉到了这种感觉：

> 在食堂吃过饭之后，我们站在学校外面，等家长来接我们。当我父亲出现时，我简直窘呆了。他戴着一顶滑稽的帽子，开着一辆破车，就像超市外面的、投币之后可以上下转动的玩具车一样，甚至比玩具车更差劲。我要被这样一个奇怪的、多爪的、眼睛鼓鼓的飞碟外星人接走的话我不知道我的同伴们会怎样想。但我没有想到的是，他

---

* 这种情形后来发生了一些变化，青少年之间开始相互抱怨自己的父母如何对待自己。

们根本就没有注意到我的爸爸，因为他们也被自己的家长窘死了。

在孩子的眼里，父母是属于家庭生活的，他们一旦走出家门就会让孩子感到紧张不安。除了尴尬之外，更让孩子感到为难的是他们不知道自己处在什么情境中，要遵循哪些规则。他们当然意识不到情境会影响人们的行为。直到成为青少年或成年之后，他们才意识到他们的行为随情境的变化而发生变化。也许你不喜欢某些人，是因为你不喜欢你跟他们在一起时自己的行为方式。

那位被威廉·詹姆斯描述的在父母和老师面前彬彬有礼的孩子，在同伴面前却有不同的表现。这个小孩的行为方式来自家长和老师的教导，但只表现在父母和老师出现的社会情境中。你很难教会你的狗，当你不在家的时候，不要在沙发上睡觉。因为你教它不在沙发上睡觉的时候，你都在家。当你不在家的时候，它即使跳到沙发上面，也不会挨打。

八十年前，两位具有超前意识的发展心理学家测试儿童抵抗诱惑的能力。他们在不同的情境中给孩子创造作弊或偷摸的机会，例如在家里、教室里、体育比赛中；让孩子单独一个人或与同伴在一起。他们发现，在一个情境下诚实的孩子，在另一个情境中不一定诚实；在家里诚实，可能在教室里或运动场上撒谎或作弊。

当儿童或青少年在家庭以外的地方行为不端时，他们通常被认为“未社会化”，他们的父母会因此受到指责。教养假设认为，帮助孩子完成社会化是家长的责任。但如果孩子没有将父母的教导迁移到其他社会情境中去，那就不是父母的错了。

什么是真正的人格？

婴儿一出生就有某些特质和某些行为倾向，有的孩子可能更好动一些、有的更喜欢找朋友、有的更喜欢生气。这些与生俱来的特质受环境的影响，也就是说，受每一个儿童特定环境的影响。

人格由两个部分构成：一部分是天生的，一部分是环境的。天生的部分与孩子如影相随，在某种程度上，它影响孩子在每一个情境中的行为。环境的部分与某个特定的情境相关，它不仅包括你在特定情境中学会如何表现的方式，还包括伴随这一切产生的与特定情境之间的情感。如果你的父母让你觉得自己一无是处，那么这种感觉只与家庭情境有关。但是，如果外面的人也让你觉得自己一无是处，那么这种感觉只与外面的情境有关。

不同社会情境下人格的稳定性取决于某个人所处情境的差异性或相似性。灰姑娘的两个社会情境大相径庭，因此，她人格中的差异性很大。她被王子带到城堡之后，没有人能觉察到这一点，他们只看到了她在家庭以外的人格。

研究成年人人格的心理学家通常给被试发放标准化的人格测试量表，针对量表中的问题，被试选择同意或不同意。在大多数研究中，被试都是大学生，他们在教室或实验室里填写量表。因此可以说，量表测试的是大学生的人格，以及与特定教室或实验室相伴的思绪和情感。如果几个月之后，在同样的地点再次对被试施测，被试情绪可能会有一些波动，比上次好一点儿，或者比上一次差一点儿，但基本上，测出的人格是一样的，并伴随着同样的思绪和情感，所以得出来的研究结果是相当一致的。

人格心理学家詹姆斯·康斯尔（James Council）给大学生发放问卷，测试他们专注于想象活动的能力，然后对他们进行催眠。结果发现，在“专注”一项上得分最高的被试最容易被催眠，但只有在对他们进行测试的房间中进行催眠时，才会出现这样的情形。当测试和催眠在不同的房间进行时，两者之间没有相关性。在第二个实验中，康斯尔让被试填写一份关于童年的创伤经历，如身体或性虐待的问卷，紧接着，让被试填写人格测试量表，发现被试的童年创伤与情感问题之间具有显著的正相关。但当康斯尔在另外一组被试身上进行同样的测试时，他让他们先填写人格测试量表，然后再填写童年创伤问卷，结果发现两者之间不存在相关关系。填写创伤问卷引发的不愉快的思绪和情感与测试的情境联系在一起。如果人格测试与童年创伤测试在同一情境下进行，那么不愉快的思绪和情感也会在人格测试中反映出来。康斯尔认为“情境效应”足以质疑“人格研究的效度”。

如果你想证明童年的创伤会导致成年之后的情感问题，你可以采用康斯尔的方法：让被试回顾童年创伤，然后立刻对他们进行人格测试。另一个更好的方法是：把他们带回经历创伤的地方，对他们进行人格测试。然而，你所证明的不是童年创伤扰乱了他们成人之后的心境，而是证明了情境的力量。

当行为遗传学家研究人格时，他们让被试在教室或实验室里填写问卷，他们发现被试的家庭对他们成年后的人格没有影响。如果行为遗传学家想要发现家庭环境效应的话，他们应该将被试带到他们生长的家庭环境中，对他们进行测试。但他们所证明的不是童年生长的环境对成年后人格的影响，而是情境的力量。

如果你不再回家了，那么你在家中养成的人格可能会永远消失。灰姑娘与王子结婚之后，她不会再回到继母的家，她在家里谦卑的人格、连同她的扫帚和破烂的衣衫一起被永远抛到脑后。

大多数人还是会回家。当他们一踏入家门，听到母亲在厨房问：“是你吗，亲爱的?”他们以为自己已经长大成人，但已经被抛弃的人格却立刻回来找他们了。在外面，他们是体面的成功人士，一旦回到家中，坐在餐桌旁时，他们马上就像过去一样，开始争吵和抱怨。难怪很多人不愿意回家过节。

情景效应和错误的结论

当我告诉你教养假设是一个神话，你不相信，原因之一是因为有大量的证据证明了教养假设的存在，你可以看到家长对孩子产生的影响。并且，社会化研究者也搜集了堆积如山的证据来证明它。

没错，但是你什么时候看见了父母对孩子的影响？他们在哪儿搜集的数据？家长的确对孩子有影响，但如果家长不在跟前时，你有证据表明这种影响仍然存在吗？在家长面前表现恶劣的孩子可能在同学和老师面前表现得很温顺呢！

社会化研究者搜集的支撑教养假设的许多证据包括：在父母面前观察孩子的行为，让母亲填写描述孩子行为的问卷。例如，研究者想证明离婚之后家庭环境对孩子的影响，他们观察孩子在家里的情形，而这个家最近发生了许多令人不愉快的事情。更糟糕的是，他们让家长（不是中性观察者，尤其刚刚经历了离婚风波）填写儿童行为问卷。可以预见这些方法显示的孩子行为在父母离婚后比在父母离婚前要差得多。如果在家庭外、远离父母对孩子的行为进行观察，离婚父母子女与未离婚父母子女之间的行为差异会小得多甚至完全消失。（然而，有些差异会持续存在，在孩子成年之后仍然能察觉得到。我将在第十三章中谈到离婚家庭的孩子。）

在发展心理学中，情境效应是一个很严重的问题。发展心理学家得出的相关研究结果完全不符合他们的设想。这些相关可以在实验室出现，也可以在家中出现。大一点的孩子或青少年通常在学校教师或实验室里填写问卷，这是研究教养方式的专家经常使用的方法：他们对孩子进行人格测试，或者让他们填写问卷、问他们最近惹了什么麻烦，然后让他们再填写另一份问卷，询问他们的父母如何对待他们。这种方法不仅会产生情境效应，而且还有统计学家所说的“评价者效应”。一个告诉你一周抽了四次大麻、数学考试不及格的孩子，同时也告诉你自己的父母是白痴。有一组研究者给青少年一份问卷，问他们觉得自己父母的教养方式如何，同时也让他们的父母填写同一份问卷，结果发现父母填写的内容与孩子填写的内容之间的相关系数只有0．07，也就是说，一点儿相关性也没有。然而，社会化研究者还是根据表面价值判断，接受孩子或家长对家庭内部的描述，并用这一类数据来支撑他们的理论。

社会化研究者明确、不可争辩地证明了父母的行为影响孩子的行为，但前提是孩子在家长面前，或在与家长相关的情境中。我十分赞同这个观点。父母的行为还影响孩子对父母的感受。当父母对某一个孩子偏心时，不但会在孩子之间引发敌意，还会让不受宠爱的孩子对父母产生怨恨，这种感觉可能会持续一生。

市面上有数以百计的书籍告诉家长你做错了，应该怎样做才能更好地抚养孩子。去找一本好的书籍，它会帮你解释孩子在家里的行为表现。我的目的是解释他们在家庭以外的世界里的行为表现，这个世界将是他们度过余生的地方。

第五章

不同时代，不同地域

在20世纪50年代中叶，一对美国研究者来到印度北部一个叫做卡拉普的偏僻村庄，研究该村庄里的儿童教养方式。一天，他们问村里的一位母亲，希望她的儿子以后成为什么样的人。这位妇女耸耸肩，回答道：“这已经写在他的脸上了，我怎么想不重要。”

在那个时候，或者说那之前的几百年里，印度北部农村家庭孩子的命运完全取决于健康和性别。如果能活下来，男孩将成为农民，女孩将成为农民的妻子。卡拉普婴儿不像美国的婴儿，是父母“焦虑的对象”，因为卡拉普的父母认为他们的教养方式不会出错，不会影响孩子今后的前程。

父母在多大程度上（或是否）影响孩子的发展、孩子应该是什么样的、家长应该如何对待孩子等，这些想法因时代和地域的不同而不同。卡拉普母亲的宿命态度，在我们今天看来过于被动，但这种态度在西方世界曾盛行一时。丹麦社会学家拉尔斯·丹西克（Lars Dencilc）认为，童年经历决定一个人命运的说法，是十分新颖的：

> 童年经历对一个人的命运具有十分重要的意义，这是现代社会才有的教条。在几代人之前，人们的观点恰恰相反：人们因自身的命运而成为什么样的人，成年之后的生活早已在出生时就已命中注定了。童年时期不是人们关注的焦点，不像如今，童年时期往往引

发家长的焦虑。相反，孩子通常被忽视、被虐待、不被善待，没有人对此表示质疑，也没有人因此感到良心不安。然而，被指责对孩子不够重视而引起的罪恶感在现代家长中普遍存在，事实上，这是现代社会中一种相当新奇的感觉。

出于两个原因，我们应该关注孩子：一是因为作为个体的孩子，有被善待的权利；二是丹西克所说的“意识形态的教条”，即成年人的生活在很大程度上取决于他们的童年经验。信奉这个教条的人也相信，专心投入的父母对孩子的未来有重要的决定性作用。这个信念就是教养假设。

教养假设与当今西方社会普遍存在的、独特的家庭生活方式和儿童教养方式密切相关。这种模式要求孩子生活在只有母亲、父亲以及一个或多个兄弟姐妹构成的核心家庭中。父母是孩子的主要照顾者，他们给与孩子大量的爱、关注，以及必要的纪律约束，所有的教养细节都发生在家庭的内部。朋友和亲戚可以到家里来做客，但只有核心家庭的成员居住在家里，祖父母是例外。总之，正如家庭历史学家塔玛拉·哈雷文（Tamara Hareven）所说：“现代家庭具有私密性、核心性、内部性以及以孩子为中心等特征。”

隐私的历史

生活在21世纪的北美和欧洲的孩子，有两种互不重叠的生活：一个是家庭内部的生活，另一个是家庭以外的生活。家庭内部的生活具有私密性，另一个具有公开性，两种不同的生活要求不同的行为方式。情感流露在家里可以被接受，在外面则不行。小学生不可以在学校哭叫、发脾气、表达情感。在家里发生的小状况，如呕吐在地板上、尿湿裤子等，如果发生在学校，对孩子来说就是灭顶之灾了。走出家门后着装打扮要得体，行为表现要符合规范。

在家里，家庭成员可以自如地表达自己的情感，彼此之间不用太正式。但是关上大门之后，每一个家庭是什么样子，我们一无所知。孩子们也不知道没有外人的时候，他们朋友的父母和兄弟姐妹是什么样子，他们甚至不知道自己的兄弟姐妹的生活细节。现代家庭虽然很小，但房子很大，每一个小孩都有自己的房间。隐私是我们最基本的、不可剥夺的、受宪法保护的权利。

但是隐私是一个现代概念，“私人生活”和“公共生活”最近才被人们区分开来，甚至“家”也是一个现代概念。三四百年前的家跟我们今天的家是完全不一样的，那个时候的家没有独立的工作场所，家既是工作场所，又是一家人吃喝拉撒、打架、做爱的地方。

三百年前，有一对叫弗雷德·布农和玛莎·布农的挪威夫妇住在奥斯陆旁的一个小镇里。历史学家威托德·黎辛斯基（Witold Rybczynski）对他们家进行的描述让我们对当时欧洲家庭生活状况有一个基本的了解。弗雷德·布农是一位装订商，他的事业很成功，房屋也比较大，相当于现代的别墅。他的家也是他的工作场所、店铺，以及十五个人（他、妻子、八个孩子、三位男职员、两个女用人）的生活场所。其他人（亲戚、邻居和顾客）不时地出出进进。弗雷德和玛莎没有自己的床，他们和三个小孩共用一张大床，这张大床放在一楼的一个最大的房间里，这个房间又是吃饭和会客的场所。大一点的孩子——两个男孩和三个女孩睡在楼上的一间小房间里。

布农夫妇并没有失去隐私，因为他们没有隐私。独自呆着不是我们祖先的习惯。今天我们把婴儿放在摇篮里，让他们单独在一个房间里睡觉，还纳闷他们为什么要大声哭叫表示抗议。大多数婴儿对此逆来顺受，说明了我们人类具有适应性。在人类演化过程中，我们的祖先靠狩猎和采集为生，婴儿是绝对不会被独自放在一旁的，除非这个婴儿已被家长抛弃。因为，四周有野兽出没、有火，谁知道婴儿会把什么东西塞进嘴里呢*？因此，婴儿都被家长带在身边，除非他们已会走路，能够躲避危险。晚上他们都跟妈妈睡在一起。

即使在今天，世界上大多数地方的婴儿都是跟妈妈睡在一个房间里，很多婴儿还跟妈妈睡在一个床上。有些学者研究危地马拉玛雅人部落的教养方式，告诉玛雅人说，美国的婴儿都是被放在另外一个房间单独睡觉，玛雅人部落的母亲们对此感到无比的震惊。

> 一位母亲问道："那房间里还有其他人，对吧?"当得知没有其他人在房间的时候，她倒吸了一口气，说美国的婴儿真可怜。另一位母亲也震惊不已，感到难以置信。她问，孩子是否介意呢？如果换做她，她一定会心疼得要死。从玛雅人父母的反应来看，让婴幼儿单独在另一个房间里睡觉等同于忽略孩子。

当玛雅人的孩子要给弟弟妹妹腾地方，不能再跟妈妈睡时，他就跟爸爸或祖父或哥哥姐姐睡在一起。玛雅人认为独自一个人睡觉是一件很不幸的事情。

对在传统文化中长大的人来说，北美人养孩子的方式是违背人性的。我们的理由是我们希望孩子更加独立，的确，我们的孩子很独立。但并没有证据显示让孩子单独睡觉使他们变得更独立，是因为我们相信孩子单独睡觉会使他们变得更独立。教养方式是文化的产物，而不是代代相传文化中的接力棒（我在第九章会谈到这一点）。

---

* 生态学家阿里纳·艾布尔-艾伯斯菲尔（Irenäus Eibl-Eibesfeldt）在研究非洲狩猎—采集社会时，亲眼见到一个被姐姐照看的九个月大的婴儿，"在姐姐没有注意时，抓起粪便塞进嘴里"。姐姐挨了一顿骂。

告诉人们怎样养孩子

我们希望孩子独立，但同时又希望他们与我们建立紧密的情感纽带。父母与孩子之间的爱是很神圣的，在无数的电影和电视广告中都表现得淋漓尽致，如孩子飞奔投入到父母的怀抱，或者父母双眼湿润、柔情似水地注视着孩子（孩子这个时候通常在睡觉，或在吃东西）。母爱和父爱当然不是文化的产物，它们是人类普遍存在的现象。

的确，父母都疼爱自己的孩子，但在当今社会，父母对孩子倾注了强烈的情感，这种现象是最近才出现的。在人类历史中，在世界上许多地方，童年意味着苦难和危险，而不是安全和乐趣。孩子是父母的财产，父母可以对他们任意处置。婴儿和孩子可以被忽略、虐待、卖掉或抛弃，许多孩子的确遭遇到以上的不幸。

这一切取决于他出生在什么年代，出生在什么地方。童年的历史发展不是稳步前进的，而是起伏跌宕的。对欧洲的孩子来说，可能最糟糕的时段是中世纪到 18 世纪之间。经济学教授朱丽叶·肖尔（Juliet Schor）描述了那个阶段的教养方式：

> 孩子多半得不到父母的照顾。有钱人在孩子长大成人之前，对他们不管不问。婴儿由保姆带大，尽管当时忽略孩子和低存活率现象普遍存在……对所有社会阶层的孩子来说，有很长一段时间他们得不到照料。为了省事，在最初几个月，婴儿被层层包裹起来，手脚不能自由地活动。

19 世纪欧洲和美国孩子的情形得到了改观。当男人外出工作后，家变成了一个私人空间、一个避风港，不再是工作场所了。人们逐渐认识到家庭不是靠经济利益而是靠情感维系的地方。与此同时，公共健康状况得到了很大的改善，更多的孩子得以存活。这些变化较早出现在有钱人家，他们对孩子越来越关心。孩子因自身的价值存在，而不是即将成为免费的劳动力而得到家长的重视和喜爱。

随着男人外出工作，女人担当起照顾家庭的责任，尤其是照顾孩子的责任。这也是一个变化，因为从欧洲历史上来看，所有的事情都是男人说了算。德国社会学家伊冯·舒尔茨（Yvonne Schütze）表示，直到1794年，普鲁士法律还规定男人有权利决定他们的妻子有多长的哺乳期。

当抚养孩子成为女人的专利之后，男人并没有袖手旁观。有一长串的名单显示，白人男子告诫人们应该如何教养孩子，并以此为己任。名单可以追溯到一位17世纪的清教徒，他告诫他的美国信徒们：所有的孩子都是天生倔强、顽固的，大人必须要让他们屈服。18世纪法国哲学家让-雅克·卢梭却有不同的看法：孩子与生俱来心地善良，如果我们不过度干预，他们会一直保持善良的本性。顺便提一下，卢梭没有自己的孩子，也就是说，他没有亲自抚养过孩子。他的情妇生下来的孩子，在他知情的情况下，被一个一个地送到孤儿院的门口。这些孩子可能本性善良，但却不走运。

伊冯·舒尔茨认为，是卢梭唤醒了欧洲人对孩子的兴趣，将孩子作为哲学思考的内容之一。卢梭给人们灌输了这样一个理念，即理性的教养方式应该基于孩子的天性，而天性是由抽象思维决定的。于是，哲学家、医生、教师和牧师竞相将有关教养的抽象思维转换成具体的建议。有一阵子，这些建议和忠告很自由、开明，但是等到要编写成育儿手册来指导母亲时，这个潮流又变了。到了18世纪末期、19世纪初期时，关于教养方式的建议和忠告变得十分严厉了。妇女，尤其是受过教育的妇女，开始阅读这些手册，并遵循其中的忠告。

例如，那时的医生警告家长不要过度给孩子喂食，母亲们牢牢记住了这个忠告。安东尼·格林爵士（Sir Anthony Glyn）在回顾他那个年代以及更早年代的英国生活时，谈到20世纪初英国儿童的“斯巴达式”饮食。在同时期，美国路德·埃米特·霍尔特（Luther Emmelt Holt）的畅销书《如何照顾与喂养孩子》（*On the Care and Feeding of Children*）也告诉家长要限制孩子吃东西。斯波克博士的母亲就是霍尔特博士的忠实追随者。当斯波克还是个小孩子的时候就不准他吃很多东西，其中有一样是香蕉。当他十六岁离开家去上学时，完全是一副“骨瘦如柴”的样子。

另一个被医生渲染的想法，就是害怕如果不用特殊的装置使小孩的脊背挺直的话，小孩子就会变成驼背。一位生活在19世纪的德国妇女，描述了驼背恐惧症是怎样在她的母亲和朋友的母亲中间蔓延。

> 虽然我们的背都很直，没有什么毛病，但这并没有让我们的母亲放下心来……我的女同学一个接一个地在家里穿上特制的衣服，晚上睡觉时，被皮带固定在整形床上……虽然最终确定我没有什么问题，只是右边肩膀比左边肩膀强壮一些，但每天要吊一会儿单杠，在硬木地板上躺一个小时，每两个星期，要把四到六只水蛭放在右肩上吸血。

其中，父母最大的恐惧是宠坏孩子。母亲爱孩子，但不能让孩子知道妈妈多么爱他们，因为过多的爱和关注对孩子不好。伊冯·舒尔茨说，在当时，“母亲不能自由表达温情，应该控制流露对孩子的爱，因为没有任何证据证明孩子需要温柔”。在德国，母亲被警告，当孩子哭时，不能立刻把他抱起来，不然会把他惯成“家里的暴君”。

严厉的忠告在美国——而不是在德国——达到了登峰造极的地步。约翰·华生写了一本书，对了，就是那位说“给我一打健康的婴儿”的华生，因为没有人给他婴儿做实验，他便告诫大家如何教养孩子。

要理智对待孩子，要把他们当作成人，小心、谨慎地给他们洗澡、穿衣服，你的行为要保持客观、坚定。不要拥抱、亲吻他们，不要让他们坐在你的腿上。假如你一定要亲吻他们的话，那么，在晚上睡觉之前，亲吻一下他们的前额，早上跟他们握握手。当他们解决了一个难题，轻轻地拍拍他们的头以示赞许。你试试看。一个星期之后，你会发现客观地、同时又不失亲切地对待你的孩子是一件多么容易的事情，你也会为你一直以来，多愁善感、感情用事地对待孩子而感到羞愧。

在舒尔茨看来，华生是“第一个尝试想用科学的方法指导亲子心理关系的人”。以往的忠告集中在孩子的身体状况，或教他们礼仪，或教他们宗教等方面。现在的母亲，不仅要防止孩子出现驼背、消化不良、不文明以及无神论者等问题，还要保护他们不被恐惧、狂妄自大、学习不良、不快乐等问题困扰。这还不算，不管母亲为孩子做了什么、没做什么，都要受到责备，感谢弗洛伊德博士，甚至连母亲潜意识的情感和动机都要受到责备。舒尔茨说：“20 世纪下半叶，母亲们为了孩子恪尽职守，鞠躬尽瘁，但如果她个人没有进取之心或者在她潜意识里有负面的情绪，那么，她还是会遭到谴责。”

在 20 世纪下半叶，人们要求母亲要全身心地、毫无保留地爱孩子。如果她没有这样做，或者说她的爱有一点潜意识负面情绪的话，她的孩子一定会出问题。因此，可以这样推断：如果孩子出了问题，一定是母亲的错。

现在，有一些女性写的育儿手册*。女性育儿专家告诉父母，孩子

---

* 如果有趋势表明女性提出的忠告更加柔和的话，那这个趋势并不明显。1937 年德国心理学家希德伽德·黑茨尔（Hildegarde Hetzer）跟华生一样严厉。她抨击那些“无序的”母亲，说她们“对孩子表现出过度的情感和爱，娇惯孩子，认为孩子太重要了”。

需要“无条件的爱”。玛丽安·纳费特（Marianne Neifert），把自己叫做“妈妈博士”，把华生的忠告做了个一百八十度的大转弯：

> 每天用目光接触、触摸、拥抱等非言语的信息表达爱与接纳是非常重要的。所有的孩子都需要你用身体来表达爱，无论他们有多大。

显然，华生博士和纳费特博士不可能都对。孩子是否需要父母用身体表达情感？我们可以用科学的方式来回答这个问题吗？

问题在于，进行这些研究的科学家跟纳费特博士一样，都是同一文化的产物。不，我并不是说科学是“社会构建的”、我们无法不透过文化的偏见去看世界或测试真实的世界。我个人相信现实是真实的，科学是解释现实世界的最好的方式。但是儿童教养不是物理学。这些研究受到文化制约的影响，因为童年和父母教养是一个内在情绪化的问题，你不可能用测试物理学中的中微子与夸克的方式来测量它。

例如，母子联结关系的研究。早在1970年，马歇尔·克劳斯（Marshall Klaus）和约翰·肯奈尔（John Kennell）两位医生发表和出版了一系列论文和著作，研究婴儿出生后一到两个小时之内，母亲与婴儿亲密接触产生的效应。他们认为在婴儿出生后的短暂时间内，如果母亲与婴儿有身体接触，会立刻产生母子联结，也就是说，母亲会疯狂地爱上自己的婴儿。相反，当婴儿出生后被立即送到婴儿室，母亲失去了与婴儿亲密接触的情感体验，会变得不喜欢这个孩子，甚至会忽视和虐待这个孩子。

母子联结的观念像燎原的烈火一样蔓延开来，它彻底地变革了医院的程序。一个世纪以前，权威专家将儿童问题归结为“溺爱”，而现在则将问题归结为出生后几小时内母亲和婴儿之间没有建立母子联结。这个观念也迅速地传播到其他国家。伊冯·舒尔茨曾经遇到一位德国妇女，将女儿的问题归结为九年前，医院没让她立刻与孩子亲密接触，没有与女儿建立起母子联结。一位英国儿科医生警告说：

> 一个正常的婴儿出生之后应该立刻放在母亲的怀里……婴儿应该是赤裸裸的，没有洗过澡，就直接接触母亲的乳房……在出生后的头一个小时，让母亲和婴儿单独呆在一起……对动物的研究表明，母婴分离会带来灾难性的后果，例如，排斥甚至杀死孩子。

心理学家黛安·艾尔（Diane Eyer）综述了母子联结研究，我不再重复这个工作。艾尔总结道：

> 在20世纪80年代初期，科学界并不接受关于母子联结的研究，因为这些研究从设计到实施都存在着问题。然而，许多儿科医生和社会工作者仍然相信，产后建立的母子联结能够防止虐待儿童事件的发生。虽然现在人们已经不再强调母子联结，但这个概念仍然十分流行。母亲与婴儿的亲近（不管他们是否愿意）仍然被看作是预防儿童问题的灵丹妙药。

艾尔说人们已经不再强调母子联结，关于这一点她未免过于乐观了。我的小女儿（是的，让她父母头疼的那个孩子）在1996年3月生第一个孩子，我的第一个外孙。在生产的后期，她拒绝使用麻醉剂，因为她想让她和婴儿都保持清醒，她不要让任何事情阻碍她与孩子之间建立母子联结。

外孙女的出生让我感到时代在发生变化。20 世纪 60 年代初，当我自己在带孩子的时候，她们一哭，我立刻把她们抱起来，对此，我的心里充满了负罪感。我在读研究生时，斯金纳告诉我们这样做会“强化”孩子的哭，会让孩子哭得更厉害。我不再相信这一点，因此，我准备告诉我的女儿，当詹妮弗哭的时候，把她抱起来不会惯坏她。但这些忠告没有机会讲，相反，我发现我一再告诉我的女儿，让小孩子哭几分钟没有关系。

自然生产

关于母子联结的研究像燎原的烈火一样蔓延开来，是因为它来得正是时候，因为那是一个呼吁让家庭生活更自然的时代，具有讽刺意义的是，那也是妇女反抗男性白人科学家和医生告诉她们怎么做的时代。克劳斯和肯奈尔提出的母子联结理论有自然的成分，因为，母子联结理论基于对动物模式的研究，尤其是山羊。小山羊出生后，被立即带走，与母山羊分离，当小山羊重新被带回来后，母山羊会排斥它。如果小山羊出生后，与母山羊呆上一段时间，再被带走一到两个小时，当小山羊回来后，母山羊还是会接纳它。通过观察，克劳斯和肯奈尔假设生物出生之后，有一个荷尔蒙的“敏感期”。

问题是并不是所有的哺乳动物都像山羊一样。即使血缘相近的动物种类的产后敏感期也不一样。有一些种类的鹿接纳不熟悉的小鹿，有的种类则不会。但我不认同母子联结的概念基于山羊的实验，我认为与人们关于理想化的“原始”社会里的“自然”母亲有关——那个高尚的野蛮人、那个狩猎采集的母亲，在森林中蹲在地上淡定地把孩子生下来，用牙齿咬断脐带，用树叶擦一擦孩子的脸，把孩子抱在怀里，积极采集草根或浆果。

不要相信这种鬼话，生孩子不是这样的。首先，在所有的社会里，生孩子对于妇女来说，都是一件痛苦和艰难的事情，在前工业化社会里更危险。在撒哈拉沙漠以南的非洲大陆，死于怀孕或分娩的妇女，比例高达十三分之一。

其次，因为分娩很困难、很危险，很少有妇女单独分娩（唯一例外是在一两个社会里，有经验的妇女独自离开去分娩，使其他妇女对她们的勇气敬佩不已，但是，她们生头胎的时候不会这么做）。传统上，一个妇女生产时，通常有几位年长、有经验的妇女帮忙。生产对人类女性来说，不是独自可以完成的事情，可能从来就没有过。而且，生产之后，不会让产妇与婴儿单独呆在一起。

至于把刚出生婴儿直接放进母亲的怀里的做法，有的传统社会是这样，但并不是所有的传统社会都是如此。以下描述的是居住在刚果民主共和国（以前叫扎伊尔）森林里俾格米部落分娩的情形：

> 接生婆蹲在产妇前面，准备接生……一旦出生后，婴儿就被放在香蕉和棕榈叶编制的草席上……然后用冷水给婴儿洗澡，让他哭出声来……脐带剪断之后，婴儿就被抱到户外让部落的男人看一眼。婴儿回到茅草屋之后，陪伴生产的妇女轮流给婴儿喂奶，无论她们是否处在哺乳期。母亲不会立刻抱孩子，因为迷信认为如果母亲这样做会对婴儿不利。因此，新生儿头几个小时通常是跟部落中其他的妇女一起度过，然后才被交给自己的母亲。

我们社会中关于“不自然”的分娩部分不是怎样对待婴儿（如何对待婴儿因时间、地点而异），而是在生产的过程中，父亲在旁边陪伴。从传统上来看，生孩子是妇女的事儿，由其他妇女们帮忙照料。但在我们的社会里，父亲要在旁边陪伴，因为父亲应该见证，或者说他想要见证婴儿诞生的奇迹。

“自然的”孩子教养方式

三百年来，欧洲和北美自诩为专家的人一直在告诫妇女们如何教养孩子。妇女们，尤其是受过教育的妇女，对这些忠告不是充耳不闻，而是牢记在心。当医生警告提防驼背发生时，家长便让孩子不分昼夜地戴上特制的装置预防驼背。当医生警告不要过多地给孩子喂食时，孩子们就眼睁睁地看着食物挨饿。人们不禁会问：如果没有这些医生的忠告，母亲会这样做吗？如果没有这些育儿指南，难道母亲不会用大自然赋予她们的方式养孩子吗？

但大自然是如何赋予我们教养孩子的方法呢？在文字尚未出现的文化中有不同的孩子教养方式，有仁慈的、不太仁慈的，等等。以下是肯尼亚尼恩桑格人如何喂养孩子的情形：

> 传统上，尼恩桑格人的婴儿一出生或出生几天后，便开始吃小米粥，补充母乳。婴儿被强行喂食小米粥：母亲把婴儿的嘴打开，把小米粥灌进去，然后把他的鼻子捏住，迫使婴儿因为要呼吸而不得不将小米粥吞进去。

尽管教养方式因文化的不同、时代的不同而不同（尼恩桑格人不再用这种方式强行给婴儿喂食了），但是我们可以从中了解一些共同之处。在阅读了许多人类学文献的基础上，我谈一谈我对传统部落和小村庄中童年的印象。

传统社会中的童年

尽管婴儿的诞生是一件令人激动的事情，但并不总是受到欢迎。有时候，人们要做的第一个决定不是给孩子起什么名字，而是决定是否留下这个孩子。如果前一个孩子还没有断奶，或者日子过得很艰难，或者新生儿有什么毛病，母亲可能会决定抛弃新生儿。一般来说，要在父母与婴儿建立感情之前，立刻作出这种决定。当然，父母并不是心平气和地作出这种决定的，通常他们都很伤心、很无奈。

一旦决定保留这个孩子，他*就会得到很好的照顾。每当孩子哭的时候，就给他喂奶，通常情况下，一个小时要喂好几次，而且从来不把他一个人丢在一边。白天，母亲用带子把孩子绑在背后。晚上，孩子睡在母亲的身边。父亲也可能跟他们一起睡，但不是都这样。在有些社会中，男人有单独睡觉的地方。并且，在许多社会中，男人可以有多个老婆（但是，大多数男人只养得起一个老婆）。

当婴儿睡醒时，他立即成为人们关注的中心。他的姐姐、表姐、婶婶们全都抢着抱他。其他男性成年人，尤其是他的父亲都会停下手头的事跟他玩一会儿。全世界的人都喜欢他，除了被他篡夺了地位的哥哥姐姐。

他的地位至少在两年之内很稳固，因为频繁的哺乳和低热量饮食不可能使母亲在两年之内再度受孕。一般来说，这些社会中的孩子吃母乳要吃到两岁半或者三岁。当他们长牙后，也吃一些固体的食物，如果有必要的话，母亲先将食物咀嚼了之后再喂给他们。

当母亲意识到自己又怀孕时，她会立刻给孩子断奶。如果孩子不愿

---

* 当谈到孩子和母亲时，为了避免引起歧义，我用阳性代词指代孩子。

意（很少有孩子愿意的），母亲会哄他，或忽视他，或嘲笑他，或者打他，这完全取决于他出生在什么地方、出生在什么时代。

伴随着新生儿的到来，大一点的孩子差不多三岁了，这时已失去母亲温暖的怀抱，新生儿成为大家关注的中心。在我们的社会中，孩子们对失宠有足够的心理准备，父母对此也感到内疚，往往假装他们对大孩子更有兴趣。我们不想让大孩子憎恨弟弟妹妹。但在传统社会中，大孩子很少有这个温和的过渡过程，通常在毫无预警的情况下，他们受宠的地位就被弟弟或妹妹篡夺了，他们能做的就是接受事实，好自为之。很自然，大孩子会排斥新生儿，他可能会打他或抓他。有的社会对这种兄弟姐妹之间的敌意看得很淡，母亲只是推开大孩子的手，但在有的社会中，只要大孩子看婴儿的眼神不对就会挨打，因为人们相信，孩子暗含的杀机无论有没有得以实施，都会伤害到婴儿。

当两岁半或三岁的孩子离开母亲的怀抱后，他通常由大一点的兄弟姐妹照顾。很多情况下，照顾他的人就是被他篡夺地位的人，照顾他的兄弟姐妹也不过五六岁。他像一个跟屁虫，哥哥姐姐走到哪儿，他就跟到哪儿。跟他一起玩的人，有他的兄弟姐妹，堂兄弟姐妹，表兄弟姐妹，还有年少的叔叔和姑姑。在传统社会里，家族都是聚集而居，在每个部落里，每个人都与其他人有血缘关系。

尽管他现在可以走路了，但在大孩子眼里，他仍然是一个婴儿。在妈妈怀里的时候，虽然他的社会生活很活跃，被照顾得很好，但大人几乎不教他任何东西。在传统社会中，父母不相信孩子能听懂大人的话，因此，他们一般不跟孩子说话，也不教孩子说话。结果在两岁半或三岁之前，孩子习得的语言非常有限。发展心理学家詹姆斯·尤尼斯（James Youniss）指出，按照美国中产阶级的标准来看，许多社会中的父母在孩子开始学语言时就对他们失去兴趣是一件令人费解的事情。

起初，两岁半的孩子还不能在游戏中充当主角，他可能被当作洋娃娃，或者在场外观看。到三岁或三岁半的时候，他才可以参与到游戏中。德国生态学家阿里纳·艾布尔-艾伯斯菲尔说：

> 三岁的孩子能够参与玩游戏了，正是在游戏中他们获得成长。大孩子向他们解释游戏规则，批评不遵守规则的小孩，如拿别人的东西、打人等……一开始时，大孩子对小孩子比较宽容，但是最终他们还是要让小孩子知道行为的底线。在玩游戏的过程中，孩子们学会了要遵守哪些规则，哪些行为会激怒他人。这种情形常常会发生在小部落的文化中。

尤其是男孩，他们大多数时间与小伙伴在一起，很少呆在家里。在冲绳岛的一个小村庄里，一位母亲向研究者抱怨说，她五岁的男孩每天回家就是匆匆忙忙扒几口饭，然后又跑出去，因为小伙伴在等着他。在非洲的村庄里，大一点的男孩要看管牲口，小男孩跟在后面。一旦脱离了大人的视线，这个枯燥无聊的活儿就变成了玩游戏的好机会。

我在这里谈的是以农耕或畜牧为主的社会，人口密度远远大于狩猎社会的人口。在这样的社会里，总有足够多的孩子一起玩游戏。这些孩子通常分为两个组，男孩一组，女孩一组，或者分为三个组，大男孩一组，大女孩一组，还有一个混合组。混合组由不同性别的小孩子和由他们照看的更小孩子组成。只要一个地方有足够多的孩子，就可以按性别和年龄分组。

女孩一般会在离家近一些的地方玩耍，她们还要照顾更小的孩子，因为在大多数社会里，母亲都希望女孩照顾弟弟妹妹。但如果家里没有女孩，男孩就要负责照顾弟弟妹妹，而且他们很负责任。在珍妮·古道尔（Jane Goodall）一本关于黑猩猩的书中，有一张照片，照片上的非洲男子，脸部破相非常厉害，是童年受伤时留下的痕迹。小时候，他在照顾弟弟时，一只黑猩猩从树林中跑出来，试图抢走他的弟弟*。这个男孩当时只有六岁，他拼命追赶黑猩猩，黑猩猩丢掉婴儿，转而攻击他。他的弟弟获救了。

伴随着照顾弟弟妹妹的责任，是控制和支配他们的权利。哥哥姐姐有权利控制和支配弟弟妹妹，因此，弟弟妹妹向父母告哥哥姐姐的状不起任何作用，除非他身上有伤。在传统社会中，大孩子支配小孩子是非常自然的——无论走到哪里，都是这样，大人一般不予干涉，除非事态失控。有时候大孩子取笑小孩子，或者惩罚小孩子，但总的来说，他们都相处得很好。他们会主动把食物分给弟弟妹妹，当其他的孩子欺负弟弟妹妹时，他们会挺身而出，保护自己的弟弟妹妹。

我们社会中的父母煞费苦心地让孩子们彼此友爱、和睦相处，但结果是他们整天争吵不休。传统社会中的父母不费吹灰之力就能让孩子们友好相处，这一切都在自然地发生。我认为有两种原因造成了这种差异。

第一，在传统社会中，孩子之间没有什么好争的。虽然对刚失宠的孩子来说，新生儿是大家关注的中心令他难过，但是除了婴儿之外，家里的孩子都一样。他们不会相互竞争去博得父母的欢心，因为这不管用。他们也不会抢彼此的玩具，因为根本就没有玩具可抢。他们的玩具是小木棍，鹅卵石和树叶，这些东西到处都有。美国孩子彼此之间抢的东西，在传统社会中根本就不存在。

第二，美国家长没有意识到，或者不接受，大孩子管小孩子是一件很自然的事儿。因为父母认为孩子之间应该是平等的，大孩子不应该管小孩子，结果大孩子非常排斥小孩子。只有当父母站在小孩子一边时，

---

* 野黑猩猩通常猎杀小猴子，偶尔会吃人类婴儿。

才能阻止大孩子支配小孩子，这对大孩子来说，父母就是偏心。事实上，我早在第三章中提到过，父母通常更偏爱小的孩子，但他们不希望大孩子注意到这一点。

在发达社会中，兄弟姐妹之间的对立是家庭生活中不可避免的一部分。但是我们经常看到的对立，如兄弟姐妹之间不和直到各自去读大学的现象并不普遍。在传统社会中，兄弟姐妹之间对立的时间要短得多，过了婴儿期就停止了。他们不再互相争宠，以赢得母亲的关注。兄弟之间的关系通常很密切，并且很长久。你的兄弟是你最亲密的战友，当你的村庄受到威胁时，他一定和你一起并肩保卫村庄。

纪律和训练

在传统社会中，父母不管专家说什么，也不担心孩子的教养方式对孩子有什么长久的影响。他们没有读过斯金纳的书，但他们用惩罚，而不是正面强化的方式让孩子守规矩，他们几乎不表扬孩子。当孩子做错的时候，他们打他（体罚在这些社会中很普遍），嘲笑他，用鬼神、邪恶的陌生人或野兽恐吓他。通常父母惩罚孩子不用任何解释，他们惩罚的是孩子行为的结果，如打破了一只碗，而不管他是有意还是无心。

在我们的社会中，要长篇累牍地给孩子解释怎样做事，他们做的有什么不对等等。在一些没有文字的社会里，言语解释和反馈是很少见的。在墨西哥的基纳坎特科斯部落中，女孩通过观察年长妇女织布的方法来学习织布。北美学生不习惯这种教学方式。一位美国大学生这样描述一位基纳坎特科斯“老师”如何教她织布：

> 在我跟基纳坎特科斯部落的一位老妇人学习织布两个月之后，我开始变得焦躁不安。两个月中，我一直在观察，连织布机也没有

碰过，她却认为我一直在学习。有许多次，她让我注意某一个模糊不清的技术步骤，或者当她完成某一个步骤时，她会说："你看到我是怎样做的，你已经学会了。"我想大声对她喊道："我没有学会，我自己还没有试过呢。"然而，是她决定我什么时候可以在织布机上学习，我一开始的笨拙遭到她的责骂："笨蛋！你没有看我怎样做，你什么也没有学会！"

在没有文字的社会里，孩子必须知道模仿是学习的方式。他们观察父母或哥哥姐姐做事，并加以模仿。如果他们做错了，小的时候会被嘲笑，大一点就会被责骂或惩罚。当他们做对的时候，父母就把这件事交给他们做，作为奖励。

有无负罪感的孩子教养方式

假如没有负罪感，不考虑你的教养方式如何长久地影响你孩子脆弱的心灵，孩子教养对家长来说并不难。从孩子的角度看，半斤八两，没有什么差别。在没有文字和有文字的社会里，大人对孩子做了许多可怕的事情。在这些社会里，父母都认为是自然赋予他们养育孩子的方式。但事实上，他们是按照自己所处的文化或亚文化的规则来教养孩子。在我们的文化中，有一条规则就是：听专家的意见。

作为母亲，最痛苦的一段记忆是我大女儿三岁时，第一天上幼儿园的情景。她是一个安静、有点胆小的孩子，从未离开过我们。我把她送到幼儿园的教室里，过了一会儿后，她对其他小朋友产生了兴趣，走了过去。一位老师走到我身边，让我马上离开。老师说："她没事的。"于是我离开教室，他们立刻把门关上。我听到我的孩子扑到门上，用力拍打着门，嚎啕大哭。我听到老师跟她说话，但她并没有停止拍门和大哭。我想回去，但老师不让，我就没有回去。我站在那儿听女儿撕心裂肺地哭喊，心里跟她一样难受。

我女儿在幼儿园过得还不错，但是我永远也忘不了我听了这位比我大一点的老师的话，没有顺从自己要回到教室里的强烈愿望，把孩子抱在怀里直到她停止哭泣，陪伴她直到她作好我离开的准备。我听了老师的话，因为她是权威。她给我的感觉是，她更知道什么对我的孩子有好处。

在我们的社会中，我们听专家的意见。今天，这些专家告诉我们孩子需要大量的关注和爱。当孩子做错时，我们要跟他们讲道理，而不是揍他们。我们要让他们远离毒品和性，如果他们对我们的话置之不理，我们要摸清楚他们的行踪。尽管我们这样煞费苦心，如果他们还是不成器的话，那一定是因为我们没有执行好专家的建议。

北美和欧洲的家长，尤其是那些受过良好教育、经济条件较好的家长，他们仔细阅读专家的建议，并不折不扣地执行。这些家长和他们的孩子还参与一些研究，来证明专家的建议是对的。其实，建立在一系列儿童和父母假设上的不确定的、因果循环的构架是我们文化和时代中特有的。这些假设如同空中楼阁。

第六章

人的本性

先天禀赋，相对于后天教养来说，有两种意义。第一种意义在“人们为什么各不同”这样的问题中。例如，一个小孩比同龄孩子词汇量大、表达能力更强，我们不禁会问，他超强的言语表达能力是先天的还是后天的：是从编写字谜的父亲那儿遗传的，还是从身为英语教授的母亲那儿遗传的，或者是生活在激发言语表达的环境里？

第二种意义指我们之间的相似性：为什么人们都是相同的？例如，所有的生下来智力正常的孩子都会用语言进行交流，即使那些智力不正常的孩子也会。我们可能会问习得语言的倾向是先天的还是后天的，是人类与生俱来的特质，还是孩子成长经验的必然结果？

现在，人们用“先天禀赋与后天教养”来解释人们之间的差异。但早期的发展心理学主要关注人类之间的相似性。早在20世纪30年代，发展心理学家对儿童生长环境没有做细致的区分，没有用环境的差异来解释儿童之间的差异，他们对研究人类发展的普遍规律更加感兴趣，如研究语言习得。如果人类的小孩习得了一种语言，而小黑猩猩没有（那时还没有教黑猩猩手语），这是因为语言是人的本性而不是黑猩猩的本性吗？或者是因为人类生长在人类的环境里，黑猩猩生长在黑猩猩的环境里？

早期发展心理学家非常想知道，如果儿童不在人类环境中长大，他们是否能习得人类特有的能力。虽然在当时，研究者侥幸地做了一些实验，但他们仍然很难找到一打健康的婴儿做实验。他们当年做的实验如果放到现在，足以让他们失业*。印第安纳大学心理学教授温斯罗普·凯洛格（Winthrop Kellogg）做了一个比较简单一点的实验：他想在人类环境中抚养黑猩猩。在妻子卢埃拉的配合下，他把黑猩猩和自己的孩子放在一起，看看在这种环境下长大的黑猩猩是否能获得人类特有的能力。

这个实验被写进了《黑猩猩与孩子》（*The Ape and the Child*）一书中，该书于1933年出版。封面上，卢埃拉的名字在她丈夫的名字后面。温斯罗普是心理学教授，这个实验对他的职业生涯的提升起了很大的作用，我不知道温斯罗普是怎样说服妻子卢埃拉同意做这个实验的，我不知道她是否知道自己将陷入怎样的境地。她意识到黑猩猩“瓜”不是实验中唯一的被试，而另一个被试是她的儿子唐纳德了吗？

唐纳德和黑猩猩

当“瓜”在1931年来到凯洛格夫妇家的时候，她七个半月大，唐纳德十个月大。从一开始，“瓜”就被当作人类婴儿来抚养。凯洛格夫妇给她穿衣服，穿鞋，没有把她放在笼子里，也没有把她拴起来，除了睡觉以外，每一秒钟都有人看着她（不过，唐纳德也是一样）。“瓜”还接受如厕训练、刷牙、跟唐纳德吃同样的食物、穿同样的尿片、在同一时间洗澡。凯洛格的书里有一张照片，照片上“瓜”和唐纳德坐在一起，穿着一样的连脚睡衣。唐纳德皱着眉头，“瓜”嘴角上扬在微笑，

* 虽然养一打健康的婴儿不可能，但可以把别人的婴儿借来做实验。在20世纪30年代后期，发展心理学家默特尔·麦格劳（Myrtle McGraw）用42个婴儿做实验，看人类是否天生会游泳。她的方法直截了当：把婴儿丢在水里，随他们去。她发现新生儿具有条件反射，能够不让水进入肺部，但他们很快就失去这种能力。大一点的婴儿在水里挣扎，拼命地想把头伸出水面，但不断地呛水、咳嗽。

他俩手拉着手。

除了照片上表现出来的不同性情之外，他俩还是很相配的。黑猩猩在婴儿期的发展比人类快一些，但唐纳德大两个半月，弥补了他俩之间的差异。他们像兄妹一样在一起玩耍，在家里追来撵去，相互打斗、嬉戏。唐纳德有一个又大又重的学步车，他最喜欢的活动就是“扶着学步车向‘瓜’冲去，看到‘瓜’躲避不及被撞翻在地，便哈哈大笑”。但是“瓜”并不生气，她很喜欢跟唐纳德一起打闹。事实上，他俩比一般的兄弟姐妹都相处得好一些。如果一个哭了，另一个就去拍拍或抱抱他表示安慰。如果“瓜”午睡先起床，“她是不会离开房门一步的”。

“瓜”比唐纳德更有趣。当凯洛格夫妇搔她痒或把她荡来荡去，她像人类婴儿一样大笑。如果他们把唐纳德荡来荡去，他就会哭叫。“瓜”的情感比较丰富（她用拥抱和亲吻来表达爱意），也比较合作，给她穿衣服时，她会把胳膊伸进袖子，把头低下来让别人帮她系围兜。当她做错了事，被责骂时，她会发出“呜呜”的哭声，往骂她的人怀里钻，去亲吻那个人，直到那个人接受她的亲吻，她才如释重负。

在接受文明生活的挑战时，“瓜”总是比唐纳德学得快一些，如服从指令、用勺子吃东西、要上厕所时发出警告等（不幸的是，“瓜”的如厕讯号并不总是靠谱）。在凯洛格的大多数测试中，“瓜”跟唐纳德一样，甚至有些方面还超过了唐纳德。她跟唐纳德一样，能迅速学会用工具把苹果拿到手，能站在椅子上去够挂在天花板上的饼干。当椅子被移开，必须把椅子朝不同的方向推才能拿到饼干时，唐纳德仍然将椅子朝原来的方向推，而“瓜”却能根据饼干的位置，把椅子推到饼干的下方，轻而易举地拿到奖品。

然而，有一件事情唐纳德更胜一筹，那就是模仿。这让你感到吃惊吗？荷兰灵长类动物学家弗朗斯·德瓦尔花了几年的时间观察荷兰动物园里的黑猩猩和游客，“与大家的想象相反，人类模仿黑猩猩远比黑猩猩模仿人类的情形多得多”。

唐纳德和“瓜”的情形便是如此。“瓜”是攻击者和领导者，总能找到新的玩具和新的游戏方法，唐纳德只有模仿的份儿。”于是，唐纳德学会了“瓜”的坏习惯，如咬墙。他也学会了许多黑猩猩的语言，如进食时大叫。我不知道当 14 个月大的唐纳德手里拿着橘子、嘴里喊着“呜哈，呜哈，呜哈”跑向卢埃拉时，她是什么感觉。

一般的美国小孩在 19 个月大的时候，能说 50 多个单词，且可以把单词组合成短语。唐纳德 19 个月大时，只会说三个英语单词*。就在这个时候，实验终止，“瓜”回到了动物园。

凯洛格夫妇试图将黑猩猩训练成人，相反，“瓜”把他们的儿子训练成了黑猩猩。这个实验为我们更多地揭示了人类的本性，并且告诉我们人类和黑猩猩在前 19 个月里没有什么差别。在这一章中，我要告诉你人类和黑猩猩在 19 个月之后的差别和相似之处。

我早在这本书的开始就告诉过你，要回答孩子为什么成长为他们今天的样子这个问题，是基于孩子与生俱来的心智为出发点，这需要我们回顾一下人类演化的历史，让我们一起踏上回放人类演化史的征程。在这个过程中，我将谈一些个人的看法。如果别的作者可以谈他们对人类演化的看法，为什么我不能呢？不过你尽管放心，我的理论不是基于个人的臆测。

看透别人心思的人

如果“瓜”不回到动物园，唐纳德能学会英语吗？当然他能学会。

* 如果你认为唐纳德可能是个傻瓜，我第一次读凯洛格的书时也是这样想的，那你就错了。根据心理学史专家鲁迪·本杰明（Ludy T. Benjamin）的记载，唐纳德毕业于哈佛大学医学院。

第四章曾描述过这样一些孩子，有的孩子的父母是刚到美国的移民，有的孩子的父母是聋哑人。这些孩子在家里不说英语，在外面学会说英语。唐纳德也将一样。如果他不用英语跟父母交流，他得学会用英语跟邻居的小伙伴们交流。当他的社交圈子扩大到“瓜”以外的小伙伴时，他就会发现没有人说黑猩猩的话。

语言只是区分人类和黑猩猩的一个指标。19 个月之后，人类和黑猩猩之间还有许多其他差别，这些差别很重要，也很有趣。特别是研究人类儿童认知能力的心理学家们对“心智理论”表现出极大的关注。

这些研究者认为，儿童在四岁的时候开始出现心智理论。他们知道自己有一个心智，相信其他人也有。他们的心智充满了各种思想和观念，他们认为其他人也是如此。他们还知道，他们的思想和观念不一定正确，可能存在着错误的观念。他们也知道自己有能力给别人传递错误的信息，让别人产生错误的观念。这种理解使他们第一次有意说谎。

随着孩子的成长，他们的心智逐渐变得成熟起来。作为成年人，我们知道人们的行为由他们对某些事物的看法和情感决定，而不是由事物本身决定的。要预测别人将要对你做什么，你得了解他们的想法和感受。有些人擅长于猜测别人的心思，即使是没有什么经验的人也能做到，因为人们从不掩饰他们对事物的看法和感受。事实上，他们会一而再、再而三地谈论自己的想法和感受。语言的一个功能就是让我们能直接窥探其他人的大脑在想什么，能轻而易举地猜测到他们的心思。另一方面，如果某个人想误导我们，语言能助他们一臂之力。

心智理论来自心灵的窗户——眼睛。人类洞悉他人内心的能力早在婴儿期就已具备，当婴儿注视父母的眼睛时，就已经有这种能力了。婴儿在六个月大的时候，开始与父母有目光接触。一个正常的婴儿很早就知道有人在看着他，这种能力是与生俱来的。当妈妈注视他时，他会微笑，但如果妈妈注视的时间太长，他会把头转过去，注视的时间持续太长会让婴儿感到不舒服。

婴儿一岁的时候，虽然某个人没有看他，但婴儿知道他在看哪里。当妈妈在看一个不熟悉的东西时，妈妈的面部表情可以帮助婴儿决定是接近还是躲避那个东西。如果妈妈看起来很担忧，那么他就会躲避它。当妈妈与陌生人讲话时，妈妈的表情可以帮助婴儿判断陌生人是朋友还是敌人。如果陌生人在婴儿作出判断之前注视着他，他会把脸转过去。如果这时陌生人要抱他，他会因害怕而大哭不已。

婴儿一岁半的时候，当妈妈对他说一个词时，他先看妈妈一眼，看妈妈在看什么东西，他认为妈妈看的东西就是那个词指代的东西。当他用手指那个东西时，他看妈妈是否在看它。用手指某个东西以引起他人的注意是人类的特质。生长在自然环境中的黑猩猩不会这样做，即使生长在人类环境中的黑猩猩也很少这样做。赫伯特·泰瑞斯（Herbert Terrace），一位研究从小学习用手语交流的黑猩猩的专家，这样说道：

> 幼猿与人类婴儿最显著的差异是它们缺少人类婴儿那种与父母分享视觉喜悦的能力……目前没有任何证据显示幼猿在看到某一物体后，有向同伴或照顾它的人表达和交流的企图。

三四岁的孩子能根据一个人注视的目光和表情判断他在想什么。例如，如果某个人贪婪地看着一块糖，四岁的孩子就会推测他想吃这块糖。如果这个人面无表情，目光没有固定在某样东西上，四岁的孩子会认为他在思考。我们以为猜透别人心思的能力是理所当然的事情，然而，发展心理学家花了很长时间才注意到这个问题，他们不久就发现有些孩子没有这种能力。患有自闭症的孩子好像不知道眼睛是心灵的窗户，事实上，他们不知道其他人有心灵。总之，患有自闭症的孩子缺乏心智，英国发展心理学家西蒙·拜伦-科恩（Simon Baron-Cohen）把这个缺陷称为“心盲”。

另一位英国发展心理学家安妮特·卡米洛夫-史密斯（Annette Karmi Coff-Smith）比较了自闭症和威廉综合征。患有威廉综合征的孩子有以下面部特征和智力缺陷：他们的鼻尖上翘、脸颊肥胖，好像童话中的小精灵。他们的大脑比正常的同龄孩子小百分之二十，智商在智障的范围内。这些孩子不会系鞋带，不会画画，不会做最简单的算术，但他们的言语表达能力非常好，对人友善，能与其他人友好相处。尽管他们属于智障，但他们不缺乏心智，他们对其他人的情绪很敏感，能通过观察他人的面部表情和眼睛判断这些人的意图。不像患有自闭症的孩子，患有威廉综合征的孩子能判断一个人是在开玩笑还是在讽刺挖苦。

卡米洛夫-史密斯认为患有威廉综合征的孩子具有“社交模块”，而自闭症的孩子则没有。社交模式是大脑中专门负责处理社交刺激和社交行为的区域。自闭症的孩子通常都有语言困难，因为他们不了解使用语言的目的是将自己的想法放进其他人的大脑中，并把其他人的想法挖掘出来。

生活在猿类环境中

黑猩猩不像自闭症的孩子，它们更像威廉综合征孩子。“瓜”对凯洛格夫妇的面部表情和他们目光注视的方向非常敏感。在开始淘气之前，她一定要看看他们是否在看着她，如果他们皱眉头，她就会立刻停下来。任何群居动物都必须演化出一些社交模块。黑猩猩的社交生活几乎与人类的社交生活一样复杂。

如果你像令人羡慕的珍妮·古道尔一样，能观察黑猩猩在自然环境中如何生活的话，你会看到一群亲热无比的黑猩猩。在这群黑猩猩中，小黑猩猩相互玩耍嬉戏，大黑猩猩在彼此梳理毛发、相互交流。小团体来来往往，成员不断得到重组。如果两只黑猩猩很长时间没有见面，它们会相互拥抱、亲吻。当它们感到紧张的时候，会手拉手、互相拍拍背、打打气。如果一个黑猩猩猎杀到一只小羚羊或小狒狒，其他的黑猩猩会蜂拥而至、围住胜利者，伸出双手，每个黑猩猩都会分到一块战利品。

当然也有权力之争，但是这种争斗很少是致命的，往往以失败者祈求胜利者的宽恕，胜利者仁慈地宽恕失败者而告终。即使性交也不会让黑猩猩彼此产生仇恨，雌性黑猩猩对雄性黑猩猩一般是来者不拒。尽管有时候，地位高的雄性黑猩猩想限制某一只雌性黑猩猩与其他黑猩猩交往，但它通常不会得逞，它只享有与这只雌性黑猩猩交配的优先权。古道尔曾描述了一只叫弗洛的雌性黑猩猩在发情期的情形：雄性黑猩猩轮流与它进行交配，在一旁等候的雄性黑猩猩的风度，丝毫不比纽约地铁站的通勤一族差。

在这种情况下，没有黑猩猩知道自己的父亲是谁。雄性黑猩猩一般不承担抚养小黑猩猩的责任，但它们对群落里的小黑猩猩都抱着一种虽然疏远但却慈爱的态度。不过，母亲与孩子的关系非常亲密，雌性黑猩猩跟人类一样，有不同程度的母性，但是一般来说，它们都是好母亲。兄弟姐妹之间的关系也很密切，如果一只小黑猩猩失去了母亲，它就会被大一点的黑猩猩收养，有时候，甚至被雄性黑猩猩收养。

然而，黑猩猩之间的友好相处并不是没有界限，友好相处只限于它们自己的群落。一个群落通常有三十至五十只黑猩猩，都有自己的势力范围。即使该群落的成员不在同一个地方共同生活，但它们仍然彼此相识（许多是亲戚关系），一旦有陌生的黑猩猩闯入，会立刻被发现。

黑猩猩一般不与陌生的黑猩猩接近。流浪的动物或来自另一个群落的黑猩猩一旦误入它们的领地，会遭到攻击，除非是一只处在发情期的雌性黑猩猩。如果不在发情期，雌性黑猩猩也会被攻击，如果它带着婴儿，它的婴儿很可能会被杀死，然后被分食掉。

黑猩猩也不喜欢不熟悉的事物。脊髓灰质炎流行时，古道尔看到一只年老的叫麦克格里格的雄性黑猩猩染上了这个病，身体瘫痪，不能正常行动。当它拖着后腿回到群落时，它原先的好友见到它很不高兴。开始时它们感到恐惧，后来恐惧演变成敌意。一只强健的雄性猩猩开始攻击它，重重地击打它的后背，残疾的麦克格里格瑟瑟发抖，毫无招架之力。当另一只黑猩猩抡着大棒跑过来的时候，古道尔终于忍无可忍，进行了干预。尽管其他黑猩猩最终习惯了麦克格里格奇怪的动作，但是它们对它不再友好，不再欢迎它参加黑猩猩的重要社交活动——梳理毛发。

在社交方面，黑猩猩很像人类，它们既有我们的缺点，也有我们的优点。它们也把这个世界分成"我们"和"它们"。即使是一只熟悉的动物，如果它不再是"我们"中的一员，也会遭到攻击。古道尔见证了"最暴力的攻击发生在熟悉的动物之间"。受害者来自一个叫卡哈马的新群落，从卡萨克拉群落中分离出来，里面的成员曾经在一起亲密地生活了很多年。有一阵子，两个群落的成员还能友好地交往，但最终交往停止，它们开始避免相互见面。如果偶然碰面（它们的领域相邻，甚至部分地域重叠），它们就会上演一场全武行。

在两个群落终止友好往来一年左右的时间，卡萨克拉群落对卡哈马发起了一系列进攻。一天，卡萨克拉群落的八只黑猩猩悄无声息、快速地穿过树林朝南边的卡哈马群落靠近（它们通常会大声喧哗）。

> 突然它们看见了正在树上吃树叶的哥迪，哥迪跳下树，仓皇逃命。汉弗莱、裘米欧和费根三只黑猩猩并排紧追不舍，其他黑猩猩紧随其后。汉弗莱抓住哥迪的腿，把它掀翻在地，坐在它的头上，双手抓着它的腿，使它动弹不得。其他黑猩猩一拥而上，对它开始攻击。哥迪根本无法逃生，更没有招架之力。

用一块大石头砸向伤势惨重的哥迪之后，卡萨克拉群落的黑猩猩打道回府。从那以后，再也没有见到哥迪，它可能死于重伤。

用同样的方式，卡萨克拉群落的黑猩猩把卡哈马群落的黑猩猩一个一个地干掉。小黑猩猩和成年母猩猩无一幸免，只有适婚的母猩猩被留下来，被收编到卡萨克拉群落中。这让我想起《圣经·旧约》中耶和华的故事。当他和他的部队占领了耶利哥城之后，他们杀死了所有的男人、女人和孩子，只留下了妓女喇合。

爱和战争

阿什利·蒙塔古（Ashley Montagu）1967年曾说："好战绝对不是人类的本能。"当时，战争是一个令人蒙羞的词。人们高唱要做爱（make love）不要战争（make war），好像这两者是不相容的。但是蒙塔古真正讨厌的词，其实是"本能"。在沉寂了一段时间之后，"本能"这个词又开始流行起来，心理语言学家斯蒂芬·平克甚至为他那本极好的书起名为《语言本能》（*The Lauguage Instinct*）。也许我们要重新考虑一下这个假设：人类是否从灵长类祖先那儿遗传了好战的本能。

珍妮·古道尔很严肃地思考过这个假设，虽然她没有用"本能"这个词，她用的是"预适应性"，她认为这是可能的。她认为黑猩猩具有制造战争的"预适应性"，如群体生活、领域性、狩猎技能，以及对陌生人的厌恶等。此外，她说雄性黑猩猩特别喜欢群体斗殴的场景，它们"天生就对暴力有兴趣，尤其对邻居施暴"。古道尔认为这些特质所形成的生理机制，也潜在地存在于人类的好战习惯中。

有些理论家陷入了一个矛盾的怪圈，他们纠结于人类是杀人的灵长类，还是社交动物。达尔文一点也没有受此影响：

每个人都得承认人是一种社会性动物，因为他不喜欢离群索居，他渴望家人以外的社交圈子。把一个人关起来是最严厉的惩罚……我们不必担心为什么一个社会性动物的野蛮人，总是不停地在跟他的邻族打仗，因为“社会本能”本来就不包括所有的人类。

当然不是指所有的人类，只包括到自己的军队、部落、社团、国家和种族中的成员而已。来自西奈山“不得杀人”的训诫并没有阻止耶和华大肆杀戮耶利哥、艾城、玛基大、立拿、拉吉和伊叽伦的居民。耶和华压根就没有想过，上帝可能会禁止他杀这些人。

历史记载了许多战争，例如，从耶利哥到特洛伊，从波斯尼亚到卢旺达。考古学发现人类在文字出现之前，就知道发动战争、屠杀仇敌了。演化生物学家贾雷德·戴蒙德（Jared Diamond）说：“部落之间的战争一直是人类和前人类的一部分。”

灵长类专家理查德·伦翰姆（Richard Wrangham）非常赞同这句话。他认为我们的祖先是灵长目动物，外表和行为都很像现在的黑猩猩（是同一个祖先传下来的）。黑猩猩和人类继承了同样的生活方式，大家都群居在一起，男性承担保卫部落的职责，女性到了生殖年龄，被嫁到邻近的部落。男性不仅保卫自己的领地，还向邻近的部落发动进攻。攻打别人的目的，最初是为了掠夺更多的土地和女人，但后来已成为生活的一部分，最初的动机显得不是那么重要了。一旦要发动战争，就有新的更好的理由：我们不杀死他们，他们就会杀死我们。

六百万年的演化将我们与黑猩猩区分开来，在这六百万年中，我们与黑猩猩之间只有一点还是一样的，那就是我们有着相同的生活方式。我们都是以小的群落而居，与近亲生活在一起，彼此相互依赖，寻求保护。有肉的时候，我们不吃蔬菜，当然肉是与族人共享的。在六百万年间，我们与邻近的部落作战。成功的部落逐渐扩大，大到一分为二。迟早，分裂开来的两个部落又会打起来，有时，一方会干掉另一方。贾雷德·戴蒙德说："人类的特性之一，就是直接从动物祖先遗传下来的灭绝种族的特性。"

但我们不仅是像猿一样的杀手，我们还是好人。达尔文曾指出："一个野蛮人会冒生命危险去解救部落的成员。"如果他失败了，失去了生命，用达尔文的术语表达，他就是"不适者"，因为他无法把自己的基因再传下去。因此，这个行为必须要有一个说得通的解释才行，对这种行为的解释是：他失去生命，使他的兄弟、姐妹和孩子的生命得到延续，这些人保留了他50%的基因。如果我们将"适者"定义为成功地延续自己的基因，而不是自己的生命的话，那么，近亲之间的利他行为就可以得到解释了。

你也许听说过"自私基因"的理论，你可能会得出演化的产物注定是自私的结论，这恐怕会对该理论的发布者产生不幸的影响。演化生物学家理查德·道金斯（Richard Dawkins）警告说："如果你和我一样，想建立一个社会，该社会中成员为了共同的利益慷慨、无私地合作，你不要指望生物本性会帮你的忙。我们生来就是自私的，因此，我们要努力地将慷慨和利他主义的思想灌输给人们。"但自私的基因并不意味着有机体是自私的：基因可能完全是自私的，但它还包含造就完全利他主义者的指令，如果利他基因是这个基因可以继续演化下去的必要条件的话。

很明显，我们不是完全的利他主义者，也不是完全的杀人者，以上两者特质我们兼而有之。这就是为什么我们在阿什利·蒙塔古的笔下是和平爱好者，而在理查德·伦翰姆笔下是天生的杀手。这完全取决于你看待我们行为的视角，你是我们中间的一分子，还是外人。我们生来就会对自己的人好，因为几百万年来，我们的生命和我们子孙的生命都依赖于自己所在群体的成员。我们生来对外人怀有敌意，因为六百万年的历史教会了我们要时刻提防他们。

在战争激烈的时候，我们的族人是我们的盟友，是我们并肩作战的同志。在战争的空档期，我们与他们竞争食物和交配的对象。但无论是战争岁月还是和平年代，我们都与他们密切合作，你可以把它叫做利他主义，因为合作的演化长期效益比较好。如果你明天愿意帮助我，我今天可以先帮助你。但这种体制容易产生骗子，只索取，不回报。但是人类的智慧不仅限于制造工具和武器，千百年来，我们还学会了提防骗子，也学会了警告朋友不要上当。与此同时，骗子也变得更加聪明。当我们不断演化如何提防骗子的办法，骗子也在演化如何击败我们的防骗术。于是，双方竞相进行着“道高一尺，魔高一丈”的演化。有人把这叫做“认知的角力”。

但是骗子只是较小的威胁，更大的危险在山的背面，敌人正在积蓄力量。用珍妮·古道尔的话说就是：

> 早期的战争极大地促进了智力的发展，加速了族人之间的合作。这个过程提升了人们的智力、族人之间的合作和勇气，同时也迫使敌人用同样的方式予以对抗和反击。

当耶利哥上方的硝烟散去的时候，骗子死了，受益者也死了。懦夫死了，勇士也死了。演化奖励了战争的赢家，使他们得以存活。虽然我们对他们的战术不以为然，但他们成为了我们的祖先。

原始人类演化

大约在六百万年前，我们的祖先不再与黑猩猩为伍，这在演化史上并不久远。我们的 DNA 与黑猩猩有 96%的相同之处。人和黑猩猩之间的差异，远远小于同一种类的鸟，如红眼燕和白眼燕。

产生一个新的品种用不着太多的基因，只要关键地方的基因有些许变化就能产生截然不同的结果。例如，我们毛发的退化可能缘自一些基因的变化，在演化史上很短的时间内就发生了。人类与猿一样有许多毛囊，但大多数毛囊只长出一些退化的毛发。墨西哥有一个部落，基因产生突变，浑身上下甚至眼皮上都长满了毛发。这显然是基因引起的。

人类的另一个特征——直立行走也是突然发生的。南方古猿——露西和她的族人——的大脑并没有比黑猩猩的大脑大，但南方古猿能够直立行走，这发生在350万年前的非洲。

250万年前出现了“巧人”，事情开始变得有趣。“巧人”的大脑比人和以前的灵长类动物的大脑都大，他们会制造和使用工具，虽然我们知道他们并不是最早使用工具的人。黑猩猩也会用石头砸坚果，用木棍从白蚁堆里找虫子。

150万年前出现的是“直立人”。有的书上说，直立人是巧人的后代，但情况远不是这么简单。因为，600万年前，许多原始人和前原始人纷纷出现在非洲，仅仅根据几块骨头，是不能轻易地断定谁是谁的后代，并且，许多原始人都已绝种。

直立人没有绝种，他们从非洲扩散到中东、欧洲和亚洲。他们在撒哈拉沙漠以北和以南的地区生活了100万年。最后，他们被现代人的祖先——智人所取代。到10万年和15万年间，“现代智人”才出现。我猜测这个变化产生于13万年前，在地球升温时出现（在两个“冰河时期”之间，地球温度会上升一阵子，我指的就是比我们现在更早一次的地球温度上升期）。

在现代智人出现不久，现在的欧洲人和亚洲人的祖先便离开非洲，一路向北来到中东地区。当他们到那儿的时候，发现那个地方已经被尼安德特人占领。尼安德特人是直立人的后代，现在遍布大部分欧洲和中东地区。随着另一个冰河时期的到来，我们在相对温暖的中东地区呆了很长时间，与尼安德特人共同生活在这片土地上，不过，我认为彼此一定不会友好地相处。然后，不可思议的事情发生了。贾雷德·戴蒙德把这称为“大跃进”，人类学家马文·哈里斯（Marvin Harris）把这叫做“文化腾飞”。无论是什么引起的，结果是非常明显的：由于科学技术的迅猛发展，在尼安德特人消失之后，我们的祖先遍布欧洲和亚洲。他们在那里生活了7.5万年，度过了整个冰河时期，就在天气开始转暖时，他们突然消失了。

最终人类获胜，得到晋级。存活下来的近亲，如大猩猩、黑猩猩以及倭黑猩猩都只生活在非洲的偏远地区。红毛猩猩只有在婆罗洲和苏门答腊岛才能找到，其他种类都消失了。在较短的时间内（600万年），我们从猿变成人，我们身后的一切都已灰飞烟灭，没有留下任何活口。

让我告诉你我是怎么想的。当一个猿类群体变得太大时，就会一分为二。子代群体占据相邻领土，早晚有一天，彼此会产生敌意。事实上，敌意可能早在分裂之前就已产生，从而导致分裂的发生。

当人类群体分裂时，子群体多半会变成仇敌。一位人类学家观察到，“一个村庄致命的敌人，就是从该村庄分出去的那一派”。平时，不同的群体之间也会有贸易往来和婚丧嫁娶，但一点点误解就会让他们剑拔弩张，直取对方的性命。各群体之间不需要彼此憎恨的理由，他们是他们、我们是我们的事实就足够了。如果这不是理由，也总有为争夺地盘的理由开战。耶和华之所以踏平了所有的城市，是因为上帝答应要把这片土地给他的子民。当然，这不仅是争夺土地的远征，他还充满了仇恨。这一点从每一座城市被攻克之后，被活捉的君王往往在遭致毒打之后被吊死在树上就可以看出。

耶和华可以说是近代人物，大约生活在3 500年前。那时，人类已进入农耕社会。在600万年间，我们从猿变成人，过的是“吃了这一餐不知下一餐在哪里”的狩猎采集生活。狩猎采集社会以游牧、爱好和平而闻名，因为他们没有土地之争，也就没有争斗的欲望。但是生态学研究者阿里纳·艾布尔-艾伯斯菲尔认为这是另一个和平与爱情的神话，他说从目前仅存的狩猎采集民族来看，他们既不爱好和平，也并非与世无争。有些民族的确放弃了战争（或许他们已经没有任何领域可以打了），但在他研究过的狩猎采集社会中，百分之九十九都打过战，“没有一个民族敢说他们从来没有打过仗”。

我们憎恨使我们感到恐惧的东西，因为我们不喜欢恐惧的感觉。贝斯费尔特曾指出，在所有的人类社会中，婴儿在六个月大的时候，就开始惧怕陌生人。在狩猎采集社会中或一个小村庄里，婴儿长到六个月大时已经有机会认识部落里所有的人，因此，一个陌生人的到来一定会引起婴儿的焦虑和不安。他到这儿来干什么？他想把我偷走吗？他要把我弄去当奴隶吗？他会吃掉我吗？婴儿往往从妈妈那儿找线索，如果妈妈觉得没事，那他就放心了。贝斯费尔特把婴儿对陌生人的反应叫做“童年陌生恐惧症”，这是第一个证据显示人类天生就有把世界分成“我们”和“他们”的倾向。

许多人认为孩子要经过教导，才会去恨别人。贝斯费尔特认为并非如此，我也认为并非如此。憎恨其他群体是人类（包括黑猩猩）的天性。我们要教会孩子不要憎恨，虽然我们并非天生就自私，但是我们天生就仇视外来人。

物种与伪物种的形成

生物学家史蒂芬·杰·古尔德（Steven Jay Gould）认为演化不是一个缓慢、渐变的过程。物种可以在几百年的时间里稳定地活着，然后突然消失，被其他物种所取代，而取代它的物种通常不是别人，正是它自己分出来的“次类别”。新物种的形成是由于地理环境的隔绝所致，当子物种从母物种中分离出来，并停止与母物种进行交配时，新的物种就形成了。子物种开始演化，发展出有别于母物种的特性，如果该特性使子物种更加适应环境，那么子物种遵循适者生存的原则，就会取代母物种。

当然，并不总是因为地理因素使子物种与母物种隔绝开来，还有其他的因素阻止它们之间进行交配。在欧洲，有两种蝗虫外表看起来十分相像，在实验室条件下可以相互交配，但在自然环境中却不交配，被认为是不同的种类。原因是它们唱的歌不一样，这个小小的行为差异将它们分离开来。

当一组猿或人分离出来时，通常会沿着以往的群体血缘进行分离，个体会选择去有更多亲戚和朋友的那一方。双方都有他们的亲戚和朋友时，他们两边都可以选择。当珍妮·古道尔研究的黑猩猩群体一分为二时，她不明白为什么一只叫巨人的雄性黑猩猩把宝押在了卡哈马一方——这个决定最终要了它的命。

我不知道巨人的理由是什么，但当人类群体分裂成若干子群体时，他们会选择能和谐相处的一方，正所谓物以类聚，人以群分。有家族的人没有什么选择，他们只能跟着家族成员走。有选择的人会选择去那些与他有共同点最多的一方。很多情形下，子群体之间的差异已具有统计学意义了。这可能是外表或行为上的微小差异，但也可能不是。

在人类社会，群体之间的敌意夸大了群体之间的差异，即使原来没有差异，也可以制造出一些差异。你可能觉得恰恰相反，是差异产生敌意，但我认为是敌意导致差异。每一个群体都努力找出与其体群体不同的地方。如果你不喜欢某个人，你尽可能想与他有所不同。因此，不同群体发展出不同的习俗和不同的图腾，他们穿不同的服装，佩戴不同的装饰，甚至会发展出不同的语言。贝斯费尔特观察到：

> 人类有强烈的形成子群体的倾向，这些子群体的方言和其他特征使他们区别于其他子群体，最终形成自己的文化……将自己与他人划清界限，这是人类天性中最基本的特质。

这个过程叫做伪物种的形成。如果伪物种形成也是人类本质的基本特征的话，那么，它会极大地加速演化过程。群体分裂，使自己有别于他人，然后发动战争。战争使两个部落之间不再通婚（或大大减少），于是我们就有新品种形成的先决条件了。如果某一个子群体在战争中表现得更胜一筹，那么，它就会消灭另一个子群体。当然，它也可能只是打败对方，但是这个过程就会慢一些。

新几内亚就是一个很好的例子。当欧洲探险家踏上这片土地时，他们发现这是一个名副其实的巴别塔。在一块相当于得克萨斯州面积的土地上，有上千种语言，人们相互之间听不懂对方的话。贾雷德·戴蒙德为我们描述了在白人到来之前，新几内亚岛的情形：

> 敢于迈出自己的领地，去见几英里之外的人，等于自杀……这种隔绝状态带来了遗传的多样化。新几内亚的每一条河谷都有自己的语言和文化，还有遗传异常现象和当地的疾病。

于是，新几内亚的某个部落成为麻风病的高发区，另一个部落则有世界上人数最多的聋哑人或男性阴阳人或过早老化或青春期延迟等问题。可能是一两种基因的突变造成了这些遗传差异，这些差异都很小，这些群体分离的时间也不太长。

随着时间的流逝，分裂的群体之间会越来越不相同。在有些动物中，这些差异是慢慢累积而来的，并且是随机发生的，生物学家称之为“遗传漂变”。但对于人类来说，这个过程不是随机的，伪物种的形成加速了这个进程。欧洲人之间有明显的差异，例如，斯堪的纳维亚人的金发和意大利人的黑发演化得如此迅速，不仅是出于健康因素的考虑。许多情况可以借助性伴侣得以实现，例如，金发人的出现可能纯属偶然，但如果其他人喜欢金发，就会去追求他们，并与他们交配，那么他们的后代就得到了繁衍。最终，这些特质就作为区分我们和他们的标志。

我认为人类的无毛发现象也是这样演化的。这是一个发生在最近、发生得较快的演化过程，发生在北部的直立人（尼安德特人的祖先）与南部的直立人（我们的祖先）停止交配之后，也许就是十三万年前我们成为现代人的时候。这个变化很可能与伪物种形成有关，一个身体上的毛发越来越不受到欢迎的部落与跟猿一样有毛发的部落的分离就是一个例子。没有毛发不会给我们带来什么好处，但能区分我们和他们。一旦有了明确的区分，接下来我们就会向有毛发的部落发起进攻，直至消灭他们。

尼安德特人的神秘消失

你可能以为我是在暗示尼安德特人的消失，其实我没有。我在谈论发生（或者可能发生）在非洲的事情，使现代人的祖先出现了，而相近人种消失了。当现代智人出现在欧洲时，情形大不相同。现代人和尼安德特人这两个人种在不同条件下分别演化出来。尼安德特人适应寒冷的气候，而我们的祖先喜欢温暖的气候。他们的共同之处是都有一个大脑袋，都喜欢吃肉，但他们至少在两个方面不一样，尼安德特人没有言语技能（他们的嘴巴和喉咙好像不适合说话），他们的身上被厚厚的一层毛发覆盖。

没错，你没听错，是厚厚的一层毛发。演化生物学家和古生物学家喜欢在脑海中上演这样一幕：让尼安德特人穿上西服三件套走在伦敦或曼哈顿的大街上，看是否会引起人们的注意。问题是他们忘了给这位尼安德特人剃去毛发，人们当然会注意到他。人们会向他投掷麻醉镖，然后把他拖到动物园。演化生物学家和古生物学家，像其他所有人一样，深深地记住了那些艺术图片，图片展示了人类祖先排成一行，毛发逐渐减少的演化过程，所以他们忘了尼安德特人其实是多毛的。

如果没有厚厚的毛发，尼安德特人不可能在欧洲度过冰河时期。他们不会缝纫，他们没有西服三件套，没有毛皮大衣。有人说他们用动物的皮毛来御寒，但是你尝试过在暴风雪中，身体光光的只披着一块鹿皮就外出打猎吗？而尼安德特人每天都要出门打猎，因为没有证据显示他们有储存食物的做法，在冰河时期的欧洲，也没有什么水果和蔬菜。我们的祖先并不比尼安德特人笨，但在发明针线之前，我们的祖先是不敢去欧洲进行博弈的。

我们已经忘记了我们厌恶有毛发的人，直到我们到了中东地区看到尼安德特人。我们认为他们不是面目可憎的人，而是动物，是猎物。我们想到的不是“恶心”，而是“好吃”，无疑，他们的想法跟我们一样。在我们到达欧洲和新大陆之前，尼安德特人和许多其他大型、美味的哺乳动物一同消失了，因为我们是狩猎工夫更高明的食肉动物。

这是演化建构的大脑

我们的祖先与猿的祖先分开已有 600 万年了。绝大多数时间我们生活在地上，而不是树上。在这段时间里，我们与同族人和谐相处，与异族人开战。我们查明骗子的能力逐渐增强，在与他们较量时，不断地胜过他们。

在大多数时间里，我们生活在小群体中，以狩猎采集为生。一个群体越来越成功，不断壮大，最后一分为二，更有实力的子群体就会把另一个子群体打败。这一幕不断地在上演。

600万年的演化带给我们一个巨大的大脑，这是一件喜忧参半的事情。它占用了人体大量的能量，因为大脑的尺寸较大，使怀孕生产变得异常危险，也使婴儿在差不多一年的时间里头重脚轻，就像一条链子拴着一个大球一样。大脑的脆弱和它的尺寸，使它在孩子们推推搡搡的打闹中成为最容易受到伤害的目标。

当然，大脑也有它的好处。珍妮·古道尔笔下的黑猩猩要把相邻部落的黑猩猩一个、一个地消灭掉，但耶和华一次性出击就能杀光全城的居民。这并不是一件容易的事，因为许多城市都有厚厚的城墙，吹号角的把戏只在耶利哥城奏效过，耶和华必须要摧毁其他城市的城墙。在艾城，耶和华用了一个诡计。他派了一小股力量去攻打艾城，大部队埋伏在隐蔽的地方。小股力量发起进攻之后，迅速撤退，给对方制造了一个失败的假象，艾城的人乘胜追击，决定给敌人致命一击。这时，艾城的城门大开，无人把守，艾城人中了耶和华的诡计。

诡计是我们擅长的许多事情之一，使我们想到了心智理论。耶和华猜到艾城人要做什么，因为他可以想象出他们的思维过程，他知道他们会上当受骗，于是想出一个复杂的计谋来欺骗他们。另一个关键的要素是他有能力将他的作战计划与他的将领们进行充分沟通。

当然，他能指挥一支庞大的队伍，这也很有关系，可以算是一种认知成就。在黑猩猩群落中，“我们”指我们所认识的每一个个体，任何一个陌生的个体被自动归类为“他们”。在耶和华时代，军队的规模越来越大，人们彼此之间并不都是熟人，军队变成了一个概念，一个理想。当耶和华在耶利哥城外见到一个陌生人时，他得问他：“你是我们的人，还是他们的人?”有能力组建比对手大得多的队伍是一种认知超前的表现，该表现会有明显的回报。人们不禁想，如果耶利哥、艾城、玛基大、立拿、拉吉和伊矶伦等城市联合起来共同抵御耶和华会是怎样一种情形呢？但是各个城市之间城墙林立是有原因的，即保护自己人，抵御外来人。

尽管黑猩猩没有将陌生人看作是“自己人”的认知飞跃，但是我们的许多能力在它们的身上都已经有了雏形。例如诡计，珍妮·古道尔亲眼目睹了黑猩猩用欺骗的手段获取它们想要的东西。有一个叫费根的黑猩猩与香蕉的例子。当珍妮·古道尔刚开始在坦桑尼亚观察黑猩猩时，她总是用几箱香蕉来吸引它们。通常只有地位较高的黑猩猩才吃得到这些香蕉，为了让雌性黑猩猩和小黑猩猩也能吃上香蕉，珍妮·古道尔把一些香蕉藏在树上。一天，一只叫费根的小黑猩猩看到一只香蕉挂在一棵树上，而树下有一只地位较高的黑猩猩，如果费根去拿那只香蕉，大黑猩猩一定会把它抢走。于是，费根到了一个它看不到香蕉的地方，静静地等候。当大黑猩猩一离开，费根就跑过去拿到了香蕉。坐在一个看不见香蕉的地方等候，可以保证它的眼睛不会出卖内心的秘密。

黑猩猩不像患有自闭症的孩子，它们意识到了眼睛的重要性。灵长类动物学家弗朗斯·德瓦尔说，当两只黑猩猩打完架之后，它们在亲吻、和好之前，一定要有目光接触。“好像不看对方的眼睛，它们无法相信对方的意图”。

黑猩猩有心智吗？这个问题不好回答，因为心智不是一个要么有、要么没有的东西。人类儿童在最初几年逐渐发展出这种能力。黑猩猩有没有，或有多少这种能力，这个问题仍然在争论之中。但是可以说在心智方面，黑猩猩赶不上人类四岁的孩子。至于它们是否与三岁或两岁的孩子相同并不重要，因为黑猩猩与人类两个物种之间有差异性，这些差异是与生俱来的，即使在人类生活环境中长大的黑猩猩，也无法与四岁的儿童一样猜测别人的心事。

600 万年的演化使我们有别于猿，但演化没有让我们得到一个社会模块，因为早在分化之前我们就已经有了这个社会模块。六百万年的演化使我们能更新、更好地使用我们的社会模块。我们所获得的东西都是适应群体生活方式的结果，例如，语言。如果你不能找到人说话，那语言有什么用呢？沟通能力对群居动物来说非常重要，甚至蜜蜂都演化出一套相互传递信息的方法。如果哥迪能拖着身体向同伴呼救："卡萨克拉黑猩猩来了！卡萨克拉黑猩猩来了！"那么，这个信息不仅能救哥迪的命，也可能会挽救整个卡哈马部落。

人类大脑首先是处理社会环境的器官，处理物质环境是第二个任务。演化心理学家琳达·卡波雷尔（Linda Caporael）曾经指出，我们在处理模棱两可或棘手的事情时有一个默认的模式，即我们尝试与这些模棱两可的事情进行社会化互动，我们将它们拟人化。虽然我们对待人不像对待机器一样，但我们对待机器却像对待人一样。我们对汽车说："他妈的，你快启动吧！"我们希望计算机更加人性化。当面对令人费解或无法控制的局面时，我们会把人类的一些社会动机，如复仇、妒忌，以及怜悯归于上帝和自然。

父母，孩子和演化

语言的一个功能就是传承文化。教养假设认为，语言是由父母传给孩子的。然而，正如我们在前几章中谈到的，在许多文化中，父母并没有用语言教导孩子。语言不是成功教养孩子的必备条件。有时候，聋哑人夫妻的孩子没有学习手语，除了最基本的表达方式之外，他们无法与自己的父母沟通，但这并没有影响他们的健康成长。几百万年来，没有语言，哺乳动物照样养育了孩子。

教养假设暗示，孩子生下来时脑袋里面空空如也，父母的责任是把它填满。很明显，孩子的确从父母那儿学到了东西，但他们并不仅仅从父母那儿学到东西。尽管许多东西是在孩子出生之后学到的，但有足够的演化证据显示，不能让父母垄断孩子的学习。我可以列举出四个理由说明父母的过度影响，对孩子不会产生长久的好处。

第一，行为遗传学家大卫·罗（David Rowe）指出，只向父母学习的倾向会阻止孩子学习社会中其他人的新思想和新观念。因为，通常是年轻人，而不是老年人有创新的观念。因此，让孩子向同伴和长辈学习，孩子将受益匪浅。向同伴学的东西也会更适时，与当下情境有更好的契合度。

第二个原因与多样性有关。让后代与父母一模一样的最简单的方法是克隆，有些植物和动物确实得益于这个方法。克隆也很高效。如果当时诺亚用了克隆技术，那么他只要一半的时间就可以把方舟装满，因为每一种动物和植物，他只要各带一只（株）即可。每一种克隆都与它的模型一模一样，因此，杀死其中一个，例如微生物，就可以把它们全体消灭光。有性繁殖为后代带来了多样化（每一次精子和卵子的结合都是基因的一次独特组合），都能使该有机体比危害它们的有机体略胜一筹。此外，后代的多样性还有其他的好处。在环境发生改变时，多样性能增加后代适应新环境、存活下来的几率。在困难时期，它会增强家族成员适应环境的生态机制。但无论光景的好坏，家族内部的多样性使家族成员有更广泛的技能和知识基础，让整个家族收益。

像诺亚放进方舟的动物一样，人类也从父母身上继承了许多行为特质。如果父母既能在环境方面又能在遗传方面影响孩子的话，那么，孩子与父母之间、孩子彼此之间就会非常的相似，像克隆出来的一样。

第三个原因是设计和规划由父母培养孩子是没有演化意义的，因为孩子不一定有双亲来抚养他们。我们为现在单亲家庭的孩子担忧，并情不自禁地将他们与五十年前美好时光中的双亲家庭相比。但在古代，并不是所有孩子的父母都健在。人类学家拿破仑·沙尼翁（Napoleon Chagnon）曾报告，在雅诺马马人中——生活在巴西和委内瑞拉雨林中的亚马逊河区的印第安人，孩子长到十岁时，仍然与亲生父母生活在一起的比例只占全体孩子的三分之一。虽然雅诺马马人的离婚率很低，大概只有百分之二十，但死亡率很高。在部落社会中，孩子的存活率随着父亲或母亲的死亡而下降，但不会降到零。如果必须从父母那儿学到东西，那么在这些古老社会中失去父母的孩子，就等于被下了死亡证明书。

第四个原因是父母与孩子利益的冲突。演化生物学家罗伯特·特里弗斯（Robert Trivers）指出，对父母有利的东西，对孩子不一定有利。例如，断奶。妈妈给孩子断奶，是为了再要一个孩子，但是孩子希望吃奶的时间越长越好，他才不想要弟弟或妹妹。当一个孩子有了弟弟或妹妹之后，他还会经常表现出孩子气，幼猿和小猴子也是如此。因为父母会偏爱更小、更柔弱的孩子，因此，大孩子表现出孩子气来博得父母更多的爱，他会竭尽所能地上演一幕“会哭的孩子有奶吃”。

在其他方面，父母的利益也不一定与孩子的利益一致。例如，父母希望女儿留在身边照顾自己，或照顾其他兄弟的孩子，或嫁一个能给他们丰厚聘礼的有钱的老年人，然而女儿却有不同的想法。特里弗斯认为，孩子的对策是一方面时刻注意自己的利益，另一方面跟父母搞好关系。

> 子女不能依赖父母给与他们的无私的忠告。孩子有抗拒父母操纵的天性，但同时不排斥其他的可能性。当父母用强化的手段（惩罚和奖励）迫使孩子就范时，孩子出于天性的选择，会反抗这种形式的强化。他们最初可能会很配合，但同时他们会寻找另外的方式表达自我利益。

科学史家弗兰克·萨洛韦指出，在许多情况下，父母与孩子之间的冲突最终归因为兄弟姐妹之间的冲突：每一个孩子都希望得到家庭中更多的资源，而父母认为资源应该分配到最能产生效益的地方。因此，萨洛韦认为兄弟姐妹是天生的冤家，生下来就陷入达尔文所说的生存竞争中。萨洛韦的兄弟关系模型取自一种蓝脚鲣鸟，大的蓝脚鲣鸟为了得到父母的关注，减少竞争，会把弱小的弟弟妹妹啄死。

当然，我们离蓝脚鲣鸟的时代已经很久远了。一个比较有益的模式应该来自我们的近亲——黑猩猩。根据珍妮·古道尔的观察，相差五六岁的一奶同胞，童年时是玩伴，长大后是战友。当黑猩猩小的时候，它的哥哥保护它，对它很温柔，随着年龄的增长，玩耍会变得越来越粗野。到了后来，弟弟有可能挑战哥哥的权威性，但一旦这件事解决了，它俩又和好如初。这种友谊对黑猩猩来说很重要，因为它们要互相帮助，一致对外。“我叫我哥哥来修理你”，在灵长类动物中可不是一句口头威胁。

当凯洛格夫妇在文明环境中养育一只黑猩猩时，他们知道他们把“瓜”放在了一个不属于它的环境里，但他们从来没有想过这个环境也不属于唐纳德。唐纳德和“瓜”都应该生活在非洲的森林和土地上，而不应该生活在位于印第安纳州的一所房子里，房子的墙上贴着墙纸、房子里有室内卫生设备。如果我们看到自己的孩子为了争抢遥控器扭打在一起，就以为我们看到了原始人性的话，那我们就大错特错了。

我们的祖先在过去的六百万年里，绝大部分时间以游牧为生，过着狩猎和采集的生活。他们克服了环境中的重重险恶得以生存下来，他们最大的危险来自敌袭。在狩猎采集社会中，孩子的生存更多依赖的是集体，而不是父母，因为，即使他的父母死了，但只要集体还在，他就能生存下来。孩子最大的愿望就是尽快成为集体中一名合格的成员。一旦断奶，孩子就不仅属于他们的父母，还属于这个集体。他们的未来不取决于父母有多么爱他们，而取决于他们与集体中其他成员能否和谐相处，尤其是与同辈人的相处，因为他们要与同辈人在一起生活一辈子。

现在儿童的心智是六百万年演化的产物。在下一章里，你会看到儿童的心智如何在他的社会行为中表现出来。

第七章

我们和他们

1954年威廉·戈尔丁（William Golding）的小说《蝇王》（*Lord of the Filies*）获得诺贝尔文学奖，该小说讲的是二十几个英国中学生被困在热带海岛上的故事。海岛上，气候温和，食物充足，没有大人的管束，也没有家庭作业，但这些孩子过得并不开心，到他们的头发长到可以在脑后扎马尾辫时，他们便开始互相残杀。

在上一章中里你看到我描绘的人类历史的血腥场面，可能以为我会赞同戈尔丁对没有文明的生活的演绎，但是我并不赞同他的观点，因为他错了。

事实上，戈尔丁犯了好几个错误，不都是心理学上的错误。他让孩子们用眼镜聚光取火，但这副眼镜是一个叫“小猪”的男孩的，小猪是近视眼。只有用来矫正远视的放大镜，才能取火。他把小一点的孩子叫做“小屁孩”，他们整天独自玩耍，不理会大孩子。但我们知道小孩子喜欢跟在大孩子后面当跟屁虫，即使大孩子对他们不好，他们也想与大孩子为伍。小猪是岛上唯一说话带有下层社会口音的人，在岛上待了几个月之后，仍然如此。而在现实生活中，他一定会在这段时间内，学会同伴的谈吐方式。

戈尔丁最大的错误是让孩子们相互残杀。我指的不是相互残杀的事实，而是残杀发生的过程。在孩子们中间有两个孩子王，一个是拉尔夫，一个是杰克。拉尔夫在戈尔丁严厉的象征主义中，代表法律和秩序，而杰克则代表野蛮和混乱。逐渐地，孩子们都到了杰克的一边，另一边只剩下了拉尔夫、小猪，还有一个叫西蒙的古怪的男孩。西蒙被杀了，小猪被杀了，当杰克这群暴徒继续追杀拉尔夫时，一个大人及时赶到，解救了拉尔夫。

我不是第一个对该书情节提出质疑的人。在上个世纪70年代，阿什利·蒙塔古曾抱怨说《蝇王》不真实。他引用了一个真实的例子，六七个美拉尼西亚的孩子被困在一个海岛上，几个月下来相安无事。蒙塔古认为《蝇王》的结尾应该不是大人找到孩子时说："我以为你们是英国孩子——你们是英国孩子，不是吗？——你们应该表现得更好一些。"而应该是："干得好！伙计们！"

但是蒙塔古也错了。美拉尼西亚孩子被困的例子没有可比性：他们来自一个大家庭，相互认识，并且只有六七个人。据我统计，在戈尔丁笔下，有二十来个孩子被困在岛上，他们大多数人之前并不认识。

如果你被困在岛上，有些人是你原来早就认识的，有些是陌生人，那么，你一定会和熟悉的人呆在一起。但在戈尔丁笔下，有些孩子原先是合唱团成员，彼此熟悉，以前都听杰克的，但到了岛上后，迅速解散，有的孩子加入了拉尔夫的行列。

按理说不应该是这样的。杰克的合唱团成员应该跟着杰克，其他人应该跟着拉尔夫；上昂贵寄宿学校的孩子形成一个组，读公立学校的孩子形成一个组。这些孩子可能也会上演全武行甚至杀人，但不会是群体针对个人，而是群体针对群体。

戈尔丁，像英国哲学家托马斯·霍布斯（Thomas Hobbes）一样，相信没有文明的社会将是一个自相残杀的世界：人人自保，不管他人。而蒙塔古，像法国哲学家让·雅克·卢梭一样，认为没有文明的社会像一个嬉皮士的群居村：大家共同分担所有的工作，分享所有的食物，有大量的闲暇时间，可以到处闻闻花香，享受人生。我认为他们四个人都错了。

达尔文是对的。他观察到，“住在相邻的部落总是在交战，然而，一个野蛮人敢于冒着生命危险去拯救同族人的生命”，“社会本能从来不会延伸到每一个个体的身上”。一个人是凶残的还是仁慈的，自私的还是利他的，取决于你看他这种行为是针对自己的同胞，还是针对其他群体。

罗伯斯山洞实验

如果你把二十来个中学生放到荒郊野外让他们自生自灭，到底会发生什么呢？1954 年，在《蝇王》出版的同一年，俄克拉何马大学的研究者决定找到答案。他们事先仔细地设计了一个研究群体关系的实验。

研究者挑选了 22 名被试，被试的条件尽可能一样。他们是一群 11 岁的白人小孩，都信仰基督教，智商都在平均值或平均值以上。在被试中，没有人戴眼镜，没有胖墩，没有人闯过祸。他们都来自本地区，说话都有俄克拉何马的口音。每个人来自不同的学校，因此，实验前他们相互之间并不认识。

22 名背景相同的被试被分为两个小组，每一组分别用巴士被送到罗伯斯山洞国家公园的男孩童子军营地，该公园坐落在俄克拉何马东南部山区，森林茂密。

这些男孩以为他们被邀请来露营三个星期，他们在营区的生活与一般的露营生活没有什么两样。辅导员竭力隐瞒自己是研究者的身份，悄悄地记录这些男孩的一言一行。

开始，两组男孩（一组命名为“响尾蛇队”，另一组命名为“鹰队”）并不知道彼此的存在。他们乘坐不同的大巴过来，在同一餐厅就餐，但就餐时间不同，他们住的木屋在营地的不同位置。研究者的安排使每一组男孩都以为营地只有他们这群孩子，一个星期之后，孩子们才知道除了他们自己之外，还有另一组男孩也在营地。研究者希望此举能促使孩子们相互竞争，继而导致敌意。结果孩子的反应速度超出研究者的预料，在他们还没有碰面之前，敌意就已经发生了。当“响尾蛇队”刚一听说“鹰队”正在远处玩耍时，他们的第一反应是“把他们赶出去”。孩子们都急不可待地要与对方一比高下，这使研究者无法按照原定方案将实验实施下去。在原定方案中，第一阶段是研究组内行为，组间竞争是第二阶段的研究内容。

第二阶段的活动与一般的夏令营组织的活动一样，孩子们打棒球、拔河、寻宝，赢的一方有奖励。研究者以辅导员的身份出现，尽量保持低调，不引人注目，只有在必要的时候才介入。但磕磕碰碰很快变成大动干戈，双方第一次见面（棒球比赛）就开始骂人。在球赛开始之前，响尾蛇队把自己的队旗挂在棒球场的后方，认为球场是他们的。比赛结束后，输了比赛的鹰队把响尾蛇队的队旗扯下来烧了，响尾蛇队大为光火，辅导员很快出面制止了他们打群架。

事情变得越来越糟，鹰队赢了拔河比赛之后，响尾蛇队夜袭了鹰队的营地，他们把鹰队营地的床掀翻了，撕破了蚊帐，还偷了一些东西，并把偷来的一条牛仔裤做了一面新旗子。鹰队以牙还牙，白天袭击响尾蛇队的营地，把他们的营地弄得一团糟。鹰队认为响尾蛇队队员不在营地，但以防万一，他们还是带上了棍子和球棒。当他们返回自己的营地之后，马上作好防卫袭击的准备：袜子里塞满了石头，水桶里装满了作为炮弹的石头。这些孩子们不是在玩战争的游戏，他们是在备战。在很短的时间内，他们已经从叫骂发展到动武了。

我可以想象当第二个阶段结束，进入第三个阶段时，辅导员都松了一口气。第三个阶段的任务是终止双方的敌意，让势不两立的两个队变成一个和平的团队。但是分开容易合起来难。研究者决定将两个队放在一个非竞争性的情境中，减少彼此的对抗。研究者让两个队同时在食堂就餐，结果孩子们把餐厅弄得一塌糊涂。因此，辅导员有必要制造一个超强的目标，即任何一个队单独都无法打败的敌人。

研究者们很聪明，设计了以下情境。他们告诉孩子们营地的供水系统遭到了外来者的破坏，因此要检查所有的水管，这个任务必须得两个队的孩子们共同完成。供给的卡车在上坡路上抛锚了，需要全体队员齐心协力才能推动卡车。研究者将孩子们带离他们熟悉并捍卫过的营地，把他们带到湖边的新营区。最终，一个无力的停火协议取代了公开的冲突。但如果响尾蛇队的人不小心踩了鹰队的人的脚，或者鹰队的人不小心打翻了响尾蛇队的人的饮料，我想一场战争又会蓄势待发。

群体的素质

社会心理学家穆扎菲尔·谢里夫（Muzafer Sherif）领导的研究团队进行了罗伯斯山洞的实验研究。虽然没有获得诺贝尔奖，但直到今天他的研究还在被心理学和社会学教科书引用。这个研究没有被重复，因为实验风险很大，而且也没有必要进行复制。谢里夫的研究已经把他的观点清楚地表达出来了，即让一群男孩形成群体认同感，然后让他们发现有另一个群体在与他们竞争他们自认为是自己的领地时，那么，群体之间的敌意便不可避免地产生了。

但是还有许多问题值得进一步研究。如果孩子们没有时间形成群体认同感怎么办？如果他们没有要争夺的领地怎么办？在俄克拉何马东南部的郊外，谢里夫和他的团队还要应付毒蛇、蚊虫、毒葛，更不用说塞满石头的袜子。因此，后续的研究都是在安全舒适的实验室中进行。

社会心理学家亨利·塔杰菲尔（Henri Tajfel）研究中的被试是英国布里斯托市十四岁到十五岁的男孩，实验之前，孩子们彼此之间都认识，塔杰菲尔将他们分为八人一组，在实验室接受“视觉判断”测试。

实验者让他们看屏幕上闪烁的一团一团的小黑点，然后让他们估计每一团有多少个黑点。做完这个测试之后，实验者告诉他们有的人倾向于高估，有的人倾向于低估黑点的数量。接下来，实验者假装改完测试卷后，这些孩子一个一个地被带到另一个房间，由实验者私下告诉他，他是属于高估者还是低估者。事实上，这些孩子是被随机地分到两个组中，一半的孩子被分到高估组，一半的孩子被分到低估组。他们在黑点测试中的表现与分组毫无关系。

在把虚假信息透露给孩子之后，实验才真正开始。每个孩子单独坐在一个小房间里，填写一张“报酬单”。实验者要求他填写其他几个参加这个实验的同学，他们应该得到多少酬金。实验者没有告诉他这些同学的姓名，只告诉了他们的号码和组别。例如，实验者告诉一个孩子是高估者，然后请他选择高估组第 61 号同学应该得到多少报酬，低估组第 74 号同学应该得到多少报酬。实验者明确地告诉被试，他为这些同学勾选的酬金多少不影响自己的酬金。

这些孩子并不知道哪些同学跟他一个组，哪些同学在另一个组。在给他们分配酬金时，他们根本不知道那些人是谁。然而，他们给自己同组人的酬金高于另一个组成员的酬金，他们似乎总是给自己的人付得多一些，给外人付得少一些。

这个实验显示激发“群体意识”是一件多么容易的事情，它不需要长久的友谊，不需要与其他群体产生冲突，不需要有领地之争，不需要相貌或行为上的差异，甚至不需要知道你的群体伙伴是谁。塔杰菲尔总结到：“很显然，将人划分为不同的群体就足以引发歧视行为。”

不需要研究者的任何帮助，一眨眼的工夫组就分好了。送响尾蛇队队员去罗伯斯山洞的大巴晚一点到达其中一个接站地点，四个男孩在那儿等了半个小时，当大巴到达时，他们已形成群体意识。上了大巴后他们坐在一起，到了营地，他们问：“我们南区人”能住在一起吗？经过好几天的共同经历之后（遇到响尾蛇队、同心协力搭帐篷等），才使得这几个“南区人”与其他人打成一片。

在《蝇王》中，合唱团团员的第一次亮相，是在杰克的带领下整队出场，每个人头上“戴着一顶黑色的帽子，上面有一枚银色的徽章”。在飞机坠毁在荒岛之前，他们都是寄宿学校的学生。在20世纪50年代，寄宿学校的学生都是些自命不凡的势利小人，他们根据说话的口音、穿的制服来区分彼此，他们非常看不起上公立学校的人。但是戈尔丁岛上的孩子并没有按阶层划分，上同一所学校的人没有在一起扎堆。他们以前生活的痕迹都不在了，合唱团的团员从此再也没有唱出一个音符。

响尾蛇队和鹰队并没有把各自的生活抛在脑后，他们来自去教堂做礼拜的家庭，在罗伯斯山洞夏令营，两个队的孩子吃饭之前都要祷告。尽管两个队之间存在着敌意，响尾蛇队在棒球比赛中打败鹰队后，仍然为鹰队欢呼三声，为输了的一方欢呼是俄克拉何马学校的传统。当新的群体形成后，成员们通常会寻找并保留彼此之间的共同点。

我们不期待小说家变成社会心理学家，但他们应该是人类行为优秀的观察者。戈尔丁显然错了。我不是说群体暴力行为不存在，暴徒有时的确会攻击并滥杀无辜，但通常受害者是被视作“他们”当中的一员。在群体内部，有权力之争和以强凌弱的现象，但一旦另一个群体——更强大的敌人出现时，群体内部的斗争就被掩盖下去了。我认为在戈尔丁笔下的荒岛上，孩子们应该分成两个组，每个组的孩子都有点像美拉尼西亚的孩子。两组之间的情形有点像响尾蛇队和鹰队，只是当磕磕碰碰要变成大动干戈时，没有辅导员出面制止罢了。

把世界分类

语言学家早川（S. I. Hayakawa）说过：“当我们为某个事物命名

时，我们是在进行分类。”我们无时无刻不在命名、分类、归档，将人或事分成不同的群体。我们的大脑天生就是这样。如果我们学习去应对每一个物体、每一个动物、每一个人，这显然太低效了，因此我们把他们进行归类，如“汽车”“牛”“政治家”等，这样我们可以将已经学到的信息应用到同一类别中其他成员身上。早川是一位美籍日本人，后来成为一名政治家。他煞费苦心地指出归类的危险性，他提醒大家注意："第一头牛跟第二头牛不一样，第一个政治家也跟第二个政治家不一样。”

早川相信“沃尔夫假设”，这个假设认为我们完全是任意地将世界上的事物进行分类，为某个类别命名影响到我们的大脑对不同类别处理的方式。这个假设有一定的道理。当亨利·塔杰菲尔告诉那个布里斯托的男孩他是一个高估者时，这个概念在他大脑中开始成形。而在他走进塔杰菲尔实验室之前，他的大脑中还压根没有这个概念。

像心理学中的许多其他法则一样，“沃尔夫假设”并不是在所有的情况下适用于所有的人，即使在大多数情况下或对大多数人来说，也是不成立的。一般来说，我们对世界上事物进行分类的方式并不是任意性的，只有对于那些边界模糊的事物，或者那些描述非常清楚的事物，才是如此。然而，黑夜和白昼则不同。虽然，很难明确界定什么时候黑夜降临，什么时候白昼开始，但是小孩能很快地学会把时间分割成黑夜和白天，而且还能正确地使用这两个名词。美国小孩要花很长时间学会二十四小时可以平均分成两个相等的十二个小时，一个是“午前”，一个是“午后”。“午前”与“午后”的划分是人为的，缺乏说服力。即使没有名词来表达黑夜与白昼，我们依旧会察觉到日、夜的不同。

“沃尔夫假设”预测婴儿和动物不会归类，因为他们没有表达类别的名称。不过，这个预测早就被证明不成立。分类行为如此简单，连鸽子都会。人们对鸽子的分类能力进行了测试，它们的成绩是合格的。人们训练鸽子看到一张“牛”的照片时，啄一个按钮，在看到一张“汽车”的照片时，去啄另一个按钮。当鸽子学会之后，它可以将这个技能运用到它没有见过的牛和汽车上*。

分类涉及的是概念，而不是名称。训练鸽子正确地啄一个按钮，它一定得先知道什么是牛，这样当它看到一张从未看过的“牛”的照片时，可以与它脑海中“牛”的概念加以对比。鸽子不必知道“牛”这个词也可以形成“牛”的概念。三个月大的婴儿就可以分类了，因此他们一定能形成概念。著名的瑞士心理学家让·皮亚杰（Jean Piaget）认为婴儿无法做到这一点，但他错了。在判断婴儿能力方面，皮亚杰是一个低估者。

那我们这些后皮亚杰主义者是如何知道婴儿可以形成概念的呢？我们当然不训练他们去啄按钮，相反，我们要让他们感到厌倦。婴儿很容易厌倦。如果我们给他们看许多张“牛”的照片，他们很快就会失去兴趣。如果我们给他们看一张“马”的照片，婴儿突然表现出很有兴趣的样子，那么我们就知道他可以区分“牛”和“马”了。

通过这种方法发现，尽管婴儿太小不懂得词语的意义，但他们能区分“猫”和“狮子”，“汽车”和“飞机”，“男人”和“女人”，也有证据显示他们能区分“大人”和“小孩”。在他们六个月大时，他们害怕陌生的大人，但是不怕陌生的小孩。他们对大人和小孩的面部特征，以及他们个头的大小都有反应。如果你给他们看一张把大人的脸放在孩子身上的图片时，他们会感到惊讶和好笑。

我们在对人进行分类时主要使用三个标准，婴儿在一岁之前知道其中的两个，即性别和年龄。第三个标准是种族，这个他们要很久之后才能学会。种族是一个模糊的概念，界限不分明。小孩子常常说不出他同

---

* 我不相信人们能训练鸽子识别政治家的照片，或政治家的雕像。

学的种族（连大人也做不到），有时候，唯一的办法就是直接问对方，如今性别也是如此。

无论是否具有任意性，分类具有预测效应，这正是困扰早川的地方。早川在以下文字中表达了他对被分类的不满：

> 除了短暂的出访之外，这个作家一生都住在加拿大和美国。他说的日语不流畅，词汇仅限于小孩的词汇，发音带有美国口音，既不会读也不会写日文。然而，因为分类似乎对某些人来说具有催眠作用，因此经常有人认为他具有“东方人的智慧”。

对比与同化

困扰早川的，不是他被归类为东方人，而是人们期待他具有所有东方人应该具有的特征。这就是分类带来的后果：它使我们认为同一类别的事物相似性比实际的相似性更高，同时，它也使我们认为不同类别中的事物的差异性比实际的差异性更大。

被分类的不仅仅限于人类，例如，当我们提到“狗”和“猫”两种宠物时，“狗”让我们想到“狗”具有的特质，而这些特质是“猫”所没有的；“猫”让我们想到“猫”具有的特质，而这些特质是“狗”所没有的。我们想象一下一只典型的“狗”的样子：舌头伸出来，摇晃着尾巴，喜欢玩皮球，而一只典型的“猫”的形象则是整洁、体面的。如果我们去看狗展，看着猎犬、长毛狗、牧羊狗、吉娃娃和小猎狗等各种各样的狗时，我们会感叹这些狗的外表和性情有多么的不同。但当我们想到“狗”和“猫”这两个类别时，我们心中浮现的是“狗”和“猫”的典型特征，足以将它们区分开来。社会心理学家将这种认为两个类别之间的差异比实际差异更大的倾向，称为“组间对照效应”。

将人们分为两个群体就能产生组间对照效应。每个群体的成员都认为自己有别于其他群体的人，因此，群体之间任何小的差异都会被他们放大。有趣的是，即使两个群体一开始一模一样，没有什么差异，他们也会努力制造出一些不同来。罗伯斯山洞夏令营的被试都是研究者精心挑选出来的，尽量让被试之间没有差异。这些男孩子有共同的宗教背景，都说脏话。因此，要说有什么不同之处的话，也是响尾蛇队和鹰队他们自己找出来的。下面是鹰队赢了第二场棒球时的情景：

> 鹰队走在路上时，谈论他们为什么会取得胜利。梅森将获胜归因为他们做了祷告，麦尔斯非常赞同，说响尾蛇队输了球赛是因为他们一直在说脏话。然后，他大声说道："嘿，伙伴们，从今往后我们再不要说脏话了，我是认真的。"其他的孩子都认为他有道理。

因此，响尾蛇队成为说脏话的一队，鹰队成为虔诚祈祷的一队，好人对坏人。然而，在试验前，这些男孩都没有想到要当一个好人或坏人。他们是研究者费了很多工夫才选到的22个正常的男孩。

分类会增加组间差异，降低组内差异。随着时间的消逝，同一个群体的成员之间会变得越来越像，这种倾向叫做"同化"。人类需要某种程度的从众性，尤其是两个群体相邻，彼此之间存在着差异。在罗伯斯山洞夏令营，响尾蛇队认为自己是一群坚强的男子汉，鹰队队员扭伤了脚踝或膝盖受伤后可以哭泣，但响尾蛇队员必须默默地忍受。在孩子们的群体里，大家用各种方法，通常是很残忍的方法来执行不成文的行为准则。那些不遵守规则或与众不同的人，会被赶出集体，或被取笑、捉弄。日本有一句谚语："伸出来的钉子会被敲平下去。"当我们听到"同辈压力"时，我们多半会想到青少年，其实在童年时期，同辈压力会更大一些。在青少年时期，很少有不遵守规则的人，因为他们都有成为集体一分子的强烈愿望。

上个世纪50年代，社会心理学家所罗门·阿希（Solomon Asch）做了一系列群体从众的试验。他的被试是大学生。在一个典型的实验中，每八个大学生同时被安排在试验室参加一个知觉判断的实验。八个人中只有一名被试，其他的人都是研究者的共谋，他们的任务是跟被试一起坐在大桌子旁，紧绷着脸，大声地说出错误的知觉判断。当被试的答案与他们的答案不一样时，他们面无表情，表现出一副既不高兴也不吃惊的样子。

并不是所有的被试都想从众，事实上，大多数被试都坚持自己的意见，即使其他七个人与他的意见不一致。试验的目的不是说明人们会在大庭广众的羞辱下屈服，而是要说明被试在质疑其他人的一致性意见之前，会怀疑自己的眼睛是不是出了什么问题。被试不会指责其他人说谎或对他搞小动作（事实上他们的确如此）。他不认为他们有什么问题，他会认为他自己有问题了。“我开始怀疑我的视力是否正常”是被试最典型的评论。

群体内部

谈论群体从众性并不意味着人类群体是由一群克隆人组成。我在前一章中提到过，克隆的种群不符合适者生存的法则，克隆的群体也是如此。像家庭一样，群体内部的多样性会使这个群体的日子好过一些。有外来欺侮时，他们必须团结一致。在没有外来威胁时，群体内部成员能各司其职、各显神通，对群体有不同的贡献。并不是群体内的每一个人都能成为领导者，事实上，一个群体内有一个以上的领导，那么这个群体一定会四分五裂。如果邻近的群体很大，领导很强，那么分裂出来的小群体就有被吞噬的危险。因此，人类群体的本质是在没有外部欺侮时，要进行群体内部的“分化”。研究者在对罗伯斯山洞夏令营孩子们进行研究的第一个阶段，就是对分化过程进行研究。

群体中成员的分化往往是因为权力之争。这种统治等级或“长幼强弱顺序”在猿类社会中也存在，我在下一章中会更多地谈到这一点。另一种分化只有人类才有，这在 1957 年出版的发展心理学教科书中可以看到：

> 这群人很快就抓住每个孩子的面目特征、态度、技能，或者别的什么特征，并给他安上一个绰号，例如“瘦子”“胖子”“四眼儿”“呆子”“教授”“瘸子”等。

在罗伯斯山洞夏令营里，没有胖子、四眼儿或瘸子，但在两个队见面之前，孩子们已经开始寻找自己的独特之处了。男孩群体中往往有一个独特的角色，那就是小丑。响尾蛇队的小丑叫米尔斯：

> 棒球练习之后，每个人都知道自己的位置了，只有米尔斯不接受安排，并擅自与其他人换位置。休息的时候，他用松果砸别人，却遭到反击，不得已躲在树上，大声喊道：“我的同伴在哪里？”一个男孩回答道：“看我们的头儿！”（小丑的角色通常使他成为别人注意的焦点。）

响尾蛇队的另一个男孩麦尔斯，因为第一个裸泳，得到大家的注目，他的绰号是“裸体”。

群体是什么？

你可能已经注意到我谈论了半天的群体，但还没有告诉你群体是什么，因为群体的概念取决于一个人的理论观，我将群体定义为社会类别。通常社会类别往往有一个标签，如：日裔美国人，响尾蛇队，女性，儿童，民主党，大学生，医生等，但不一定非这样分类不可。因为类别是用概念来界定的，概念可以在没有标签的情况下存在。定义也适用于动物身上，如果鸽子知道牛的概念，那么它也知道牛这个群体的概念。

群体可大可小，但通常超过两个人。只有两个人，还不能叫做群体。两个人叫"对"，例如，"成对关系"。用通俗的话来说，二人成双，三人成群。

人类群体有许多形式。当研究者告诉一个男孩，说他是高估者时，那么他立刻就认为自己是高估组中的一员。五个人被困在电梯中，如果他们很快获救，那么他们仍然是五个独立的个体；但如果过了半个小时被解救，那么他们就成为一个群体。共同的命运，"我们都在一起"的感受是创造群体意识的原因之一。请注意，并没有"电梯群体"这个标签，社会类别取决于概念，而不是标签。还请你注意，困在电梯中人的行为方式并不相同，困在电梯中的人也会出现群体小丑。

最基本并且最持久的群体之一是家庭。在部落社会里，当一个村落一分为二，双方交战时，家人总是在一边的。在双方都有亲戚的人通常会很为难，不愿意参战。一个像小村庄一样的群体升级为大群体的一种方式，便是结成家族同盟。如果一个村庄的头领把女儿嫁给另一个村庄的头领，那么对于孙辈来说，双方都有他们的祖父母，有时候，这足以避免战争的发生。设想一下，如果罗密欧和朱丽叶有了一个孩子，那么，蒙太古和凯普莱特家族在孩子洗礼时一定会和平共处。当然，他们也可能不会。

当群体分裂时，它通常分裂成家庭单位。1846 年 11 月，一个由农夫乔治·多纳带领的马队被大雪困在加利福尼亚的一个山口上。"多纳帮”很快就没有食物了，出发时的八十七个人中，有四十人死于寒冷或被杀死，有些人的尸体还被其他人分着吃了。妇女的死亡率是男人死亡率的一半，但不是骑士精神拯救了她们，在生死攸关的当口，“妇孺优先”的法则并不存在。妇女得以存活是因为她们都有家人，而许多男人都是单身。在十六名单身男士中，虽然他们大多年轻力壮，但只有三个人活了下来。演化生物学家贾雷德·戴蒙德认为：“多纳事件清楚地告诉我们，一个家族的人往往会团结一致、互相帮助，并不惜牺牲他人的利益。”有些人是靠吃人活下来的，但他们不会吃自己的兄弟姐妹、父母子女、丈夫或妻子*。

这些都是心理作用

我在这一章里谈到群体关系的基本现象，如偏爱自己所在的群体，敌视其他的群体，组间对照效应，组内同化和分化等，这些都是显而易见的，都能在实验室或自然情境中观察到，于是，社会心理学家们发现他们已无事可做了。因此，这个研究领域的衰退不是失败，而是因为在20世纪50年代该领域的研究太成功了。

当然，这不是社会心理学衰退的唯一原因，另一个原因是斯金纳的行为主义盛行。1961年前，当我还是心理系的一名研究生时，斯金纳是最有名的教授，许多研究生都是他的信徒。当时根本没有社会心理学，社会心理学在“社会关系”系里。我们这些心理系的人，经常嘲笑社会关系系的人，认为他们毫无主见。

---

* 如果你觉得“多纳帮”车队事件听起来很像托马斯·霍布斯描绘的世界，那么，请你想一想真实的霍布斯世界是什么样子。美国电视剧《辛普森一家》中荷马·辛普森被外星人绑架时，大声地喊道：“别吃我！我还有一个老婆和三个孩子！要吃就吃他们吧！”

花了三十三年的时间才使我意识到我和其他同学嘲笑社会关系系的人是错误的。斯金纳认为他可以通过给予有机体强化与否来观察有机体的行为变化。斯金纳用“有机体”一词指代人和动物，是因为他忽视了不同物种之间的差异，他认为无论是人还是动物都能对刺激、强化作出同样的反应。问题是你不能通过观察隔离状态中的有机体来解释它们的行为，因为有的种群的生活方式是群居。斯金纳的学生研究鸽子的行为，他们把鸽子放在一个箱子里，训练鸽子啄按钮，当鸽子啄一下按钮，就给它喂一些谷物。但是鸽子天生不是独自生长在箱子里的，而是与其他鸽子生活在一起的。

亚利桑那州的一些鸟类学家也犯了同样的错误。他们养了 88 只濒临绝种的厚喙鹦鹉，然后把它们放回曾经生活过的松林中。结果所有的鸟死的死，散的散。在野外，鹦鹉都是群聚在一起的，但在实验室里养大的鹦鹉没有寻找同伴的兴趣。落单的鸟很容易成为老鹰的盘中餐，很明显，被关在鸟笼子里养大的鹦鹉更是如此。

如今，行为主义者正像厚喙鹦鹉一样逐渐绝迹，而社会心理学家如同鸽子一般繁衍下来。但是社会心理学发生了一些变化，它较少关注外显行为，而是更多地关注人们大脑内部的活动。社会心理学家收集了许多重要的数据，他们需要一个理论框架将这些数据放进去，因此，群体关系理论的建构让现代社会心理学家忙得不亦乐乎。

下面是群体关系理论要回答的问题：是什么使人们喜爱自己所在的群体，而仇视其他的群体？是什么使他们即使在没有任何压力的情况下也要与同伴保持一致，而尽量与其他的群体成员不一样？是什么使他们与群体成员分化，努力获得个人成功和认同？是什么使同化和分化这一对矛盾体共存？当人们面对多种选择时，是什么促使他们作出加入哪一个群体的决定？是什么使玛丽·布林，多纳事件的幸存者，认为自己是布林家庭的一员，而不是“多纳帮”的成员？

人类群体行为十分复杂。在我们的社会中，人们通常会进行“自我归类”，这是澳大利亚社会心理学家约翰·特纳（John Turner）的术语。玛丽·布林的曾孙女，在不同的情境中会把自己归类为“一个女人”“一个加利福尼亚人”“一个美国人”“一个民主党人”“一位伯克利的学生”“2012 班的一名学生”“布林家的一员”。这些群体中的成员不必跟她很熟悉，她也不用知道他们是谁，她只要在大脑里在不同的群体中转换就可以了，人们用不着搬到卡哈马才变成卡哈马人。人类群体的这些行为与动物群体的行为大为不同。你不可能跑到黑猩猩身旁，在它的耳边悄悄地说“你是一个高估者”，从而使它产生群体意识。据我所知，还没有人这样尝试过。

然而人类的群体行为显然是我们从灵长类祖先那儿遗传来的，就像厚喙鹦鹉一样，我们天生就不是离群索居的。

社会心理学家建构的群体关系理论主要解释人类中发生的事情。斯金纳错就错在用解释老鼠和鸽子行为的简单机制来解释人类行为，而我认为现代社会心理学家犯了一个反向的错误，他们建构的群体行为理论不适用于动物，虽然许多相同的行为也可以在动物群体身上观察得到。例如，约翰·特纳的理论认为，我们喜爱自己所在的群体、诋毁其他的群体是因为我们想增强自己的自尊。认为自己所在的群体比别的群体好可以提升一个人的自尊。即使你认可黑猩猩有自尊的愿望，但这个动机太微不足道了，不足以解释群体行为所产生的巨大的能量。人们愿意为各自的群体去杀人，去死！我不相信罗伯斯山洞夏令营十一岁男孩之间强烈的情绪和好战行为是受提升自尊愿望的驱使。如果把提升自尊作为动机的话，它还不足以让一个十一岁的孩子把作业做好。

强烈的动机与生存和繁衍有关。几百万年以来，灵长类就是以群居的方式生存，个体的生存依赖于群体的存亡，群体中所有的成员都有亲戚关系。从演化的角度来看，愿意为与自己有基因关系的人去死是有道理的。虽然许多动物看起来富有自我牺牲精神，例如，鸟发出粗厉的叫声向同伴报警而成为猎物的目标，但因为它的牺牲，它的兄弟姐妹、父母子女得以幸存。个体生命虽然终结，但它的基因却得到保存并传递下去。

在狩猎采集的社会中，人们彼此之间都有亲戚关系，无论是血亲还是姻亲。现在的人类群体不再局限于亲戚关系，但是驱使群体行为的动力似乎并不知道这样的改变。人类的认知能力深深植根于演化的根基，群体意识的情绪力量来自相当长的演化历史，在这个历史进程中，群体是我们得以生存的唯一希望，群体成员是我们的兄弟姐妹、父母子女、丈夫和妻子。

识别你的亲戚

许多动物有“亲缘识别”的能力，他们知道应该对谁好对谁凶。例如，胡蜂，通过嗅觉就能判断另一只要飞进巢来的胡蜂是自己人还是外人，如果是自己人，就放行。虎蝾螈也可以靠嗅觉来识别自己的兄弟姐妹，如果你把蝾螈放在非亲非故的环境中养大，它会吃掉其他的蝾螈，但不会吃自己的兄弟姐妹。通过气味进行的“亲缘识别”基于生物化学机制，与你区分“本体”和“异物”的免疫系统一样。

人类的“亲缘识别”不是靠气味，而是靠人们之间的熟悉程度。兄弟姐妹是在一起长大的人，人们不与自己的兄弟姐妹结婚，不是因为法律的缘故，而是他们不想这样做。在以色列集体农庄中长大的男孩和女孩，彼此之间像亲兄弟姐妹一样，一般是不会结婚的。

然而，人们还是会被与自己相似的人所吸引。一般来说，丈夫和妻子的相似性比丘比特随意射箭安排的配对来得相似。夫妻双方在很多方面有相似之处，例如，在种族、宗教、社会经济地位、智商、教育、态度、人格特征、高度、鼻翼的宽度以及眼睛的间距等方面。夫妻双方不是越老越相似，而是一开始就很像。

相似性也是友谊的基础。甚至在幼儿园，小孩子都喜欢与自己相似的人在一起。在小学，通常是相同年龄、性别、种族，而且有着相同兴趣和价值观的孩子成为好朋友。

我相信人类之所以会被与自己相似的人所吸引，缘于亲缘识别。如果你是一名狩猎采集者，一个跟你长得很像，说相同语言的人多半是你的族人，更可能是你的亲戚。如果你是一位受过教育的北美人，你会发现自己愿意信任一位长得像你、谈吐像你、思想也像你的人。

胡蜂和人类婴儿本能地不信任陌生人，因为陌生人可能会伤害他。如果陌生人是食人者，他会吃掉你，而不是他的亲戚。人们对陌生人的第一反应往往是害怕，害怕会演变为敌意，因为害怕让人感到不舒服。你还记得那只得了脊髓灰质炎的黑猩猩拖着身子、一瘸一拐地跑回来时的情景吗？其他黑猩猩的最初反应是害怕，继而是愤怒，它们一起攻击它。妈的！你吓死我们了！

我们不需要奇妙的认知解释来说明为什么我们对其他群体充满敌意，我们已经从演化那儿找到了答案，这个答案同样适用于动物。组间对照效应夸大、并制造了群体之间的差异，这种效应虽然在动物身上找不到，但组间对照效应却是人和动物对其他群体充满敌意的必然结果。如果你害怕或不喜欢某个人，你会尽可能地与他不一样。人类是适应性很强的生物，他们非常善于与他人表现得不一样。

如何自我分类，为何要自我分类

在现代社会中，群体关系仍然体现的是“物以类聚，人以群分”的原则。你与群体中其他成员有共同之处，共同之处可以表现在各个方面，如你们住在同一个州，在上次选举中你们投的是一样的票，你们年龄相同、性别相同，你们乘坐同一辆大巴去营地，你们同时被困在电梯里。

社会分类层层叠叠，就像洋葱一样。在复杂的现代社会中，每个人的选项如此之多令人难以置信。我在前面提到过，玛丽·布林的曾孙女可以用不同的方式进行自我归类，例如，“一个加利福尼亚人”“一个美国人”“一个民主党人”“一个女人”“一位伯克利的学生”“2012 班的一名学生”或者“布林家的一员”。然而她还有一个选项，就是作为一个独一无二的个体“我”。在众多的选项中，她会选哪一个？哪一个选项会指引她的思想、情感和行动？我想我们得听听社会学家们奇妙的认知解释了。

对我的思维产生重要影响的是澳大利亚社会学家约翰·特纳，我在本章中提到过。特纳是亨利·塔杰菲尔的学生，因此，他的理论基于塔杰菲尔早期的理论。

我喜欢特纳的自我分类理论。特纳认为自我分类的方式很多，分类的层面也很多，从“独一无二的我”到“一个美国人”，甚至“一个人”。自我分类因时间的不同而不同，它与社会情境紧密联系在一起，例如，我们在哪里，谁与我们在一起等。我们采用哪一种分类、不采用哪一种分类，取决于在一个特定的时间里，哪一种分类具有相对的显著性。

“显著性”的意思是突出、显著，是最能吸引你的特征，但这是一个很难界定的概念，很容易陷入不断循环推理的怪圈。你为什么要采用某一种自我分类？因为它具有显著性，我们怎么知道它具有显著性呢？因为这是你选择的自我分类。

特纳设定了一个能使社会类别具有显著性的情境，从而跳出了这个无限循环的怪圈：即同时呈现一个对照类别。例如，如果你呆在一个全都是大人的房间里时，“成年人”这个社会类别没有什么显著性，但当一些小孩子进入房间后，“成年人”就具有显著性了。当响尾蛇队发现还有另一个组男孩也在营地时，“响尾蛇队”这个类别才有显著性。如果他们发现另一组是一些十一岁的女孩，那么，具有显著性的社会类别就应该是“男孩”了。

当某一个社会类别具有显著性，你将自己归类为其中一分子时，说明这个群体对你极具影响力。这时群体成员之间的相似性会增加，进一步加大与其他群体之间的分化。

约翰·特纳把这叫做“心理群体”，原来的术语是“参照群体”。心理群体是在特定的时间里，你将自己归入其中的那个群体。特纳是这样界定心理群体的：

> 心理群体对群体成员来说，具有重要的心理意义。成员们通过社会比较、习得行为规范和价值观，主观地与该群体发生联系，并且，从群体中学到规范行为和态度的规则、标准和信念……这一切都会影响成员的态度和行为。

习得规范和价值观，规范行为的规则、标准和信念影响他们的态度和行为。这应该是家庭对孩子应该产生的影响，这正是社会化的描述！

偶尔，家庭会帮助孩子进行社会化，但通常不会。我将告诉你为什么。

家庭和其他群体

在猿猴群体中，为了争权夺利，它们不断有纷争，但纷争很快便得到解决。灵长类动物学家弗朗斯·德瓦尔观察到，猿猴群体中的成员

“既是朋友也是对手，它们为食物和交配对象争吵，同时又相互依赖”。

当群体面临外部威胁时，群体内部的争吵会立刻停止。借用人类的术语来表述，即外部威胁增强了该群体的显著性。于是，群体内部的差异和纷争被暂时搁置一边，所有的成员团结一致共同对敌。

即使是猿猴也知道可以用外来敌人的威胁来降低群体内部的紧张状态。弗朗斯·德瓦尔看到狒狒如何通过威胁另一个群落的狒狒来解决内部争端，看到动物园里黑猩猩向关着非洲猎豹的笼子发出挑衅的叫声。弗朗斯·德瓦尔说：“需要共同敌人的愿望如此强烈，有时会找一个替代物。我曾看见长尾猕猴跑到游泳池旁，对着自己的水中倒影发威。十几只紧张兮兮的猴子一起共同抵抗池中的‘另一群’猴子。”

在没有共同的敌人，或没有共同的目标时，群体通常会分裂为更小的群体。例如，被困在电梯里的人表现也会有所不同，有的人想当头儿，有的人变成悲观者，有的人变为群体里的小丑。

在那个严寒的冬天，被困在山上的除了“多纳帮”之外，没有其他的人。如果他们遇到另一队拓荒者或充满敌意的土著人，那么，他们一定会团结起来。“多纳帮”这个社会类别的显著性较低，因为分类必须要有一个以上的类别，必须要有“他们”，才有“我们”，因此“多纳帮”最后分裂成若干个家庭单位。如果当时不是饥寒交迫，“多纳帮”可能还会分裂成其他的群体，如“大人”和“小孩”。

由于当时环境恶劣，“多纳帮”的孩子不能在一起玩耍。通常，只要有几个家庭聚在一起时，孩子们都要互相找小伙伴玩耍。有时迫于无奈，有些家庭分开的时候，孩子们会非常难过。这在狩猎采集社会中常常发生，有时是因为群体内部的关系变得紧张起来，有时是因为资源过于分散，已不再适合大型的群体集体觅食了。在这种情况下，大人作出是分还是合的决定，孩子没有发言权。生态学家阿里纳·艾布尔-艾伯斯菲尔在描绘一对昆山族兄弟打架的情景时说：“昆山族已经分裂成个别的家庭了，因此，哥哥不能再像以前那样出去跟别的孩子玩了，他找不到可以发泄的地方，只有找弟弟出气。”

美国的拓荒者并不是成群结队去西部的。《草原上的小屋》（*Little House*）的作者劳拉·英戈尔斯·怀尔德（Laura Ingalls Wilder）说，当时他们就是单独出发的：只有爸爸、妈妈，还有三个女儿——玛丽、劳拉和嘉丽。那么，对劳拉来说，“怀尔德家庭”是一个有显著性的类别吗？不是，因为只有他们一家人。“孩子”和“父母”才有显著性的类别。家庭使劳拉社会化，但直到他们到了有其他家庭居住的地方安顿下来时，“怀尔德家庭”才变成一个有显著性的类别。

在家里，劳拉并没有学像她父母一样的行为举止。她从父母那儿学到许多做事的方法，她也知道父母并不期望她表现得像他们一样，她的表现应该跟其他的孩子一样。那个时候，对孩子行为的要求，以及父母的教养方式与现在大不相同。《草原上的小屋》系列书籍（而不是电视剧）生动地为我们描绘了随着时间的流逝，教养方式发生的变化，以及不同的教养方式同样产生了令人满意的结果。

劳拉成长的世界与我们今天的环境大不相同，但是我们居住的房子与劳拉在草原上的小屋有一个共同之处：都是私人空间。在现代家庭的私人空间里，家庭不是一个有显著性的类别，因为它是唯一的家庭。

当人们进行自我归类时，他们往往将自己归类到与他们有相似之处的人中。孩子感知到成人与自己不一样。对孩子来说，成人是另外一个物种。他们无所不知，为所欲为。长得又高又壮，身上毛茸茸的，还到处乱跑。虽然他们会跑，但一般他们不是坐着，就是站着。虽然他们会哭，但却很少哭。在孩子的眼里，成人完全是一群怪物。

在现代社会中，教育法规定孩子都得上学，因此，孩子有一群“像我一样的人”，即同学。只有在家的时候，他们才与家庭人员产生互动。但是当他们在家时，家庭不是一个显著性的类别，因为只有他们一个家庭存在。当他们在家时，大家庭会分为小孩和成人，小家庭会分为独立的个体，每一个个体都寻求认同、寻找私人空间。

无论是在狩猎采集社会中，还是在发达社会中，孩子都是在群体中得到社会化。特纳认为，对孩子来说，群体是一个具有“心理学意义”、是他们“主观上欲与之发生联系的”组织，他们还从群体中学到规范行为的规则、标准和信念等。

我把我的理论叫做“群体社会化理论”。然而，它不仅仅关于社会化，它还关注孩子成长的经历是如何塑造和改变他们的人格的。我要用该理论取代教养假设，我将在下一章中进行讨论。

爱因斯坦曾经说过，建构新理论的动机是追求“统一和简化”。在心理学领域，斯金纳的理论就是一个很好的例子，但我的理论不是这样的。儿童的心智异常复杂，不能把它硬塞进一个简单的理论框架中。我希望你在评价我的理论时，不要用“简单”这个标准来衡量，而是看它的解释力，尤其是它能解释教养假设无法解释的现象。

第八章

与儿童为伴

大家都说，当我小的时候，是个喜欢吵闹、不安分的孩子。如果在今天的话，这样的孩子可能会被贴上“多动症”的标签，这在女孩中较为少见，但也不是没有。我从小胆子大，敢冒险，很外向，也很聒噪，是那种地上有个洞也要钻进去的人。餐馆不欢迎我这种人，因为我一刻也坐不住。

这简直把我爸妈逼疯了。当时，女孩子应该像小淑女一样，但我一点也不像。我妈妈给我漂亮的纱裙，我很快就把它们弄脏弄破。我的腿后面永远拖着松下来的带子，腿的前面永远贴着创可贴。牛仔裤可能会更适合我一些，但当时人们不给小女孩做牛仔裤，我妈也绝对不会想到给我穿男孩的衣服。她可能希望纱裙能发挥魔力，把我变成一个小淑女。

但这些都没有效，我爸妈都绝望了。幼儿园如此，一年级、二年级、三年级都是这样。我们那个时候经常搬家，有时在学年中间，就得换到其他学校就读。但我不费吹灰之力就能交到新朋友，我充满活力和外向的性格使我在男女生中都很受欢迎。

然后我们在学年刚开始的时候又搬了一次家，从那以后，发生了很大的变化。我当时就读的学校位于东北部一个极为势利的郊区，我在班上个头最小，年龄最小，还是少数几个戴眼镜的孩子之一。班上的女孩都比较成熟，个个是小淑女，她们谈论发型和漂亮的衣服。我一点也不像她们，因此，她们不喜欢我。

我家在那个地方呆了四年，那是我人生中最痛苦的四年。我每天与邻居的孩子一起上学，但他们都不愿意跟我玩，也不跟我说话。如果我鼓起勇气跟他们说话，他们完全不搭理我，我很快不再做任何尝试了。一两年之内，我从一个活跃、外向的孩子变成一个拘谨、害羞的孩子。我的父母对此毫不知情，因为我在家里没有什么变化，唯一的变化是我变得爱读书了。每天花很多时间读书，看书的时间多到父母都认为太多了。

然后，在我八年级开学后的两个月，我们又一次搬家，我被同学抛弃、孤立的日子终于结束了。我们搬回亚利桑那州，在那儿我度过了童年时光。那儿的孩子既不势利，也不复杂。我又有朋友了，虽然只有几个。在那孤独难捱的几年里，我只能在书本中寻找慰藉，这下终于派上用场了。同学们都认为我是一个聪明人，我的成绩也越来越好，这对我来说真是个破天荒的事。我开始找其他聪明的孩子一起玩，但我仍然很压抑，没有安全感。那个势利郊区的孩子做了一件我父母没有做的事情：他们改变了我的人格。

孩子生下来就具有某种特质，他们的基因使他们倾向于发展某种人格。但环境可以改变他们，这个环境不是父母提供的教养环境，而是家庭以外的环境，是孩子与同龄人共享的环境。在这一章中，我将告诉你家庭以外的环境是如何影响孩子的。

松开妈妈的手

有一天我去邮局，发现那儿有许多人在排队，我排在最后。当时正是上学的时间，没有学生在场，但我前面有两位女士各自带了一个两岁的孩子，一个男孩，一个女孩。他俩站在妈妈身边，像站在大树边的小松鼠一样，互相注视着对方。最终，小男孩松开妈妈的手，走到小女孩面前。虽然他还说不出“你是这里最有趣的人”这句话，但他充满期待地看着她，这时，队伍向前移动，他被妈妈拉走。

小孩子往往对同类有兴趣，“同类”主要指年龄相同的人，灵长类动物也是如此。当小猴子学会走路后，就会离开妈妈去找其他的小猴子玩耍。当小黑猩猩听到其他小黑猩猩要去远处玩耍时，它想方设法让妈妈带它过去，它会哭叫吵闹，直到妈妈让步。小灵长类动物非常想与其他小灵长类动物玩耍，有时候玩伴会超出群体的范围，甚至种族的界限。如果没有同类玩伴时，小狒狒或小猕猴会找其他的小动物玩耍。珍妮·古道尔曾经在坦桑尼亚看到小狒狒与小黑猩猩一起玩耍，我们在第六章中也看到小黑猩猩与人类婴儿一起玩耍的情境。玩耍是灵长类动物的主要特质，虽然这种特质在它们长大之后并没有完全消失，但小孩跟小孩玩，远比跟大人在一起有趣的多。

发展心理学家卡罗尔·艾克曼（Carol Eckerman）和沙龙·迪多（Sharon Didow）曾描述了这样的情景：把两个婴儿和他们的妈妈一起放在一个堆满玩具的房间里，两个婴儿都是一岁左右，正是警觉陌生人的年龄，但两个婴儿却相互微笑，并开始咿咿呀呀地说话。一个婴儿递给另一个婴儿玩具，或接过对方递过来的玩具。他俩紧挨着一起坐在地板上，开始玩耍，有时候一个婴儿轻轻地触碰一下对方，有时候碰的可能不是那么轻，也会抢玩具，但总体上两个婴儿之间的互动是很友好的，至少他们本意是友好的。早期表现友好的行为常常很笨拙，如一个婴儿可能从背后给另一个婴儿递玩具；他们对彼此的兴趣时而大，时而小，并不总是同步的。或许因为与其他婴儿接触颇具刺激性，因此，只有慢慢来才吃得消。虽然在这个房间里，有玩具、有妈妈、有拿着夹纸板的研究者，但婴儿眼中看到的只有另一个婴儿。

当然，他们也看自己的妈妈，但主要是确定妈妈是否还在那儿。灵长类动物的幼儿，包括人类都喜欢在玩耍的时候，妈妈呆在旁边。发展心理学家说，妈妈给孩子提供了一个“安全的基地，让他们可以安心地去探险”。在猴子和黑猩猩中，如果他们跟同伴发生冲突，它们的妈妈会立即干预制止。因为在这些群体中，孩子的年龄大小不一，有时候大的会欺负小的，妈妈在旁边可以带来安全感。灵长类的幼儿受伤时会发出尖叫，它的妈妈会三步并作两步地跑过来。

灵长类的婴儿和妈妈之间的关系非常密切，对于人类和黑猩猩来说，这种关系会持续一生。珍妮·古道尔曾描述过这样的场景：一只成年的黑猩猩五天来一直守在受了重伤的母亲身边，为她驱赶蚊蝇，直到她去世；还有一只处在青春期的黑猩猩因为母亲年老去世，忧郁伤心不已。古道尔还描述过，母猴子不惜牺牲自己的生命，试图夺回被黑猩猩偷走的孩子。“一位母亲想把那个正在被黑猩猩分食的孩子夺下来时，自己也被杀死。”丛林里的生活充满血腥，但也不乏爱和忠诚。

生态学家阿里纳·艾布尔-艾伯斯菲尔认为，母子关系是形成友好二元关系的演化基础。鱼和爬行类动物以群居为生，但在群体成员之间没有爱和友谊的纽带。阿里纳·艾布尔-艾伯斯菲尔说，直到热血动物开始照顾自己的幼儿时，个体之间持久的情感关系才得以保持下来。母爱的演化使动物获得识别、记忆他的族人和善待族人的动机。

鸟和哺乳类动物的母亲识别自己孩子的方式不同。识别能力可以是天生的，也可以是后天通过视觉、嗅觉或听觉或快或慢地学会的。不同种类的小动物识别妈妈的机制也不一样。小鸭子和小鹅以印刻现象而闻名。当小鸭子、小鹅孵化出来时，它们第一眼看到的移动的东西便深深地印刻在它们的大脑里。如果这个移动的东西恰好是它的妈妈当然是最好不过了；如果是修剪草坪的人，或者是割草机就不太好了。

印刻是一种比较天然、不确定的机制。灵长类的方式叫做“依附”，比“印刻”要复杂、高级一些。灵长类婴儿要花一些时间才能记住自己的妈妈，一般情况下，猴子要几个星期的时间，黑猩猩和人类要几个月的时间。当小猴子会在树林中穿行时，当人类婴儿会爬行时，他们就开始依附自己的妈妈。当小猴子受惊或受伤时，它会跳到妈妈身上，紧紧地抓着妈妈。当人类婴儿受惊或受伤时，他也一样会跑到妈妈那儿去。对于那些小的、美味的动物来说，丛林是一个非常危险的地方，因此，这些动物演化了一种心理控制机制，像绳索一样拴住幼小的动物，让它们不要远离母亲。

这种心理控制的绳索随着年龄的增长，会变得越来越长，终于有一天会断掉。对小黑猩猩来说，绳索的断裂发生在八九岁的时候，相对来说晚一点。这个时候，它们才愿意离开妈妈的视线之外。对人类来说，孩子在三岁的时候就变得比较独立了。许多三岁的孩子第一次上幼儿园的时候，能够不哭不闹地跟妈妈分手。我大女儿噩梦一般的上幼儿园的经历我已在第五章里提到过，第一天过后就没有什么问题了，但在接下来的好几年时间里，当她跟那些活跃、爱吵闹的孩子呆在一起的时候，还是很胆怯（顺便说一句，她长大成人之后一点也不胆小了）。

请注意：我小时候是个胆大的孩子，而我的亲生女儿却是一个胆小的孩子。事实上，孩子遗传了父母的基因并不意味着他们遗传了父母所有的特质。我们认为遗传是亲戚之间产生相似性，但遗传同样也能制造出差异来。一个子女的眼睛是蓝色的，另一个子女的眼睛可能是棕色的，他们之间的差异来自遗传。我女儿和我在三岁时完全不同，部分原因是我们在脾气性情上的基因差异。

脾气性情方面的基因差异，可以解释为什么有的孩子在幼儿园门口可以松开妈妈的手自己去上学，为什么有的孩子更喜欢交朋友。但是基因不能说明一切，孩子的体验也十分重要。教养假设认为这种体验是与父母在一起的体验。社会化研究者长期以来不遗余力地想证明，儿童之间的关系取决于他们早期与父母之间的关系。这个方面的研究基于发展心理学家玛丽·安斯沃斯（Mary Ainsworth）的研究。

安斯沃斯的目的是想证明小孩子对母亲的依附程度与他们今后生活之间的相关性。但问题是你不能只看孩子是否依附他的母亲，因为所有正常的孩子都会依附自己的母亲。甚至那些遭到母亲忽视、虐待的孩子仍然会依附自己的母亲。这是一个可悲而又矛盾的事实，虐待反而会增强孩子对母亲的依附性。因为当受到惊吓或受伤时，孩子的依附性会更明显*。

由于无法测试依附是否存在，因此要想别的办法。玛丽·安斯沃斯的贡献在于用“安全感”作为测量的指标。这个测试在十二至十八个月大的婴儿中进行，因为这个阶段的孩子对母亲的依附性最强。实验者将婴儿与其母亲带到实验室，实验室里有许多玩具，但没有其他婴儿。几分钟后，母亲离开实验室。事实上，她一共只离开两次：第一次离开的时候，有另一位女士在场（研究者），第二次离开的时候，孩子单独呆在房间里。当母亲离开房间后，大多数婴儿会哭，但实验的重点是看母亲返回房间时婴儿的反应。婴儿对母亲有什么样的反应？见到妈妈高兴吗？有“安全依附感”的婴儿会爬或走到妈妈身边，要妈妈抱抱。“没有安全依附感”的婴儿不理妈妈，继续放声大哭，或抓住妈妈不放，或愤怒地把她推开。

我与依附研究者的意见一致，相信孩子行为上的差异表明母子关系的某些重要方面，如表明了当孩子过去不舒服时，妈妈对他的安慰有多么重要。当孩子受到惊吓或不高兴时，得到妈妈的安慰，那么以后遇到同样的情况，他仍然会去找妈妈。然而，在这一点上，依附研究者和我就分道扬镳了。他们认为这些预期将影响孩子后续的人际关系，而我并

* 这个现象在其他物种中也存在。研究小鸭子印刻现象的研究者 Hess 发现，当他不小心踩到小鸭子的脚时，小鸭子会跟他跟得更紧。

不认同这一点。是的，孩子可以从母亲那儿学到一些东西，但他不会傻到把这些预期类化到他以后遇到的其他人身上。如果灰姑娘认为舞会上每个人都会像她继母那样对待她，她就永远不可能去参加舞会了。

英国精神病专家约翰·鲍尔比（John Bowlby）提出母子关系形成了后续所有人际关系的模板，这个观点得到教养假设的支持，并很快深入人心。鲍尔比说，婴儿发展出与他母亲关系的一种“内在工作模式”，然后可以预测其他的人际关系，如父子关系、兄弟姐妹关系、同辈关系、与保姆的关系等，这些关系都会如出一辙。这个理论很吸引人，但观点是错误的。在婴儿的脑海里可能存在着一个母子关系的工作模式，但只有当妈妈在跟前的时候，这个模式才会显现出来，用这个模式来预测他人的行为或这些人是否值得信任是毫无用处的。知道妈妈的反应，跟对付有嫉妒心的姐姐、冷漠的保姆或有趣的同伴，完全是两码事。当然，用来预测妈妈的反应还是管用的。

在玛丽·安斯沃斯发明测量依附安全感之后的许多年里，数千个婴儿都参加了“妈妈去哪儿了？哦，她在这儿”的实验，上百篇论文得以发表，报告依附安全感与某件事情的关联性，大多数论文都报告了显著相关性。有研究者报告说，那些具有安全依附感的学龄前儿童以后更容易与同龄人打交道，对一些发展技能——如问题解决——也会有帮助。但也有研究者报告了相反的研究结果。发展心理学家迈克尔·兰姆（Michael Lamb）和艾莉森·纳什（Alison Nash）冷静地考察了依附安全感的数据，得出以下结论：

> 尽管人们不断地说社交能力的质量由早期母子依附关系的质量决定，然而，这个说法并没有得到实证研究的支持。

依附研究中有一个令人信服的结果就是在很大程度上，孩子与他人的关系因人而异。与母亲有较强依附感的婴儿，不一定与父亲有较强的依附感，反之亦然。在托儿所中与照看者有较强依附感的孩子，不一定与母亲有较强的依附感，反之亦然。依附安全感不会出现在孩子身上，它存在于孩子的人际关系中。孩子的脑海中不是只有一个工作模式，而是有许多工作模式，每一个工作模式对应一种人际关系。

尽管这些关系大多是独立的，但也不完全如此，因为孩子本身对每一种关系都有所贡献。孩子与生俱来的一些特质，如随和、可爱、长相好看等都会影响到他与母亲、父亲、保姆、同龄人之间的关系。因为这是同一个孩子、同一群基因，同时参与了这么多的关系，因此，依附研究者能在诸多关系中找到相关性就一点也不足为奇了。

虽然孩子松开了妈妈的手，去找其他的小朋友，但是他仍然带有妈妈的基因。

没有母亲相对于没有同伴

请不要误会，我并没有低估母子关系的重要性。我认为早期关系很重要，它不仅对正常的社会发展起重要作用，对正常的大脑发育也起重要作用。婴儿出生时，他们的大脑大到足以给母亲的生产带来威胁，但初生婴儿的大脑只有他们以后大脑的四分之一大。大脑要完成发育，需要环境的某些刺激。例如，视觉系统的发展，婴儿需要在出生后的几个月里接受一定的视觉刺激。如果没有这种刺激，孩子以后就会缺乏对三维空间的视觉。这个问题不是出在眼睛上，而是出在大脑上。你可以说大脑的发育期待某些来自子宫以外的世界的刺激，并依靠它们来促成发育。因为这个要求在通常情况下都能得到满足，因此，我们的视觉系统都能得到正常的发育和完善。

我认为发育中的大脑同样期待有一个人或几个人来照顾他，给他带来食物和安慰。如果这个期待没有得到满足，那么大脑中的关系模式就不能得到很好的建构。灵长类动物学家哈洛夫妇（Harry and Margaret Harlow）把刚出生的恒河猴放在笼子里养大，笼子里除了绒布娃娃和配方牛奶之外什么也没有。当这些从小没有得到母爱的小猴子长大之后，它们的社会行为非常不正常，它们极度胆小，要么对同类表现得很冷漠，要么对同伴具有攻击性。

但是灵长类动物适应能力很强，那些一出生就离开母亲怀抱、被关在笼子里长大的小猴子，如果笼中有三四个跟它一样大的小猴子时，它长大之后各方面都很正常。它们小的时候很可怜，相互紧紧地依偎在一起，但当它们长到一岁时，它们的行为就很正常了。自然法则并没有说可怜悲惨一定会留下后遗症，小时候的悲惨经历不一定对个体产生持久的影响。

我们今天的满足不能确保明天的无忧。没有同伴的陪伴，在母亲身边长大的猴子也有着幸福的童年，但当它们与其他猴子相处时，就会有严重的问题。哈洛夫妇报告说，没有同伴在一起长大的猴子，通常不愿意与别的猴子一起玩耍，社会行为不正常。

尽管母亲不能替代同伴，但有时候同伴可以替代母亲，这一点可以在安娜·弗洛伊德（弗洛伊德的女儿）讲述的令人心酸的故事中看到。六个生活在纳粹集中营中的孩子，三男三女，在大约三四岁左右获救，并被送到英国的托儿所，安娜因此有机会去研究他们。他们出生后不久父母就去世了，在集中营中由其他的大人照顾，后来这些大人没有一个人幸存下来。但是这些孩子始终在一起，没有被分开，这在他们动荡不安的童年生活中是唯一的稳定要素。

当安娜遇到他们时，他们简直就像野孩子一样：

> 他们刚到托儿所的时候，弄坏了所有的玩具，破坏了许多家

具。他们对工作人员要么很冷漠，要么充满敌意……在愤怒的时候，他们打身边的大人，咬他们，向他们吐口水。他们会大声尖叫，说脏话。

但这是他们对待大人的情形，彼此之间就完全不同了：

很显然，他们只关心彼此，不关心其他的人或事。他们只想自己几个人呆在一起，别无他求。如果将他们分离，哪怕是很短的时间，他们都会变得异常不安……他们彼此之间有着超乎寻常的情感依赖，完全没有一丝的嫉妒、敌意和竞争……用不着叫他们轮流，他们会自然而然地这么做，因为他们希望其他每一个人都能拥有属于他自己的那一部分……他们不会打彼此的小报告，当发现他们中的一个人受到不公正待遇，或被外人欺负时，他们一定会跟他站在一边，支持他。他们非常体贴彼此的感情，从不嫉妒同伴所拥有的东西，相反，他们十分乐意把自己的东西借给同伴……外出时，他们十分在意彼此的安全，通常照顾落在后面的同伴，路过沟沟坎坎、树林丛生的地方时，相互帮助，并彼此帮忙拿大衣外套……进餐时，帮同伴传递食物比自己吃还要重要。

非常感人，尤其是最后一句。从集中营中得以幸存的小孩子宁可让朋友先吃上食物，而不是自己先吃，你难道不觉得惊讶吗？这些小孩子总是先考虑朋友的需求，他们好像永无止境地扮演过家家一样，每一个孩子轮流扮演爸爸和妈妈的角色，又同时保留了自己作为孩子的真实身份。

1982年，当这六个孩子差不多四十岁的时候，美国的一位发展心理学家给安娜·弗洛伊德的合作者索菲·丹（Sophie Dann）写信，问她这些集中营出来的孩子现在怎么样。显然，他们都很好。丹回答说：“他们都过得很好。”

他们都过得很好，是因为他们在四岁之前，尽管困难重重，彼此之间已经形成了永久性的依附关系。一般来说，在传统孤儿院里度过生命中前四年的孩子，后来过得并不好。这让人感到困惑，因为孤儿院中有许多孩子可以使他们相互依附。但显然传统孤儿院并不鼓励孩子之间形成亲密的关系，这可能是出于一种善良的误导，因为孩子不断地被一些家庭收养，因此最好不要让孩子之间产生太深的感情。在上个世纪 90 年代初期，美国的研究者参观了两所罗马尼亚孤儿院，在那里，孩子被分成五个组，每一个组都有自己的房间和照看者。但是研究者发现，这些孩子经常被从一个组换到另一个组，这意味着孩子之间建立起来的依附关系很快就被打破。

早期在孤儿院里呆过的孩子并不缺乏社交技能，他们往往过度友好。他们缺乏的是建立亲密关系的能力，他们似乎很难深度关心他人。他们大脑中的工作模式似乎没有学会建构这种能力，或者根本就放弃了这个工作，因为反正没有什么用。“用进废退”用来说明大脑发育是最恰当不过的了。

四岁之后进入孤儿院的孩子，尽管他们整个童年时光都是在孤儿院里度过，但他们长大之后过得都不错。在战事频繁的非洲国家厄立特里亚，许多孩子失去双亲，被送进孤儿院，其他孩子虽然遭受战乱，但仍然与父母在一起。有些美国研究者对这两类孩子进行了比较研究，没有发现他们之间存在着显著性差异，唯一的差异是孤儿院的孩子不快乐。

这一点是不容置疑的，没有父母的孩子当然不快乐。澳大利亚的一位研究者大卫·蒙德斯（David Maunders）访谈了一些在澳大利亚、美国、加拿大孤儿院度过童年时期的人，他们都是四岁之后进入孤儿院的。通过采访，蒙德斯对孤儿院生活的描述令我想到《简·爱》中的前几章。

> 刚进孤儿院时一切都很混乱，院方没有采取任何措施来帮助孩子适应孤儿院的生活：纪律和体罚是每天生活的主旋律，虽然现在的情况有所好转。每天都有干不完的家务活儿，没有一点爱和温情可言。

这些孩子原来都是有父母的，因此他们知道自己失去了什么。一位五岁进入孤儿院的被采访者告诉蒙德斯：

> 我记得每天晚上上床睡觉的时候都在想："等我一觉醒来的时候，这个噩梦就会结束。"但是，当我第二天早上醒来时，发现噩梦并没有结束。不过，在孤儿院的每天晚上，我都会那么想。

令人惊讶的是，当这些在孤儿院里度过童年的孩子长大成人之后，他们都过得很好。他们有丈夫或妻子，有孩子，有工作。虽然他们在童年时代没有父母，但他们也学会了社会化。

很难找到那些有父母照料却没有玩伴的孩子，那些生活在偏僻农场的孩子通常有兄弟姐妹做伴，然而，他们在社交能力方面还是存在着一些不足。你可以想象一下，以前那些生活在欧洲王室里的小王子和小公主们，他们在长大之后是否很正常呢？还有另外一个不幸的群体，他们从小因为疾病不得不呆在家里。他们长大之后，"很容易出现心理问题"。

最后就是那些神童了。神童通常被描绘为一群很奇特的人，也许这不是空穴来风。我在这里不是指那些各种各样的优等生，这些优等生是没有问题的。但那些与其他同龄人没有共同之处的孩子，很有可能会出现社交和情感方面的问题。

以威廉·詹姆士·席德斯（William James Sidis）为例。他的名字以著名的心理学家威廉·詹姆士命名，他的父母认为这个孩子很特别，他们花了一生的精力来教育他。威廉出生于1898年，当时人们对教育的热情异常高涨。权威人士认为，只要接受适当的训练，任何一个孩子都能成为天才。威廉十八个月大的时候，便开始学习读书，六岁时，可以阅读好几种语言了。根据马萨诸塞州的法律，六岁是上学的年龄。威廉入学后的六个月之内，他从一年级一直跳到七年级，他的父母把他带回家里进行教育。两年之后，威廉又去读了三个月的中学，然后又回家学了两年。

十一岁时，威廉·詹姆士·席德斯进入哈佛大学，几个月后，他在哈佛大学数学俱乐部做了一个“四维空间物体”的演讲，他的才华让大家震惊不已。

这个时候，威廉的生活到达了顶峰，从那以后开始走下坡路。尽管他在十六岁时就拿到哈佛大学的学士学位，但他从来没有用过它。他在研究生学院呆了一年，然后又去了法学院，两边都没有拿到学位。他在一所大学找到一个教数学的工作，但没有成功。记者一直对他进行跟踪报道，试图写出以“伤仲永”为主题的故事。小报记者着实令人讨厌，但是威廉的个性也好不到哪里去。

威廉长大之后与父母反目成仇，他甚至拒绝参加父亲的葬礼，并与整个学术界为敌。他后来找到一份不需要动脑筋、收入很低的文书工作。他从一个地方搬到另一个地方，终身未婚。他的爱好是收集公车的转乘券，还写了一个关于相关话题的书，有人曾评价说：“这是迄今为止最无趣的一本书。”在晚年时，认识他的人对他有不同的评价，有的人说“他有着独身者特有的愤懑”，有的人说“在他紧张、古怪的行事风格之下，有一种童真般的可爱”。四十六岁时，威廉·詹姆士·席德斯在孤单、一事无成、身无分文、最终也没有适应社会的悲苦之中死于中风。

威廉的情形与那些有母亲但没有同伴陪伴的猴子很相似。当这些猴子长大后，它们的行为要比那些有同伴、没有母亲的猴子的行为更不正常。当然，最糟糕的是那些既没有母亲又没有同伴的猴子。我突然想到两个例子，一个是在法国阿韦龙省发现的野孩子维克多，另一个是加利福尼亚州的吉妮，她在前十三年里被独自关在一个小房间里，被绑在一个训练大小便的座椅上。

维克多和吉妮长大之后都很不正常，然而，我们不知道他们的不正常到底是缺乏父母的爱，还是没有同龄人陪伴造成的。第三个可能性就是他们出生时就有问题。一个在捷克斯洛伐尼亚进行的案例研究可能可以为我们提供一些线索。一对双生子出生时，母亲就死了，他们被送进了一家孤儿院。当他们一岁时，他们的父亲再婚，就把他们从孤儿院接回家，他们的继母比灰姑娘的继母还要狠毒。接下来的六年里，他们被关在一个没有暖气的壁橱里，营养不良，还不时地挨打。当他们七岁被人们发现时，他们几乎不会走路，语言能力不及两岁的孩子，但他们长大之后都很正常。他们被正常家庭收养，十四岁时上公立学校，功课能够赶上同班同学。研究者认为，他们“没有病态的征兆，也没有古怪的行为”。在头七年里，他们没有母爱，看起来也没有父爱，但他们却拥有彼此。

玩伴

双生子的情形比较特殊：他们从出生第一天起就有伴儿。然而，他们并没有从第一天起就开始在一起玩儿。跟同龄孩子玩要是一种技能，要花好长时间才能掌握。我在本章前面提到过，实验室里两个互不相识的婴儿，彼此产生了兴趣，但他们表达友好的方式却很笨拙，有时甚至会适得其反。例如，用手去戳新朋友的眼睛可不是交朋友的好方式。

婴儿与父母或兄弟姐妹玩耍很容易，因为大人建构游戏，并通过不断地重复让孩子学会作出适当的反应。在美国，孩子在一岁的时候已经学会跟父母玩拍手或躲猫猫的游戏了。但年龄相仿的孩子没办法了解彼此的需要，例如，一岁左右的孩子，即使他非常有诚意，也无法与另一个年龄相当的孩子玩在一起。罗尔·艾克曼和同事一起研究同龄孩子玩耍的情景，他们把两个年龄相同的孩子放在实验室里，发现两个孩子为了跟对方友好相处，不断加大模仿对方的程度。两个婴儿将活动调节到一致，通过相互模仿，向对方发出感兴趣的信号。模仿是人类的特性，其他物种的模仿能力都不及人类。这就是为什么凯洛格夫妇实验失败的原因：他们的儿子对黑猩猩的模仿远远超出黑猩猩对他们的儿子唐纳德的模仿。

对两个在实验室里互不相识的婴儿来说，当他们学会走路时，就开始模仿了。开始，两个婴儿坐在一起玩同样的东西。一个婴儿捡起一个球，另一个婴儿也捡起一个球。如果只有一个球，那第二个婴儿就会从第一个婴儿那儿把球抢过来。

当婴儿两岁时，模仿开始变得复杂一些，并充满乐趣。一个孩子围着房间跑，或撞击两个玩具，或故意摔跤，或用舌头舔桌子，另一个孩子也会这么做。这时，第一个孩子要么重复以上动作，要么发明一个新的名堂出来，逐渐变成玩“跟着头儿走”的游戏。这种模仿只持续几轮，但孩子双方都非常享受这个过程。

当孩子们两岁半的时候，他们可以同时使用语言和行动来协调他们的游戏。三岁时，他们开始玩“过家家”的游戏，这种游戏需要模仿和动作的协调。这时，他们不仅要相互模仿，还要在想象、梦幻般的游戏中扮演不同的角色。

在一岁到三岁之间，孩子开始交朋友了。他们建构与其他同龄人关系的工作模式，他们已经决定更喜欢哪些朋友。在托儿所或日托中心，你可以看到孩子每天与固定的同伴一起玩。在有不同年龄段儿童的群体里，同龄的孩子往往会形成小圈子，因为大孩子不愿意跟小孩子一起玩。这些小圈子也可能由性别相同的孩子组成，到五岁的时候，孩子们几乎都与同性别的孩子一起玩。

我在这里描述的是像我们一样的工业化城市社会中儿童与同龄人游戏的发展过程。在我们的社会中，父母都理所当然地认为孩子应该有与其他孩子一起玩的机会，并想方设法为孩子提供这样的机会。没有送孩子去托儿所或日托中心的父母会为孩子安排小组活动，让自己的孩子有机会与其他的孩子交朋友。无论家长是大学毕业生或高中肄业生，是行为遗传学家还是社会化研究者，几乎没有人质疑同伴经历对孩子发展的重要性。

同伴的重要性在世界范围内得到广泛的认同。在工业化之前，孩子很少有机会与同龄孩子一起玩耍，目前仍然有一些社会如此。在部落和村庄社会中，当小孩离开母亲的怀抱后，就会加入到一个由不同年龄的孩子组成的群体中，这时他就是其中最小的一个。群体中孩子的年龄跨度可能从两岁半到六岁，或从两岁半到十二岁不等，这取决于人口的密度。如果附近有足够多的孩子的话，大孩子就可以形成自己的群体。

我在上一章里已经提到过传统社会中混合年龄孩子组成的游戏群体。在这些社会中，大家庭的成员通常聚集在一起，因此，游戏群体中的孩子之间都有亲戚关系。孩子们与自己的兄弟姐妹、表兄弟姐妹、堂兄弟姐妹，甚至自己的小姑姑和小叔叔一起玩耍。在群体中，大孩子负责照看小孩子，从某种程度上来说，大孩子要教小孩子如何做游戏，要告诉小孩子什么样的行为是可以接受的。大孩子不是用温柔的、和风细雨的形式教小孩子，对小孩子嘲笑和讽刺，甚至拳脚相加是家常便饭，一切都不是以讲道理为前提。例如，一个五岁的孩子不会用“如果比斯向你扔沙子，你会怎样想”的方式告诉妹妹不能向比斯扔沙子。然而，打架和严重的冒犯并不多见。即使在西方社会中，与有父母或老师在场的情形相比，孩子独自与同伴一起玩耍时的冒犯行为要少得多。也许因为他们知道如果有大人在一旁，大人会及时制止他们之间的纠纷，而不至于使矛盾和纠纷失控。

在传统社会中，孩子也是在游戏群体中学习语言，差不多两岁半的时候，他们开始学说话。他们不是从父母那儿学习语言，因为父母几乎不跟他们说话，他们谈话的对象是其他孩子。当大孩子跟小孩子说话时，他们会将句子简化。但不会像在我们社会中，当父母与小孩说话时，父母为孩子提供语言指导，如用提问、耐心地纠正孩子的错误语句，或当孩子说对的时候，对孩子微笑或拍拍他作为夸奖等方式。因此，在传统社会中，孩子们学语言的速度慢一些，但他们最终还是学会、并能自如地应用所在群落的语言，同时，他们都完成了社会化。

在传统社会中，尽管孩子们离开了母亲的怀抱，加入到游戏群体中，但他们在情感上还是十分依附自己的父母，就像我们社会中的孩子一样。他们仍然向父母寻求食物、保护、慰藉和忠告。父母与孩子之间的纽带，即孩子对父母的爱、父母对孩子的爱将持续终生。在传统社会中，年轻的男子留在村里，在父母和兄弟家附近盖一个房子。年轻的女子嫁出村子后，会经常回娘家看看，也欢迎父母去探望她。

然而，当传统社会中的孩子离开父母的怀抱，加入到游戏群体中时，从某种意义上来说，他们已经不是父母的孩子，而变成整个群落的孩子了。在这些社会中，任何一个成年人看到小孩犯错误时，都可以责骂他。教养一个孩子需要同村人的力量。

需要全村人的力量并不是指需要许多大人的力量把犯错误的孩子拉

回到正道上，而是指村子里有足够多的孩子形成游戏群体。阿里纳·艾布尔-艾伯斯菲尔观察到："正是在游戏群体里，孩子才得以真正地成长。孩子的社会化主要发生在游戏群体中。"艾布尔-艾伯斯菲尔研究的是撒哈拉沙漠以南的非洲大陆和新几内亚高地一带的传统社会。但我认为这句话同样适用于像我们这样复杂的工业化社会中的孩子。

在我们的社会中，我们过于强调父母与孩子之间的纽带。我们谈论要花"高品质时间"与孩子在一起；离婚家庭的孩子要经常往返于两个家庭之间，使他们有可能与父母在一起度过"高品质时间"。但是，如果与父母在一起的时间如此重要，那为什么孩子们都不愿意回家？为什么我们还需要宵禁？

在第五章，我提到一个冲绳岛的小男孩回到家里，匆匆忙忙往嘴里扒了几口饭后又跑出去。他告诉妈妈，小伙伴在等他呢！在马来半岛雨林中生活的撒望族中，孩子在青春期时都自愿离开父母。一位人类学家报告说："七岁左右的孩子开始逐渐离开父母，加入到同性别群体中。"一旦完成了这个过渡（这位人类学家说时间不长，我认为要一到两年的时间），社区中的成年人"不再教孩子任何东西了，孩子开始干活。需要时，孩子才向大人请教"。

英国的生态学家约翰·阿彻（John Archer）说："许多小动物身上的特征不是成年行为的先兆，而是帮助小动物发展的动力。"对婴儿来说，对父母的依附是必要的，但对大孩子来说并非如此。

委托代理的社会化

在灵长类动物中，它们许多的社会行为都是与生俱来的。在坦桑尼亚马哈勒山脉中，黑猩猩的行为非常相同，但有趣的是，它们与生活在贡贝河国家公园的黑猩猩不一样。但在人类中，组间对照效应会使两个邻近的群体行为产生明显的差异。一位研究墨西哥萨巴特克人村庄的人类学家发现，有两个村庄说同样的语言，种同样的粮食，但拉巴斯村庄不允许攻击性行为，因此，攻击性行为很少见。而在圣安德列斯村庄，攻击性行为很普遍，是生活的一部分。圣安德列斯的谋杀率是拉巴斯的五倍。这位人类学家亲眼目睹了圣安德列斯的一对兄弟互相用石头掷向对方，他强压不快地说："他们的母亲没有阻止这种危险的行为，只是说她的孩子经常打架。"

我们知道人类的社会行为并不是与生俱来的，因为它因群体而异，必须通过学习才能学会。我们知道孩子习得了社会行为，因为他们与生长环境中其他人的行为很相似。不是出生的环境，而是生长的环境。

他们是如何做到的呢？在弗洛伊德理论盛行的时候，很容易解释这个问题：孩子认同父母，从而学习父亲或母亲的行为。认同会形成超我，超我使孩子不逾矩。

即使在弗洛伊德理论过时后，许多心理学家仍然认为孩子是依照同性别的家长来调整自己的行为的。许多发展心理学教科书中都有父亲刮胡子，小男孩在一旁模仿刮胡子的插图作为点缀。包括我自己编写的教科书在内。

的确，孩子会模仿父母的行为。人类是动物王国中的模仿之王，我们必须如此，因为大部分的社会行为是靠模仿而来的。在美国，父母认为孩子模仿刮胡子的样子很可爱，但如果他们模仿划火柴、砍樱桃树、打自己的弟弟或骂人，就不可爱了，即使这些行为也是可以模仿的。我们希望自己孩子的行为像一个好孩子，好小孩子的行为跟大人的行为是不一样的。

作为社会化的一种方式，模仿父母的行为在世界的其他地方不大能行得通。如果你认为美国孩子的社会化很难，那么，让我们看看波利尼西亚群岛村庄社会中社会化行为是如何习得的。在波利尼西亚群岛，孩子在父母面前应该表现得谦卑、恭敬，只有大人问话时才可以开口说话，大人控制所有的互动，孩子必须遵照服从。当孩子与同伴在一起的时候，他们可以表现得放肆一些。我在第一章曾指出，孩子不可能从观察父母的行为过程中学会行为规则，因为，波利尼西亚的父母，无论与其他大人，还是与小孩在一起时，并没有安安静静地坐着或藏在别人背后使人不注意到他。小孩子如果模仿父母的社会行为的话，那他就完了。

如果父母在社会上不属于正常人，那么，孩子模仿父母的行为就会让他惹上麻烦，因为，他们的父母可能行为怪癖，可能是酗酒者或罪犯，或者是不了解当地社会行为准则的新移民。我们以为移民是现代社会才有的事，其实在古代就已经存在。你可以想象一个生长在总是与相邻部落打仗的原始部落的小女孩，这个孩子的母亲既不是在这个部落里出生，也不是在这个部落里长大，是在一次偷袭中被抢来的，作为战利品成为骁勇善战武士的妻子。这位母亲对这个部落的习俗一无所知，也不会说这个部落的语言。那么，让女儿模仿母亲的行为和语言显然不合适。

当孩子模仿父母的行为时，他们并不是不分好坏照单全收，他们非常谨慎。只有当他们父母的行为与社会上其他人的行为一致时，他们才会模仿。在很小的时候，他们就有了这种意识。一位在德国出生的同事告诉我，他四岁的女儿拒绝跟他在美国说德语，但当他们回到德国时，她很愿意说德语。孩子在很小的时候就认定男人和女人应该做不同的事情。我女儿五岁的时候宣布：爸爸不应该做饭。

我问她："那妈妈也不应该用锤子和锯子吗？"

她说："是的。"不过她在说这句话时有点不好意思。因为，在我们家，差不多有一半的饭是爸爸做的，而妈妈负责所有用锤子和锯子干的活儿。

孩子可能从电视上或故事书里获得这些概念，但他们会在游戏中验证这些想法是否正确。当他们玩过家家或救火队员游戏时，他们并不会假装扮演自己的父亲（即使爸爸真的是救火队员），他们要扮演典型的救火队员，即所有孩子都认同的救火队员。这种游戏在传统社会中很少见，因为传统社会没有隐私，每一个人都知道其他人在干什么。在一个所有的女人都做同样的事情、所有的男人都做同样事情的社会里，小孩子没有必要去讨论、决定每一种工作的内容和职责。

孩子是一种适应性很强的生物。如果一个独生子与父母生活在一起，周围没有其他的孩子，那么，她必然会根据父母的行为建构自己的行为模式。如果她被像泰山一样的猿猴或狼群养大，像人们在印度狼窝里找到的两个小女孩一样，那么她的行为就会像猿猴或狼的行为。但是通常孩子有许多模式可以选择，而且这些模式不尽相同。那么，他们到底模仿谁的行为呢*？

我已在第六章中描述过，唐纳德·凯洛格在幼年时，不是由猿猴抚养，而是与一只黑猩猩在一起生活。当唐纳德的父母意识到黑猩猩对唐纳德的影响大于他对黑猩猩的影响时，就把“瓜”送回了动物园。唐纳德在十九个月大的时候，只会说三个英语单词，但他能与黑猩猩很好地进行交流。为什么唐纳德更喜欢模仿黑猩猩的语言，而不是他父母的语言呢？

我认为唐纳德已经有最基本的社会类别感，他正确地感知到，从年龄上来说，他和“瓜”在同一个社会类别中。我在前一章说过，婴儿已经具有分类的能力，他们在一岁的时候，可以根据年龄和性别对人们进行分类。也许他们那时已经有些感觉，知道自己属于哪一个类别了。如

* 如果泰山真的被猿猴养大，而且直到成年时才被人们发现，他很可能像吉妮或维克多一样，他的英语可能只停留在“我，泰山。你，吉妮”的阶段，他也不会那么有礼貌了。住在树上没有关系，但对刚好住在下面的动物就不好玩了。

果猴子和猿知道区分“我们”和“他们”，那么，为什么一岁的孩子做不到呢？

唐纳德和“瓜”像亲兄弟一样，凯洛格夫妇用同样的方式对待他们，给他们穿同样的衣服、吃同样的食物、对他们进行同样的管教。当孩子有选择时，他们会挑选自己喜欢的模式进行模仿，大孩子通常是他们喜欢的模式。“瓜”比唐纳德小两个月，但黑猩猩成熟得快一些。因此，对唐纳德来说，“瓜”像哥哥一样。

想想波利尼西亚群岛的孩子得学习两套不同的社会行为准则，他们是如何学习与父母互动的呢？关于波利尼西亚的礼仪，他们绝不是从父母那儿听来的。在传统文化中，父母极少说教，也不做任何指导。大多数情况下，当孩子做错了，就会被责骂或挨打。大人期待孩子通过观察来学习。斯金纳曾经说过，有机体靠得到奖励学习，但孩子在没有奖励或惩罚的情况下，仍然可以学习。他们观察与自己相同的人、看这些人会得到什么样的结果，他们通常是通过这种方式进行学习的。一个小孩子无须亲自经历火炉烫伤手指，才学会不去触摸火炉：她只要看到她哥哥触摸火炉烫了手就知道了。波利尼西亚的小孩子通过观察大孩子怎样做，就学会了在大人面前应该如何表现。

有一次我的弟媳切红甜椒，给了我侄儿一片。他把它放在嘴里，他妹妹说：“我也要！”就在这时，我的侄儿觉得红甜椒不好吃，问妈妈可不可以吐出来。我的侄女马上改变主意，说她不要了。尽管她没有尝到红甜椒的味道，她已经决定不喜欢它了。

她的父母喜欢红甜椒，但这对我的侄女没有影响，对她有影响的是哥哥喜不喜欢。发展心理学家利恩·伯奇（Leann Birch）注意到，学龄前的儿童异常挑食，父母没法哄他们吃他们不喜欢的东西，父母对小孩子的游说、说服毫无用处。唯一有效的方式是：让他跟喜欢吃这种食物的孩子坐在一起，让所有的孩子一起吃。

学龄前儿童喜欢的模式是比他们大的孩子。当他们三四岁的时候，就开始调整自己的行为，使自己像幼儿园里其他的孩子一样，甚至将这些行为带回家来。发现孩子行为变化最简单的方法是：你听到他们开始学同伴说话的口音了。英国的一位心理语言学家注意到，她的女儿在加利福尼亚奥克兰上了四个月幼儿园之后，开始说“黑人英语”。这所幼儿园的孩子并不都是黑人，但与她一起玩的孩子是黑人。尽管这个孩子与她英国籍母亲呆在一起的时间可能更多，但是她的口音却受到非裔美国小朋友口音的影响，而不是她妈妈口音的影响。

“我们”VS.“我和你”

在前一章中我提到社会心理学家亨利·塔杰菲尔关于高估者和低估者的实验，试验中被试偏向自己所在的一组而歧视另外一组。塔杰菲尔用“群体意识”来形容孩子对自己所在群体的归属感。

约翰·特纳，塔杰菲尔的学生，进一步提出了群体意识的特征。人们用不着喜欢群体中的每一个人，也不必认识每一个成员。事实上，他们不需要认识任何群体中的任何人，只要你知道你和他们属于同一个社会类别就够了，这就是自我归类：

> 我是X组的人。
> 我不是Y组的人。

从这些简单的前提开始，人类演化的历史使我们倾向于得出一个简单的推论：即我们喜欢X而不喜欢Y。我们也可以得出这样的结论，即我们跟X比较像，跟Y不像。这些心理活动往往不是有意识的，但是结果却显而易见。通过同化，我们更像群体中的其他成员。通过组间对照，我们的群体和其他的群体之间的差异则越来越大。在某些条件下，组间的敌意开始产生，即“我们相对于他们”效应。

我在这里描述的不是个体之间的关系。我们形成“成对”关系的能力是天生的，而群体意识需要更长的时间来培养。成对关系基于依赖、爱和恨以及喜欢对方的陪伴。群体是基于对基本相似性的认同，例如，我们在某些方面相同，我们有着共同的命运，我们都在一条船上。两人成对，三人成群。群体人数最低不少于三人，没有上限。如果这种描述给你造成一个印象，即群体纯属智力方面的事，那你就错了，群体里面孕育着强烈的情感。在人类历史上，为群体而死的人要远远多于为个体而死的人。

在第六章，我讲到“社会模块”，即自闭症人群中大脑有缺陷的部位。同样，人们谈到了“视觉系统”，即盲人有缺陷的部位。但是视觉系统由一些独立的部分组成，有的部分出了问题，有的部分完好无缺。有一些脑部受伤的人可以看到那儿有东西，但看不见是什么东西，有些人正好相反。有的人可以分辨物体，但不能分辨面孔，有的人可以用一只眼睛看东西，但无法将两个影像形成三维画面。我们所说的视觉系统，事实上包含了很多相互独立的子系统，需要不同的输入，有不同的产出。这些子系统在视觉系统早期发展过程中，在不同的时间以不同的方式逐渐得到发育完善。

我认为社会模块也一样。它至少包括两个子系统：一个是专门处理成对关系（这在出生时就开始运作了），另一个是负责群体关系，需要更长的时间才可以组合起来。

群体和个体关系不仅相互独立，而且可能是相互对立的。我以前一直不明白为什么有人认为“我的一些朋友是犹太人”这句话是无礼的，后来才发现，说这句话的人分离了友谊（个体关系）和他对这个群体的感觉。他喜欢他的朋友，但不喜欢他朋友所隶属的群体，这句话的确给人这种感觉。

群体和个体关系有时候相互冲突。例如，在战争年代，人们有时陷入两难境地，不知该选择留在所爱的人身边，还是离开所爱的人去保卫他所在的群体。不同的人用不同的方式解决这种两难问题。

我的理论是，群体意识使孩子社会化，使他们的人格在环境中不断得到完善。群体意识使孩子的行为发生持久的变化，虽然在大脑中负责个体关系的区域也可能会产生强烈的情感，但对行为的影响是短暂的。

群体社会化理论

这本书的中心问题是：孩子是怎样社会化的，他们是如何学会像社会中正常的、可接受的成员那样？是什么将婴儿时期的初始性情转变为成年人完善的人格？这听起来像两个独立的、不相关的问题，的确，这两个问题来自不同的心理学流派，但我认为它们是一枚硬币的两面。对孩子来说，社会化包括学习在他人面前如何表现，而成年人的人格本来就包括在别人面前如何表现。对于人类这种群居动物来说，大多数行为都是社会行为。我在这儿独自写作，但这也是社会行为。如果你不读我输进电脑的东西，那我坐在这儿写作还有什么意义呢？

孩子必须学会所处社会中被人们所接受的行为，但问题是社会中人们的行为并不相同。在每一个社会中，人们因各自不同的身份而有不同的行为，例如，是小孩还是大人、是男人还是女人、是独身还是已婚、是王子还是贫民等。小孩要做的第一件事就是弄清楚自己是什么样的人，属于哪一个社会类别。然后，他们开始学习这个社会类别中其他成员的行为方式。

弄清楚自己属于哪一个社会类别很简单。即使是一个三岁的孩子，如果你因为她的中性衣服和中性名字混淆了她的性别，她会立刻告诉你："我不是男孩，我是女孩！"她也知道她是一个小孩子，你要是假装把她当成大人，她会很高兴，但如果你把她当成婴儿，她会很生气。在这个年龄段，只有年龄和性别是她唯一在乎的类别。对一个三岁的孩子来说，种族并不重要。那位英国心理语言学家的女儿没有注意、也不在意她幼儿园的好朋友的皮肤比她的黑。

心理语言学家的女儿说话像她的黑人小朋友，因为从很小开始，孩子学会依据群体其他"像我"的成员的行为来调整和修正自己的行为。如果真是这么回事的话，那么其他成员的行为是如何习得的？答案是孩子群体的游戏规则是"多数裁定原则"：当某人的行为与群体中大多数成员行为不一致时，那么这个人必须改变自己的行为。非裔美国孩子在家里和邻里习得语言，当他们上幼儿园后，发现其他小朋友跟他们说一样的话。而英国心理语言学家的孩子发现她说的话跟其他小朋友说的话不一样，所以她必须得作出改变，而不是她的小朋友作出改变。然后，她把习得的新的语言带回家，她认为所有的人都应该这样说话。对孩子来说，社会化是一个不自觉的过程。

我的理论是关于儿童如何社会化以及在发展过程中人格是如何得到完善的，我把它叫做"群体社会化理论"。我在《心理学评论》发表的一篇文章中提到过这个名称，我不太喜欢它，有两个原因：第一，我的理论是关于人格发展，而不是社会化；第二，"社会化"这个词会让人产生误会，它隐含着对孩子做了什么，而我的本意是孩子对他们自己做了什么。

孩子知道必须通过群体认同了解自己应该如何表现，该群体的态度、行为、话语以及服饰的款式就是他的行为准则。他们大多人是自觉自愿这么做的，他们希望跟自己的朋友一样。万一他们有些可笑的想法，他的同伴会立即提醒他与众不同的后果。尤其是学龄儿童在惩罚与众不同的人时是毫不留情的，他们往往会枪打出头鸟。这种当头棒喝让孩子意识到自己做错了什么，并决心改正。心理语言学家彼得·瑞奇（Peter Reich）在谈到当年参加一个大型童子军集会的经历时，仍然耿耿于怀。他是芝加哥人，芝加哥人把华盛顿读作“Warshington”，从其他地区来的孩子们总会找他，让他说出美国的首都，当他说出来后，他们笑成一团。瑞奇说：“我还记得我是怎样拼命地练习这个单词的发音，还有其他带有地方口音的词。”

取笑是群体最喜欢用的武器，它能够让世界上任何地方不遵守群体规则的人改邪归正。取笑对有些人不起作用，例如，那些自己不知道做错了什么或者不愿改的人，但他们的命运更糟糕，即他们会被赶出这个群体。这就是我四年的命运。

也许你不明白我是怎么被赶出群体的，因为女孩通常不会形成群体。学龄阶段的女孩通常有朋友，但没有群体，她们通常分成两三个人的小圈子。我混淆了“群体”的概念，这里“群体”不是指游戏群体，而是指社会类别，也就是约翰·特纳提到的“心理群体”，还有早些时候社会心理学理论家提出的“参照群体”。尽管五年级的时候，我与班上所有的女孩子都没有互动关系，但我很认同她们。她们是我的心理群体，她们排斥了我，从这种意义上看，我是被赶出了群体。

我在群体中的缺席意味着我没有机会影响她们，然而，她们仍然在影响我。你并不需要真的与心理群体中的成员进行互动才能让他们影响你。我当时是一个五年级的孩子，尽管其他孩子不跟我说话，我还是密切关注她们。这虽然赶不上参与到群体中好，但至少比完全没有群体好。

不被同辈群体接受，并不意味着某个孩子不认同这个群体。有一个叫达加·麦斯顿的美国男孩，在他六岁的时候，被他的嬉皮士父母丢在西藏的一个修道院里，他的父母前六年一直在欧洲和亚洲游荡。这个男孩在修道院一直呆到十五岁，与其他的孩子一起接受成为西藏喇嘛的培训。其他的孩子都是西藏人，达加在他们中间鹤立鸡群，非常显眼，因为他长得又高、皮肤又白。他没有好朋友，因为他与众不同，经常被大家取笑，但他们是他的心理群体，他也被社会化了。达加现在住在美国，与一位藏族女子结婚了。他的外表很容易误导人，但他告诉采访者，说他是“一个住在白人身躯里的西藏人”。

达加认同修道院中的同伴，因为他别无选择。他很清楚（即使他们不清楚），他们属于同一社会类别。因此，他要像他们一样说话、思考，变成跟他们一样的西藏人。如果当时他被大家接受的话，他可能变成一个不一样的西藏人了。无论被接受，还是被排斥，他终将变成一个西藏人。

如果达加在修道院里有好朋友的话，他会变成一个不一样的西藏人吗？当然，他的日子会好过一些，但有证据显示友谊对人格不会产生永久的影响，相反，对群体的认同，被群体接受或排斥，则会对人格产生永久的影响。研究学龄儿童友谊的长期效应和被同伴接受或排斥长期效应的研究者发现，被同伴接受或排斥与成年之后“终生生活状况调节”有密切的关系，而在学校有没有朋友却没有什么影响。

友谊是个成对关系。有的人有交朋友的天赋，即使他没有能力吸引同伴对他的注意或尊敬。那些在群体中地位很低或没有地位的孩子，往往有好朋友。当我在那个势利的郊区时，我也有一个朋友，她比我小两岁、低三届，住在我家隔壁。据我所知，我们之间不对等的友谊并没有给我们两个人带来长久的影响。孩子依据朋友的行为来顺应自己的行为，同样，他们也依据群体的标准来顺应自己的行为。但对于朋友来说，这种顺应不会长久，处理它的是大脑中负责关系的工作模式。有时候，有的友谊看起来很长久，但那是因为孩提之间的友谊多半会发生在同一心理群体成员中。

女孩 VS. 男孩

童年时期最重要的心理群体是性别类别。即使是三岁的孩子都知道自己是女孩还是男孩，他们开始喜欢跟同性别的孩子一起玩。到了五岁的时候，他们游戏小组的玩伴几乎都是同一性别，因为城市化社会给孩子提供了许多的同龄玩伴。如果家里或邻里没有太多的孩子，那么，遇到一起的孩子都可以玩起来，哪怕是一只黑猩猩。

从幼儿园开始，女孩和男孩就喜欢跟同性别伙伴一起玩，其中一个原因是他们的游戏方式不同，他们自然偏向那些与自己有相同兴趣的人。但我认为这不仅仅是游戏兴趣不同的问题，我认为这是自我归类的结果。将自己看成是某一个群体的成员，他们就会喜欢这个群体。

因为在这个群体中，他们希望自己像群体中的其他成员，而不是像其他群体中的成员。小女孩像其他的小女孩，小男孩像其他的小男孩。一个同事四岁的女儿拒绝穿她原来最喜欢的球鞋，因为她的朋友说“这是男孩的鞋”。另一个父亲听到女儿跟玩具剑龙说，只有男孩才可以玩枪。他说，女儿的想法一定是从幼儿园学来的。女儿的想法让这位反对枪支和男性至上的父亲陷入困境中。

> 我试图向我女儿解释：（1）无论男孩还是女孩都可以玩枪；（2）无论谁玩枪我都不喜欢；（3）尽管她是女孩，她也可以有枪，但我不想让她玩枪而已。

说得好，老爸！但是请你放松，你的意见对你的女儿来说并不重要。我同事四岁的孩子不会因为她父母认为穿那双球鞋没关系，就穿它去上学。她对一些事物的看法不是基于她父母的意见，例如，他们从来没有说过："男孩很讨厌"或"他不能跟我们一起玩，他是男孩"。玩枪这种性别行为并不像感染病毒一样，受同性家长影响。即使在美国，许多小男孩的父亲并不玩枪，许多小男孩的母亲也不玩跳房子或跳绳的游戏。

对于大一点的孩子来说，大多数严格的行为准则是关于他们如何对待异性的。一个十一岁的女孩告诉研究者，如果她在学校违反了群体的禁忌坐在一个男生的旁边会怎么样。她说："大家就不跟我做朋友了，他们会嘲笑我。"她告诉研究者："就像你尿裤子了，会被大家嘲笑好几个月。如果你穿错鞋了，只会被嘲笑几天而已。"

在童年中期，有些事情，例如肤色，变得越来越重要了，但它们没有性别差异那么重要。一位社会学家曾对一所种族混合学校的六年级学生进行了一段时间的观察，注意到孩子在午餐时很少坐在不同种族的孩子身边，更没有孩子坐在不同性别的孩子身边。她报告说，孩子们宁可冒着激怒老师的危险，也不愿加入到不同性别的群体中。

> 利特尔先生让班上的学生组成三人小组做科学实验。结果，没有一个小组由不同性别的学生组成。利特尔先生注意到有一个小组有四个男生，于是，他对其中的一个男孩胡安（黑人小孩）说："到戴安娜的那个组去，跟她们一起做实验。"（戴安娜的小组里只有两个女生）。胡安摇着头说："我不想去。"利特尔先生平静而威严地说："那你脱下实验服，回到自己的班上去。"胡安一动不动地站着，一句话不说。沉默了一会儿，利特尔先生说："那好，我来帮你脱。"他脱下胡安的实验服，把他赶出了教室。

利特尔先生如果知道，对于这个年龄段的孩子来说，坐在异性同学的身边就像尿裤子一样糟糕的话，就会对胡安多一些理解和同情。

因为在童年中期，女孩和男孩都是按性别分组，社会化是针对不同的性别实现的。一个孩子不会通过社会化行为规范像一个美国人，而是通过社会化行为规范像一个美国男孩或一个美国女孩。两个群体的行为规范是不同的。例如，胆怯和害羞在女孩群体中可以被大家接受，但在男孩群体中是不被接受的。另一方面，吵闹和过分活跃会同时遭到男孩和女孩的侧目，因为西方社会崇尚“沉着冷静”。

有研究者对瑞典的一群孩子进行了跟踪研究，从他们十八个月开始到十六岁时结束。有些孩子最初胆小害羞，另一些孩子正相反，吵闹不已、无拘无束，这些特征在十八个月至六岁期间没有什么改变。但从六岁开始，无论是男孩还是女孩，那些过于吵闹、不安分的孩子逐渐变得安静下来，最初胆小害羞的男孩也跟其他的男孩没什么两样了。那些胆小的女孩变化不大，但胆小的男孩变化很大。胆小害羞在男孩中是不被接受的，如果一个男孩像第二章中的马克一样害羞，那他就会被同伴嘲笑、欺负，直到他学会战胜害羞为止。

我们家就是这种情形，我弟弟像马克，而我则像奥德丽。我们都是同父同母所生，但我们却一点也不像。我弟弟害怕所有的东西，尤其是陌生人和噪音，打雷也能吓到他（我太喜欢打雷了）。我妈妈很宠他，而我爸爸则对他的胆小恼怒不已。爸妈的态度对他的行为没有任何影响，当然，对我的行为也没有什么影响。我弟弟上一年级时，仍然很胆小。但当他十二岁时，害怕打雷的他却跟朋友一起用火药做实验，差一点把自己炸死。现在，他变成了一个勇敢、冷静、低调的人，一个典型的亚利桑那人。

我的同伴给了我相反的教训。我弟弟的胆子越来越大，而我变得越来越拘谨了。经过童年的磨炼后，我和我弟弟变得越来越像。

“我们”VS.“他们”

自我归类带来的最令人困扰的后果是我们不喜欢其他的群体。两个对照群体的组间敌意是不可避免的，但这是常见现象。

如果没有其他人玩的时候，一个男孩可以跟邻居的女孩一起玩，但是他会在他和同伴搭建的游戏室门口钉上“女孩不得入内”的标示。在显著性社会类别“女孩”和“男孩”存在的时间和地点，对异性成员的敌意非常明显，这种敌意在幼儿园中就已存在，到了小学阶段会变本加厉。从幼儿园到小学四年级，女孩对男孩、男孩对女孩的喜爱程度不断下降。有一位研究者让小学生悄悄地说出班上不喜欢的女生的名字，有几个男孩拒绝回答这个问题。他们坚持说：“我们不喜欢班上所有的女生。”

大多数男孩并不是不喜欢所有的女生，反之亦然。这些组间敌意在操场上、在胡安的科学实验室随处可见，但与此同时，异性儿童个体之间也会产生爱慕之情，有些男孩甚至有女朋友！啊！但这只是“关系”，与群体是两码事。胡安与戴安娜在其他场合可能是朋友，但在教室里不是。性别类别在六年级教室里变得更加明显。

在童年时期，性别类别不是唯一明显的类别，还有年龄类别，如小孩与大人。除非你过着与世隔绝的生活，不然你一定知道大人与青少年之间的敌意。但我这里指的不是青少年，我指的是儿童，甚至是很小的孩子。

孩子是依附大人的，他们爱生命中的很多大人，有时甚至爱自己的老师，但这些都是关系。当他们处在某一个能够触发群体意识的社会情境中，显著性类别是大人和孩子时，你会发现，“我们”相对于“他们”效应在四岁的孩子身上都会表现得一览无余。下面是社会学家威廉·克沙洛（William Corsaro）对意大利政府创办的幼儿园进行的描述：

> 在对抗大人制定的规则过程中，孩子们发展出一种集体意识和对群体的认同感。
>
> （我还是把它倒过来说。）
>
> 孩子对大人规则的对抗是司空见惯的，因为每天都会发生，这是被同伴文化认同的一部分。这些行为经常很夸张（例如，在老师的背后做鬼脸或跑来跑去），或引起其他孩子的注意（如，“你看我有什么”表示我拿着本来不应该拿的东西，或“你看我在干什么”让大家注意他干了一件不应该干的事情）。

在这个描述中我不仅看到了“我们”相对于“他们”效应，还看到了组间对照效应。在孩子的眼里，大人都是严肃的，所以当显著性类别是“小孩”与“大人”时，尤其当老师非常专横时，他们变得越发淘气、活跃。于是他们用做鬼脸、在教室跑来跑去的方式向同伴们表达对小孩群体的忠诚。

随着孩子长大，向自己所在的群体表达忠诚变得越来越重要。在购物中心，每当我看到前青春期的孩子跟家人在一起走路的情形就忍俊不禁，他们要么走在父母前面几步、要么走在他们后面几步。万一被同伴看见，他们可以把自己撇清出来，即我跟他们不是一起的，我不是他们中的一员。这与他们是否爱自己的父母没有关系，在他们最好的朋友里面，也有一些是大人。

追随领导者

尽管群体意识在幼儿园里就已经很明显了，甚至四岁的孩子都能够在“小孩”和“女孩”之间转换，但是人类群体是在童年中期才开始真正发挥作用。我认为最重要的事情都发生在童年中期。在这个时期，孩子实现了社会化，人格正在发生永久性的变化，然而，这个阶段往往被心理学家们所忽视。弗洛伊德把这个阶段叫做“潜伏期”，意思是在这个阶段什么也没有发生。就凭这点，你可以看出他对孩子的了解有多少了。

在七岁左右，儿童的社会能力和智力得到了很大的发展，这一点在世界范围内都已达成共识。在许多社会中，家长都相信孩子到了这个年龄才开窍。不仅是冲绳岛的孩子在这个年龄跟父母说再见，在欧洲中世纪，孩子也是在七八岁时被送走。富人家的孩子被送到贵族家当伺从，穷人的孩子被送去做学徒或仆人。这个传统并没有完全消失，英国上层社会的父母在孩子八岁时把他们送到寄宿学校的现象仍然很普遍。

在童年中期，儿童的行为越来越像同性别的小伙伴。他们学会在公开场合不打人（如果她们是女孩）或不哭（如果他们是男孩），对大人有礼貌（如果她们是女孩）或不太有礼貌（如果他们是男孩）。他们人格中的一些棱角慢慢被磨平，一些不被同伴接受的社会行为逐渐被可接受的社会行为取代，新的行为成为习惯、被内化，最终成为公众人格的一部分。公众人格是孩子在家庭以外表现出来的一种人格，正是这种人格逐渐发展为成年人人格。

但是同化只是其中的一部分，另一部分是分化。孩子在某些方面越来越像自己的同伴，同时，在另一些方面则越来越不像他们的同伴。当儿童进入童年中期时，他们的一些人格特征往往会被夸大，而不是被缩小，这是因为他们已经有了与同龄人交往的体验。

这两个相互矛盾的过程是如何在同一时间并存的呢？为了寻找答案我再一次转向约翰·特纳的理论。虽然特纳的理论是关于成年人的，但我认为在八岁左右，大多数人类已经能够进行脑力活动了。

特纳认为，人们根据社会情境的不同，有时将自己归类为“我们”，有时归类为“我”。当群体显著性变得明显时，他们把自己看作是最受关注的群体中的一员。当群体显著性不明显时，他们就会把自己看作是独一无二的个体。但是大多数时间里，他们不会这么绝对，大多数人会游离于“我们”和“我”两者的灰色地带。因此，大多数情况下，他们既能与其他人保持一致，又能区别于其他人。一般来说，多数时间与大家保持一致，少数时间与众不同。

当然，与众不同的最好的方法是比其他人更好。“更好”在不同的群体中有不同的涵义。在世界上许多地方，在男孩群体中，“更好”意味着更高大、更坚强，能够让别人做你想做的事。而在女孩群体中，“更好”意味着更漂亮、更亲切，能够让别人喜欢你。

到目前为止，我谈到仿佛一个群体中的每一个孩子都有相同的能力影响其他孩子，“多数裁定原则”意味着每一个人都有一张选票、都有发言权。但在某一个群体内，有些人的影响力大于另外一些人。罗伯斯山洞的研究让研究者感兴趣的一件事是男孩们如何选他们的队长。在响尾蛇队，一个叫布朗的男孩又高大又强壮，在最初几天里，其他男孩都把他当作领导者。男孩群体中的领导者就像黑猩猩部落的领袖一样，说到底就是谁统治谁的问题。但是男孩不是黑猩猩，布朗最终失去了统治地位，因为他太有攻击性了，并对其他成员颐指气使。一个小男孩抱怨道：“他总是让我们做他不做的事情，我们已经烦透了。”所以，布朗被米尔斯取代，米尔斯的确有领导能力，态度也好一些。

领导者光靠肌肉是不行的，即使在男孩群体中也行不通。人格力量、想象力、智力、运动能力、幽默感和令人喜爱的长相都会赢得选票。具有攻击性的孩子不受同伴欢迎，甚至被同伴排斥，然而，并不是所有具有攻击性的人都不受欢迎，有些人还是受大家欢迎的。我想如何巧妙地使用攻击性行为很重要，那些不谙此道的人，例如，总是无缘无故就怒火中烧，并不分青红皂白地大肆发作的人，肯定会遭到大家的排斥。

罗伯斯山洞研究者谈论“统治等级”，也就是“尊卑顺序”，不过这个词现在很少用了，部分原因是有些事情并不能用“等级”这个词表达得一清二楚，部分原因是“统治”有单向、上对下的意思。甚至罗伯斯山洞的研究者也认识到人类的领导者是被大家推选出来的，而不是某个人自己的意愿。研究者观察在他们提出建议时，男孩们找谁商量，从而判断谁是领导者。

一个更新、更好的词是“注意力结构”。群体成员把注意力投向谁？当他们不确定怎么办时，大家的眼睛在看着谁？在注意力结构上层的人有下层人梦寐以求的特权，他/她是革新者，不是追随者。对与众不同成员的惩处只适用于处在注意力结构中下层的人，处在上层的人是不用模仿其他人的，他们是被模仿者。

与统治等级不同，注意力结构在女孩群体中也很明显，因为女孩之间模仿的不仅是行为，还有服装和发型。例如，处在注意力结构高层的女孩决定什么时候换掉冬装，穿上夏装。如果处在注意力结构下层的女孩穿着毛衣外套来上学，而处在注意力结构高层的女孩已换上短袖衣服，那穿毛衣外套的女孩就犯了礼貌性错误，同样，在处在结构高层的女孩之前换装也一样的失礼。唯一的方法是她们在同一天换装。要做到这一点，我想女孩们得在电话上花不少时间进行沟通吧。

当某一个群体的孩子由同龄人构成——在我们社会中通常如此——那些地位高的往往是最成熟的孩子。这可以追溯到我们狩猎采集祖先的时代，当时的群体由不同年龄段的孩子组成，大孩子照看小孩子，小孩子向大孩子学习行为规范。对男孩来说，可以追溯到更久远的灵长类祖先。雄性小黑猩猩不能从父亲那儿学到行为准则，因为，它们根本就不知道自己的父亲是谁，它们也不能从母亲那儿学到雄性黑猩猩得体的行为。也许出于这样的原因，年幼的雄性黑猩猩强烈地依附年长的雄性黑猩猩，即使大黑猩猩对它们拳脚相加。小男孩也是如此，他们喜欢跟在大男孩后面跑，即使大男孩对他们态度恶劣，他们也丝毫不在乎。

大孩子比小孩子的地位高，在同龄孩子中，成熟早的孩子比成熟晚的孩子地位高。好朋友在群体中的地位不同，那些地位较高的孩子通常与年龄比他大的孩子交朋友，那些地位低的孩子通常与年龄比他小的孩子交朋友。当我被同学排斥的时候，我的好朋友比我小两岁。我被同学排斥的原因是我在班上年龄最小，个头也最小，看起来就像一个小孩，因此，在同龄人中毫无地位可言。成熟对于孩子来说，就像金钱对于大人一样，它可以提升或降低一个人受欢迎的程度。有钱的丑男人跟仪表堂堂的穷光蛋一样，都可以娶到自己心仪的老婆。

我认为在同辈群体中地位的高低对一个人的人格产生永久的影响。不受同伴欢迎的孩子通常自尊水平很低，并且不安全感永远不会完全消失。就像你被同龄人审判过，一直被他们通缉一样，永世不得翻身。但我没有。

然而，要证明成年人的不安全感（或其他的心理问题）源自童年时期群体体验不是一件容易的事情，因为，在这个问题上不可避免地存在着是鸡生蛋、还是蛋生鸡的不确定性。假设有一个叫洛菲的男孩在同伴中不受欢迎，长大后变成一个心理不健康的人，他的问题是因为小时候被同伴排斥引起的，还是一开始他自身就有问题呢？也许他不受同伴欢迎是因为大家注意到他不正常，人格有问题。也许他的父母也注意到了，他们也对他不好。如果洛菲长大后有心理问题，是因为他的同伴排斥他，还是因为他的父母排斥他，或者因为他从小就有问题，后来没有得到任何改观呢？

我发现一些证据表明，儿童在同辈群体中的体验的确对他们今后的人生有影响，尤其是那些个头小的孩子，他们要么是发育成熟较慢，要么就是注定长不高。矮个子的孩子，尤其是男孩，在同龄人中通常地位较低。因为个子矮，就受到同伴或家长的排斥是没有道理的，父母应该更加呵护长得瘦小的孩子。与个子大的孩子相比，个子小的孩子的自尊水平较低，也容易产生许多其他的心理问题。

尽管他们后来都长高了，但他们的问题并不是轻易就能得到解决的。一个研究者对两组男孩（一组发育较慢，一组发育较快）进行了实验，一直跟踪到他们成年之后。发育较慢的那一组男孩在童年期和青春期个头都比较小，长大后都长高了，只比发育较快的那一组男孩平均矮半英寸。但是，两个组男孩之间的人格差异却一直存在。发育较快的男孩沉着、镇定、有自信，有几个人后来成为非常成功的高管，而那些发育较慢的男孩不自信，比较敏感，希望得到别人的注意。

在由不同年龄段孩子组成的群体里，个头和地位的问题不重要。在游戏小组里，年龄最小、个头最小的孩子逐渐长大，地位不断得到提升。一开始他有被别的孩子欺负的体验，后来也有被小孩子尊敬的体验。在城市化社会中，孩子却没有这样的体验。在家里，他们始终是老大或老幺。在学校，如果幸运的话，他们处在图腾柱子的顶端，受人膜拜；不幸运的话，就处在图腾柱子的最下端。

了解你自己

大概到了七八岁的时候，孩子们开始与同龄人进行比较。如果你问一群幼儿园的小男孩："你们班谁最厉害?"他们都会跳起来，大声地喊道："我最厉害！我最厉害!"到八岁时，他们就变聪明了，他们会指着班上个头最大或最有攻击性的男孩说："他最厉害。"

八岁的孩子做的事永远超出黑猩猩的能力范围，他们对自己已经形成了一个内部工作模式，他们将这个模式（自我印象）与抽象的事物，如群体进行比较。黑猩猩知道它可以打败群体中的哪些黑猩猩，它最好对哪些黑猩猩服服帖帖，幼儿园的孩子也能做到这一点。我不认为黑猩猩王知道它自己是黑猩猩王，但它知道你最好离它远一点，否则有你好瞧的。

在童年中期，孩子们开始了解自己，知道自己有多厉害、多好看、跑得多快、有多聪明等。他们主要通过与同一社会类别中的人，也就是与其他“像我一样的人”进行比较后得出的答案。

“社会比较”是一个将你自己与其他人进行比较的术语。诗人罗伯特·彭斯（Robert Burns）说过：“噢，愿赐予我们力量，让我们能看到别人眼中的自己！”但是如果在别人的眼里，我们是令人讨厌的人、古怪的人或笨手笨脚的人怎么办？我不是挑毛病，但是以别人的方式来看待我们自己不一定是一件好事情。

幸运的是，这种比较也有可取之处。例如，一个四年级的男孩自认为很厉害，他只要与其他四年级的孩子进行比较就可以了，他用不着把自己与五年级和六年级的孩子进行比较。

如果他发现他不是班上最厉害的，那么他还可以尝试填充许多其他的位置，如班上的小丑角色。儿童中期是孩子角色模式化的重要时期，会影响他们的一生。有的角色是他们自行选择的，有的是其他人强加给他们的。无论是什么情形，一旦角色选定之后，角色特征往往会被放大。滑稽可笑的孩子变得更加滑稽可笑，聪明的孩子变得更加聪明。幽默和智力变成他们的专长了。

对那些刻意与众不同，或者不同之处被大家认可的情况当然是最好不过了。但那些与大家不一样又爱莫能助的孩子怎么办？例如，一个戴助听器的女孩，一个长得又高又白的男孩。当一只黑猩猩得了脊髓灰质炎，一瘸一拐地回到营地时，所有的黑猩猩都攻击它。对陌生人的不喜欢变成对陌生事物的不喜欢。如果你与我们不一样，你就不是我们中的一员。

随着孩子的长大，他们开始意识到人与人之间存在着许多不同之处，有越来越多的理由分裂成更小的群体。在小学期间，来自不同种族、不同社会经济阶层的孩子之间的友谊逐渐减少。学习好的孩子与学习好的孩子在一起，调皮捣蛋的孩子与调皮捣蛋的孩子为伍。到了五年级的时候，孩子们纷纷形成三到九人不等的小圈子，圈内的人越来越相似，而与其他圈子的人的差别则越来越大。

发展心理学家托马斯·金德曼（Thormas Kindermann）对五年级小圈子进行了研究，发现同一个圈子里的孩子对待功课有相同的态度。这一点也不奇怪，孩子们因为有相同的态度和价值观，才会形成一个圈子。但在五年级，这些小圈子还没有定型，孩子们可以自由地出入。这为金德曼提供了一个机会研究那些进出学习好的圈子的孩子，他发现孩子作出不同的决定后，对待功课的态度也会随之发生改变。如果某一个孩子进入学习好的圈子，她对功课的态度会有所改进。当她离开这个圈子时，她对功课的态度会变差。金德曼的研究表明，孩子对学业的态度受他所在群体的影响。金德曼观测到的变化不是因为孩子智力或父母态度发生了改变，因为孩子的智力和父母的态度不可能在短短一学年内发生反方向的变化。

当孩子长大后，他们有更多的自由选择交什么样的朋友，这也是一个让他们最初的特质变得越来越夸张的方式。一个聪明的孩子多半会加入到学习好的圈子里，不太聪明的孩子加入到另一个圈子里。同伴的影响会使聪明的孩子更加努力，表现更好，结果他真的变得更聪明。虽然这是一个恶性循环，但这个例子不是恶性的。诸如此类的循环不断地出现在儿童发展中。心理学家把它叫做“马太效应”，取自《圣经·新约》上的一句话：“凡有的，还要加给他叫他多余。”谁说生活是公正的？

但有时候，生活的确是公正的。在我被同学排斥的四年里，我感到非常痛苦，但回报是丰厚的。如果当时那些“小淑女”接受我的话，我可能变成跟她们一样的人了。

第九章

文化传承

什么是文化？人类学家玛格丽特·米德（Margaret Mead）把它定义为“由父母向孩子传承的系统化的习得行为。”在这个定义中，“习得行为”包涵许多内容。它包括各种社会行为，如自信或谦卑，情绪化或冷静，具有攻击性或富有爱心。它包括各种机能，如把一块石头磨成一个箭头或使用微波炉。它包括知道如何使用当地的语言，并依据不同的语境得体地使用语言。它包括一些观念，如你的祖先是怎样生存下来的，是什么原因使他们得以生存。我们现在是在拉伸“行为”这个词，但米德并没有将上述选项排除在外。

米德假设习得行为是由父母传承给孩子的，因为她看到孩子在不同的社会中，获得的习得行为是不同的。在不同的社会中，有的孩子学会说意大利语，有的孩子学会说日语，有的孩子学会做箭头，有的孩子学会使用微波炉，而这些行为都与他们父母的行为极为相似。如果不是由父母传承的话，文化是如何从一代人传到另一代人的呢？文化又如何能保留千百年呢？

玛格丽特·米德不是心理学家，是人类学家，但这并没有让她对教养假设具有免疫力。她的假设是，文化是由父母向孩子传授的东西。在这一章里，我将提出另一种看法来解释文化是如何代代相传的。

把这个文化传下去

在上一章里，我提到墨西哥有两个村庄，虽然两个村庄相邻，但彼此的社会氛围大不一样。这两个村庄的居民说同样的语言，种同样的庄稼，但他们的行为方式完全不一样。在一个村庄里，人们和平相处，互帮互助，而在另一个村庄里，人们极具攻击性，动辄诉诸武力。

在 1935 年出版的一本书中，玛格丽特・米德描述了两种差异性很大的文化。她研究了新几内亚岛上相距一百公里的两个部落，一个是住在山里的阿拉佩什人，一个是住在河谷的蒙杜古马人。米德发现阿拉佩什人温柔善良、爱好和平，而蒙杜古马人则充满敌意、酷爱打仗。我认为米德是想通过研究他们的文化，从而找到为什么两个部落的人行为如此不同的答案。但我猜她在踏上这片土地之前就已经在心中想好了答案*。当时弗洛伊德心理学刚刚兴起，米德准备事先来考察岛上居民如何给孩子断奶和训练孩子如厕的。以下是米德如何看待阿拉佩什人教养孩子的方式：

> 阿拉佩什人的婴儿是如何养成从容、温和、被人们接受的人格的呢？在早期训练中，哪些决定性因素使孩子们养成温和、知足、没有攻击性、没有竞争性、善解人意、热情、温顺、值得信赖的品质？在任何一个单纯、同质化程度较高的社会里，孩子们通常会表现出像自己父母一样的人格特征，但这绝不是简单的模仿。孩子的教养方式，例如，通过喂他们吃饭、哄他们睡觉，对他们进行纪律约束，教他们学会自我控制，惩罚，鼓励等方式，可以建构出一个

---

* 她在萨摩亚群岛上也做了同样的研究。

更微妙、更密切的关系。此外，大人对待孩子的方式是孩子了解成年人人格最重要的事情。

米德说，阿拉佩什人很善良，很宠爱他们的孩子，断奶和如厕训练都很温和。而蒙杜古马人，“一群专门猎取人头的食人族”，用的完全是《爱丽斯漫游奇境记》中一套养孩子的方法，“用粗暴的方式跟孩子说话，如果孩子胆敢打喷嚏，就揍他”。天使一般的阿拉佩什人和恶魔一般的蒙杜古马人，我好像在哪里看过这部电影。

虽然这听起来是个动人的故事，但经不起推敲。事实上，阿拉佩什人也会打仗，许多喜欢打仗的人，甚至那些对他人穷凶极恶的人，也是很爱自己的孩子的。人类学家拿破仑·沙尼翁在雅诺马马人中生活了几年，这个凶悍的民族生活在委内瑞拉和巴西之间的亚马逊雨林中，他们与邻居不停地交火打仗。如果他们的妻子晚一点把饭端上来，他们就用棍棒打自己的妻子。如果妻子犯了更严重的错误，他们就用弓箭射向她们身体不太重要的部位以示惩罚。但是当婴儿饿了，哭着要奶吃时，父母马上就会给他喂奶，双方都很宠爱自己的孩子。

婴儿长大后会变成凶悍的孩子；再像他们父母一样，变成凶悍的大人。正如米德指出的，孩子们趋向于表现出像自己父母一样的人格特征。如果我们把这句话作为起点，让我们用开放的心态，来看看如何解释它。

第一个也是最简单的解释：这些人格特质是遗传的，即有其父必有其子。在我们的社会中，对攻击性的测量也显示出像其他人格特质一样的遗传性，攻击性中大约有一半的差异性可以归因到遗传上。尽管这些研究结果并不能使我们得出组间存在差异的结论，但至少表明基因在攻击性行为中起一定的作用。

请想一想，沙尼翁发现那些在战场上战死的雅诺马马勇士，他们拥有的妻子和孩子是一般人的两倍。他们没有辜负雅诺马马人的理想，他们因凶猛而自豪，在部落中享有较高的地位。像许多部落一样，雅诺马马人允许一夫多妻制，地位高的人可以赢得更多的妻子，孩子也更多。世世代代以来，雅诺马马人培养了大量的勇士。那些骁勇善战的人会得到更多的孩子，那些一到打仗就肚子疼的人（是的，雅诺马马族也有这种人），只有很少几个妻子，甚至没有妻子（因为有的人妻子多，有的人就注定没有妻子）。因此，这种体制产生大量骁勇善战的勇士就不足为奇了。

虽然这合情合理，但并不有趣。尽管遗传能够解释攻击性中的差异，但却不能解释大多数文化之间的差异。它不能解释为什么有的孩子长大了说意大利语，有的孩子长大了说日语，为什么有的孩子会做弓箭，有的孩子会用微波炉。它不能解释为什么雅诺马马的男孩要像自己的父亲一样，用一根绳子把阴茎系在腰带上，沙尼翁认为这种习俗会产生极度的不适。它也不能解释为什么父母将婴儿的死亡归结为敌人施展了巫术。

尽管人格可以得到部分遗传，但文化却不能。态度、信念、知识和技能都是文化的组成部分，是不能借助基因代代相传的。我同意米德关于文化的定义，即文化是习得的。但是如何习得的？谁又是老师呢？

在墨西哥圣安德列斯村庄，在亚马逊雨林的雅诺马马部落，大人都很凶悍，小孩也一样，小孩长大后变得跟大人一样凶悍。除了遗传之外，我想到四种解释，即四个环境机制使大人与孩子行为之间具有相似性。

第一，父母鼓励攻击性行为，或者至少没有惩罚攻击性行为。在雅诺马马部落，如果孩子向父母告状，说被小伙伴用棍子打了，那他父母会给他一根棍子，让他去打他们。相反，在墨西哥爱好和平的拉巴斯村庄，父母甚至不鼓励孩子们玩打架的游戏。

玛格丽特·米德说，习得文化所认可的行为不是简单的模仿，她在这一点上可能也是错的。第二种解释是，孩子们可能会模仿父母的行为。第三种解释是研究拉巴斯和圣安德列斯居民的人类学家道格拉斯·弗莱（Douglas Fry）提出来的，他认为孩子会模仿社会中所有大人的行为。最后一种解释是我在上一章提出来的，即孩子模仿其他孩子的行为，尤其是那些比他们年长或地位高的孩子。在这种情况下，成人社会的影响反而是间接的。

那么，我们如何在四种解释中作出选择呢？我的答案可能会让你大吃一惊：在多数情况下，我们不能作出决定。一种、两种、三种机制，或者四种机制共同对孩子的行为产生可以观测到的效果。在人类学家研究的社会中，所有父母的儿童教养方式都很相似，儿童教养方式是文化的一部分，并且，父母的行为也很相似，那么，我们如何判断孩子是在模仿自己的父母，还是在模仿社会上所有的大人呢？的确，在一个文化中，不同的人的行为有细微的差异，例如，并不是所有的雅诺马马人都热衷于上战场，但这些差异可能是基因导致的。如果一个雅诺马马人不愿意上战场，他的儿子也很胆小，这个还不能支持假设二，即孩子是模仿父母的行为，这可能是遗传的原因。因此，文化中行为的差异性不能帮助我们区分四种环境假设中哪一种假设是对的。

问题是在正常的情况下，孩子成长环境的方方面面都是相关的，它们共同作用、共同发生变化，因此，很难说环境的哪一方面对孩子有影响。我们不知道圣安德列斯的孩子比拉巴斯的孩子更具攻击性，是因为他们父母不同的教养方式，还是因为孩子模仿自己的父母、模仿其他的成年人、模仿其他的孩子所致，或者是这两个村庄居民存在着基因差异。因为，上述影响都朝着相同的方向产生作用力：即圣安德列斯人更具攻击性，拉巴斯人更爱好和平。

这种混淆性影响在我们的多元文化社会中时有发生。想象有这样一对夫妻，先生是律师，太太是电脑专家，他们在常青藤学校相遇，他们的父亲也曾就读于那所学校。他们住在郊区的富人区，有两个理想的孩子。住在附近的所有的家长都受过良好的教育，所有孩子的成绩都是中上等水平。这对夫妻家的两个孩子经常去博物馆、动物园和图书馆。家里有许多书，孩子小的时候，父母总是给他们读书。父母自己也花很多时间读书看报。这个社区里的其他孩子以及学校里其他同学的家庭情况都差不多一样。

如果这两个理想的孩子后来成为优秀学生，也进入常青藤学校读书，那么，他们取得优秀学业的原因是什么呢？是他们的基因吗？是他们的父母给他们读书，鼓励他们开展智力活动吗？是父母本身是知识分子吗？是社区中其他成年人都是知识分子吗？还是因为社区和学校的孩子都是这样呢？

当这些所有的要素共同作用、共同发生变化时，就像一方面要找出为什么狮子狗和猎狗有不同的行为，另一方面继续把狮子狗养在公寓里、猎狗养在狗窝里一样。找到答案的唯一方式是看各因素相互对立时的情形。在第二章中我们将遗传与环境两个因素对立起来：把狮子狗放在狗窝里养，把猎狗放在公寓里养。我们也观察了被收养的孩子的情形，他们的基因来自一对父母，但他们的生长环境却由另一对父母提供。

现在，我要说的是将遗传影响与环境影响分开是不够的，我们还要将不同的环境影响分开，例如，遗传和环境相互作用，环境和环境也相互作用。一个在攻击性文化中长大的孩子，他的攻击性行为可能会得到关注和赞许，同时，他们看到自己的父母、其他大人、其他孩子的行为都具有攻击性，这些力量都是朝同一方向发生作用力，人们无法分清楚到底是哪一股力量在拉动马车。因此，我们要看朝不同方向发生作用力的力量。

心理学家和人类学家没有这么做，他们还没有意识到必要性。他们凭直觉宣布哪一个环境因素最重要，所谓直觉就是目前最流行的教养假设。他们用来支持教养假设的证据是无效的，因为这些证据不能区分不同的选项。

唯一可以区分环境因素的方法是去找一些环境因素不相互发生作用的例子，这就是我为什么一再提到移民家庭的原因。当移民家长属于一种文化，社区中其他人属于另一种不同的文化时，我们至少可以区分父母效应和社区效应。

环境 VS. 环境

英国作家蒂姆·帕克斯（Tim Parls）在意大利生活了好几年，三个孩子都在意大利长大。他在《意大利教育》中讲述了他作为移民父亲的经历。他写这本书的目的是希望：

> 当我们读到最后一页时，读者和我自己会发现意大利人是如何成为意大利人的，我的孩子是如何成为外国人的。

据我所知，帕克斯从来没有想明白为什么意大利人会是意大利人。但他很擅长描述一个目睹自己的孩子变成另一种文化中成员时父亲的心情。

> 米夏走进来对我用英语说：“Oh，don’t be so fiscal，Daddy. Don’t be so fiscal.”他在抱怨我要他们准时上床睡觉，而他想说的是：“*fiscale*. *Non essere fiscale*，*Papà*.”

蒂姆·帕克斯解释说，意大利词“fiscale”是太严厉的意思。所以米夏想说的是：“不要这么严厉，爸爸，不要这样大惊小怪。”

> 米夏知道我希望他们说英语，所以米夏说：“不要大惊小怪，如果你让我们晚点睡觉，我们会很乖的。”（“Don't be fiscal. We'll be good if you let us stay up.”）他的意思是，按时就寝的规则（他不知道这是典型的、英国人必须执行的规则）不必一丝不苟地执行（意大利人对孩子的就寝时间弹性很大）。

怀着喜忧参半的心情，帕克斯看到自己的儿子变成了一个地道的意大利人，而自己却永远是个局外人。他一定希望米夏成为一个意大利人，要不然不会给儿子取一个意大利名字。然而，当他看到这些变化时，又有一些伤感，他感到自己正在失去儿子。

当移民家长看到自己的孩子成为另一个文化中的一分子时，我想他们都经历过喜忧参半的心情。只不过在有些情形下，喜悦和骄傲的成分多一点；在有些情形下，忧虑和遗憾的成分多一点。我认识一位日本人，嫁给了一个美国人，生活在美国。她从不跟孩子说日语，害怕会影响他们学英语。我还认识一位犹太妇女，她信奉东正教的祖父母从波兰移民到美国，当他们看到自己的孩子都变成心中无上帝的美国人时，他们又把孩子带回波兰。后来，这对祖父母和所有的孩子在大屠杀中丧生，只有一个孩子幸存下来。

其实，信仰东正教的父母有可能在美国把孩子抚养成人，而不会使他们变成心中无上帝的美国人。在纽约的布鲁克林，有些哈西德派的犹太人保留了自己的宗教、习俗，甚至几个世纪前的服饰。他们可以做到这一点，是因为他们在家里教育孩子。孩子上犹太教学校，无论在学校或社区里，他们都不与来自其他文化的孩子在一起。

另一个不让孩子被主流文化同化的群体是加拿大的哈特派。这些人住在公共社区中，遵守成年人洗礼的习俗，穿传统的服装，有严格的行为规范。每一个聚集区都有自己的学校，老师教小孩要“敬畏上帝、自律、勤奋、惧怕皮鞭”。一位在哈特社区呆了一段时间的英国新闻记者说：

> 哈特教育的关键所在是让哈特教派作为一个独立的社会团体得以延续下去。哈特社团生活的延续不是靠上帝或宗教信仰，而是靠他们掌控了孩子的教育。一位上了年纪的哈特人说：“如果我们让他们去外面读书，我们就不能控制他们了。”

但大多数非主流文化的父母仍然把孩子送到“外面的”学校读书，结果孩子变成具有双重文化的人，一种文化来自父母，一种文化来自外界。具有双重文化的孩子可以将两种文化混合起来，也可以在两种文化中自由转换，这种现象叫做代码转换，我在第四章里曾提到过。

为什么有些孩子在两种文化之间做代码转换，而有些孩子将两种文化混合起来呢？为什么有时候第一代移民就失去原有的文化，而有时候到了第三代移民才失去原有的文化呢？虽然社会学家和心理学家在“熔炉”这个话题上大做文章，但他们并没有注意到是什么导致了这些差异。这就是我为什么要用铁事来支持我的立场。

当移民来到美国时，他们通常在有同乡的地方落脚，因此，就有了中国城、韩国城、波多黎各社区和墨西哥社区。过去，邻里街坊主要是意大利人、爱尔兰人或犹太人，美国的中西部主要是瑞典人、挪威人和德国人。在这些与同伴有相同背景环境下长大的移民的孩子，在家里可能不说英语，可能用筷子而不是刀叉吃饭。

在这些地区，孩子们将两种文化混合起来。他们虽然习得了美国的行为方式，但却不是十分正宗。他们学会了说英语，但有外国口音。几年前，在普林斯顿大学的学生报纸上，一位新生抱怨说，她的同学不停地问她是从哪个国家来的。她是得克萨斯州土生土长的墨西哥裔美国人，对这个问题感到很生气。她没有意识到，人们问她这个问题，是因为她说的英语带有西班牙口音。我在亚利桑那州读中学时，学校里有许多墨西哥裔美国孩子，大多数人都扎堆在一起，他们说的英语也有西班牙口音。

移民文化通常在一代人、两代人，最多三代人后就消失了。社会学家认为这是一个渐变的过程，但是它只是表面上看起来是渐变的，对群体来说是渐变的，但对个体家庭来说，就不一定是渐变的了。当一个家庭搬离中国城或墨西哥人社区，那么，原有的文化在一代人中间就消失了，因为他们的邻居不再是有相同背景的人了。这个过程看起来是渐变的，因为不是所有的家庭在同一时间搬走。有的家庭一旦有了经济条件，就会马上搬走。有的家庭可能要等一代人或两代人的时间，才有条件搬家。当移民的孩子加入到普通美国小伙伴的群体中时，他们父辈的文化很快就会消失*。一位从香港移民到加利福尼亚的父亲为女儿失去中国人的认同感而伤心不已：

> "她在学校里交的朋友都是白人女孩"，他说他的小女儿，"这在成长过程中没有关系。但根据西方的风俗习惯，白人女孩是要跟白人男孩结婚的。这时你才发现你与她们之间有不同之处，但已为时晚矣。当你花太多时间、太多的注意力在你的白人朋友身上时，

---

* 在原有文化中，最后消失的部分是人们在家里所做的事。例如，烹饪方式可以在几代人中间流传，孩子们一般不会在同伴面前学习烹饪。

你却忽视了自己的群体。”

因为她的朋友是白人，不是华裔美国人，这位香港移民的女儿是一个代码转换者，不是两种文化的混合者。在家里，她会说中文、用筷子，跟朋友在一起时，她会说英文、用刀叉。在两种文化中转换的孩子进入家门后，“咔哒”一声就转换到另一种文化中。

虽然代码转换者的两种文化是分离的，但不是平等的。移民孩子将同伴的文化带回家来，但他们却不会将父母的文化带到同伴中去。英国心理语言学家的女儿将同伴的黑人英语带回家中，但她不会教同伴讲带有英国口音的英语。一位在加拿大长大的葡萄牙裔心理学家说，在童年时期的大多数时间里，她拒绝说葡萄牙语。当父母用葡萄牙语跟她说话时，她用英语回答。就在她们全家人在葡萄牙度过一个夏天之后，她才开始对学习葡萄牙语感兴趣。

蒂姆·帕克斯没有意识到他是多么幸运，在意大利出生的儿子还愿意跟他说英语。米夏是一个典型的代码转换者，他没有将两种语言混合起来。他不会跟他父亲说“Don’t be fiscale，Daddy”，因为他没有一个恰当的英语单词来表达他的意思，他用了一个意大利单词，把它翻译成最接近的英语单词，但可惜的是那个单词的词义不对。尽管米夏很努力地保持自己的英语，但他的英语还是赶不上他的意大利语，这对一个代码转换者来说是很正常的。孩子们在家里说一种语言，在外面说另一种语言。在外面说的语言不断得到提高，而在家里说的语言则停滞不前，只能应付与父母的交流。在加拿大长大的日裔语言学家早川曾说过：“他说的日语不流畅，词汇仅限于小孩的词汇。”

代码转换的开关在孩子每次进出家门时都要响一下，这种不稳定的情形终究要被外面的代码所取代。但有另外一种代码持续的时间较长，因为它包括两种外面的代码。一位研究艾奥瓦州麦斯奎基保留区印第安人男孩的人类学家报告说：这些印第安人男孩在邻近白人小镇的行为与他们在印第安人保留区的行为不一样，这是因为这些男孩在外面有两种代码，一种是他们在镇上的代码，一种是他们在保留区中与同伴交流时使用的代码，他们与同伴有两种共同的文化，而米夏在外面只有一种代码。

入乡随俗。对孩子来说，远不止于此。他们到了一个新的地方，就成为那个地方的人了，无论他们的父辈是英国人、中国人还是麦斯奎基人。当外面的文化与家庭文化不一样时，外面的文化往往是赢家。

我认为父母的教养方式，或孩子模仿父母的行为都不能解释文化的传承。只剩下了两种可能性，一是孩子模仿社区中的其他成年人，或者他们模仿其他的孩子。为了区分这两种可能性，有必要去找孩子的文化与社区中成年人文化不一样的例子。这种例子还是存在的。

聋哑人的文化

美国手语教师和译员苏珊·谢勒（Susan Schaller）曾经说过："我意识到语言是你隶属某个群体的会员证。"美国手语是美国聋哑人使用的语言，是聋哑人的会员证。谢勒花了很长时间理解聋哑人的群体意识，理解聋哑人文化中"我们"与"他们"的概念。

> 对认同聋哑人文化的人来说，他们根本就没有听的欲望。当我开始接触聋哑人时，我并不了解这一点。我对聋哑人文化的无知使我无法理解聋哑人的笑话，即使从手语翻译成英语也无济于事，因为我还是把聋哑人当成听不见的人，而笑话中的笑点往往与文化差异有关。后来，我终于能理解关于一个听力正常的妇女与一个聋哑人结婚的笑话了。

这种态度一点都不奇怪，这是所有少数群体的特征。事实上，当群体意识显著时，所有的群体都是如此。聋哑人文化之所以独特，是因为它无法由父母传递给孩子。大多数出生在聋哑人家庭的孩子对聋哑人的世界一无所知，他们有正常的听力，是听力正常群体中的成员。

然而，聋哑人也有着健全的文化，与听力正常的人的文化一样持久，只是在许多方面不同而已。他们也有自己的行为准则、信念和态度。

对于出生在听力正常家庭的聋哑孩子来说，他们在聋哑学校习得行为准则、信念和语言。除此之外，没有其他的地方。他们不可能在家里习得，因为在通常情况下（至少过去是这样），聋哑孩子与家人很少交流。少有的交流仅仅局限于最简单的、类似哑剧的手势，这叫做“家庭手语”。这种手语与抽象、流畅、复杂的美国手语是不能相提并论的。

研究双语儿童的学者发现，在家里使用的语言会被在家庭以外使用的语言所取代，很多人把这种现象怪罪于某一种语言具有相对的优势。例如，他们认为墨西哥裔的美国孩子后来不说西班牙语，是因为西班牙没有地位，在外面的世界里没有价值。研究者说：“在这种情况下，一个具有较高经济地位、文化地位的语言往往会取代少数群体的语言。”

多年来，这个国家里的许多教育家都起了误导作用，他们不遗余力地让聋哑儿童学习一种有经济和文化地位的语言，即英语。然而，那些聋哑孩子对此并不心存感激。他们坚持用手语，即使在学校里冒着挨打的风险。他们偷偷地在宿舍、在操场上用手语。尽管老师努力教他们读唇语、练习说话，手语还是成为他们的母语，成为他们思维和做梦的语言。当他们长大后，他们会用手语与朋友交谈，也会用手语与听力正常的孩子交流。

如果老师不教他们手语，他们是怎样学会手语的呢？大多数情况下，他们是向来自聋哑人家庭的孩子学习的。这些孩子在聋哑人中地位较高，因为他们从小就开始接触手语。在聋哑人群体中，他们语言流畅，沟通技能娴熟。尽管他们是少数群体，在聋哑学校中只占不到10%，但是他们带到学校的语言使他们在同学中享有较高的地位，该语言的地位要比老师辛辛苦苦教的“外面的”语言地位高得多。

即使学校中没有一个孩子会手语，孩子们还是能想方设法地学到手语。苏珊·谢勒讲了关于牙买加岛上一所聋哑学校的故事。这所学校禁止学生使用手语和手势，但是孩子们还是学会了手语。他们是怎样学会的呢？她问了一个去过那所学校的同事。

> 他回答道：“洗衣妇。”一代又一代的聋人孩子在这里读书，少数人被留下来当清洁工、厨师和助理。孩子们就是向这些成年人学习手语和语法的，再加上自己的词汇和习语。这位同事见到的洗衣妇是这帮孩子重要的手语老师。

研究者声称，具有较高经济、文化地位的语言注定会取代少数群体的语言。但是牙买加聋哑学校的孩子学习的是洗衣妇的语言，他们学手语不是要跟她交流，而是彼此之间要进行交流。的确，手语学起来要比学习唇读和发音（他们听不见的语音）容易得多，但是如果他们真心想与大多数成年人一样的话，他们也能摈弃手语，专心学习英语口语。

有些地方，没有人甚至没有洗衣妇教聋哑孩子学习手语。有些地方连手语都没有，因为没有聋哑学校。聋哑孩子只能呆在家里与世隔绝，因为他们无法与他人交流。其他孩子也不跟他们玩，有的聋哑孩子后来住进了为智障者开办的福利院。

当没有共同语言的孩子第一次聚在一起时，接下来发生的就像奇迹一般。心理语言学家安·森加斯（Ann Senghas）和她的同事研究中美洲尼加拉瓜手语的诞生，从20世纪80年代开始，尼加拉瓜才开始实施对聋哑儿童的教育。森加斯这样记录到：

> 十六年前，尼加拉瓜政府才开始成立特殊教育学校，采用口语教学方式，训练学生学习西班牙口语和唇读能力。然而，这些新学校的设立却使一种全新的手语诞生了。以前从来没有见过面的孩子们聚在一起，他们立刻用手势交谈起来。首批到达的孩子年龄大小不等，从四岁到十四岁。他们刚来时，每个人只会一些简单的与家人交流的手势，有的孩子只会一些模仿的动作，有的孩子会一些比较复杂的手语，但是没有一个孩子掌握了完善的手语。
>
> 这些孩子迅速发展出一种中际语，像洋泾浜一样，不是完整的语言，但是该语言中有许多约定俗成的东西，能够让孩子进行有效的交流。从那以后，孩子们开始创造自己的手语，这种语言不是简单的编码或手势系统，它已经是一种完全的、自然的语言了。它不同于当地人说的西班牙语，也不同于北美大部分地区使用的美国手语。

同样的情形多年前也发生在夏威夷，不过产出的结果是口语而不是手语，当时没有心理语言学家能幸运地见证这一切。心理语言学家德里克·毕克顿（Derek Bickerton）研究夏威夷儿童如何创造这种语言，他只能凭借多年后收集到的证据重新建构这段历史，那些当时创造这种语言的孩子已经变成老人了。

这些是19世纪末期来到夏威夷甘蔗园做劳工的孩子，这些移民来自不同的国家，包括中国、日本、菲律宾、葡萄牙和波多黎各，他们没有共同的语言*。

---

* 有的人认为甘蔗园的主人有意找不同背景的劳工，如果他们语言相通的话，就会因为对工作条件不满，串通起来罢工闹事。

在《圣经》巴别塔的故事中，工人们扔下工具，纷纷离开工地，因为他们每个人说不同的语言，彼此无法沟通。但当人们需要彼此沟通时，他们还是能找到办法的。在这种情况下，一种叫洋泾浜、由不同人群使用的语言就会在短时间内应运而生，夏威夷的洋泾浜就是这样产生的。作为一种代用语，洋泾浜没有介词、冠词、动词原型和一致的语序。每一个人说的洋泾浜都不一样，从少量共同的词汇后面可以发觉每个人母语的影子。

来到夏威夷的移民要么说洋泾浜，要么说母语，但他们的孩子却不一样了，他们说一种语言学家称之为“克里奥尔语”的语言。克里奥尔语源自洋泾浜，但它是一种真正的语言，有一致的词序，有洋泾浜所没有语言特征。不像洋泾浜，克里奥尔语可以表达复杂和抽象的意义。

说克里奥尔语的孩子不是在家里习得这种语言的，也不是跟父母学的，因为他们的父母不会说克里奥尔语。毕克顿认为是孩子们自己创造了这种语言。他在 20 世纪 70 年代访谈了一批出生在 1900—1920 年间的人，追溯克里奥尔语的发展历程。那些移民到夏威夷的人仍然说洋泾浜，在那儿出生的人说克里奥尔语。克里奥尔语直到 1905 年才出现，创造克里奥尔语的孩子长大以后仍然在使用它。毕克顿说：“尽管他们的父母不遗余力地要保持祖先的语言，但孩子们还是将同伴使用的语言当做母语。”

毕克顿只研究了他们的语言，但夏威夷移民的孩子还创造了一个共同的文化。在尼加拉瓜，理查德·森加斯（Richard Senghas）（心理语言学家安·森加斯的兄弟）记录了尼加拉瓜第一代手语使用者发展出来的手语文化。这些人目前在一起交流，他们离开学校后仍然保持联系，逐渐产生一种群体意识。尽管他们的文化来自尼加拉瓜听觉世界的文化，但是对照效应开始出现。尼加拉瓜聋哑人以他们的守时而感到自豪，但听力正常的尼加拉瓜人对时间的态度却很随意。这与美国正好相反，听力正常的美国人很守时，但美国聋哑人对时间的态度却很随意。

在本章开头，我说了除了遗传之外，有四种方法可以使文化行为代代相传，我现在已经排除了三个。文化不是由父母传递给孩子，移民后代的文化来自他们的同伴。这又排除了前面两个假设，即父母的教养方式和孩子对父母的模仿。第三种假设说孩子模仿社会中的成年人，但是这个解释也不成立，因为孩子的文化与成年人的文化不一定相同。因此，我认为这就是群体社会化理论的要义之一，即文化是由儿童同辈群体传承下来的。

我的理论结合了三个不同领域的研究，即社会化、人格发展和文化传承。所有这些都以同一方式发生在同一地点：同辈群体。同辈群体是塑造儿童行为和改造他们性格的地方，是决定他们长大以后成为什么样人的地方。

孩子的文化

证据都在那里，但是心理学家和人类学家却长期以来忽视它，我认为是因为他们误解了童年的目标。小孩子的目标不是成为一个成功的大人，就像一个囚犯的目标不是成为一个成功的监狱看守一样。小孩子的目标是成为一个成功的孩子。

冒着风险再把这个类比向前推进一步，我将童年与坐牢的人相比。在监狱里，有两个社会类别，犯人和警卫看守。看守有权利，他们可以任意地突然把一个犯人移送到另一个监狱，就像我小时候，在违背我意愿的情况下，不断地被到处转学一样。因为监狱看守有权利，所以犯人要跟他们搞好关系。但是对犯人来说，其他犯人如何对待他才是最重要的。

犯人知道，总有一天他们会成为像监狱看守一样的自由人，但这只是一个遥远的未来。当下他们所关心的是如何过一天算一天。不管他们过去和将来如何，眼下他们被自己和他人归类为犯人群体中的成员。

像其他的群体，犯人也有自己的文化。虽然监狱里不断有老犯人出去、新犯人进来，但文化却始终是不变的。犯人有自己的俚语，也有自己的道德标准。他们鄙视那些对监狱看守吹吹打打的人，也鄙视那些打小报告的人。他们必须服从看守的指令，否则就会吃苦头，但是他们又不想百分之百地服服帖帖，他们还想有一定的自主性。因此，他们与看守暗中较量，如果他们能以智取胜、击败看守，就非常高兴。这种态度成为犯人文化中的一部分，那些与看守成功斗智的犯人，会非常高兴地将自己胜利的喜悦分享给监狱中的其他犯人。

犯人如何学习成为一名犯人呢？他们如何习得犯人的文化以及犯人的行为准则？无疑，这些规则因监狱而异。一个学习方式就是通过犯错误，如果他们违反了监狱看守制定的规则，那么看守就会惩罚他们；如果他们违反了犯人的规则，那么犯人就会嘲笑他们、不搭理他们，甚至攻击他们。那些善于观察又谨小慎微的犯人，很可能成为一名成功的犯人。他们通过观察的方式学习。尽管监狱里的犯人来来去去，不断更换，但是新进的犯人总是能找到学习的榜样。他们不可能通过模仿看守的行为方式来学习犯人的行为方式，因为犯人不得有监狱看守的行为，他们可以通过模仿其他犯人的行为习得监狱里的生存法则。

说完了这个，我要赶快补充一点，儿童与囚犯在许多方面是不同的。大多数孩子，虽然不是所有的孩子，都比犯人过得好。孩子们爱许多照顾他们的人，这种情感是相互的。最后一个差别是犯人在一两年后被放出来，那时他可以选择摒弃一切在监狱里学到的行为和态度，而孩子学到的东西将跟随他们一辈子。

尽管童年是学习的时期，但如果把他们想象成是空空如也的容器，被动地接受大人塞给他们的东西是错误的。把他们想象成学徒，努力学习成为成年人社会中的一员也是错误的。孩子不是成年人社会中不称职的一员，他们是儿童社会中称职的一员。在他们的社会中，有自己的标准和文化。像监狱文化、聋哑人文化一样，孩子的文化与他们所在的成年人文化比较相似，但孩子的文化改变了成年人的文化以适应儿童自己的目的，它包括一些成年人文化中没有的元素。因此，儿童文化像其他所有的文化一样，是共同建构的结果。孩子不可能独自发展自己的文化、自己的语言，除非他们与其他的孩子在一起，共同建构属于自己所在群体的文化和语言。

在传统社会中的游戏小组，在我们社会中的幼儿园，儿童文化的创建早就开始了。社会学家威廉·科尔萨罗（William Corsaro）专门研究儿童文化，曾花了几年的时间在意大利和美国对幼儿园三至五岁的孩子进行观察。他描述到，这个年龄段的孩子在故意犯一点错误而没有被老师注意到或假装没有注意到时，是多么的得意和高兴。例如，大多数幼儿园禁止孩子从家里带玩具或糖果到学校。

> 在意大利和美国的幼儿园里，孩子们故意把很小的、私人的东西放进口袋里，偷偷带到学校来。最喜欢带的是动物玩具、火柴盒大小的汽车、糖果和口香糖。玩的时候，孩子会把偷偷带来的东西拿出来给他的小伙伴看，很小心地与朋友分享违禁物品而不引起老师的注意。老师当然知道他们在干什么，只不过没去管这种小小的违规。

给另一个小孩看偷偷带来的东西，是将小孩子个人对抗成年人演变成一种群体行为，“我们小孩”对抗“他们大人”是一件多么开心的事情。科尔萨罗认为，嘲笑或逃避成年人权威的做法，在幼儿园文化中是最受欢迎的一部分。

嘲笑和逃避成年人权威在孩子群体中很普遍。每一代孩子都有自己的新花样，他们用不着向大孩子学。但有的传统是大孩子传给小孩子的，并成为儿童文化的一部分。威廉·科尔萨罗在意大利幼儿园观察了几个月的时间，孩子的年龄在三岁到五岁之间，有些五岁的孩子从三岁起就进来了，这种人员的重叠被心理学家叫做“同伙”，这些老生形成了一些传统，并将它们传给新生。科尔萨罗发现在这个幼儿园里有一个老师都不知道的传统，当孩子们听到垃圾车来清运垃圾时，他们全都爬到操场上的方格铁架上，往墙外看，向开垃圾车的司机招手致意，司机也向他们挥手示意。孩子们觉得这很好玩。

语言也可以用同样的方式传下去。非洲尼恩桑格族的孩子有一些他们私下用的脏话来形容身体的某些部位，这些话大人不说，在大人面前也不能说。小孩子是跟大孩子学的这些脏话，当他们长大了，又教其他的小孩子。这些词语是孩子文化的一部分，但不属于大人的文化。

当然，还有孩子们玩的游戏。英国学者欧比夫妇一生都在记录小孩在户外、脱离老师和父母视线时玩的游戏。欧比夫妇说：“如果把今天的学龄儿童放到上一个世纪的话，与当时的社会习俗相比，他一定觉得所玩的游戏并不陌生。”他们发现英格兰、苏格兰和威尔士的孩子如今仍然在玩罗马时代的游戏。

> 当孩子们在街上玩时……他们玩的是最古老、最有趣的游戏，因为这些游戏已经过了几代孩子的检验流传下来，完全不需要大人操心。

这些游戏不是大人教给小孩的，也不是青少年教给他们的。欧比夫妇说，但当一个孩子长成青少年时，一件奇怪但真实的事情发生在他身上。在他成长过程中，他已忘记了以前最爱玩的游戏……大孩子完全不能告诉你游戏的规则了……在街头我们碰上了一个十四岁的孩子，我们向他询问某个游戏的规则，这个游戏一年前他们还兴致勃勃地展示给我们看，现在他却一脸茫然地看着我们，似乎不知道我们在说什么。

我不相信一个十四岁的孩子有如此短暂的记忆，是尴尬而不是健忘使他开不了口。把一个青少年看做小孩群体中的一员，就好像你把小孩叫做“小宝贝”一样，是一件令人尴尬的事情。其实，这个十四岁的孩子是在告诉欧比夫妇：“我又不是小孩子，我不知道他们在干什么。”因为自我归类发生在此时此刻，所以青少年不愿意承认他以前是个小孩子，就好像一个小孩子很难想象他有一天会变成大人一样。

游戏、脏话，还有骗过大人的小把戏，孩子的文化中什么都有。他们把任何大多数孩子都认可的东西都丢进来，他们还汲取成年人文化中的某些成分，不同的群体有不同的办法。在罗伯斯山洞的研究中，响尾蛇队崇尚坚强和男子汉气概，鹰队比较虚伪、假正经，这两个方面在男孩中都很常见。在短短的十四天中，他们创造了两种截然不同的文化，并都有相应的行为表现。

当孩子处在多种文化中，他们的选择范围更广，因为他们可以从每一种文化中吸取他们所需要的东西。在阿拉斯加漫长的夏季长夜，爱斯基摩尤皮克族的女孩玩一种叫“用刀划故事”的传统游戏，当她们讲故事的时候，用刀在泥土里画出故事的情节。随着故事的深入，用刀把图画抹掉，再画出新的图。故事是用尤皮克语言讲的——女孩祖父母的语言，但现在村庄里的孩子都会说两种语言，孩子们之间交流时用英语。因此现在，当她们在泥土里画画时，她们用英语讲故事。有些故事的人物和情节是她们从电视上看来的。

孩子是人类之父

在一代人中，文化是可以改变的，也可以从无到有。年轻的一辈更容易接受新思想，更可能是改革创新者。在日本宫崎县幸岛的一群日本猕猴中，有一只叫艾蒙的四岁小猕猴发明了一种将麦子与沙子分开的方法，艾蒙把混有沙子的麦子一股脑儿地撒到大海里，麦子浮在海面上，沙子沉了下去。艾蒙的同伴向它学习，除了最年长的猕猴，其他的猕猴都学会了这种方法。

另一个创新的文化接踵而至。一只叫艾高的两岁雌性猕猴，它教同伴们游泳，不久，所有的小猕猴都学会了游泳，学会潜水找海草。许多年长的猕猴对此不感兴趣，但随着它们的离世，小猕猴取代了它们，因此，游泳成为幸岛猕猴文化的一部分。

随着时间的流逝，年轻的一辈也会变成年老的一辈。年轻的一辈也许与上一辈人不同，也许一样。从 19 世纪初到 20 世纪中叶，英国上层社会的人在行为、态度、说话口音等方面与他们的父辈极为相似，然而他们的父辈与他们的成长几乎没有什么关系。这是我在本书第一章中提到的一个令人困惑的问题。

安东尼·格林爵士（Sir Anthony Glyn）的父亲是一个男爵，格林爵士从小接受的是传统的上层社会教育。他生于 1922 年，头八年都是与保姆和家庭教师一起度过的。那个时期，英国上层社会的双亲厌恶孩子似乎成为一种时尚。孩子可以被看到但不允许发声的规矩对家长来说似乎还不够，格林爵士观察到："真正的英国人觉得最好也不要见到孩子。每次孩子放假回家，家长给他们一些精神层面的训话就足够了。"

八岁时，小安东尼被送到一所寄宿学校就读，这是一所预备学校，然后再进入伊顿公学。直到他十八岁从伊顿公学毕业之前，他只有在假期才回家。我想他与父亲之间的接触只有那些精神层面的训话。

安东尼·格林爵士说：“学校很重要，尤其是历史悠久的、以培养好孩子著称的学校。”他的语气具有讽刺意味。我认为他在学校并不开心，但是他不能否认伊顿公学的确是培养好孩子的学校。惠灵顿公爵曾说，他之所以在滑铁卢战役中打败拿破仑，是因为“这场战役是在伊顿的操场上进行的”。伊顿的操场是培养英国军官的场所。不是在教室里，而是在操场上，在这个所有的孩子一起活动而老师监视最少的地方。威灵顿公爵称赞的不是伊顿的教育，而是伊顿的文化。

格林爵士说：“在公立学校接受教育的目的不是学到任何有用的东西，而是塑造人格和陶冶情操，培养正确的社会形象，结交正确的朋友。”以及学习正确的发音。格林描述了英国贵族家庭中长子以外的孩子以及他们的孩子漫长而缓慢的衰败。由于长子继承权的规定，次子长大之后就会变成“穷亲戚”，他们无力将自己的孩子送到自己原先读过书的地方，因此，他们的孩子在社会上的地位每况愈下。“他们的语言、口音变得越来越不像贵族了。”

美国手语教师苏珊·谢勒曾说过：“语言是所属群体的会员证。”对于英国人来说，是口音。适当的口音是上层社会的会员证。在《蝇王》中，“小猪”这个角色有三个不利的地方，即长得胖、戴眼镜、说话的口音不对。而小说中的反面人物杰克，来自一所昂贵的寄宿学校，这对惠灵顿来说是一大讽刺。

去寄宿学校念书的孩子的贵族口音不是从保姆那儿学到的，保姆大多来自中下阶层；也不是从家庭教师那儿学到的，家庭教师多半是苏格兰人或法国人。他们也不是从父母那儿学到的，因为他们极少与父母见面。他们也不是从教师那儿学到的，因为教师不大可能出身于贵族家庭。他们是从彼此身上学来的，口音是大孩子传给小孩子，一代一代传下来的，在伊顿、哈罗、拉格比公学都是如此。英国上层社会文化的其他方面，如不苟言笑的风格，严格的道德操守，高雅的审美品味都是这样传承下来的。这些孩子并没有从与父亲短暂的精神训话中学到他们的文化，而是在父辈习得文化的地方习得文化的。

在英国贵族送孩子就读的预备学校或私立学校里，孩子的文化就像欧比所说的游戏一样，是大孩子传给小孩子的。在电视问世之前，小孩子很少接触到成年人的文化，学校外面发生的一切对孩子来说没有什么影响。他们也很少听收音机或看报纸，因此，生活中除了他们能想到的东西之外，没有什么新生事物。新生跟老生一样，尽管有许多不同届的学生，但同样的文化始终在他们中间流传。儿子之所以像老子是因为他们在同一个地方、以同样的方式被社会化。儿子离开学校时与他们的父亲离开学校时一样，带着自己的文化。孩子与父辈的文化大致相同。

我们想到是年轻的一代从年长的一代那儿习得文化，但在这种情形下，正好相反。孩子几乎没有机会接触成年人文化，但所有的成年人却在接触孩子的文化，因为他们自己原来也是孩子。

家长同辈群体

我承认聋哑儿童、移民的后代、英国男爵的孩子是例外。由于这样或那样的原因，他们不能从父母那儿习得文化。但是普通人家的孩子是怎样习得文化的呢？大多数孩子都与父母生活在一起，并用社区人们使用的语言与父母自由地交流。

大多数家长也与邻里自由地交流。他们交谈的其中一个内容就是孩子，孩子长得怎么样，怎样抚养孩子，家长做对了什么、做错了什么等。几乎所有的人都能对这些话题发表自己的看法，但是没有人意识到这些意见和看法也是文化的产物。在安东尼·格林爵士的年代，英国上层社会的家长会当着孩子的面，毫无忌讳地说他们不能容忍孩子。雅诺马马人担心敌人会让魔鬼缠上自己的孩子，让孩子生病死掉，但他们丝毫不担心孩子们之间真刀真枪地打斗。每一个群体都有自己的担心之处，也各自有对孩子的态度和观念。

这些态度和观念在家长同辈群体中得到传播。不仅孩子有同辈群体，成年人也有。尽管对意见不同者的惩罚不是毁灭性的，但还是有惩罚的。但是，成年人很少被迫趋同和遵守所在群体的行为标准，他们通常是在没有意识到的情形下，就已经自觉自愿地遵守和服从了。

在一个群体中，尤其是在一种文化或子文化中，孩子的教养方式和对孩子的态度通常会十分相同，这一点外国人比本国人看得更清楚一些。在意大利，蒂姆·帕克斯（Tim Parks）观察到，家长总是担心孩子吃不饱，所以强迫喂食现象很普遍，但是“父母严格规定孩子就寝时间是难以想象的”。当米夏说不要 fiscal 时，他的意思是：

> 这些规矩（他不知道这是英国人的规矩）不用执行得这么彻底吧（意大利人对此是很有弹性的）。

米夏不知道严格的就寝时间是英国人的规矩，但他却知道这不是意大利人的规矩。蒂姆·帕克斯认为他没有必要遵循意大利人的教养方式，因为他不是意大利人，但是他儿子的抗议让他感到有些不安。在教养孩子的问题上，父母不想与朋友和邻居不一样，他们很担心这一点。孩子们觉察到了父母的软肋，并不失时机地利用这一点。“其他孩子都不用给家里打电话”，“所有的人都穿新的耐克鞋”。尽管家长对他们的小伎俩嗤之以鼻，但还是会受到影响。

在第五章里，我提到 19 世纪中期的一个德国女孩，父母用水蛭给她治疗的故事。每天父母让她吊单杠，因为她的母亲害怕她会变成驼背。当时害怕孩子变成驼背像传染病一样，在她母亲的朋友和亲戚中散布流传，这是她对当时情景的描述：

> 由于报纸或只有上帝才知道的出版物的煽动，突然之间，畸形的恐惧像传染病一样在母亲之间蔓延开来。事实上，我们没有问题，我们的姿势都很正常，但这并没有消除母亲的恐惧。接下来是挨家挨户的清查，从此厄运降临。在我们还没有明白是怎么回事时，我们所有的人都成为治疗的对象。我的三个表姐被全部送到柯尼斯堡刚成立的整形医院，另一家的两个女儿被送到柏林的布罗姆，我的朋友都纷纷在家里穿上了特制的衣服，晚上被固定在床上。

那些穿特制衣服的德国女孩还不算什么，他们不知道由于邻居或其他的人都这样做，家长会对孩子做出多么可怕的事情。我现在手上有一篇题目是“女性生殖器官的损毁”的文章，于 1955 年发表在《美国医学会杂志》上，描述了在非洲、中东和其他穆斯林居住地盛行的“女性割礼”。这种手术在实施过程中不打麻药，接受手术的女孩基本上在 7 岁左右，被告知如果她们在手术中哭喊会让她们的家族蒙羞。有的女孩后来死于出血过多，有的女孩死于破伤风或白血病。手术引起的并发症会导致女孩成年之后不孕或难产。手术之后，性交会让人非常痛苦，这就是手术的目的。

父母对自己的女儿做出这种可怕的事情（危及她们的生命和健康，危及她们的生育能力），原因是其他所有的人都这么做，他们的朋友、邻居、兄弟姐妹和表兄弟姐妹都这么做。他们不惜冒着风险给女儿做这种手术，是怕女儿以后嫁不出去，因为在他们的文化中，没有阴蒂的女孩才是好女孩。

尽管女性割礼手术在世界上某些地区是一个传统，但这个传统不一定是父母传给孩子的。德国妇女担心孩子会变成驼背，她们的恐惧来自媒体和其他妇女，这不是她们的母亲所担忧的。人们教养孩子的方式与他们的朋友和邻居的方式一样，并不是沿用自己父母的教养方式，这不仅发生在当今媒体发达的社会。当人类学家勒凡夫妇（Robert and Barbara LeVine）20 世纪 50 年代在非洲研究古斯人时发现，人们把婴儿的鼻子捏住，强行给他们灌小米粥。当勒凡夫妇（与第二任妻子）在 70 年代重返该部落时，发现人们已不再使用这种危险的喂食方式了，所有的母亲改用奶瓶给孩子喂食小米粥。

奶瓶喂养在第三世界国家很流行，但这并不是一个良性的变化。在墨西哥尤卡坦半岛，玛雅妇女在小时候是被母亲用母乳喂养的，现在却用配方牛奶喂养自己的孩子。婴儿的祖母不认同这种做法，她们认为母乳喂养让婴儿更健康、更强壮。碰巧，祖母们是对的。一位研究者发现，奶瓶喂养的婴儿容易发生肠胃感染，最后变得瘦骨嶙峋。这位研究者问："为什么玛雅父母放弃古老、适应性好的母乳喂养方式，而采用新型、适应性不好的奶瓶喂养方式呢？"因为他们的朋友和邻居都这样做。奶奶以前不是这样做的又怎么样呢？她不认同又怎么样呢？

在美国这样一个多元文化社会中，不同文化群体的教养方式是不一样的。母乳喂养在受教育程度较高、经济条件较好的白人妇女中很普遍。在非裔美国人群体中，因为母乳喂养的方式在很早以前存在，年轻的一代并没有意识到孩子可以用母乳来喂养。新泽西项目的负责人鼓励经济条件不好的妇女采用母乳喂养的方式，有一位妇女向他发问："你的意思是，这里能有奶出来？"

婴儿喂养的风尚、对驼背的恐惧、相信魔咒的危险和拥抱的功效，都是从一个妇女传给另一个妇女的。心理学家把这叫做"母亲支持网络"。父亲也有自己的网络，有些男性群体反对男人家庭化，不鼓励男人在家里帮助妻子带孩子。"再见，亲爱的，我要跟我的朋友出去。"

研究者报告说，那些不属于任何支持网络的美国中产阶级父母更有可能违反文化准则，表现在虐待自己的孩子。但不是所有的父母都反对对孩子进行严厉的体罚，这因不同群体而异。拉巴斯和圣安德列斯的居民对纪律约束有不同的看法。人类学家道格拉斯·弗莱观察到："在圣安德列斯，父母主张和采用更多的体罚方式。"弗莱看到圣安德列斯的家长用棍棒打孩子，但拉巴斯的父母却从来不这么做。弗莱没有将圣安德列斯人的攻击性归因为他们从小常常挨打，这是他了不起的地方。他认为打人是那个村庄普遍氛围中的一种现象，而不是原因。我也这样认为。

在我们自己的社会里，对体罚的态度也是因不同的社区而异、不同的文化群体而异。体罚在经济条件较差的社区更常见，在少数民族父母中更常见。这些教养方式中的文化差异主要来自父母同辈群体。

从父母同辈群体到孩子同辈群体

我和我丈夫在新泽西一个令人愉快的小镇上养大了我们的女儿。我们在那儿住了将近二十年，从 20 世纪 60 年代中期到 80 年代中期。我们的邻居都是中产阶级，他们的孩子跟我们的孩子年龄差不多大。我们大部分都是欧洲移民的后代，收入和生活方式都很相似。孩子小的时候，母亲们都呆在家里照顾孩子，即使孩子到了上学的年龄，母亲们也只做一些兼职工作。

我跟这些母亲经常见面，我们有一个共同点，那就是孩子，孩子是我们谈论的主要话题。我们有的是天主教徒，有的是基督教徒，有的是犹太教徒，有的人是高中毕业，有的人是研究生毕业，但这些都没有关系。虽然我当时没有意识到这一点，我们在如何带孩子方面都有非常相似的看法。我们不担心孩子会变成驼背，也不担心敌人会诅咒我们的孩子，我们主要担心孩子在学校的表现。我们不会对孩子强迫喂食，也不认为孩子应该跟父母一起睡。我们认为孩子应该有严格的就寝时间，虽然我们执行起来在时间的宽严上不一致。我们认为偶尔揍孩子一顿，只要适时、适当，对孩子还是有好处的，但我们从来没有想过要用棍棒打孩子。

当然，这些看法并不都是从其他人那儿得到的，这些看法非常普遍，在报刊、电视上随处可见。我们都知道有不正确的教养方式，但是我们不知道还有什么对的方式。

一代人过去了，我现在已经是祖母了。现如今的母亲下午不再有时间与邻居聊天了，但她们仍然在母亲支持网络中，对孩子教养方式有相同的看法。虽然今天父母同辈群体中邻居占的比例比原来少，但一般还是以邻居居多。因为孩子上同一所学校或同一所幼儿园，他们的父母也变成了朋友。即使孩子上不同的学校，在课后还是有机会在一起玩耍。因此，属于同一个同辈群体中的父母，他们的孩子也可能在同一个群体中。或者说，孩子在同一个同辈群体，他们的父母多半也属于同一个同辈群体。在传统社会中也是如此，这种情形已延续了几百万年了。

我相信文化就是这样传承下来的：从父母同辈群体到孩子同辈群体，而不是父母直接传递给孩子的。

当三岁的孩子进入某一个同辈群体，他们就有共同的文化了。他们大多数来自相似的家庭，即社区中比较典型的家庭。如果他们的父母是欧洲人的后代，或者是来自其他地方的第二代或第三代移民，那么他们都应该说英语，用刀叉吃饭，遵守就寝时间。他们穿同样的衣服，有同样的玩具，吃同样的食物，庆祝同样的节日，会唱同样的歌曲，看同样的电视节目。

有相同语言的孩子没有必要发明一种新的语言，有相同文化的孩子也没有必要构建一种新的文化。孩子的确构建了自己的文化，但不是白手起家、从无到有。孩子们之间相同的东西，被群体中大多数孩子认可的东西，都被编织进了孩子的文化中。孩子的文化是成年人文化的变体，他们最了解的成年人文化是他们在家里所接触到的。他们将该种文化尝试性地、小心谨慎地带到学校，他们对可能“在外面”出错的东西时刻保持警觉。在《波特诺伊》中的亚历山大·波特诺伊因为在学校说“spatula”这个词而紧张不已，因为他以为这个词只能在家里说。当我还是个小孩子时，我用“pinky”这个词表示小拇指，也有这种感受。

在我们社会中，孩子们不确定在家里学到的东西是否正确，是否是朋友们都在学习的东西。在部落和村落社会里，孩子们没有这种担心，因为他们对朋友家发生的一切了如指掌。在传统社会中，孩子从小就开始接触生活中的方方面面，而在我们这样的发达社会中，人们极力让孩子远离生与死、伤害与是非、性与暴力。我敢说，传统社会中性与暴力与现代社会中的一样多。

区别在于，如今社会中许多性与暴力的真实场景都发生在关起门的家里，所以今天的孩子是从电视上了解到性与暴力，而不是通过观察邻居的生活了解到的。像村庄里的广场一样，电视成为孩子们看世界的窗口，他们以为在电视上看到的就是真实的生活，并把它纳入到自己的文化中。《芝麻街》（*Sesame Street*）中的人物，那些超级英雄和超级坏蛋与他们在母亲怀里学到的语言一样，成为他们文化中的原材料。阻止孩子看电视，并不能保证他不受电视的影响，因为电视不是影响一个孩子，而是影响一个群体。像文化中的其他方面，只有当电视上的内容成为孩子群体文化的一部分时，才会对孩子产生长久的影响。

生活在比较怪异家庭中的孩子，如不让孩子看电视或他的父母与邻居其他孩子的父母不一样，也能习得同龄人的文化。与同龄人一样，他在同辈群体中习得文化。如果他的父母说另一种语言，或不用刀叉吃饭，或相信巫术，那么他仍然能学到与同龄人一样的语言、习俗和信念。唯一的差别是他是经过替代经验习得的，是通过同辈群体从同龄人父母群体那里学到的。

我认识一位女士，她有很多兄弟姐妹，她父母的生活不堪重负。当她小的时候，没有人告诉她应该洗澡。有一天，她注意到自己的手臂跟同学的手臂不一样时，她总算弄明白是怎么一回事——她的手臂很脏，从那个时候开始，她开始主动去洗澡。

你会说，许多来自那种家庭的人从来也没有意识到自己与别人有什么不一样，也没有作出任何改变。没错，当父母过得不好时，他们的孩子也会有这样或那样的问题，我不需要过多的解释，行为遗传学家已经解释过了。因为有些孩子的心理特质是遗传父母的心理特质，当人们解释人格的时候，遗传总是人们首先想到的因素。这就是我为什么喜欢观察语言和口音的原因，因为语言和口音不存在遗传。

要想知道谁使得这个孩子社会化（谁给这个孩子传递文化）的最简单的方法，就是听她说话。她习得语言和口音的地方，就是她习得文化其他方面的地方。她是从同辈群体中习得文化的，而孩子同辈群体有时从父母同辈群体中习得文化。

欢迎做我们的邻居

心理学家和社会学家很早就知道生长在犯罪滋生或同伴都是罪犯的地方的孩子，也可能做坏事。因此，要挽救一个走上歧路的孩子的办法就是让他离开这个环境、远离他的狐朋狗友。

对拉瑞·阿玉索来说，这一招很有效。拉瑞十六岁的时候，住在纽约市南布朗区。他的成绩太差了，不能参加篮球队。他的三个朋友因毒品而惨遭杀害，正当他准备退学走上犯罪这条不归路时，被一个项目挽救下来。这个项目就是把贫民窟的孩子解救出来，把他们送到其他地方生活。拉瑞来到新墨西哥州的一个小镇上，与一对中产阶级的白人夫妇生活在一起。两年之后，他的成绩进到A和B，在高中的篮球队比赛中平均得分二十八分，为上大学作好了准备。当他回到南布朗区去看他的老朋友时，他的朋友盯着他的衣服看，觉得他说话很搞笑。他的衣着、举止和谈吐和他们都不一样了。

报道拉瑞蜕变的《纽约时报》的记者是我们文化的产物：他相信教养假设。他认为拉瑞的改变归功于拉瑞的养父母，新墨西哥州的那对白人夫妇。但是像拉瑞这样的孩子，即使没有新父母也可以得到拯救。只要让他们远离犯罪的环境，他们就有获得成功的可能。英国有研究表明，当伦敦犯罪男孩离开伦敦后，他们的犯罪率就会下降。父母选择住或不住在某一个社区，可以增加或降低孩子犯罪、退学和未婚早孕的概率。

如果一个社区的孩子遵纪守法，另一个社区的孩子不是这样，不是因为品行端正的孩子的父母有钱，也不是因为他们的父母受过教育，邻居的经济地位和教育程度也会对孩子产生一定的影响。但是说孩子像父母却不能说明问题：因为孩子像父母可能是因为遗传，也可能是因为环境因素。但是说孩子像朋友的父母却能说明一定的问题：这完全是环境因素的影响。因为大多数孩子与朋友的父母呆在一起的时间不多，他们受到的环境影响主要来自他们的朋友，也就是社会化理论所说的同辈群体。

在不同的社区，父母的行为方式和对孩子的教养方式都有所不同，孩子同辈群体的行为方式也不一样。在拉瑞以前住过的社区，孩子的行为模式充满攻击性和叛逆性。拉瑞以前的朋友并不是没有社会化，他们只不过做了其他孩子都做的事，他们调整自己的行为和态度，使之与所在群体中其他人的行为和态度保持一致。他们穿着和言谈举止与拉瑞的新朋友不一样，这并不意味着他们社会化程度较低，而是他们的社会化群体有不同的行为规范而已。

南布朗区的孩子与墨西哥小镇圣安德列斯的孩子都具有攻击性，道理是一样的，即因为他们所在的群体中其他人都是如此，不是他们的父母这样对待他们。我怎么知道的呢？因为如果你将其中一个家庭移到另一个社区，父母与该社区格格不入、不能称为当地父母群体中的成员，他们孩子的行为就会发生改变。这些孩子的行为就会变得与新的群体成员的行为一样。

以下是发表在《定量犯罪学期刊》（*Journal of Quantitative Griminology*）上一篇文章的结论：

> 不考虑环境因素时，黑人青年比白人青年的犯罪率要高、性质更严重。但是，当黑人青年没有生活在下层阶层的社区时，他们的犯罪行为跟白人青年一样。

在另一个关于小学生攻击性行为的研究中，研究者基于家庭经济状况、家庭构成以及种族等要素，选取了所谓的高危人群作为研究对象，即这些小学生来自低收入的黑人家庭、没有父亲。研究者发现，具有以上特征并且住在下层黑人区的孩子都有很强的攻击性，而具有以上特征、住在白人中产阶级社区的孩子，他们的攻击性与中产阶级的白人孩子相似。研究者得出以下结论：中产阶级的社区环境是减少中产阶级家庭孩子攻击性行为的保护机制。

数据可以是危险的

“我的儿子是个医生。”一个世纪以前，在大家都没有听说过保健护理时，犹太人就想让自己的儿子当医生，犹太人的孩子当医生成为一个很普遍的现象，因此，“我的儿子是个医生”已经变成了一句笑话。任何人、包括发展心理学家都可以看出来，犹太人的孩子申请读医学院是因为他们被洗脑了，我的意思是：他们被父母社会化了，认为医生是最好的职业。

但即使在保健行业出现以前，也有一些不同的声音。你听说过犹太人父母希望孩子成为音乐家而不是医生吗？问题是孩子自己决定要当医生。

> 施奈德博士的父母建议他中学毕业之后去音乐学院。他回忆道：“我认为当音乐家不是优秀犹太男孩的职业。”他的许多朋友都想当医生，他说：“我生活的主要目标是要像其他的孩子一样，”因此，他决定当医生。

他的父母错了，但是没关系。医生是一份好职业的想法像其他文化信念和态度一样得到传播，即从父母同辈群体传播到孩子同辈群体，然后再传播到每一个孩子。父母有不同的想法，但他们的孩子最后还是能跟上同伴的步伐。

尽管施奈德博士的故事是真实的，但它仅仅是个趣闻轶事。社会科学家喜欢说趣闻轶事不是数据。我在这里讲这个故事就是要说明数据具有欺骗性。当你收集数据时，你主要看平均值、看整体效应，例外的情况往往被过滤掉，但是例外却告诉我们到底发生了什么。那些非典型、与大家意见相左的父母，他们的孩子最终还是与同辈保持同样的态度。

还有一种数据收集方法也容易产生误导性的结果，这种方法更为隐秘，我用我最喜欢的语言作为例子予以说明。如果你观察住在同一个社区、上同一所学校的孩子，你会发现他们说同样的语言、有同样的口音，大多数的父母也是如此。但是因为遗传在这里不是一个因素，所以在社区里，你不会发现父母的语言和口音与孩子的语言和口音之间有相关性。这就是德里克·毕克顿在夏威夷发现的：父母说的是五花八门的语言，但是他们的后代却说同一种语言，即克里奥尔语。你光听孩子说话，你无法知道他们的父母是从哪里来的。

现在假设要做一个国际性的语言研究，收集全世界儿童说话的数据。你的被试是一对英国上层夫妇和他们的孩子，一对意大利夫妇和他们的孩子，一对雅诺马马人夫妇和他们的孩子，以及一百对世界上其他地方的家长和他们的孩子。这样你就会找到支持教养假说的证据，因为父母使用的语言与孩子使用的语言之间有显著的相关性。

问题出在你错误地把父母群体对孩子群体效应看作是父母对孩子的效应，如果你把遗传因素加进去的话，就会把关系变得更加复杂。假如你决定去圣安德列斯做这样一个研究，证明墨西哥圣安德列斯的父母对孩子严厉的惩罚会导致孩子的攻击性，你会发现几乎所有的父母都打孩子，几乎所有的孩子都具有攻击性。但是即使在有同样文化的圣安德列斯，不同的家庭之间也存在着差异，因为攻击性在某种程度上来说跟遗传有一定的关系，因为父母的行为在某种程度上说是对孩子行为的反应，因此，你会发现圣安德列斯最严厉的父母有攻击性最强的孩子：即父母惩罚与孩子攻击性之间具有相关性。但这是一个弱相关，并没有达到统计学意义水平。

冷静下来，你只要加入一些拉巴斯的被试就可以了。拉巴斯的父母从不打孩子，孩子之间也不拳脚相加。把所有这些数据放在一起，你就会发现父母惩罚与孩子攻击性之间存在着显著正相关，你会发现父母管教越严厉、孩子的攻击性越强，父母越温和、孩子越不惹是生非。事实上，你做的就是现代社会化研究者所做的，他们出于一片好心，从许多不同的种族、不同的社会经济地位的群体中挑选出被试。

这取决于研究者是看不同文化群体之间还是相同文化群体内，父母与孩子之间的相关性，他们可能会发现、也可能不会发现父母与孩子之间具有相关性。如果他们把不同村庄、不同部落、不同社区的数据放在一起，他们很可能发现父母影响孩子的相关性，因为孩子的行为更像自己父母的行为，孩子（作为一个群体）的行为更像村庄和社区中大人的行为。如果将遗传因素排除在外的话，孩子的行为也像他们朋友父母的行为。

当你看到孩子的行为像父母的行为时，你很容易把它作为教养假设的证据。但是孩子与自己的父母不仅有相同的基因，而且还住在同一个村庄或社区，属于同一个种族群体或社会经济阶层。在大多数情况下，孩子的文化与成年人的文化很相似，除非你去看一些孩子的文化与成年人的文化不一样的特例，不然你很容易下错误的判断，以为孩子是在家里习得行为方式的。

八十年前，休·哈茨霍恩（Hugh Hartshorne）和马克·梅（Mark May）开展了一项关于“个性”的研究。研究者引诱孩子在不同的场合说谎、偷东西或骗人。他们发现这些孩子在某个情境下是个好孩子，在另一情境下却不是。特别是那些在家里很乖，即使没有人在旁边也可以抵制诱惑不做坏事的孩子，在学校跟别人一样，也会在考试中作弊、在游戏中作假。研究结果表明，孩子从父母那儿学到的道德准则仅仅适用于家里，出了门就不管用了。

然而令人费解的是在不同的场合，孩子们对道德行为或不道德行为的选择都与自己的朋友和兄弟姐妹一样。当你想到这些孩子都住在同一个社区，上同一所学校，作为朋友的话，还属于同一个同辈群体，他们是同一个文化中的成员，你就不难理解了吧。哈茨霍恩和梅总结道：“接受个性教育的正常单位是群体或小社区。”这是在1930年，在教养假设还没有侵蚀心理学家的心灵、遮蔽他们的双眼之前。

文化创造力

当行为遗传学家分析双生子或被收养的双生子的数据时，他们假设兄弟姐妹之间的相似性如果不是遗传的关系，就是因为他们生长在同一个家庭里的缘故，他们称之为“环境共享”。但是从长远来看，相似性不是家庭环境造成的，是同一个同辈群体的孩子所共有的环境造成的，这是孩子们自己创造的文化。

孩子们可以白手起家创造一个文化，但是他们通常不这样做。在传统社会里，孩子的文化与成年人的文化很相似，因为他们没有其他的选择，也没有必要去寻找其他的可能性。但即使在传统社会中，孩子的文化也包括一些成年人文化中所没有的因素，如尼恩桑格孩子说的脏话。孩子文化延续下去的方式跟成年人文化延续的方式一样：新成员从老成员身上学习文化，并使之传承下去。

这是一个聪明的机制，利用了孩子灵活性和富于想象力的优点。如果成年人文化很好，那么孩子就会取其精华，反之，孩子就会去其糟粕，创造出一个新的文化。

第十章

性别规则

一个七岁的男孩告诉研究者："这是我做过的最糟糕的事情。"他并没有杀死自己的父亲、爱上自己的母亲，也没有把弟弟扔到窗外或把房子烧掉。他做的只是应研究者的要求，在录像机前面扮演一个帮洋娃娃换尿片的角色。

研究者也请了一个七岁的小女孩，要拍摄她玩玩具卡车的情形。她拒绝了："我妈妈会让我玩这个，但是我自己不想玩。"

这些孩子怎么了？我们给他们起中性名字、穿中性衣服。我们告诉自己的女儿，说她们有可能会成为卡车司机；告诉自己的儿子，说他们可以玩洋娃娃。我们都在尽全力给孩子做个好榜样，在全北美和欧洲，父亲给孩子换尿片，母亲可以开手动挡汽车。

然而，我们的儿子和女儿还有这种老掉牙的想法。成年人的观念都已经发生了改变，但孩子却没有。上一个世纪以来，成年人的文化逐渐变得两性平等了，但孩子的文化还存在性别歧视。

我得承认男孩和女孩并不相同，他们天生就有差别。但是我们在七岁男孩和七岁女孩身上看到的差别，却不是与生俱来的差别。男孩并非天生就讨厌给洋娃娃换尿片，女孩也不是天生就不喜欢卡车。

性别差异在出生后的十年内变得越来越明显，两性之间的敌意也越来越强。男孩在门口挂上"女孩止步"的牌子，女孩也不甘示弱，她们用比较微妙的方式表达对男孩的偏见。下面这首歌是我朋友六岁的女儿去夏令营时学会的：

男孩去木星变得更木头，
女孩上大学变得更有知识。
男孩喝啤酒变得更古怪，
女孩喝百事可乐变得更性感。
十字叉，苹果酱
我讨厌男孩！

大家通常都指责家长、老师或文化，认为是他们造成了性别歧视。但如果成年人社会性别歧视程度比孩子的性别歧视程度低一些，那么，怎么会是大人影响孩子的呢？我想看到这里，你已经知道我的答案了。这不是大人的问题，而是孩子们自己的问题。

如果你一直跟着我的思路走，你就知道我在逆流而上。教养假设的力量如此之大，无论是心理学教授、还是超市排在你前面等着付钱的人都不会相信我在前九章说的话。但在谈到男性和女性的发展时，我突然发现我不再是孤军奋战了。当我谈到男孩的男子汉气概和女孩的女人味不是由他们与父母共同生活的环境造成的，而是由他们与同龄人共同生活的环境塑造造成的时候，我发现我谈论的并不是什么新生事物。在我之前就有人（甚至心理学教授）已得出相同的结论。

他们得出这个结论，是因为把性别发展的差异怪罪到父母身上的研究并没有产出丰硕的研究成果。父母对待男孩和女孩的方式不一样吗？在美国，父母对待男孩和女孩的方式并没有显著差别。父母给男孩和女孩同样的关注和鼓励，对男孩和女孩的管教也一样。唯一的区别是他们分配给男孩和女孩的家务活、给他们买的衣服和玩具不同。而这个区别可能是孩子对父母的效应，是父母对儿子和女儿之间差异的反应，而不是儿子和女儿之间差异的原因。的确，许多家长给儿子买玩具卡车，给女儿买洋娃娃，他们的理由可能是：是孩子们自己想要的。

弗洛伊德认为，男孩因为认同自己的父亲，从而习得男性的行为方式，女孩认同自己的母亲，从而习得女性的行为方式。但是证据并不支持弗洛伊德的理论。男孩的男子汉气概和女孩的女人味与同性家长没有一定的关系。在没有父亲的家庭中长大的男孩同样有男子汉气概，在女同性恋家庭中长大的女孩同样有女人味，他们的男子汉气概和女人味一点也不比传统家庭中长大的男孩和女孩差。

在孩子性格的形成阶段，女孩更像其他的女孩，男孩更像其他的男孩。咋咋呼呼的女孩会变得文静起来，胆小的男孩会变得勇敢一些。两性儿童之间的差异越来越大：本来有重叠的两条曲线逐渐分开，重叠的部分变得越来越小了。这些变化是孩子们自己造成的，他们不认同自己的父母，而认同与他们一样的其他孩子。

与生俱来的差异

在人类基因组的四十六条染色体中，四十五条是没有性别差异的：男孩、女孩都有。第四十六条叫做 Y 染色体，因为它的形状像 Y。只有男孩才有 Y 染色体。Y 染色体是人类染色体中最小的一个。

大自然遵循节俭的原则。为了另一个目的，把可以重复使用的东西拿来，稍作改变即可，这样比另起炉灶要经济得多。就像莫扎特所说的，萨列里写的音乐中有大量的重复。两边对称的有机体也是一个很好的例子。对称的一边不需要另外一套基因，只要将指令翻转过来照着做就可以了。

男性和女性公用四十五条染色体，因为复制比改变要经济得多。他们之间的差异都藏在小小的 Y 染色体中，其他的基因都一样。男性的肾与女性的肾相同，男性的眼睛与女性的眼睛相同，他们的骨骼连接方式相同，他们的血红素的形成方式相同。男性也有奶头，尽管他们不需要，因为复制比改变要容易。如果给男性输入雌性激素，他一定能长出乳房。

因为大自然遵循节俭的原则，只有必要的差异才会被编码进入我们的DNA中，这些必要的差异会影响我们种族的生存和演化。例如，那些存在于男性中的差异可以增加男性生存和繁殖的可能性，那些存在于女性中的差异可以增加女性生存和繁殖的可能性，或者是他们近亲生存和繁殖的可能性。

男孩和女孩之间的相同之处大于他们的不同之处，但是差异的确存在。有一个差异非常明显，即产科医生或超声波医生通告："是男孩!"或"是女孩!"的时候。有些差异不是很明显，例如出生时，男孩一般比女孩重。有些差异甚至一点也不明显，因为这些差异存在于婴儿的大脑里。

在20世纪70年代一个著名的实验中，两个研究者给一群大学生播放一个短片，短片中一个九个月大的婴儿穿着中性的衣服，玩中性的玩具。研究者告诉一组大学生，说婴儿的名字叫戴娜，告诉另一组大学生，说婴儿的名字叫大卫。看完短片后，两组大学生作出了完全不同的判断，一组大学生认为戴娜敏感、胆小，另一组大学生认为大卫健壮、胆大：而短片中是同一个婴儿呢。

这个实验要表明同一个婴儿，因为取了不同的名字，然后用不同的方式对待他，那么他就有不一样的表现。十六年后，另外两个研究者做了一个略为不同的实验：短片中有几个婴儿，大学生要对他们作出判断。大学生不知道婴儿的真实性别和名字。然而，认为是女性的婴儿被判断更敏感一些，认为是男性的婴儿被判断更强壮一些。如果你借来一打健康的婴儿，给他们穿上中性的衣服，给他们起"杰米""戴尔""雅珍”等名字，让路过的人猜他们的性别，我相信一半的人会猜对。

在我 1984 年出版的关于儿童发展的教科书中，记录了一个“异性同卵双生子案例”，这个案例基于霍普金斯大学两位心理学家的研究。约翰·玛尼（John Money）和安科·额哈德特（Anke Ehrhardt）为一对有同卵双生子的父母提供咨询，其中一个男孩遭遇了一个可怕的事故。七个月大的时候，这个男孩的阴茎在包皮修补术中被损坏。这使这一对来自农村、只有小学文化程度的父母有一个健康的男孩，还有一个各方面与他极为相似但缺失了阴茎的男孩。

医生告诉父母没有令人满意的方法重造阴茎，最好的办法是把受伤的男孩当女孩来养。他们建议把男孩的睾丸摘除，也就是排除男性激素的来源，在孩子青春期给他注入雌性激素，这个男孩就会长成女性的身体。

这对父母在痛苦中煎熬了好几个月，在孩子十七个月大的时候，最终同意了这个方案。医生拿掉了这个男孩的男性生殖器官，并给他做了一个女性阴部。家长给他取了一个女孩的名字，给他穿女孩的衣服，把他当女孩养了。

据玛尼和额哈德特的报告，这对父母完全接受了孩子的新性别。在接下来的几年里，两位心理学家听到母亲非常明确地说，她有一对龙凤胎。在我的教科书中，我引用了母亲的话：

> 她看起来比她哥哥优雅，这也许是我鼓励的结果……我从来没有见过这么整洁干净的女孩……她喜欢做头发，她可以在吹风机下坐上一整天。

尽管孩子和家长看起来都在做积极的调整，但是玛尼和额哈德特还是发现了一些小问题。他们说：“这个女孩很顽皮，例如，精力充沛，活动量大，固执，在同伴中非常强势。”

正如我在第一版的教科书中所说的，那又怎么样呢？许多小女孩很调皮，她们从来没有想过她们是女孩，也从未质疑过自己的性别。当我写那一段时，我想到了自己的童年。我童年时也很调皮，精力充沛，并且十分固执。我讨厌做头发，一点也不矜持、不优雅，完全不像那个变性的孩子，我不记得曾经希望变成一个男孩。我盼望着当妈妈，与此同时，我对我的宠物和洋娃娃母爱泛滥。给洋娃娃换尿片？没问题。

“异性同卵双生子案例”在我三个版次的教科书中都出现过，但当它出现在最后一版时，我有一些担心。因为，我已经承认“社会影响和学习是有限度的”，但我还是主张“如果人们把你当女孩看待时，你就可能会变成一个女孩”。

我不再相信我在教科书中说过的话了，其中包括“如果你被当做女孩看待，你可能会变成一个女孩”。或许在某些情况下如此，但不是在所有的情况都这样。这个异性双生子后来并没有很好地适应，发表在1997年医学期刊上的一篇文章披露了真相。这个孩子从来不觉得他是个女孩，从来也没有感到自在过，然而父母和医生不停地告诉他，说他是个女孩。到了十四岁的时候，他的愤怒和痛苦达到顶峰，他觉得生活无望，企图自杀。就在这时，他的父母把秘密告诉了他：他出生时是个男孩。“突然间，所有的不对劲都找到了原因。”他说，“第一次觉得一切都变得合情合理了，我知道我是谁，我要做什么了。”他不再当女孩，他要变回男儿身。在高中同学众目睽睽之下，他再度变回男孩。这个转变并没有让他的处境变得更糟糕，因为过去他的非女性行为早已成为同学的笑柄。相反，他的处境变得越来越好，同学们更加接受他了。二十五岁那年，他与一个比他大几岁的女人结了婚，收养了孩子，成为一名父亲。

在多米尼加共和国偏僻的地方，由于基因突变，使一部分男孩出生时像女孩。到了青春期，他们的雄性激素开始增长，男性特征逐渐变得明显：声音变得低沉，肩膀变宽，原来看起来像一个大阴蒂的东西开始长成一个小阴茎了。研究者对十八名这种一开始被当做女孩养的男孩进行了研究，当这些孩子的身体开始出现男性特征时，所有的人都选择改变性别，不再叫女孩的名字，也不当女孩了，只有一个人除外。他们与女人结婚，履行男人的职责。异性同卵双生子与多米尼加人的情形不同之处在于：他的问题不是大自然造成的，而是一些医生和心理学家造成的，他们认为小女孩就是一个没有阴茎和睾丸的小男孩。

人类学家玛格丽特·米德认为，婴儿出生时就具有变成男孩或女孩的潜质，男性和女性的行为与文化密切相关。以下是米德另一个先入为主的例子。她描述了一个叫查姆布利的新几内亚部落，她说在这个部落里，男人像女人，女人像男人。男人顺从、焦虑，女人坚强、专横。但人类学家唐纳德·布朗（Donald Brown）认为，米德弄错了。事实上，在查姆布利，"人们实施一夫多妻制，妻子是男人买来的，男人比女人强壮，男人打女人，男人说了算"。

在我们知道的每一个社会里，男性的行为都不同于女性的行为。这些差异在许多社会里非常明显，差异的方式在世界范围内也大致相同。男人更容易占据有权利和影响力的地位，而女人通常担任服侍他人的角色。男人是猎人和勇士，女人是采集者和养育者。家里没有女孩的情况下，男孩被迫带弟弟妹妹，而女孩通常喜欢这个差事。女孩争着去抱婴儿，男孩却对婴儿一点兴趣都没有。一位以色列研究者报告说，在她研究的家庭中，许多家长都给孩子买洋娃娃，但男孩从不给洋娃娃换尿片，他们"把洋娃娃放在地上用脚踩，用洋娃娃敲打家具"。

我并不认为世界上人们对男性和女性的刻板印象是一种巧合。社会心理学家约翰·威廉姆斯（John Williams）和黛博拉·贝斯特（Deborah Best）向来自二十五个不同国家的大学生发放问卷，让他们列出各自文化中与不同性别相关的形容词。在这二十五个国家中，与男性相关的形容词有："攻击性""主动性""鲁莽的"和"坚强的"。与女性相关的形容词有："深情的""谨慎的""敏感的"和"情绪激动的"。

刻板印象

对于大多数人来说，"刻板印象"这个词带有负面的涵义：它隐含偏见。它意味着你基于错误的原因，迅速对某人作出判断。但是在威廉姆斯和贝斯特看来，刻板印象"与其他归纳并没有什么不同"。他们认为："刻板印象是对某一个群体的一般性的归纳，不一定是坏的看法。"我们不仅对其他群体有刻板印象，对我们自身也有刻板印象，当然对自身的刻板印象大都是正面的。这就是第七章中描述的喜欢自己所在的群体而不是其他群体的倾向。

人类，尤其是小孩，都是很优秀的数据收集者，非常擅长发现统计学意义上的差异。人类的心智天生如此。一般来说，红色的水果比绿色的水果甜，小孩很快就发现了这一点，更喜欢吃红色的水果。我们的大脑根据事物的差异将它们分门别类，并收集更多的有关差异方面的证据。在无意识的情况下，我们的大脑在高效、自动地处理这些事情。

社会心理学家珍妮特·斯维姆（Janet Swim）做了一个关于美国文化中男性和女性刻板印象的研究。她让大学生从担任群体领导、数学学能测试表现、解释其他人体态语和面部表情能力等维度对男女差异作出判断。然后，她将这些刻板印象与测试的性别差异结果进行比较，发现这些刻板印象出人意料的准确。更有可能的是，大学生还低估了性别差异。

刻板印象并不总是准确的，当涉及到我们不了解的群体时就不那么准确了。但是刻板印象真正的危险不在于它的不准确性，而在于它的非灵活性。当我们说男人更倾向于担任领导角色，不擅长解读其他人的情感时，我们也许是对的，但如果我们认为所有的男人都是这样的话，那我们就错了。我们善于判断平均值之间的差异，如X组与Y组的组间差异，但我们不善于判断组内差异。分类使我们更多看到的是社会类别成员之间的相似性，尤其是我们不在其中的类别。

社会类别“女孩”和“男孩”

在最初几年里，小男孩和小女孩收集了几种类别人的数据：大人和小孩，女人和男人，女孩和男孩。虽然没有正式数据来源，但我认为小孩的大脑中不存在“女性”和“男性”的类别，我也不认为在他们的大脑中有一个既包含女孩、又包含女人的类别，和一个既包含男孩、又包含男人的类别。对于孩子来说，大人和小孩属于不同的种类，就像不能把母牛和母鸡放在一起、公牛和公鸡放在一起一样。小孩根据理智判断，可能知道男孩会长成男人，女孩会长成女人，但这一点必须得告诉他们，因为，对他们来说，这个关系既不明显，也不相关，更不可信。在男孩这里找不到贴有“男性”标签的地方，他们把自己放在贴有“男孩”标签的地方，他们调节自己的行为，使之更像男孩的行为，而不是像男人的行为。这就是为什么一个男孩看见自己的父亲给弟弟妹妹换尿片，仍然说给洋娃娃换尿片是他自己做过的最糟糕的事情；一个母亲是医生的女孩说只有男孩才可以当医生、女孩只能当护士。

孩子收集到有关“女孩”和“男孩”类别的数据，发现它们之间存在着差异。他们知道（因为被告知或者他们自己弄明白）自己属于哪一个类别。多数人最喜欢自己的类别，他们发现与同类别、同性别的成员一起玩很有趣，因为大家都喜欢做同样的事情。在五六岁时，日托中心和幼儿园里的大多数孩子都喜欢分成小组、与同性别的小朋友一起玩耍。只要大人允许，在有选择小伙伴的条件下，他们都会这样做。当然，正如我前面说的，当他们别无选择时，只能碰着谁就跟谁一起玩。

群体社会化最重要的几年是童年时代中期，从六岁到十二岁。在这段时间里，我们社会中的孩子（有大量的同伴）与同性别孩子一起度过了许多闲暇时光。在这个过程中，他们被社会化了，他们不仅作为孩子，而且作为女孩或男孩，相互社会化，自我社会化。性别社会化不仅使孩子与其他同性别孩子一起玩耍或更喜欢同性别成员，更是自我归类的结果。某一个女孩将自己归为“女孩”类别中的一员，某一个男孩将自己归为“男孩”类别中的一员，他们从各自的社会类别中收集数据，从而了解该社会类别成员的行为规范。从出生的第一天起，他们就开始收集数据。

像往常一样，我的证据又来自个案。想想那个异性同卵双生子的案例，那个男孩被告知他是个女孩，但他觉得自己不像女孩。他对女孩做的事情毫无兴趣。以下是他对童年的描述：

> 从很早时候的一些小事开始，我就渐渐地感觉不对劲，觉得自己不像一个女孩，但我不知道到底是怎么一回事，我以为自己是一个怪物。我看着自己，对自己说我不喜欢这样的衣服，不喜欢他们给我买的玩具。我喜欢跟男孩一起玩，喜欢爬树之类的事情。

这是一个男性生殖器官被医生损坏的男孩，即使在医生给他注射雌性激素、长出乳房后，他仍然觉得自己不像个女孩。然而，有一些男性生殖器官完好、被父母当作男孩养的男孩，也觉得自己不像男孩。作家简·莫里斯（Jan Morris），出生时是詹姆斯·莫里斯（James Morris），就是这样的一个孩子。

当我三四岁的时候，我意识到我长在一个错误的身体里，我应该是个女孩。我清晰地记得当时的那一刻，那是我生命中最早的记忆。

像詹姆斯·莫里斯、像琼（那位异性同卵双生子的别名）这样的孩子，多半会遭到其他女孩和男孩的排斥，被当作怪物，甚至他们自己也觉得自己是怪物。有女孩气的男孩日子很难过，其他的男孩不断地找他们的茬。上完幼儿园后，女孩也不跟他们玩了。在成长过程中，他们通常非常孤单，没有朋友。然而，他们也完成了社会化，通过自我社会化，他们完成了性别社会化。詹姆斯·莫里斯把自己当做女孩，于是她就社会化为女孩，尽管其他人都认为她是男孩。长大之后，詹姆斯·莫里斯做了变性手术，就是那种当年违背琼的意愿给他做的手术。因为，如果你内心是女性，却长了一个男儿身，是很难过活的。

在《儿童发展》（*Child Development*）中的一篇论文里，研究者讲述了一个叫杰里米的小男孩的故事。一天，杰里米戴了一个发夹来上学，他的父母觉得挺好的，但他的同学却不这样看。一个男孩不停地取笑他的发型，说他是个女孩。为了证明自己不是女孩，杰里米把裤子脱下来。研究者说："那个男孩不以为然，说每个男孩都有小鸡鸡，但只有女孩才戴发夹。"

杰里米的同学从事实上来看是错的，但理论上是对的：性别认同不是生殖器的标签，也不是父母竭力给孩子灌输的东西，而是一个孩子对男孩或女孩的理解。心理学家米尔顿·戴蒙德（Milton Diamond）采访了变回男性的琼，认为琼变回男性是将自己与同龄人比较的结果。戴蒙德说，儿童将自己与他们认识的男孩和女孩进行比较，决定自己跟男孩（或女孩）一样，或不一样。基于内心的感受，如兴趣、行为方式等，他们将自己放在相应的性别类别中。正是在这个类别中，他们完成了社会化过程。

达加·麦斯顿，那位在西藏修道院里长大的男孩，将自己描绘为“一个住在白人身体里的西藏人”。没有医生能够修复这种差异。达加被他的同伴排斥，因为他长得又高又白，但这并没有阻止他像他们一样地进行社会化，也没有阻止他社会化成为一个西藏人。同样，像琼和詹姆斯这样的孩子也将自己归类到排斥他们的群体。你不必让你所在社会类别中的成员都喜欢你，你才能成为其中的一员，你其实也不必跟他们长得像，就可以社会化成为他们的一分子。

性别篱笆

发展心理学家埃莉诺·麦科比，就是在第一章中露面、在第三章中起重要影响的麦科比，曾做过这样一个实验。每次把一对两到三岁、互不相识的孩子放在一个堆满玩具的实验室里进行观察。接下来发生的情形取决于这一对孩子是相同性别还是不同性别。如果是两个女孩或两个男孩配对，那么，男孩和女孩都一样，彼此都非常友好，但如果是一个女孩与一个男孩配对，令人不安的不对等现象就出现了——女孩往往变成旁观者，而当她与另一个女孩配对时，会积极地跟她的小伙伴一起玩游戏。麦科比说：“当女孩与男孩配对时，她们常常作为旁观者，让男孩独霸玩具。”这些都是还不到三岁的小孩子呢！

跟其他孩子一起玩需要彼此之间的合作，有时合作意味着做其他人让你做的事。请求合作通常有建议或要求的形式。有研究表明，随着女孩年龄的增长，她们向玩伴提出越来越多的建议，而她们的玩伴也越来越多地听从她们的建议。但与此同时，小男孩越来越不愿意听从他人的建议，尤其是女孩提出的建议。他们更愿意听其他男孩提出的建议，也许因为这种交流一般是以要求而不是请求的形式出现。提醒你注意一下，这种情形在男孩和女孩的个头和力气都差不多的时候就已发生了。

这也许是为什么小女孩开始回避小男孩的原因：跟那些不听别人意见、随意抢走玩具的人一起玩一点也不好玩。但小男孩也很快开始回避小女孩了，也许因为跟男孩子玩令人激动的玩具卡车游戏比跟无趣地给洋娃娃换尿片的女孩子一起玩更有趣；或者也许相互回避是“女孩”和“男孩”两个群体类别化的结果；也许是随之产生的“我们相对于他们”的情感所致。

无论是哪一种原因，或者是以上三种原因，性别分离的势头在童年时期越来越强，在青春期之前达到顶峰。即使在世界上其他偏远的地方，男孩、女孩通常在一起玩耍，到了青春期之前，男孩和女孩也会形成不同的群体。他们之所以能够这样做，是因为他们可以去离家远一点的地方找朋友了。

许多人都写了有关童年中期男孩群体和女孩群体之间的差异。埃莉诺·麦科比做了一个简洁的总结：

> 男性同辈群体和女性同辈群体的社会结构是不同的。男性群体通常比较大，有较强的等级性。男孩和女孩群体中的交往方式也开始逐渐分化出来，不同的方式反映出来的是他们做事方式的不同。男孩更关注竞争和控制、建立和保护自己的势力范围，以及表现自己的强悍。所以，他们会直接与其他男孩对抗，甘愿冒险、提出或接受挑战，并隐藏自己的缺点。在男孩中，有一定数量的关于性的谈话以及厌恶同性恋的主题。虽然女孩也很在意表现自己，但是她们比男孩更关心群体的和谐和合作、相互支持的友谊。女孩之间的关系比男孩之间的关系更加亲密。

麦科比谈的当然都是一般的情况。每一个规则都有例外，有些孩子并不是整齐划一地符合每一个类别的描述。有些男孩不喜欢男孩群体中的粗鲁和竞争，他们对此表现得有些退缩。在学校里，他们通常很孤单。有些女孩喜欢跟男孩一起玩，如果她们有运动天赋的话，也能被男孩群体所接受。

然而，在学校操场上，女孩一般不能加入男孩的游戏中。大多数跟男孩玩的女孩都是在家附近的游戏小组中一起玩，而不是在学校。住家附近能提供的玩伴比学校少，所以孩子们没有什么选择，这给不愿意作出选择的孩子一个很好的借口。住家附近的游戏小组通常由不同性别、不同年龄的孩子组成。不同年龄孩子的参与使许多街头游戏可以一代一代地传下去。不同性别混搭在一起玩游戏的经历使许多参加调查的女性（超过百分之五十）回忆道，她们小时候像假小子一样、常常跟男孩一起玩。

在学校操场上和夏令营里，可以选择的玩伴很多，女孩和男孩分成“我们”和“他们”两大敌对阵营。操场上女孩和男孩之间的互动通常是以社会学家巴里·桑恩（Barrie Thorne）所说的“边界线”的形式进行的。男孩和女孩之间的互动加深了性别的分化，使性别差异更加明显。互动充满敌意，至少表面上是这样的，这些敌意下面有着更加复杂的含义。男孩会突然闯进并破坏女孩的游戏，去抓女孩的头巾或书包，去拉过早发育的女孩的胸罩带子。但女孩并不总是这些小冲突中的受害者。我记得五年级的时候，一些大胆的女孩（我不在其中）总是去追一个长着红头发的男孩，威胁要吻他。这对男孩来说，比死还要恐怖，所以他每次都极力挣脱。男人有的时候以强吻的方式压迫女人，但在学校操场上，女孩用亲吻作为武器。

当群体界限分明的时候，群体之间的敌意也就随之产生了。学校的餐厅和操场是孩子感知回避向异性表达友好的压力最大的地方，因为这些是大人顾及不到的地方。当男孩与女孩一起玩或坐在女孩旁边时，就会遭到其他男孩的奚落。大人的影响会增加男孩和女孩之间的友好交往，但孩子们自己制造并维持了性别隔离。

我认识的家长都希望自己的孩子有一到两个异性的朋友。这种友谊的确存在，但是如果这种友谊是在学龄前开始的话（大多数的确如此），到童年中期时就会转入到地下。女孩和男孩只在家里或家附近见面，在学校，他们装作彼此不认识，连招呼都不打一个。他们的父母知道他们的友谊，但他们的同伴却不知道。我说的是友谊，不是爱情。学龄儿童也有地下爱情，但许多是单相思。被仰慕的人可能根本没有意识到自己是别人倾心的对象。

友谊和爱情是个人关系，它们不能与群体混淆起来。群体意识指你属于某一个特定的群体并且你最喜欢自己所在的群体。群体和个人关系遵循不同的规则，有不同的原因和结果。有时候，他们的作用力相反，你会发现你喜欢的人属于你不喜欢的群体。有时候，他们的要求相互矛盾，你必须在其中选取一项。人们发现，当男人和女人面临两难境地时，他们的选择往往是不同的。女人非常看重个人关系，而男人则可以从爱人的怀抱中挣脱出来去打仗。他会庄严地对他的女人说："亲爱的，如果我不更加爱我的荣誉的话，我就不配真的爱你了。"他会告诉她是为她而战，但这不是真的，他是为他的群体而战。在传统社会中，男人通常要留在他出生的村落里，为这个村落而战，女人到了嫁人的年龄就离开村落。在黑猩猩中，雄性黑猩猩结成联盟，一起去把卡哈马族干掉。

我认为男性具有更强的群体意识是演化的原因：男性比女性强壮，即使在童年时期男孩就跑得快一些、投掷得远一些。在成年时期，因为没有怀孕和婴儿的拖累，他们更容易去冒险，与同伴一起保护家园，去攻击敌人。族群部落之间的战争是我们演化的一部分环境。任何能够让我们比对手强的事情都值得 Y 染色体去做。全世界的男孩喜欢玩的游戏都是为了战争在作准备。正如作家赫尔曼·梅尔维尔（Herman Melville）曾经说过的："所有的战争都很男孩子气，也都是男孩打的。"

社会心理学中有许多著名的实验，例如罗伯斯山洞实验，低估者和高估者实验等都是男孩作为被试，我想还是有一定的原因的。如果有女孩参加，那实验结果就不会这么明晰了。罗伯斯山洞研究者做了一个不太有名的实验，他们先让男孩成为朋友，然后再将他们分成相互竞争的两个组，分化他们的友谊。结果友谊分化了，朋友变成了敌人。我不知道如果研究者将被试换成女孩，会有什么样的结果。"噢，请将杰西卡与克莱尔对调，这样杰西卡和我都可以在鹰队了！"

我并不是说女性没有群体意识。男性和女性的大脑中都有群体模式，也都有关系模式。不同之处在于，当冲突发生的时候，是群体优先还是关系优先。

一个文化还是两个文化？

男孩群体有等级性。它有一个领导，告诉其他人做什么。男孩之间为了地位相互竞争，他们努力克制自己，不流露出自己的弱点来。他们从不问路，因为他们不愿让别人知道他们迷路了。

女孩之间的关系通常十分密切，尽管她们的关系不一定能维持很久。女孩不像男孩，直接表现出敌意，她们报复敌人的办法是离间敌人，把敌人的朋友变成敌人的敌人。在女孩群体中当领导者是有风险的，人家会说你高傲、专横。女孩不喜欢对朋友发号施令，她们更喜欢合作和轮流坐庄。

与朋友在一起的时候，男孩表现得更强悍，女孩则表现得更友好。我不是第一个指出这种差异的人，我也不是第一个将男人和女人行为上的差异归因为他们童年的社会化或他们习得的社会交往的模式。埃莉诺·麦科比说过，女孩和男孩成长在不同的文化中。语言学家黛博拉·坦纳（Deborah Tannen），《你只是不明白》（*You Just Don't Understand*）的作者，表达了同样的看法。

有些作者不同意这个观点。研究男孩和女孩在学校操场上行为的社会学家桑恩不同意“不同文化”的说法。她指出女孩和男孩在许多社会情境中都有互动，例如，在家里，与兄弟姐妹有互动、与邻居的孩子有互动；在学校教室里，跟同学在阅读和学习小组中也有互动；甚至在操场上这个男女性别分野最明显的地方，女孩和男孩有时候也会联合起来。桑恩观察到一个叫唐的男孩，在操场上受到负责维持操场秩序的老师不公平的惩罚，他的同学（女孩和男孩一起）联合起来声援他。桑恩认为男孩和女孩的行为差异和相互回避来自成年人文化。她没解释大人是如何传给孩子的，但她承认孩子在没有大人监管的情况下，会有最强烈的性别差异行为。她认为，老师在教室里称呼“男孩和女孩们”以及教室墙上挂有性别鲜明的图片都与孩子的性别差异行为有关。

尽管我对性别的看法与麦科比和坦纳的观点很相似，但我承认桑恩还是有一定的道理。男孩和女孩并没有两个独立的文化，他们年龄一样，种族一样，上同一所学校，共享同一个孩子文化。他们对男孩和女孩应该有怎样的行为有着相同的看法，对男人和女人应该有怎样的行为也有相同的看法。不同社会类别中的人应该有不同的行为，这本来是文化的一部分。男孩和女孩对哪种行为更好有不同的意见，但关于男孩和女孩应该怎么做，他们的意见却是一致的。

是不同的社会类别，而不是不同的文化。社会类别的显著性取决于不同的情境，但文化不会随着情境的改变而发生改变。我们将自己归在哪一个类别取决于我们在哪里，与谁在一起。即使一个小孩子也会作出选择，她可以将自己归类为“孩子”或“女孩”。如果年龄类别具有显著性，那么，性别类别就会退居其后。如果一个成年人鹤立鸡群时，就像维持操场秩序的成年人不公正地惩罚唐时，这时年龄类别而不是性别类别就凸显出来，这就是为什么男孩和女孩联合起来，一致声援唐的原因。如果你让学龄儿童以另一种方式分组，例如，根据阅读能力分组，那么，性别类别就变得不那么显著了。

两种性别还是一种性别？

巴里·桑恩用男孩和女孩在一些情境中互动的例子，来说明男孩和女孩之间的差异不是他们自己造成的。但是互动并不能阻止孩子们产生男孩应该有什么样的行为、女孩应该有什么样的行为的想法；互动也不能阻止他们将自己和同学归类为“男孩”和“女孩”，互动没有降低“男孩”和“女孩”类别的显著性。

当异性不存在的情况下，缺乏互动会降低性别类别的显著性。当只有一个群体存在时，群体意识就会减弱，自我归类意识从“我们”转向“我”。这时，你看到的是组内的分化，组内成员开始为地位和身份相互竞争，主动或被动地选择不同的角色。

当男孩子不在场时，女孩们的行为就不那么女孩子气。这是一些研究者在观察十二岁的女孩在打躲避球时发现的。研究中有两组不同的被试：一组是芝加哥中产阶级私立学校中的黑人女孩，另一组是亚利桑那州保留区霍皮印第安女孩。研究者有意选取女性地位迥异的两种不同的文化进行研究，传统霍皮人的文化是母系社会文化，妇女拥有强大的社会和经济权利。

当男孩不在场时，两个组的女孩都很认真地打球，很有竞争性，有的女孩打得很好。但当男孩一进入场地，戏剧性的一幕就出现了。霍皮女孩不是站着作好准备，而是双腿交叉站着，将胳膊抱在胸前，表现出一副害羞的样子。芝加哥的黑人女孩开始聊天，取笑其他的球员。两个组的女孩都没有意识到自己的行为发生了改变。当研究者问她们，为什么她们认为男孩总是赢时，她们都说因为男孩作弊。但是男孩并没有作弊，他们只是很努力地打球而已。尽管男孩能赢得球赛，但是这个年龄男孩的平均身高比女孩的低，平均体重也比女孩的轻。

男孩和女孩对“男孩”和“女孩”有着相同的刻板印象，他们一致认为男孩比女孩竞争性强，运动技能好，一般情况下的确如此。当性别类别显著时，女孩变得更像刻板印象中的女孩，男孩更像刻板印象中的男孩，他们之间的差异因为对照效应而变得更加明显。

当男孩不在场时，女孩就不那么女孩气。但当女孩不在场时，男孩仍然很男孩气。在某些方面，他们少了一点男子汉气概。对我们这些粗鲁的美国人来说，英国住宿学校毕业生的那种尖嗓音以及吹毛求疵的品味，看起来的确少了一些男子汉气概。但是那些学校里发生的欺负人等事情，绝对是男孩干的。安东尼·格林爵士回忆起他在住宿学校最初受到的不礼貌的待遇：

> 在私立小学的第一个星期是他一生中最痛苦的体验。这种体验对于一个八岁的孩子来说，是猝不及防的。直到那一刻，他都没有意识到，世界上居然有这么多人想要揍他、伤害他，而且他们有很多的机会这么做，白天、晚上都可以。

打人的男孩是另一些大一点的男孩。由于寄宿学校里没有女孩，不存在性别类别，因此，年龄差异就变得突出起来，组内成员竞相获得更大的权力、更高的地位。没有其他群体在场的情况下，组内竞争加剧。躲避球研究显示，男孩、女孩都是如此。大孩子支配小孩子，在男性和女性群体中都存在。但是在女性群体中，大女孩支配小女孩的方式与男孩的不一样，攻击性小一些。据预测，女性对攻击性的抑制是天生的，并不断得到演化。那些机制演化不好、缺乏自控能力的女性更容易伤害自己的孩子。

男女合校的地方，尤其是在操场上，性别类别有极高的显著性，性别歧视很明显。他们的父亲可以给孩子换尿片，他们的母亲可以是卡车司机，但是男孩只踢足球，女孩只跳绳。家长们真心地相信男孩、女孩都一样，小女孩只不过是一个没有阴茎和睾丸的小男孩，但是孩子们对此了解得更多。

追根溯源

非常奇怪的是，现代社会主张男女平等，但现代社会里男孩和女孩的刻板行为表现比狩猎采集社会中男孩和女孩的刻板印象更加显著。在至今为数不多的狩猎和采集部落中，有一个部落叫艾弗。他们生活在依图里森林，以前叫扎伊尔。以下是研究者对艾弗人生活的描述：

> 一个叫“茂”的大男孩，抱着他哥哥十五个月大的女儿坐在营区，一边哄她睡觉、一边搅拌锅里的粥。一群小孩在旁边用小弓箭玩“射水果”的游戏。当小孩离柴火太近时，他便发出“啊噢”的声音……当他抬起头扫视营区时，看见一群妇女正准备去捕鱼，另一些妇女无所事事，跟一帮男人在一起抽烟。

因为在狩猎采集年代，没有足够多的孩子形成男孩小组和女孩小组，艾弗的男孩和女孩都在一起玩。因此，艾弗孩子显著的社会类别不是“男孩”和“女孩”，而是“小孩”和“大人”。男孩和女孩的行为表现非常相似。即使在成年人中，性别界限也不像我们想象得那么明显。相反，在一个叫列西的邻近部落，已进入农耕社会，人口比较密集，在他们的社会中，性别分化非常明显。列西族聚集而居的时间很久，人口多到可以让男孩和女孩分成两个不同的群体。

另一个传统的狩猎采集社会，是居住在非洲喀拉哈里沙漠的昆山族，如今他们都已变成农民和放牧者。但在20世纪60年代末期，有些昆山族人还是游牧民族。一位研究昆山族的人类学家报告说，在以游牧方式为主的昆山族人中，男孩和女孩在一起玩耍，他们之间的性别差异很小。在那些定居下来的昆山族人中，有足够多的孩子分别形成男孩和女孩群体，他们之间的性别差异就非常明显。

在人口稀少到不能分别形成男孩和女孩群体的地方，男孩和女孩的行为很相似，因为他们将自己归到“孩子”这个类别。他们之所以相似，是因为他们在同一个群体中社会化，也被同一个群体社会化。今天在我们社会中看到的过度夸大的性别差异，很可能是我们的文化造成的。一万年前，人类发明了农业，使我们有可能为孩子提供更多的玩伴。

为那些想把孩子抚养成男女特征都有的家长提供一点建议：要么加入狩猎采集群体，要么移居到世界上偏远的地方，那里没有足够多的孩子可以分别形成男孩群体和女孩群体。

按你的方式做

你注意到拿着小弓箭四处奔跑的艾弗部落的孩子了吗？虽然男孩和女孩在一起玩耍，但他们都在玩男孩的游戏。那美国郊区孩子的游戏小组又是什么样的情形呢？按照他们自己的说法，参与男孩游戏的女孩都是假小子。在男女混合的小组里，一旦孩子过了学龄前年龄，大家都不会玩给洋娃娃换尿片的游戏了。如果女孩跟男孩一起玩的话，通常她们得遵守男孩的规则。

在人类男性中，支配同伴的冲动在两岁半的时候就能被察觉到。男性更具有攻击性，这不仅在人类中，在所有的哺乳动物中都有很好的记载。一匹种马比一匹被骗过的马更有攻击性，并不仅仅是睾丸的作用。异性同卵双生子，其中一个男孩被当做女孩养时，常常在女孩群体中颐指气使、发号施令，尽管他在十七个月大时睾丸就被摘除了。有些女孩出生时，患有类固醇 21-羟化酶缺乏症，一种荷尔蒙引起的障碍，使她们生长出女性生殖器官，但大脑部分男性化。即使出生后她们的荷尔蒙状况得到矫正，她们仍然表现出坚定和武断等特征。

大多数女孩发现，在早期她们对男孩没有多大的影响。在男孩开始回避她们之前，她们就开始回避男孩。她们宁愿跟其他的女孩一起玩，因为女孩听话，而男孩总要按他们的方式来。

因此女孩形成自己的群体。在群体中，她们可以随心所欲，做自己想做的事情。这种情况可以一直持续到青少年之前，然后由于受一种力量（这不在该书的讨论范围内）的驱使，男孩和女孩又走到一起。在青少年时期，分组的方式越来越具有显著性：有运动特长的人组成小圈子，有学习好的学生组成小圈子，有犯罪青少年组成小圈子，也有没有以上特征的人组成小圈子。群体成员有男性，也有女性，但是总的来说，还是男孩说了算。在性别混合的群体中，通常是男孩说的多、女孩听的多；男孩是讲笑话的人，女孩是发笑的人。

居于劣势的人

据称女孩的自尊水平在青少年早期骤然下降。尽管并不总是如此，即使有这种情况，它的效应也远比报纸上报道的小。我认为，一般情况下，有些女孩的自尊水平的确在下降。但我认为这不是家长或老师的错，也不是叫做“文化”的神秘的力量造成的。我认为是由于女孩在青少年时期所处的环境引起的。在童年时期，女孩形成了自己的群体，可以避免被男孩支配。突然有一天，她们的生物钟敲了十三下，她们很想与一些自从离开妈妈的怀抱就开始支配他人的一群人交往。糟糕的是，这群人就是男孩，在短时间内他们跟女孩一样高，甚至比她们个头还小。但是这些男孩长得很快，很快就超过女孩了。

对于一个处在青少年时期的女孩来说，她如果想在男孩是支配性成员的群体中占有一席之地，她要么得有一些男孩看得起的才能，要么长得漂亮。如果她不具备以上资质，多半会被男孩忽视，这些事情不是她努力就能做得到的。在童年时期，她可能在女孩群体中享有很高的地位，但在青春期，如果她长得不好看，一切都白搭。

有两件事影响一个人对自己的感受：一个是地位，另一个是心情。如果她在群体中的地位很低、又无计可施时，她的自尊水平就会降低。如果她心情不好，她的自尊水平也会降低。从青少年早期开始，女性抑郁症的比例是男性的两倍。

抑郁症和低自尊水平之间的关系早已明确，只是人们不清楚哪个在先，哪个是因，哪个是果。许多临床心理学家认为低自尊引起抑郁，有些病例的确如此。但是很多时候，这个因果关系是倒过来的。如果你认识有双向型障碍（又叫躁狂抑郁症）的人，你就会明白我的意思。当人们处在躁狂抑郁状态时，他们认为自己无所不能，认为自己是天下最厉害的人。当他们处于抑郁状态时，他们认为自己一钱不值。其实，这里什么都没有改变，他们有着过去同样好的、不好的体验，唯一发生改变的是他们的心情。有时候，他们自我感觉良好；有时候，他们感觉自己一团糟。

双向型障碍在两性中的比例相同，但在青春期早期，抑郁症在女性中更常见。女孩在这个时期体验到的自尊水平下降，可能是抑郁的症状，而不是抑郁的原因。

为什么抑郁在女性中更常见呢？还没有人找到答案。我猜测是男女两性大脑的细微差别，这些差别使男女两性在行动和抑制行动等方面有所不同。当大脑觉得不对劲时，男性更倾向于向行动一方倾斜，结果导致暴力的产生。而当女性的大脑觉得不对劲时，她们更倾向于向另一个方向倾斜，结果导致焦虑和抑郁的产生。双向型障碍意味着两种机制的平衡点不稳定。

去他的什么差异

男孩和女孩自出生起就存在着差异。在出生后的十六年里，差异日益增大。童年时期，差异增大是因为男孩和女孩对不同群体的认同。在青少年时期，差异增大，是由于身体上的原因。

大自然是高效的，但不是仁慈的。一般来说，女性更加柔弱，更没有攻击性，因此，在每一个人类社会中，她们都是被虐待的对象。雌性黑猩猩也是雄性黑猩猩虐待的对象。现代的女性比过去六百万年来的女性过得好得多。当年我在哈佛大学读研究生时，有一位心理学系的教授仍然公开地说，妇女不应该在实验室有一席之地。今天没有哪一位大学教授敢这样说。

如今女性可以参加以前不允许参加的活动，但问题是她们仍然得遵循男性的规则。她们在童年时代学到的男性比女性更优越的规则，如今搬到现代社会中上演了。

但是性别社会化并不是引起男女之间差异的唯一原因。来自内在和外在的压力要遵从某个群体的行为规范以及群体的对照效应，也只有某种程度的影响力。两性心理上的差异具有统计学意义，是两个钟形曲线最高点之间的距离。在童年时期，两个曲线的距离比较大，但是从来没有完全分开，总有重叠的地方。例如，有些男孩比较矮，有些女孩比较高。有的男孩比较温柔，有的女孩比较粗野。即使当他们与同伴在一起的时候，你也可以看到这些差异。

第十一章

孩子们的学校

你也许还记得是怎样做的，也许你还记得自己曾经这么做过，小孩子都有一种很微妙的方式（仍然存在于今天的教室法则中），可以让同学们知道他们不屈服于老师的淫威。社会学家莎伦·卡瑞里（Sharon Carere）曾是一名小学老师，她说小孩子喜欢玩一些界限模糊的小把戏，不服从老师，但老师没办法反对、制止这种行为。例如，“字纸篓漫步”就是一个很好的例子。

> 学生漫不经心地朝字纸篓方向走去。到了字纸篓旁，每次都小心翼翼、准确无误地将垃圾抛出，让它们落在字纸篓边缘的地方，然后站在那里好几秒钟，看着垃圾躺在字纸篓的边缘而不落进去。

另一个是书架前面的肢体分解动作：

> 学生站在书架前面，要么认真地翻看手上的书，看看这本书能否引起自己的兴趣，要么浏览书架上的书，表面上看好像在找他们感兴趣的书。但这只是他们上半身在做的事情，下半身却在表演各种社会互动，例如，轻轻地踢旁边人的腿，用脚摆弄地上的东西。没有拿书的那只手握紧拳头，轻轻地（不至于引起骚动）捅站在旁边的人。

做这些事的过程也是个乐趣点。去字纸篓丢垃圾或去书架取书的路上可以有许多种千奇百怪的方式，如“按照内心的节奏一路跳过去”，或者装作自己是个玩具战士，或是走钢丝的人，或者是一只小鸭子。那些本事大的孩子还会走到教室前面，故意停留一下，做一些舞台动作让同学们看。

他们的粉丝当然是他们的同学。老师不是粉丝，老师属于“他们”中的一员，如果没有“他们”的存在，这些具有挑衅性的小动作也就没有任何意义了。

对于学校的学生来说，教室里最重要的人是其他学生，在同学中的地位是最重要的事，这使有些学生觉得上学是一件可以忍受的事，使有些学生觉得学校是人间地狱。老师的权利一大部分在于她可以将某个学生变成大家注意的焦点。如果她愿意的话，她可以让某个学生成为大家取笑的对象，或大家羡慕的对象。

但是老师的权利远不止这些。在这本书里，我好像削弱了父母的许多权利和责任，但我对老师可没有这样。老师有权利和责任，是因为他们可以控制整个群体的孩子，他们可以影响这些孩子的态度和行为。并且，他们对孩子的影响力是长久的，他们在家庭以外的世界里影响着孩子，在这个世界里孩子将度过自己的一生。

教室里的群体意识

当孩子大一些时，他能更好地应付现代社会赋予他的各种复杂的社会认同。一个坐在椅子上的七八岁的孩子，在不移动任何一块肌肉的情况下，就可以在不同的自我归类中互相转换。一会儿她可以把自己想成一个三年级的女生，过一会儿把自己想成一个三年级的学生，再过一会儿把自己想成马丁·路德·金小学的一名小学生。她也可以把自己想成最高端阅读小组的成员，或是班上最聪明的学生（她不一定给这些社会类别命名）。她也可以在“我和我们”的维度上来回移动。有时候，她认为自己是群体的一名成员，有时候，她又觉得自己是一个个体。

社会分类在学校情境无时不在，因为学校有许多孩子，提供了可以形成次类别的多种可能性。如果没有某种因素使大的群体维系在一起的话，那么，大的群体很容易分裂成小的群体。

平行的群体之间存在着对照效应。在前一章里，我曾谈过一种对照效应，即男生与女生的对比。当孩子们把自己归类为男生或女生时，当这种自我归类具有显著性时，两性之间的差异就变大了。即使最开始没有什么差别，只要社会类别一旦形成，差异就会变得越来越显著。响尾蛇队和鹰队就是一个很好的例子。

现在你明白了为什么根据能力分组能够产生效应吧！当老师将学生分成阅读能力强和阅读能力一般的两个组时，强的会变得更强，一般的会变得更差。这就是组间对照效应在起作用。这两个组会逐渐发展出不同的行为模式和态度。

群体意识使人们觉得自己所在的群体是最好的。你可能会感到诧异，难道阅读能力一般的小组成员也觉得自己的群体是最棒的吗？是的，他们可能认为自己的阅读能力不强，但在其他方面他们更胜一筹，例如，他们人好，长得帅，体育好等。他们可能承认自己的阅读能力不强，但他们会贬低阅读的重要性。他们可能采取讨厌学校的态度，认为学习好的人是书呆子，是讨好、巴结老师和家长的人。鹰队瞧不起响尾蛇队，因为响尾蛇队队员说脏话。响尾蛇队看不起鹰队的人，认为鹰队的人都是胆小鬼。

阅读能力一般的小组成员往往采取“阅读不重要，学校很烂”的态度，这种态度在孩子以后的岁月里仍然会对他们产生影响。如果某一个学生的阅读不好，他会认为自己是班上学习成绩不好的学生，并将自己归类到学习成绩不好的那个组，虽然老师从未说过有这样一个小组。这个学生就会采取成绩不好学生的行为模式和态度，他们的态度往往是敌视学校、反对阅读的。这个结果很不利，它们会像滚雪球一样。学得快的学生和学得慢的学生之间存在的组间对照效应，会使学得慢的学生采取同样的态度，这种态度使他们变得更笨，或者准确地说，会使他们回避去做可以使他们变得聪明的事情。

组间对照效应就像一个木楔子。它们强行进入两个群体之间任何一个小的缝隙，然后把缝隙变大。这种效应的根源在于对自己所在群体根深蒂固的忠诚。我是“我们”中的一员，不是“他们”中的一员，我才不想像他们一样（恶心）呢！

在学校，学生群体联盟的形成通常基于学生的学业成绩和学习动机。阅读好的与阅读差的，书呆子与捣蛋鬼，拍马屁的和与老师冲撞的。一直到高中阶段，这些群体才有名字、才有稳定的成员，但在小学，你已经看到这些群体的雏形了。喜欢与好学生待在一起的人，也对学校功课有正面的态度。与成绩不好的学生混在一起的人，一般不喜欢上学。如果一个孩子从一个群体换到另一个群体（这种情况在小学中仍然可能发生），你就会发现他的态度发生了改变，变得跟新群体成员的态度一样了。

这不是自尊的问题，这是有没有下工夫去练习的问题。对学习有负面态度的孩子，不愿意在学业上多动脑筋，因为他们认为学校的功课不重要。他们对自己的态度不坏，他们只是对学校的态度不好而已。他们的自尊水平并不低。例如，黑人学生在学校中的学习成绩往往不如白人学生或亚裔学生，但是他们的自尊水平并不低。自尊是组内地位的体现。人们往往在与同组其他人比较的基础上判断和评价自己。

A 小姐的掌上明珠

在写儿童发展教科书之前，我并没有摒弃教养假设，那时，我还不了解群体社会化的力量。在那本书中，有一个故事叫做“A 小姐的掌上明珠”，我今天必须道歉，在我写那个故事时，我并不知道 A 小姐的班上到底发生了什么，我想我现在懂了。

A 小姐是教育家艾吉尔·佩德森（Eigil Pedersen）和同事在《哈佛教育回顾》（*Harvard Educational*）发表的一篇文章中对一位老师的称呼。佩德森在 20 世纪 40 年代读小学时，A 小姐是他一年级的老师。这所学校历史悠久，学校建得像一座城堡，窗户上面都装着铁栏杆。在这所城市中心的小学里，大部分学生都是穷人家的孩子和移民的孩子，三分之二是白人，三分之一是黑人。只有一小部分毕业生上了大学，大部分学生连高中都念不下去。在这所学校里，打架是家常便饭，学校惩罚打架的方式是用皮鞭体罚。即使是这样，每天动用皮鞭的次数都有两到三次，你能想象这样的学校吗？

艾吉尔·佩德森是这个学校为数不多的优秀校友，他高中毕业后进入大学，在 20 世纪 50 年代又回到这所学校教书。在教书期间，他开始翻阅学校的记录，想找到为什么这么多学生连高中都念不下去的原因。在记录中他发现了一些有趣的东西，使他放弃了原来的研究，专心探讨 A 教师在她一年级班上所产生的效应。

佩德森发现，A 小姐对她的学生产生了特别深远的影响。A 小姐的学生功课都很好，这说明不了什么，因为 A 小姐评分很松，但佩德森注意到，A 小姐的学生到了二年级时，尽管被分到不同的班上，但他们的功课仍然很好。通过跟踪研究，佩德森发现 A 小姐的学生的学业优势一直保持到七年级。受好奇心的驱使，佩德森将研究扩大到学校范围之外，访谈了一些 A 小姐教过的学生。他发现 A 小姐教过的学生长大成人之后的表现，比其他老师教的学生都要好。就职务提升而言，他们比其他的校友快得多。

A 小姐以前的学生告诉佩德森，A 小姐简直是一个圣人。她从不发脾气，总是在放学后还留在学校帮助那些学习有困难的学生。虽然这些孩子来自不同的背景，但在 A 小姐的帮助下，都学会了读书。她还把她的午餐分给那些没有带饭或带不起饭的孩子吃。他们毕业了二十年，但她仍然记得他们的名字。

在我的教科书中，我将 A 小姐的持久效应归因为她给一年级学生的领先作用。但是“赢在起跑线上”等项目随着时间的流逝，即使学生在短时间内能取得引人注目的成绩，但领先优势终究会消退。为什么 A 小姐的效应持久不衰呢？

这里有一个线索。在佩德森访谈过的学生中，每一个人都能准确地说出 A 小姐是他们一年级的老师，但四个不是 A 小姐的学生却也说 A 小姐是他们一年级的老师。佩德森说，这是学生的“一厢情愿”。

一厢情愿能使学生建构他们从未涉足的教室的记忆吗？记忆远不如人们相信的那般可信。的确，记忆既可以被创造，也可以被毁灭。但我认为这里一定有什么名堂。

要解释清楚，我得岔开话题一会儿，谈一谈领导者。群体都有领导者，领导者不一定是该群体的成员，群体可以受到来自内部和外在的影响。尽管老师不是群体成员，但她可以是影响某一个群体的领导者。

领导者有三种方式影响群体。第一，一个领导者可以影响某一个群体的行为规范，如成员的态度和他们认为适当的行为。要做到这一点，不必直接影响每一个成员，只要影响多数人就行了，甚至影响一些有支配地位的成员就可以了。文化势力，如电视，也是这样起作用的。根据群体社会化理论，没有必要让群体中的每一个男孩看某一个电视节目，某个男孩是否看了这个节目并不重要，只要大多数与他同年龄的孩子看了，同样会对这个男孩的行为规范产生影响。

第二，一名领导者决定某个群体的界限：我们是谁，他们是谁。这是希特勒最擅长的。

第三，一名领导者明确某一个群体的刻板印象。

一位真正有才华的教师同时具备以上三种领导能力。一位真正有才华的教师能阻止班上的学生四分五裂，将全班同学凝练成“我们”——把自己当作学者的“我们”，把自己当作能干、勤奋的“我们”。

不要问我他们是如何做到这一点的，我也不知道。来自玻利维亚的移民杰米·艾克兰特（Jaime Escalante）——东洛杉矶中学的数学老师，教一帮墨西哥裔的美国孩子（是电影《为人师表》（*Stand and Deliver*）的原型），就是这样的一位老师。一位传记作家这样形容他对学生的影响：他让他的学生觉得自己是一群英勇的战士，正在执行一项艰巨的秘密行动。另一位有才华的老师是乔斯林·罗德里格斯（Jocelyn Rodriguez），在纽约布朗克斯中学任教。罗德里格斯让班上的学生（大多是黑人和西班牙人）形成一个严密的组织，每个班的学生为自己的班集体命名，设计旗帜，谱写班歌。她的一位学生告诉记者：“我们都是真正的朋友，所以我们不介意坐在一起。”

这些特殊班级的一个主要特征是，学生对待差生的态度，他们为差生鼓劲加油，而不是嘲笑差生。罗德里格斯班上有一个男孩有阅读问题，当他取得进步时，全班同学为他喝彩。“每次他哪怕是取得一丁点进步，全班同学都为他鼓掌。”

你在日本也可以看到同样的情形。当某个孩子犯错误时，同学都批评他；当他表现好时，大家都为他喝彩。一个孩子的不端行为被看作是全班的污点，一个孩子的进步被看作是每一个人的成就。这不是因为日本的孩子更好，在操场上，欺负同学的现象也很普遍。我不知道老师是如何做到这一点的，是因为他们的教学方法、文化因素，还是二者兼而有之，但我认为他们同舟共济的理念是日本孩子比美国孩子功课好的主要原因。当教室里没有人采取敌视学校、敌视知识的态度，每一个孩子最大限度地刻苦学习，老师就能蹭蹭地走在前面，带领学生取得进步。

让我们回到A小姐这儿。我认为她有一股神秘的力量，把班上来自不同背景的孩子凝聚成一个爱学习的群体——一个“我们”，一个“我们”的社会类别，不管它有没有名字。我想A小姐让班上的孩子觉得自己在一个特殊的社会类别中，“一群正在执行一项艰巨的秘密行动的英勇战士”。即使他们毕业后，这种自我归类还一直在影响着他们。这种自我归类使他们远离敌视学校的态度，并使他们觉得自己比同年级的其他同学强。这种特殊的社会类别一定被其他班上的学生认同，这就是为什么佩德森采访过的校友说自己曾经是A小姐班上的学生，他们渴望成为A小姐群体中的一分子。因此，在那所古老的学校里，在装着铁栏杆窗户的背后，在一群贫穷孩子的中间，有一群爱学习的孩子认为自己是“A小姐的孩子”，即使他们从没有踏入过A小姐的教室。

也许艾吉尔·佩德森自己是那个小组的成员，也许这是他努力成为学校知名校友的原因。但事实上，他一年级的老师是B小姐。

长久的分化

在发展中有许多恶性循环，例如，不被同伴喜欢的孩子很少有机会发展自己的社会技能，超重的孩子回避体育运动，因此会越来越胖，但是没有什么恶性循环比智力上的恶性循环更糟糕的了。一开始稍稍落后同伴的孩子往往回避做一些让自己变得更加聪明的事情，结果他们越来越落后。与此同时，那些一开始稍稍领先的孩子不断地锻炼、开发自己的大脑。

行为遗传学家发现智商在人们的一生中会不断提高，老年人智商预测会提高八个百分点，看起来老年人智商的差异百分之八十是基因的作用。但是这样说可能会误导读者，因为并不是所有的差异都是基因直接作用的结果，许多差异是由人们童年时期和成年时期的选择造成的。是看电视还是写家庭作业，是打球还是去图书馆，是呆在布列塔尼的圈子里还是换到布莱娜的圈子里，是否上大学、选什么课程，是跟罗杰结婚、还是跟罗德尼结婚等。在行为遗传学研究中，这些人生中选择的结果表现为对智商产生的遗传性影响，看起来是遗传的作用，但事实上，研究者测量到的是直接遗传效应和间接遗传效应的综合效应。

人的一生中智商的增长多半是间接遗传效应，即基因效应的效应。最初细微的差异可以迅速变成很大的差异。实际上，智商测试低估了差异的气球效应，因为差异是依据儿童与同龄人相比较、每个年龄段取同样比例得 130 分、100 分、70 分的人而产生的。

当一个班上的孩子根据学业成绩分成若干个小组时，组间的对照效应加大了组间的差异。这种效应对学习不好的学生影响更大，因为学习好的学生已经在尽力了。我认为，组间对照效应是间接影响智商的重要原因。

当班上的孩子根据种族或社会经济地位分成若干个小组时，当小组之间开始产生差异时，对照效应会加大这种差异。如果你任意地将一个班的学生分成海豚组和鼠海豚组时，碰巧海豚组有一两个特别优秀的学生，而鼠海豚组有一两个功课跟不上的学生，那么两个组就会有不同的行为规范，就会对功课采取截然不同的态度，即使两个组学生的平均智商开始时差不多。假设经过几年的学习，两个组的成员继续把自己看作海豚组或鼠海豚组的成员，只与本组成员交往，要么努力学习、要么对功课嗤之以鼻，那么，最初他们对功课采取的不同态度就会导致智商上的差异。

丹尼尔·塞利格曼（Daniel Seligman）在《智力之问》（*A question of Intelligence*）一书的观点与《钟形曲线》（*The Bell Curve*）一书很相似，但他比较低调。在第一章，塞利格曼谈到黑人与白人智商的差异，并指出社会科学家将该差异归因到环境差异上。塞利格曼表示，社会经济地位的差异、收入的差异不是一个充分的解释，即使是来自同一个社会经济阶层，或者有相同收入的家庭的孩子，他们的智商也会有所不同。塞利格曼对这些结果感到很沮丧，但他也没有完全接受环境差异论：

> 然而，这些细节并没有终结人们对环境效应的争论。原则上，黑人与白人之间的差异可能是由于其他环境因素所致，社会科学还没有找到合格的数据。坚持到最后有关环境差异的争论提出 X 因素，X 因素是无法量化和界定的东西，但是这种争论一直在继续，它来自美国黑人的体验。美国黑人的体验是独特的，与白人的生活没有可比性。在这个过程中，它降低了环境因素与差异之间的相关性。同样，没有人能说清楚 X 因素怎样抑制智力的成长。

我想我知道 X 因素是什么，我可以清楚地把它描述出来。黑人孩子和白人孩子形成不同的群体，有不同的行为规范。这些不同和差异被组间对照效应放大，并长期对孩子产生影响，这就是 X 因素。

在三岁左右，孩子就已经注意到人们可以按种族分类。在接下来的几年里，种族区别变得越来越明显，并成为儿童划分小群体的方式之一。他们是否这样划分，部分取决于一些不重要的东西，如人数，指在特定的时间和特定的地点有多少孩子。当没有太多选择的情况下，男孩和女孩通常在一起玩，他们将自己归类为“孩子”。黑人孩子和白人孩子的分类也是如此。

美国孩子通常在小班教学中学到更多的东西，这可能是老师更容易将一个小班形成一个团结的群体。在这样的群体中，孩子们不会形成对立的小组、对学校功课不会有对立的态度。

如果一个班上的孩子在社会经济地位和种族上有所不同，假如一个种族的人来自中产阶级，而另一个种族的人不是的话，那么世界上最好的老师也无法将他们融合成一个群体。

社会学家珍妮特·斯科菲尔德（Janet Schofield）花了好几年时间研究一所叫韦克斯勒的学校里六年级和七年级的学生。韦克斯勒是一所城市学校，黑人学生和白人学生的比例相当。大多数白人孩子来自中产阶级家庭，大多数黑人孩子来自工人阶级或低收入家庭。尽管教师和管理人员致力于倡导种族和谐，但效果甚微。黑人孩子和白人孩子相互不信任，离响尾蛇队和鹰队之间公开的敌视只有一步之遥。在韦克斯勒，很少见到白人孩子和黑人孩子一起在操场上玩耍，也很少看到他们坐在一块吃午餐。

韦克斯勒的孩子来自不同的社会阶层，但这并不是孩子们注意到的，孩子们注意到的是种族上的差异。这个学校的黑人孩子和白人孩子都一致认为，白人孩子学习成绩好，而黑人孩子不喜欢学习：

> 西尔维亚（黑人）：我认为他们（黑人）不在乎学习。白人孩子到了该接受教育的时候，他们都等不及要去上学。
>
> 安（白人）：黑人孩子根本不在意他们的成绩怎么样。

群体之间的差异不仅仅是学业上的。白人孩子和黑人孩子都认为白人软弱无能，黑人勇敢好斗。一个黑人女孩告诉社会学家："真受不了！他们根本不知道怎样打架。"如果谁胆敢跨越种族的界限，就会招致群体所有成员的反对：

莉迪亚（黑人）：你若与一个白人孩子交朋友，她们（其他黑人女孩）会很生气……她们说黑人要交黑人朋友，白人要交白人朋友。

斯科菲尔德观察到："对于黑人学生来说，学习好意味着离开自己的朋友，加入到白人孩子的圈子中。"学习好的黑人孩子常常有其他黑人孩子给他们施加的压力，叫他不要努力学习。在其他黑人孩子看来，他们没有遵循所在群体的行为规范，他们想做"假白人"。这些孩子并没有从父母那儿学到这种敌视学校的态度，因为所有种族的父母都认为教育很重要，并对孩子的学业寄予了很高的期望。有的研究者发现，黑人和墨西哥人父母比白人父母更重视教育。

虽然斯科菲尔德对韦克斯勒学校的研究发生在上个世纪 70 年代，但情况并没有发生什么变化。二十年后，布朗克斯的一位老师告诉《纽约时报》的一名记者，说她有的黑人学生"宁愿在电视摄像机前戴着手铐游行，也不愿意坐在那儿读书"。做"假白人"在黑人孩子中间仍然是一句骂人的话。

这种"要黑人孩子像黑人、白人孩子像白人"的压力就跟响尾蛇队队员不许哭、鹰队队员不许说脏话的压力一样，这种压力来自群体内部，虽然这种压力并不明显。你不必要求孩子们遵守他们所在群体的行为规范，他们会主动做到的。

我在这里谈的是黑人与白人之间的对照效应，但是在有的学校里，对照发生在亚裔美国人和白人美国人之间，或两组白人，两组黑人之间。纽约长岛的一所学校校长告诉记者，他们学校里海地移民的孩子和美国土生土长的黑人孩子之间的矛盾。海地孩子（也是黑人）通常学习很好。一位海地少年抱怨被美国黑人孩子嘲笑："当我们表现好、尊重老师时，他们说我们做'假白人'，好像我们比他们强。"在布鲁克林和布朗克斯的一些地方，牙买加的移民黑人后代形成有别于其他黑人孩子的群体。牙买加移民的孩子学习好、表现好，他们成功的故事让人联想到一个世纪前犹太移民孩子的故事。那位不想当总统的科林·鲍威尔就是住在布朗克斯的牙买加移民的孩子。

多年前在德国有一个研究，研究一些父亲是美国军人、由德国母亲抚养长大的孩子。研究者发现，那些父亲是白人或是黑人的孩子，他们的智商没有任何差异，尽管按照惯例看，这些不同种族通婚生下来的孩子是“黑人”。这些孩子没有自己的群体，因为任何一所学校都没有多少这样的孩子。他们在学校通常被其他白人孩子排斥，就像达加·麦斯顿被西藏修道院中的同伴排斥一样，但这并没有使他们产生阅读不重要、学校很烂的想法。

“刻板印象的威胁”

“棍棒、石头可以打断我的骨头，但名称不会伤害到我们。”这当然不对：名称的杀伤力极强。但是造成严重伤害的名称是我们自己给自己命名的。我们对自己的刻板印象，而不是别人强加给我们的刻板印象，影响是长久的。他人对你、我的行为和智力影响的期望被大大地高估了。

但是这个看法却经久不衰，如果这个预言实现了，这一定是预言的错。社会心理学家克劳德·斯蒂尔（Claude Steele）认为，“刻板印象的威胁”才是给人们造成伤害的东西。如果你让一个数学好的女孩更多地意识到自己是一个女性时，那么，她在数学能力测试中的表现就会比较差。如果你提醒一个学习好的黑人学生是个黑人时，那么，她在学业考试中的表现也会比较差。斯蒂尔发现，要想降低一个黑人孩子在学业考试中的分数，你只要在考试之前，让她填写一份问卷，里面有一个关于

“种族”的问题就可以达到目的。

自我归类对社会情景异常敏感。斯蒂尔所做的是激发被试的群体意识：增强种族和性别的显著性，使被试更容易将自己归类为“黑人”或“女性”。伴随着自我归类是该群体的行为规范，人们一旦违反所在群体的行为规范，会感觉非常不自在。

斯蒂尔将与刻板印象威胁联系在一起的不自在归因为害怕失败，也可以将它归因到三十年前心理学家马蒂娜·霍纳（Matina Horner）所说的“害怕成功”：霍纳发现一群年轻、聪明的女士有“害怕成功”的问题。我认为这种不自在是由于既想做好，又怕做好之后违背了所在群的行为规范之间的矛盾所引起的。霍纳并没有被这种矛盾心理左右，当人家请她去做拉德克里夫学院的校长时，她并没有拒绝。

正如克劳德·斯蒂尔证明的，的确有些妇女害怕在数学方面做得太好而违反了她们所在群体的行为规范，他将这些效应归因为社会对女性不公平的刻板印象。我认为这是群体加诸于自身的刻板印象的结果（并不否认社会有刻板印象）。在女性特征不那么显著的情境下，女性在数学和科学上都做得很好。女子大学培养出许多优秀的科学家。女子大学中的学生跟我们一样生活在这个社会里，但是她们较少将自己归类为“女人”，因此她们较少与男性进行比较。

就社会整体而言，它并没有区分从牙买加来的黑人或从其他地方来的黑人。牙买加的后裔之所以很成功，是因为他们对自己有着不同的刻板印象。

干预计划

学龄前儿童启蒙计划，最有影响的是“领先计划”，产生于1965年。儿童启蒙计划的效果如何呢？两位发展心理学家对此有不同的看法。持批评态度的心理学家指出“领先计划”旨在“帮助低收入家庭的孩子，预防他们学业失败，增加他们成人后成功的机会”，但是没有证据证明这个目的已达到。持支持态度的心理学家被逼到角落里，被迫承认启蒙计划对黑人孩子来说并没有产生长久的效益，但是它的确帮助孩子们得到了社区资源，使孩子们的免疫力得到提高，使孩子们没有轻易中途退学。虽然这些都是值得做的事情，但它们远远没有达到计划的预期。

大多数像“领先计划”的启蒙计划，效果是短暂的，有的效果完全测量不出来。有趣的是，那些没有任何效果的计划都在试图改变“父母”的行为。那些靠专业人士做家访的计划的确改变了父母的行为，例如，较大程度地降低了对孩子的虐待，但是并没有对孩子在家庭以外的环境或者学校里的行为表现产生明显的影响。那些有父母参与的计划与没有父母参与的计划，结果差不多。这正是群体社会化理论预测的。

要想让干预计划起作用，我认为它们必须要改变某一个群体孩子的行为和态度。如果要让这样的计划有长期效应，孩子们彼此之间必须保持交往，始终认为自己是该群体中的一员。因此，我预测那些针对全校学生的计划比从十到十二所学校中挑选十七名学生的计划要成功得多。

有一个这样的例子，这个计划的目的是在学龄儿童中间减少攻击性行为，增强互助合作。训练针对全校的学生，结果发现这些学生在操场和餐厅的行为有了改变，尽管改变不大，但已具有统计学意义。发生改变的是群体的行为规范。正如我的理论预测的，孩子在家里的行为却没有发生改变。

针对父母的干预只能改进孩子在家里的行为，不能改变他们在学校的行为。立足于学校的干预能改进学生在学校的行为，而不能改变他们在家里的行为。这些研究结果（在该书出版十年之后仍然有效），为反对教养假设提供了有力的证据。证据之所以有力，是因为研究设计正确，孩子们被随机分到干预组或控制组。研究方法是实验法，不是相关法。

语言课程

在第四章中与灰姑娘一同出现的还有一个叫约瑟夫的男孩，虽然这不是他的真实名字，但确有其人。当约瑟夫七岁半时，他的父母从波兰移民到密苏里州的农村地区。他们到美国的时候，约瑟夫和他的父亲都不会说英语，他的母亲上了六个星期的语言课程，可以读一些简单的英语单词。

约瑟夫的父母没有什么特殊的技能。一开始，他的父亲在苗圃做工，后来当管理员，给人看门。他的母亲没有外出找工作，在移民后的七年里，英语能力仍然非常有限。我告诉你约瑟夫的背景信息，主要是让你知道约瑟夫没有任何基因或文化上的优势使他的过渡更容易一些。从研究他的心理语言学家的报告中，可以看出他是一个非常普通的孩子，是普通父母生的普通孩子。

约瑟夫五月份到达密苏里，夏天就结交了一些说英语的朋友，开始跟着他们学英语。八月底学校开学时，心理学家评估他的英语能力相当于两岁大的孩子。学校没有翻译，也没有为不会说英语的孩子开设的特殊班级。他被编入二年级，班上的孩子跟他同年，没有一个学生会说波兰语，老师也不会。老师用英语上课。这种方法通常被叫做“不论成败、孤注一掷”。

有一阵子，约瑟夫好像连挣扎的痕迹都没有。在开学的头两个月里，约瑟夫坐在教室里，什么话都不说，好像沉到了谷底。但是他对周围发生的一切非常警觉，他通过观察其他的孩子，努力搞清楚老师在说什么。例如，当老师让他们拿出拼写本，约瑟夫看到其他同学拿出拼写本时，他也把自己的拼写本拿出来。

他的进步非常神速。到了十一月底，他一边往操场走，一边说出以下句子：“托尼，如果你不让我玩，我再也不会把车子给你了。”虽然句子不是十全十美，但是他已经让托尼明白了他的意思。

在他到了美国十一个月之后，八岁半的约瑟夫理解和使用英语的水平已经与一个在美国出生的六七岁的孩子差不多了，虽然他还带有波兰口音。又过了一年，他已赶上了他的同学，几乎听不出他的口音了。到了十四岁的时候，尽管他在家里还说波兰语，但他的英语发音与他的同学没有任何区别了。他在学校的表现也呈现出同样的趋势：在低年级时，他经历了一段时间的阅读困难，从五年级开始，他的成绩已经是中等或中等以上的水平了。

在约瑟夫的学校里，没有波兰裔的美国人，所以他不能加入其他非英语孩子的群体。像德加·麦斯顿一样，他属于另类。一个人无法形成一个群体，因此他将自己归类为“孩子”，“一个二年级的男孩”，并采取适合于该类别的行为规范，这些行为规范包括说英语。如果约瑟夫被丢到聋哑学校，那里的行为规范会很不一样，约瑟夫就会学习用手语来沟通。一位参观过聋哑学校的社会学家曾经说过：“这是一个让人学习成为聋哑人的地方。”以下是这位社会学家与该校一位经验丰富的老师之间的对话：

社会学家：你见过“聋哑行为”吗？它是什么样子？

老师：我不知道我能不能讲清楚。我们曾经有一些孩子，他们还有些许听力，但久而久之，他们的行为变得越来越像聋哑人了……这不仅包括他们不再使用口语……这是一件很糟糕的事情，但是的确发生了。

社会学家：请再解释一下，我以前听说过这样的事情……如果一个会说话的孩子来到这里，他们（指聋哑学生）会让他不再使用口语，是吗？

老师：他们不再说口语。

社会学家：为什么呢？……他们有压力吗？

老师：压力来自其他孩子，所以他们开始学习聋哑人的行为举止，让自己变成聋哑人。

现在请你想象一下，如果约瑟夫的父母住在有许多波兰移民的地方，如果班上有好几个不会说英语的同学，会是怎样的情形？如果约瑟夫去了一所为不会说英语的孩子开设双语班的学校，约瑟夫会学得更好吗？

当然，他会发现前面的过渡期要过得容易一些，在学校的头一两个月不会压力这么大，但是他的英语会学得一样快吗？

这是一个有争议性的问题，但你知道我不是一个害怕争议的人。答案是否定的。一位博学的评论员说过，双语教学一直是一个“惨败”。

群体社会化理论可以解释双语计划为什么失败，失败的原因是它们要创造出一个有不同行为规范的群体，这些行为规范允许该群体中的孩子不说英语，或说得不好。事实上，光是老师说一口语法正确的标准英语是不够的，就像在聋哑学校，不是老师让那些听力残存的孩子不再开口说话，聋哑学校的大多数老师都是听力正常的人。

语言既是一种社会行为，又是一种知识，是可以传授的。老师可以传授知识，但他们对学生行为规范的影响却极其有限。即使是一位优秀的英语教师，也会因为她的学生进步缓慢而感到沮丧，除非她可以说服他们，告诉他们说英语是他们群体的行为规范。当老师最难的一点，不是让学生随波逐流，而是要说服他们逆流而上。

在有许多移民家庭的地区，双语计划让孩子在学校的大部分时间里，与他们讲同样语言的孩子为伍，一位老师观察到：

> 俄罗斯学生结果都在讲俄语，海地的孩子讲克里奥尔语，墨西哥的孩子讲西班牙语。他们彼此抱团，创造出一些子文化。他们一起上学，整天呆在一起。

如果学校没有足够多的俄罗斯孩子形成自己的群体，双语计划就会把他们与其他移民的孩子放在一起：

> 有一个辅导员笑着说，有一些俄罗斯的孩子说的英语带有西班牙口音，而其他的孩子则带有牙买加的口音。

如果群体里的大多数孩子说英语都带有西班牙口音，那么该群体中的孩子说的英语也会像他们一样，带有西班牙口音。这个口音不会消失，为什么要消失呢？口音在这个群体中很正常，这是他们说话的方式。如果他们在这个群体里度过青春期，那么他们成年之后也会这样说英语。如果他们在一起时说西班牙语、俄语或韩语，那么英语对他们来说只是第二语言而已。他们思考以及做梦，都会用西班牙语、俄语或韩语。

背井离乡并不是移民做出的唯一的艰难的决定，到了新的国度之后，他们又将面临另一个决定，他们必须决定哪一个对他们更重要：是让孩子保留本国的语言和文化，还是成为新语言和新文化的主人。当约瑟夫的父母在一个没有其他波兰移民的地区定居下来之后，他们选择了第二者。他们的儿子成为一名“真正的美国人”，有别于他的波兰同伴。但是约瑟夫美国化的代价是波兰语。尽管他从婴儿时期起就开始学波兰语，并且在家里也说波兰语，但波兰语对约瑟夫来说，就像离开水的鱼一样。

如果二人成双，那么几人成群呢？

文化是通过同辈群体，而不是家庭，代代相传的。儿童习得同龄人的语言和文化，而不是父母或老师的文化。如果他们没有共同的文化，他们就会创造出一个文化。儿童设计的文化更可能是一个集锦，但如果你在想“骆驼牌”的东西，就忘了它吧。

大多数孩子不用创造文化，他们可以利用从父母那儿习得的文化，加以更新以适合自己更加有知识的品味。现在电视成为信息输入的主要渠道，适合他们不太有知识的品味。

我不否认大多数孩子从父母那儿习得语言和文化。如果他们的父母和许多朋友都说英语，那么他们没有必要去发明一种新的语言，或者再把英语重新学一遍。文化也是如此。父母与孩子之间的协定是误导发展心理学家的因素之一。这是一条转移人们注意力的虚假的线索。如果我们对一个家庭不作任何改变，只是把它丢在一个有不同语言和文化的地方，那么，孩子的结果会完全不一样。如果他们年龄较小的话，他们会快速地习得第二语言和文化，就像他们习得第一语言和文化一样容易。因此，在你出门之前，父母教给你的当地的习俗似乎没有多大益处。主要的好处是，当后来你邀请学校的朋友到家里来玩时，不至于太尴尬。

一般来说，大多数孩子都习得了与自己父母相同的语言和文化，因为大多数父母与住在一起的邻居有着同样的语言和文化。当他们的孩子上学后，发现其他孩子也来自同样的家庭。家长只用顺水推舟、随波逐流就可以了。

但大型的公立学校服务于几个不同的社区，这些社区有各自不同的文化，更精确地说，子文化。社区居民说话带有不同的口音，他们对如何经营家庭、在公共场所应该有什么样的行为举止、如何生活等都有不同的看法。你还记得在本书中出现过几次的墨西哥村落中的宁静平和的拉巴斯族和凶残暴力的圣安德列斯族吗？在美国相隔几个街区的社区，就有可能像拉巴斯族和圣安德列斯族一样的居民。

如果在拉巴斯和圣安德列斯中间地带有一所学校，我可以想象出那里的气氛一定跟社会学家珍妮特·斯科菲尔德研究的韦克斯勒学校中黑人学生与白人学生的关系一样。来自拉巴斯和圣安德列斯的孩子会形成不同的群体，一个村庄的孩子不可能与另一个村庄的孩子交朋友。圣安德列斯的孩子会说拉巴斯的孩子软弱无能，说他们不会打架。拉巴斯的孩子会抱怨说，圣安德列斯的孩子总是推推搡搡、打打闹闹。群体意识会变得非常的明显。孩子们自觉遵守各自群体的行为规范，对照效应会加剧群体之间的差异。

现在想象一下一个略微不同的场景：这所学校靠近拉巴斯，大多数学生都来自拉巴斯。因为某种原因，圣安德列斯的一个男孩，我把他叫做米格尔，也去了那所学校。接下来会发生什么呢？他有什么样的行为呢？

也许你想米格尔将是操场上的淘气大王，因为他在村庄里学到的东西会让他成为小虾米中的大鱼。但我不认为文化中的差异、行为规范的差异会产生横行霸道的人。每一种文化中都有横行霸道的人，他们是违反行为规范的人。这是一个人格问题，不是文化问题。

假设米格尔是一个普通的孩子，一个像约瑟夫一样的孩子，根据群体社会化理论，他在学校的行为就会跟拉巴斯的孩子一样。因为他是唯一从圣安德列斯来的孩子，他没有自己的群体。如果他每天从家里来上学，在家里有其他朋友，那么他将变成具有双重文化特征的孩子：在家里很凶，在学校很温和。但如果他所有的朋友都是拉巴斯人，并且放学后以及周末都与这些孩子一起玩耍的话，那么，他也会像约瑟夫一样，失去他原来村庄的文化，习得一种新的文化，即拉巴斯文化，并采用新文化中的行为规范。

数量并不是一个小问题。一个班上的学生是否会分成不同的小组取决于班上的人数：大班比小班更容易分裂成小群体。班上的学生是否按出生的村庄、种族、宗教、社会经济地位或学业能力分组，取决于这些社会类别中有多少人。你需要最低数量的人形成一个群体，我不知道这个数量是多少，因为没有这方面的研究，至少没有涉及孩子的研究。在有些情况下，两个人似乎就足以形成一个群体，但通常需要三到四个人。

如果学校里大多数孩子是拉巴斯人，少数孩子是圣安德列斯人，就会有不同的结果。有的班上可能只有一两个圣安德列斯的孩子，在这种情况下，他们就会采用大多数孩子的行为规范，表现得跟拉巴斯人一样。在别的班上，如果有四五个圣安德列斯的孩子，他们就足以形成自己的群体了，这个群体的行为规范无疑具有攻击性。

在第九章，我提到一个关于美国黑人孩子的研究，他们没有父亲，来自低收入的“高危”家庭。住在低收入社区的黑人孩子，他们的行为更具有攻击性，因为攻击性行为是他们的常态行为。但是那些住在中产阶级白人社区的黑人孩子，他们的行为不太具有攻击性，这些没有父亲、来自低收入家庭、住在中产阶级白人社区的黑人孩子，他们的攻击性与那些中产阶级的白人同学的攻击性相比，水平差不多，因为他们已经采取了班上大多数同学的行为模式了。

所以人数是很重要的。少数来自不同社会经济地位、种族或国家的人往往会被大多数人同化，但如果他们有足够多的人形成自己的群体，就会保持原有的不同，并且对照效应会使差异进一步加大。如果人数中等，事态会朝不同的方向发展：如果两个班都有相同的多数人和少数人的话，其中一个班可能分裂成不同的小群体，而另一个班可能团结在一起，没有分离。这取决于偶然发生的事件，取决于孩子的个性，关键取决于老师。

我想，如果一个班上的学生来自截然不同的社会经济阶层，那么这个班的老师就很辛苦了。假如某一个孩子他家中唯一可以阅读的东西是饼干盒背后的广告，家里的电视从早开到晚，那么这个孩子对阅读的态度就会与家中有许多书和报刊杂志的孩子大不一样。一个父母都是大学毕业生的孩子，他对教育的观念也会与父母高中都没有念完的孩子不一样，他会认为一生中的前四分之一在学校里拼命学习是再正常不过的一件事情。这些孩子会把这些观念带到他所在的同辈群体中来，如果他的态度与其他大多数孩子一样的话，那么他就会将这种态度保留下来。如果一个社区中大多数家庭中都有许多书和杂志的话，那么学校教室中的氛围一定是倾向阅读的。如果一个社区中人们认为阅读是一件为需要所迫、没有半点乐趣可言的事情，那么在学校里，孩子们对待阅读的态度就会是：不读又怎么样？谁在乎？如果一所学校由两种不同家庭背景的孩子构成的话，那么这些孩子就会分裂成具有不同文化的群体。

《科学》期刊上的一篇文章表示，家里有字典和计算机的孩子，学业成绩都比较好。作者显然认为是家庭环境造成了这个差异。而我认为是文化，而不是家庭造成了这个差异。有字典和计算机的家庭通常都是中产阶级家庭，父母都是大学毕业生，这些家庭一般来说比较重视阅读、重视教育。小孩将这种文化带到他的同辈群体中来，他的群体也会保留这种态度，因为这是他们的共同之处。

你现在知道了为什么上私立学校的孩子功课比较好的原因了。这些学校的孩子背景都很相似：他们的父母都很重视教育，愿意在子女的教育上花钱。如果你把几个需要奖学金才能念得起书的孩子放在这种学校中，在孤注一掷、背水一战的情况下，他们会采取同学的态度和行为方式，会采用同学的文化。前英国首相，玛格丽特·撒切尔就是一所非常昂贵的私立学校中获得奖学金的学生。

现在你大概明白了为什么送一大批低收入家庭的孩子到私立学校行不通的原因了，因为他们在私立学校中仍然会形成自己的小圈子，继续保留以前的态度和行为方式。

被收养的孩子的智商

短期干预项目只对孩子的智商有短期效应，那么长期干预项目的效果如何呢？最极端的干预就是收养：给孩子一个新的家，通常是比他原来家庭社会经济地位高一点的家庭。

一位同事给我发邮件，提了一个自问自答的问题："家长重要吗？"他立即肯定地回答："是的。"收养可以提高一个孩子的智商，他说，这证明较好的家庭环境可以让孩子受益良多。

信奉教养假设的人将智商的上升归因为家庭环境和养父母身上，归因为婴儿摇篮上方悬挂的玩具，归因为家长大声给孩子读书，归因为书架上的字典和书桌上的电脑。但是这个孩子同样又生活在中产阶级社区，上中产阶级孩子上的学校，他同伴的家庭环境与他的家庭环境极为相似。这个孩子成长在一个大家都认为读书和学习很重要、甚至很快乐的环境中，他的同伴也有同样的看法。他们都非常喜欢读书、使用电脑、参观博物馆等。

只要收养他的家庭比亲生父母的社会经济地位高，收养可以提升孩子的智商，这是讲得通的。如果养父母是中产阶级，大多会住在中产阶级社区。如果养父母是没有任何技能的普通劳动者，他们多半不会住在中产阶级社区，那么在这种情况下，无论是我还是其他人，都不会认为收养会提升孩子的智商。法国的一项研究发现了同样的结果：由中产阶级父母收养的孩子的智商，比工人阶级父母收养的孩子的智商高。事实上，两个组孩子智商的差异达到十二个百分点。

这个差异是由家里的体验，还是学校和社区的体验造成的？是养父母的态度和行为、还是同伴的态度和行为造成的？我的同事会说是“父母”造成的，而我说是“同伴”造成的。

但人们对收养作用于智商有另一个疑问：这种效应能持续到成年之后吗？法国被收养的孩子在接受测试时，平均年龄只有十四岁。其他行为遗传研究也表明收养对智商产生的效应不会持久。在童年早期，同一家庭中被收养的孩子的智商有一定的相关性，这可能是因为家庭的智力氛围所致，例如父母使用的词汇等，但是这种效应是暂时的。当被收养的兄弟姐妹到了上大学的年龄，他们之间智商的相关性会逐渐降低。随着孩子的长大，他们越来越遵从自己的天性。根据物以类聚、人以群分的原则，他们会加入到对学业成就有不同态度的群体中。

另一方面，大多数行为遗传研究可能低估了收养的长期效应，因为研究者（如法国研究者）没有努力寻找生活在不同社会经济阶层家庭里被收养的孩子。在他们的研究中，大多数被试来自中产阶级家庭和社区，缺乏来自工人阶级家庭的被试者让人们很难看到环境影响智商的精准的画面。

幸运的是还有其他的数据。对不同年龄亲生和收养亲属的研究表明，随着孩子年龄的增长，他们的智商越来越像自己的亲生父母和兄弟姐妹，但是，即使到了成年时期，他们的智商还是超出没有被收养的亲生兄弟姐妹，他们虽然赶不上收养家庭中的兄弟姐妹，但他们还是比亲生兄弟姐妹要强一些。因此，我们可以说收养对智商有长期效应，尽管效应并不大，大概只有七个百分点，而不是十二个百分点。

这句话终于可以将华生很早以前所说的那句话做一个了结。他说：“给我一打健康的婴儿，我保证可以将他们训练成任何一个我选定的行家——医生、律师等。”智商增加七个百分点不可轻视，但是要让一个天资平凡的孩子进入医学院，七个百分点还是不够的。

因群体对照效应而下降

社区环境对童年时期有影响，因为小学的规模通常很小，学生都来自同一个社区。社区环境效应在青春期便会消失，其中一个原因就是中学规模要大得多。人数还是很重要的。即使中学里的同学背景相同，中学大规模的招生可以使学生分成更多的社会类别，以更多的方式进行分化。在白人社区长大的黑人孩子或亚洲孩子，他们先前的朋友都是白人，到了中学后，可能会找到可以认同的黑人或亚洲人群体。那些功课不好的孩子在中学可能会聚在一起，继而产生反学校、反社会的心理。一旦这样的群体形成之后，他们最初的特征就会因为群体对照效应被夸大。

群体对照效应像跷跷板一样：有人起来，就有人下去。总体结果会很差，因为下去比上来容易得多。

一旦孩子分裂成若干个群体，想再把他们捏拢在一块，就变得难上加难。因此，最好是一开始就不让他们分裂开来。教育者对此还是有些方法的。

一种方法是尽量让孩子们一样。这就是为什么在女子学校，女孩数学和科学成绩都很好，黑人大学也能培养出大量杰出的黑人科学家和数学家。这可能是学校统一的制服在起作用。如果让小学里的男孩和女孩穿上男女不分的制服，会产生什么样的结果呢？

另一种方法是分成与其他群体交叉的、新的群体，即将孩子分成不会产生坏处的群体，如海豚组和鼠海豚组，而不是分成能产生坏处的群体，如女孩和男孩、富人和穷人、聪明的孩子和笨蛋等。正如鹰队和响尾蛇队表明的，这种方法也有风险。最初不会产生坏处的分类也会升级为装满石头的袜子。诀窍就在于让社会类别处于平衡状态，使它们之间的影响相互抵消。如果一个孩子不能决定她是否是一个女孩、海豚组的成员或一个笨蛋，她可能会简单将自己归类为罗德里格斯女士六年级班上的一员。

如果以上的方法都不管用，那么万无一失的方法是为他们提供一个共同的敌人，这对黑猩猩群体起作用，同样对运动团体，如象棋队也起作用。在我读中学时，当图森中学与凤凰中学比赛时，墨西哥裔的美国孩子和白人孩子团结起来，一起为自己的学校呐喊加油。当罗伯斯山洞的研究者告诉响尾蛇队和鹰队有人故意破坏了营地的供水系统后，两个队的孩子就团结起来、并肩作战。

领导者可以将人们聚集起来，也可以将他们拆散。如今老师经常做的事情是出于好心，让学生越来越意识到他们可以分成不同的社会类别。我认为教师的任务不是要强调学生之间的文化差异，而是要降低这种差异。教师的任务是给学生设定一个共同的目标，将他们凝聚起来。

第十二章

长大成人

在一个昏暗的冬天的下午，我坐在书桌前读一篇关于青少年犯罪的文章。除了一只狗外，家里没有任何人。这是1994年元月二十日。

文章的作者是特瑞·莫菲特（Terile Moffitt），一位我十分敬重的发展心理学家。在文章中，莫菲特说，“违法行为”在青少年中如此普遍，已经成为他们生活的一部分。关于青少年犯罪的报道很少让我犹豫不决，我对此早已见怪不怪了。但莫菲特对这个讨人喜欢的小癖好的解释令我感到吃惊。她说：“犯罪是一种能让你得到你想要的资源的社会行为，我认为这个资源就是‘成熟的地位’，以及与之相伴的权利和特权。”

等一下！我想，她是说青少年犯罪是因为他们想和成年人一样？这不可能，如果青少年想和成年人一样，他们就不会在药店偷指甲油，不会在立交桥上喷“我爱丽萨”。如果他们真的渴望“成熟地位”，他们就会去做成年人做的无趣的事情，如将脏衣服分类送洗或报税等。青少年并不想变成大人：他们是想与大人区别开来。

这个想法立即在我的脑子里开了花，就像魔术师的花束一样。几分钟后，我的群体社会化理论就成型了。这个理论的大意是，孩子认同他们的同伴，并依据所在群体的行为规范来调整自己的行为，而群体对照使他们采取与其他群体不同的行为。直到这一刻，我才彻底理解群体社会化理论的全部意义，我回过头去仔细思考相关证据，然后才完全接受了它。嘿！不是父母，根本不是父母！

一切都清楚了，所有与现行理论不相符合的观察和研究突然间都有了意义。

我并没有天真到相信每一片乌云背后都有阳光，有些乌云彻头彻尾就是灰色的。如果当年哈佛大学没有把我踢出来，而是让我读完博士；如果我不是因为身体不好，找一份可以在家里干的活；如果我有指导教师、同事和学生，这一切都不会发生。如果我经历了常规的做研究的洗脑过程，成为学术界具有良好声誉的一员，我一定不会意识到教养假设只是一个假设而已，而且没有足够的证据来支持它。我也不会写一篇文章说家长一点作用都没有，然后把它寄到莫菲特发表她的文章的期刊上发表。我也不会写这本书，你现在也不会读到这本书了。

是青春期的孩子让我看到了光明，因为这个时期的行为可以看得最清楚。即使那些最赞成教养假设的人也承认青少年受父母的影响比较小，受朋友的影响比较大。但是支持教养假设的人会说服自己：这个年龄段的孩子跟小孩子不一样，他们的荷尔蒙使他们的行为变得怪异甚至疯狂。

我的观点是，青少年跟我们一样，他们也是人类中具有良好声誉的成员。他们有同样的大脑，都是用胡萝卜加大棒拉扯大的。他们也想跟他们群体中的人一样，甚至比他们更好，他们不想像其他群体的成员一样。他们这些奇异的想法并不是在钟敲十三下时突然蹦出来的，这些愿望也不是舞台上稍纵即逝的片段。

但是人们不禁会问，如果他们真的跟我们一样，有大脑的话，为什么他们总是给人们他们忘记用大脑了的印象？为什么他们跟小孩子比起来，更少一些社会化？虽然他们的社会化时间比小孩子的更长？

我在这一章里要谈到青少年的一些问题。我把本章的题目定为“长大成人”，而不是“青少年”，因为它是从童年开始直到老年才结束。如果你对青少年不感兴趣，想要跳过这一章的话，我希望你不要错过本章的结论。

为什么小孩子要长大？

一个自作聪明的研究生曾经对我说*，我的理论有问题。如果孩子们遵循所在群体中的行为规范，如果行为规范是大多数人定的，如果某一群体的孩子年龄差不多，那他们如何成长？为什么他们的行为不再像小孩子而开始像大孩子？他们的行为规范是如何改变的？

传统的解释是，也是研究生赞同的，儿童模仿成年人。随着他们的长大，他们越来越假装像大人。我反对这种解释，有两个理由：第一，我在第一章里说过，在大多数社会里，小孩子行为像大人的话会被认为是无礼的，因此，小孩上的第一堂课就是：他们的行为不能像大人；第二，我在第九章里说过，一个孩子的目标不是成为一个成功的成年人，就好像囚犯的目标不是成为一个成功的看守一样。孩子的目标就是成为一个成功的孩子。

一位研究亚马逊热带雨林的雅诺马马人的人类学家报告：

> 一个衣着考究的人往往只是腰上系了一条绳子而已，这条绳子主要用来绑住阴茎的包皮。当一个小男孩成熟之后，他开始将阴茎绑在自己腰间的绳子上。雅诺马马人用这种方式来表示男孩的年龄：“我的儿子开始绑阴茎了。”这个年龄的孩子因为没有经验绑不牢阴茎，常常会遭到同伴的取笑。要过一阵子之后，阴茎的包皮才

* 我不是学术界具有良好声誉的成员，但是我有的同事教研究生。

会被拉长，可以被绳子牢牢地绑住。在这之前，阴茎常常会滑落，让它的主人窘迫不堪，并引来其他男孩和族中男人的大笑。

我们从人类学家的描述中知道这种着装方式相当不舒服，问题是为什么男孩要忍受这种不舒服以及别人的取笑，开始把阴茎绑在腰间呢？是因为他注意到他的爸爸就是这样做的吗？人类学家、发展心理学家和自作聪明的研究生都是这样认为的。我却不这样认为。要测试这个想法的最好的方法就是找一个男孩，他的父亲因为某种原因，没有遵循族人的习俗将阴茎绑在腰间。我告诉过你这种情况，即孩子的父母具有非典型性，孩子是不会模仿自己非典型性父母的。因此，这个男孩不会模仿他的父亲，他会模仿其他的男孩，把自己的阴茎绑起来。

孩子希望像他的同伴一样，而且他最希望能够像群体中地位最高的孩子一样。在不同年龄混合的群体中，就像雅诺马马部落一样，地位高的孩子通常年长一些。小一点的孩子跟在比自己大一两岁的孩子的后面，充满钦佩和羡慕。

在有义务教育的社会中，孩子们把“留级”列为第三大恐怖事件。第一是“失去父母”，第二是“眼睛瞎掉”，第四是“在学校里把裤子尿湿”。一个雅诺马马的孩子绑不住阴茎，就好比美国孩子在学校里尿湿裤子一样，觉得自己不如别人。当同龄人或比他更小的孩子都已经把阴茎绑得很好，而他的阴茎绑不牢，不停地滑落，一边走路，阴茎一边摆动，他会觉得很丢脸。当一个雅诺马马男孩把自己的阴茎绑在腰间的绳子上时，他不是在模仿他的父亲，他在乎的是他在村里孩子们中的地位。大孩子的笑声是对他的鞭策，小孩子的尊敬是对他的肯定。

在我们这种都市化的社会中，同伴群体中孩子的年龄都差不多，但即使在同辈群体中，孩子在身体和心理方面的成熟也是不同步的。在这些群体中，比较成熟的孩子地位较高。成熟意味着有地位，因此，小孩子希望在行为、说话和衣着等方面都像大孩子一样。小孩子不会向大人寻求这方面的指导，因为在他们看来，大人属于另一个不同的社会类别，有着不同的行为准则。想要有更高的地位，想像大孩子一样，这一切都发生在群体内部，发生在“孩子”这个社会类别内部。而大人则是不同的种类，对孩子来说，大人并不是“我们”的高级版本，大人是“他们”。

你不要被雅诺马马族中男孩和男人都绑阴茎误导了，这并不表示男孩想要像他们的父亲一样。在一个社会中，在不同的社会类别中有许多共同的东西。雅诺马马部落的男人、女人、孩子的发型一模一样，都在头顶上剃出一小块青皮。在美国，男人、女人、孩子都用叉子和汤匙吃饭。

你也不要被雅诺马马的孩子在游戏中假装他是大人所蒙蔽，他所扮演的不是他自己的父亲，而是他心目中理想的男人。在游戏中，孩子可以扮演任何他喜欢的角色，巫婆、马、超人、婴儿等。他们不会将想象与现实混为一谈。在美国，女孩子在玩过家家时假装是妈妈，但并不认为她在现实生活中是妈妈。在游戏中扮演老师的孩子不会在学校教室里那样做。

如果一个孩子不恰当的行为被贴上“游戏”的标签，那么他就没事了，就像一个成年人不恰当的行为被贴上“玩笑”的标签没事一样。当人们没有玩游戏或开玩笑时，他们的言行、着装都要与他们所属的社会类别和所在的社会情境相符合。这是放之四海皆真理的准则，适用于所用年龄段的人，除了婴幼儿之外。雅诺马马男孩像男人一样将阴茎绑在腰间的绳子上，像男人和女人一样留着同样的发型，但是他们的行为举止应该像男孩一样。

成人礼

人类喜欢将事物分门别类。即使事物分布在一个连续体上，而不是呈块状分布，我们还是会将它们分类。尽管“黑夜”和“白昼”在人们不知不觉中轮换交替，但我们仍然认为“黑夜”不同于“白昼”。虽然人们的年龄也分布在一个连续体上，但孩子仍然认为“孩子”和“大人”是两个不同的社会类别。

要让个体容易地知道自己属于哪一个类别，雅诺马马等社会通常提供标识。对女孩来说很容易，因为大自然赋予她们独特的标识——初潮，第一次月经。所有社会要做的就是证明它、承认它。

《雅诺马马：被亚利桑那印第安人绑架的白人女孩的故事》（*Yanoáma: The Narrative of a White Girl Kidnapped by Amazonian Indians*）一书描述了雅诺马马女孩的成人礼。这是一个真实的故事，故事的主人公海伦娜·瓦莱若（Helena Valero）是巴西人，十一岁时被带着毒箭的雅诺马马人从她父母那儿抢走。她被当作雅诺马马人，在雅诺马马部落生活了二十年。

海伦娜说，在雅诺马马部落，女孩的月经初潮被当做一件重大的事情。

> 我们都要去一个有圆形屋顶的茅草屋里，里面有两个“重要的”女孩。当女孩长到十二岁至十五岁月经来潮时，她们被关在一个由棕榈树枝等搭盖的小房间里，这种小房子我只在那些山上见过。他们用藤条将树枝紧紧地绑在一起，只留了一个小小的出口，外面看不见里面的女孩。男人和男孩不能朝这边看。

这些女孩被关在这个小房间差不多一个星期，里面一直生着火。这些女孩不能说话，饮食和饮水都有严格的限制。接着有一个简短的仪式，大家烧干枯的香蕉叶，然后有趣的部分开始了。

> 女孩的母亲和其他的女人陪伴着这个女孩到森林中去装扮她……一个女人开始把红色的颜料涂在她的身上，她的全身上下都变成了粉红色。然后，她们在她的身上、脸上画上一些黑色线条和一些漂亮的图案。当她们把她全身都画满图案之后，用嫩棕榈叶编的细条穿过她的耳洞，然后用彩色的羽毛穿在她嘴角的洞以及下嘴唇的中央。一个女人准备了一个细长、光滑、白色的枝条穿在女孩的鼻孔上。化妆打扮一番之后，小女孩看起来非常漂亮。这些女人说："我们走吧!"女孩走在前面，那些女人和其他小女孩跟在后面。

这支游行的队伍缓缓地走到村子的中央，所有的人都可以欣赏这个年轻的女子。虽然她才刚刚满十五岁（部落社会中的少女月经来得较迟），但她已经到了结婚的年龄。如果她的父亲已经把她许配给别人，那她现在就可以去她的丈夫家住了。她进小屋前还是一个女孩，出来时就是女人了，好像魔术师挥动了一下魔杖：嗖的一声，你现在变成女人了！

男孩就不一样了。大自然没有为男性提供成年的标识，因此，许多部落社会用自己的意识来弥补这个缺憾。成年仪式是人类学家们最喜欢的话题，是他们最喜欢写的东西。玛格丽特·米德的同事，露丝·本尼迪克特（Ruth Benedict）详细描述了新墨西哥祖尼族印第安人的成年礼。祖尼族男孩到了十四岁左右时，族人会为他们举行一个长长的仪式来宣告他们的成年，其中包括被戴了面具的"恐怖的克奇纳神"鞭打。

> 在成年仪式上，男孩们戴上了克奇纳神面具，而且知道了那些戴着克奇纳神面具的舞者并不是来自“圣湖”的神灵，其实是他的邻居和亲戚。鞭打结束后，四个最高的男孩与刚才鞭打他们的舞者面对面站着，祭司把面具从舞者头上取下，戴在刚刚被打的四个男孩头上，这个暴露真面目的行为把这些男孩吓坏了。祭司把鞭子从舞者手上拿下来，放在男孩们的手上，让他们鞭打这些舞者。这是男孩上的第一堂课，作为凡人，他们必须学习去做那些超自然才能驾驭的事情。

虽然部落社会的成年仪式细节各不相同，但一般有共同之处。几个男孩一起举行这个仪式，暂时离开部落一阵子，要去做一些艰巨的准备，包括发现一些秘密，常常伴随着巨大的恐惧和痛苦（本尼迪克特[Benedict] 提到过曾经路过一个部落，该部落把男孩埋在四处是蚂蚁的山上）。一旦经历了严峻的考验，他们重新回到社会中，就确立了他们新的地位。也许他们还没有成为优秀的成年人，也许他们还要积极接受训练并通过测试，例如在战场上杀人，或养育孩子，但他们不再是小孩了。

为什么部落社会中的男性成人礼如此严厉和残酷？生态学家阿里纳·艾布尔-艾伯斯菲尔说，因为男孩要“从家庭中被解放出来，他才能被一个新的群体所认同。除了对家庭忠诚之外，他还必须对群体忠诚”。艾布尔-艾伯斯菲尔认为，成人礼让孩子离开了小家，融入了群体。

我同意艾布尔-艾伯斯菲尔关于群体忠诚的观点，但不同意他关于男孩从家庭中解放出来的观点。当男孩子三岁时离开母亲的怀抱，加入到同伴的游戏群体，他就已经离开了家人的范围。成人礼的目的是将他和其他伙伴带入一个新的社会类别，在这个类别中，他要承担起男人的义务和责任。他必须忍受恐惧和痛苦，与族人肩并肩地共同抵御敌人。他现在已变成“重要人物”了。

相反，美国和欧洲十四岁的孩子对社会来说并不重要。十四岁时，雅诺马马女孩可以嫁人了，雅诺马马男孩为了保卫村庄可以献出自己的生命，而美国青少年甚至还不到辍学的年龄。

非驴非马

人类后代有着其他哺乳动物不具备的、独特的生长模式。在头两三年他们长得非常快，接着慢下来，差不多持续十年时间。然后，到了青春期早期阶段，他们个头突然蹿起来，很快就长到成年人的高度。好像大自然想让孩子当孩子的时间尽可能长一点，童年的目的一旦达到，就尽快让他们长大成人，这样一来就缩短了他们非驴非马的尴尬时期。

这种方式几千年以来一直如此。当大约有五十个人四处流浪，或住在一个小村庄时，他们只有两个年龄群体：孩子和大人。你认同两个群体中的一个，然后学习该群体的行为方式。当小孩长成大人的身体时，他们就变成大人了。他们与其他的大人一道干活，打仗，养育孩子。

现在我们生活在复杂的时代，仅有两个年龄群体是不够的。一个人可以长的像大人一样，但不是大人。我们得为这些人创造一个新的社会类别，这个类别就叫做“青少年”。在 20 世纪 60 年代，新的类别诞生了，因为社会上有一个群体，他们的年龄比青少年大，但他们又不认同大人，他们有自己的类别，但是没有任何仪式标志着这个过渡和转变。当你离开家去上大学或加入流浪乐队时，你就加入到这个群体中。当你达到群体团员所设的年龄上限时，你就离开了这个群体。他们绝不相信任何超过三十岁的人，他们认为，任何超过三十岁的人都属于“他们”。

反对越战使这一代年轻人团结在一起，一旦越战结束，他们又四分五裂了。如今，他们朝着不同的方向发展，有的人进入大学或职业学校，有的人生孩子，有的人成为电脑工程师、修车工，有的人在家待业。结果是青少年和成年人之间不再有缓冲之地，他们之间的年龄群体消失了。现在的青少年接触不到许多十八九岁，二十一二岁的年轻人，因为年轻的成年人都去了某些地方，这使真正说了算的大人，例如父母、老师和警察成为直面青少年的群体。

在人类相当长的演化史中，许多小的群体不断地相互竞争、相互作战。我们的祖先往往是获胜的一方，正因为他们，我们才倾向于认同某一个群体，最喜爱自己所在的群体，也正因为他们，我们很容易对别的群体产生敌意。

在狩猎采集或部落社会中，只有两个年龄群体：大人和小孩。他们之间存在着敌意吗？假如有的话，也是很微小的。演化使孩子从大人那儿获取滋养，那些得不到父母的爱和照顾的孩子不可能活下来。演化使父母拥有养育孩子的本能，如果缺乏这种本能，就不可能把孩子养大、让孩子传递他们的基因。人类养育孩子的本能十分强烈，小猫、小狗也有这种惹人怜爱的本能，跟人类婴儿一样。我发现，我甚至会对着洗衣粉样品说，这个小瓶子太可爱了！

我认为演化赋予了我们两个独立的、由不同的智力模式控制的系统，使我们非常想去照顾婴儿。演化理论家受“自私基因”的影响，多半只谈论基于亲情的一个系统，即我们爱孩子是因为他们身上有我们的基因。这个理论预测我们更喜欢长得像我们的人，这个观点已被证实，但是这个理论又同时预测我们偏爱长子，因为长子比幼子能更快地将基因传下去，让我们早日抱孙子。虽然八岁孩子的夭折比一岁孩子的夭折对父母打击更大，但如果他们俩都活着的话，一岁的孩子会得到更多的宠爱和关心。这种基于亲情的子女抚养理论的问题在于，它把所有的鸡蛋放在一个篮子里了。

两个篮子的子女抚养理论可以解释青少年的行为。针对我们更喜爱小孩子的现象，演化有两个理由：因为小孩子身上有我们的基因，长得又小又可爱。演化只给了我们一个理由去爱处于青少年时期的孩子，因为他们身上有我们的基因。一旦他们长成大人的模样——脸变长了，鼻子长大了，出汗有气味了，便不再引发我们去滋养、照顾他们的本能。在他们看来，他们也不怎么需要父母了。他们已经能够应付自己的生活环境，不再需要父母了。

当年龄群体只有小孩和大人时，群体之间的敌意被依赖和抚养冲淡了。但是当青少年有自己的年龄群体时，青少年和大人之间的敌意就产生了。我认为产生敌意的双方都有责任，敌意在群体意识显著时最强烈，因为敌意由群体意识引发。当群体意识不显著时，青少年与大人的关系很好。有的孩子的好朋友还是大人呢！

你现在明白了当大人穿青少年的衣服、使用他们的语言时，为什么青少年不高兴了，因为这些东西是青少年被迫发明出来的。虽然青少年长得跟大人一样了，但他们不想被当做大人，他们需要其他的方式来表示自己对所在群体的认同和对群体其他成员的忠诚。青少年生活中最大的问题是他们不断提问又不断回答的一个难以启齿的问题：你是我们一伙的，还是他们一伙的？如果你是我们的一分子，你要证明给我们看。用你不在乎他们的规则来证明你是我们的一分子，例如，身上弄一个刺青，鼻子上穿个洞更好，这表示你永远是我们的一分子。

你在部落社会战争中也可以看到同样的情形：创造出文化差异以及明显的标识，并且这个标识越持久越好。如果当时辅导员没有化解干戈的话，或许鹰队和响尾蛇队也会这样做：鹰队可能会把头顶剃光一块，响尾蛇队可能像《蝇王》中的坏男孩一样，在脸上涂上颜料。这些标识既有实用价值，又有象征意义：它能让你在打仗时轻易地辨别出你的敌人或朋友。职业球队之所以穿不同的球衣，不仅是为了提醒球迷应该为谁加油，也有区别敌我的功能。

文化变化机制

对大人的敌意并不是在青春期才出现的，尽管一直处于保密状态，但敌意由来已久，尤其在男孩群体中。响尾蛇队男孩骂人很有典型性，他们都来自体面家庭，他们的脏话是从大男孩或彼此之间学来的，而不是跟父母学的。

社会学家加里·费恩（Gary Fine）花了三年的时间观察一支棒球队。他发现那些跟父母在一起时“愉快、体贴”的男孩跟队员在一起时相当令人讨厌。这些孩子跟大人玩恶作剧，跟同伴吹嘘自己的性知识。他们用贬义的、露骨的表示性的词语来谈论女孩，把“同性恋”挂在嘴上。因为一般骂人的话已失去了威力，来自优秀的中产阶级家庭的孩子把他们知道的最坏的词，如“黑鬼”涂鸦在墙上，画纳粹党用的卐字记号。他们的父母并不是种族主义者，他们一定会对孩子的行为感到震惊。这就是问题的所在，如果你说男孩画卐字记号是“偏激犯罪”的话就错了，将此怪罪到他们父母的身上就更错了。他们之所以画卐字记号，是因为如果他们涂鸦“操你妈”，人们眼睛都不会眨一下。

处于青少年前期的孩子的叛逆不是那么严肃，在父母眼皮底下他们是不会叛逆的。到了他们长成大人的模样时，他们才开始胆大妄为地进行叛逆，至少父母不在场时，他们可以掌控局面。他们有可能不太成熟，但他们已不再是傻瓜了。

如今青少年的各种胆大妄为的叛逆行为是这个社会的一个特征，因为青少年都要聚集在学校里读书。在部落社会里，青少年没有叛逆行为，因为十四岁的女孩就要嫁人、十四岁的男孩就要肩负起男人的责任和保卫家园的义务。这些十四岁的孩子被自己和他人归类为成年人，因此，他们没有动机要区别于成年人。他们可能对某些大人怀恨在心，例如，对把他们当奴隶使唤的丈母娘、与他们争夺妻子的父亲等，但是作为一个群体，他们对成年人没有怨恨之心。在这些社会里，青少年没有机会与其他青少年为伍，他们没有青少年的概念，也没有青少年的群体意识，因为压根没有这样一个群体。

只有当青少年聚集在一个地方，也就是现代中学时，他们才成为一股不可忽视的力量。他们在两千多年前古老的中学也是如此。在公元前四五世纪的雅典，一些希腊哲学家以教一些雅典的富家子弟为生。哲学在一群胆大妄为的青少年面前变得苍白无力。苏格拉底曾抱怨过学生的无礼："当长者进入房间时，他们不从座位上站起来；在客人面前喋喋不休；在书桌旁狼吞虎咽地吃着美食；在老师面前横行霸道。"亚里士多德也对学生的态度很生气："他们认为自己无所不知，总是断言自己是对的。事实上，这就是他们凡事做得太过分的原因。"他们的玩笑并没有取悦这位哲学家："他们喜欢开玩笑，喜欢开一些傲慢无理的玩笑。"

他们一定把老师们惹恼了，但是他们让四世纪的雅典成为当时古代世界的热点。如果你把一群既不是小孩，又不是大人的人放在一块，你需要的是一个快速的社会变革机制。

在一个只有小孩和大人两个年龄类别的社会里，几百年来文化一成不变地传递下来。小孩不是改变文化的人，他们还在摸索和学习，他们还不够独立。大人也不是改变文化的人，他们是维持现状的人。改变文化的人是十几到二十几岁的人，他们有自己的群体。群体意识使他们想与父母和教师有所不同，他们迫不及待地想与上一辈人不一样，这些差异甚至不用改变。他们采用不同的行为和不同的生活理念。他们发明新的单词、新的饰物。他们带着这些行为、生活理念直到成年。他们把寻找新的差异的负担留给了自己的孩子。爸爸、妈妈抽大麻？哎呀！我们得找不同的东西抽抽嘛！

当然，青少年并不否定父母所有的理念。有时候，大麻吸食者的孩子一样抽大麻。尽管选择留下什么、丢掉什么是随意的，但总是有一些东西要保留下来。每一代人都白手起家、去创造出新的东西是没有意义的。

因为选择是随意的，又因为发达社会中孩子主要与同龄孩子在一起，每一群高中生或大学生都会创造自己的文化。每一个新的文化混合了社会中各种不同的输入，例如媒体的输入、世界各地发生的事情、上一届学生的文化，然后再加上他们自创的用以区分他们与以往文化不同的内容，最终形成自己的文化。

60 年代末期和 70 年代初期是文化迅猛发展的时期。有一个心理学家团队研究这个时期的青少年，总结道：成为同一群人中的一员是人格发展的重要因素。每一个群体对其成员的人格都有着显著的影响力。例如，1972 年的十四岁的孩子就比一两年前的十四岁的孩子更有独立性，但是他们的学业成绩低一些，责任心差一些。与前辈相比，自由对他们来说更重要，在学校的功课好不好已经变得不重要了。时代变了！

群体中的群体

小孩的群体分类通常是包罗万象的，基本上是按人口学特征进行分类的。一个三年级的女孩可以把自己归类为三年级的学生，不管班上的同学喜不喜欢她，或她喜不喜欢他们。如果三年级有许多女生，而又没有什么共同的目标将她们凝聚起来，她们就会根据人口学特征，如种族、社会经济地位等分成若干个小群体。

但是学校的群体中有许多小群体，即使三年级学生也有许多可以选择的自我分类。在大的人口学群体中，又有许多小圈子。这些小圈子里面的孩子通常对学校功课和其他事情有相同的态度。在小学，这些小圈子是动态的，小孩子可以进进出出。当他们进行流动时，他们的态度就变得与新朋友的态度一样了。

在中学里，进出小圈子就难得多了。当小孩子上中学时，他们已经被同学和他们自己分类定型了。早年形成的临时圈子变成固定的社会类别，不仅仅基于人口学特征了，这些固定的社会类别还反映出该群体成员的人格、习性和能力等。

另外一个变化是有多种选择。中学招生规模比小学招生规模大，学生有更大的自由来选择同伴，因此，他们分化得更精更细。我相信你已经听说过中学里的一些类别：运动爱好者，聪明人，书呆子，受欢迎的孩子，小混混，少年犯等。例如，在城市中学，有一群男孩对艺术或戏剧感兴趣，对女孩不来电，这个群体有助于这些男孩更早地了解自己，或更容易让他们公开同性恋身份。在农村地区，中学规模要小一些，可供选择的社会类别有限，几乎没有男孩公开承认自己是同性恋者。

中学里是物以类聚、人以群分，但孩子们并不总是呆在自己的标签下，他们经常被归类到他们不喜欢的社会类别中。没有人愿意当书呆子。事实上，在典型的美国中学里，没有人愿意当聪明人，贴上这个标签的孩子通常没有运动天赋或不受大家欢迎，他们不能进入地位更高的群体。在许多白人和黑人青少年中，聪明人并不被看作是一种财富。如果你被认为是聪明人，只有当你还有别的才能被大家欣赏时，你才能与大家相安无事。

聪明不是一种财富，也许是因为孩子在学校里功课好被看作是变节者，受“他们”（老师和父母）的影响太大了。人类学家唐·莫腾（Don Merten）描述了伊利诺斯州一所初中里的社会类别：在这所学校里，成熟得较晚、没有运动技能、没有吸引力的男生被称为“梅尔”，梅尔是一个蔑称。一旦某个人被同学贴上这个标签，很可能一辈子，至少青少年时期就被毁了。与“聪明人”的不同之处是，梅尔并不是特别聪明或功课特别好；但与“聪明人”一样，太容易受大人的影响，被看作是老师或大人的走狗。他们对大人制定的规矩全盘接受往往被同学认为是幼稚可笑的。

> 大多数少年意识到从小学到中学的转变要经历双重变化。一个是与童年脱离，另一个是参与到未来的青少年生活中去。在同伴看来，梅尔在这两项任务中都失败了，尤其是第一项。一旦某个人被贴上“梅尔”的标签，他就成为大家作弄的对象了。

虽然要摆脱掉这个标签很困难，但并不是不可能，如果他有勇气去做一些英雄式的壮举。莫腾有一个被试叫威廉，七年级时一直是被同学嘲笑和作弄的对象，八年级时想去掉“梅尔”这个标签。威廉有系统地去做这件事。他先把自己与其他梅尔隔离开（他们同属一个社会类别，并不表示他们彼此情投意合），当别人再取笑他时，他开始反击，并且不再向老师告状。最后，他故意违反学校的规则。一个孩子在上英文课时拿走他的铅笔，威廉大声地骂出“操你妈!”后，被老师送到校长办公室。至此，威廉从梅尔的谷底走出来了。

有些中学里的社会类别是自愿的，有些是被迫的。不良少年组则是一个混合体。有些人因为被刺激和危险所吸引自愿加入到这个群体，心理学家将他们叫做“寻找刺激的人”。有些人没有选择的余地，因为没有其他的群体愿意接纳他。这些人从小学起就被同学排斥，因为他们好动，脾气不好，或太过攻击性。到初中时，他们找到一些跟他们一样的人，就开始结为帮派。青少年群体的成员从一开始就很相似，群体意识使他们彼此之间更加相似，越发与其他的群体不同。聪明的变得更聪明，书呆子变得更呆，不良少年就开始真的犯罪了。

父母 VS. 同伴

大多数青少年居住的环境中，其他成年人都跟他的父母一样，他的同伴也都在跟他一样的家庭中长大。小孩把他在家里学的那一套带到同辈群体中来，把大家共同的部分保留下来。在一个背景相似的社区里，有许多共同点。如果他们生长在大多数男孩都想当医生的社区里（像第九章中的施耐德医生），他们不会在变声的同时，改变他们的计划。在孩子功课很好的社区里，青少年的反抗只是一种形式，通常是无伤大雅地表现出来。例如，女孩把头发染成紫色，变成素食者；男孩把头发剃掉一半，听他家人不能忍受的音乐。他们看起来很傻，但他们不是彻头彻尾的傻子，他们也填表格、申请读大学。

高中阶段有不同的群体，但在我刚刚描述的社区里面，大多数群体在家长的眼里是健康的。当同辈群体和父母的目标和价值观一致时，他们之间的矛盾就变得最小化。

当青少年加入到某一个群体，该群体成员的目标和价值观与自己父母的很不相同时，矛盾就产生了。一个被父母认为交了“坏朋友”的孩子，不会有宁静的家庭生活。他的父母不喜欢她结交的朋友、不喜欢她的穿着、不喜欢她的举止、不喜欢学校寄来的成绩单。他们不要她再跟这些朋友来往，但是他们无法控制她不在家时的行为，于是，她开始撒谎，背着父母与她的朋友见面。这时父母有两种选择：要么变得更加专横、严加管教，要么放弃管教。

属于“好的”同辈群体的青少年，通常与自己的父母相处得很好；属于不良少年群体的青少年通常与自己的父母相处得不好。发展心理学家用这个相关性作为支持他们先入为主的“父母影响”的证据。他们的观点是：好的青少年受父母的影响，因为父母使用了正确的教养方式；

坏的青少年不受他们父母的影响，而是受他们同伴的影响，因为他们父母没有使用正确的教养方式。

我认为，两个不同群体的孩子都受同伴的影响，只是他们属于不同的同辈群体。

我和我丈夫有两个女儿，分别属于不同的同辈群体。她们相差四岁，在同一个社区长大，上同一所学校。在小学时，他们属于同一个同辈群体，但到了中学就不一样了。大女儿属于“聪明人”，小女儿则属于“让人头疼的人”。但是最后两个人都不错。大女儿是电脑科学家，小女儿是护士。一个走的是直路，另一个走的是弯路，绕了一大圈才走上正道。

两个女儿都是我们自己带大的，但是她们两个人的个性大不相同。大的完全不需要我们操心，她做她自己想做的事情，恰好也是我们想要她做的。小的则完全不听我们的，我们的目标和价值观与她朋友的相冲突。作为父母，我们感到很沮丧、很生气，她也对我们很生气。

属于不同群体的孩子与父母的关系好坏不是一件让人吃惊的事，但问题是：是什么使她们属于不同的同辈群体？是我和我丈夫做了什么吗？是我们的错吗？如果我说“不是”，你会认为我是在逃避责任、逃避惩罚吗？

我将在下一章里讨论这个问题，在下一章，我会讲我的例子，你来评判。

为什么青少年会做蠢事？ 如何阻止他们？

有的时候，他们的确愚蠢无比，他们忽视我们的警告以及香烟盒上的警告，抽烟上瘾。他们太早就开始有频繁的性生活，并且不采取安全措施。他们飙车、酗酒，就像特瑞·莫菲特告诉我们的一样，犯罪已经成为他们生活中的一部分了。

我的小女儿十三岁时就开始抽烟，尽管从小我就告诫她抽烟的害处。我自认为很聪明：强调烟的臭味而不是抽烟对健康的害处，但是一点用都没有。她属于小混混群体，这个群体里每个人都抽烟，抽烟是这个群体的行为规范之一。你会想这是同伴压力吗？据心理学家辛西娅·莱特福特（Cynthia Lightfoot）访谈过的青少年说："这是胡说八道。"以下是一个孩子解释他们为什么开始喝酒的原因：

> 你设法让别人知道你是一个了不起的人，最好的方式就是做跟别人一样的事，证明给他们看你也有同样的想法，你跟他们一样。同龄人压力完全是胡说八道。自从上学以来，我听到的同龄人压力是有人走到我面前跟我说："喂，喝了这瓶酒你才酷！"其实事情根本不是这样的。

正如莱特福特总结的："同龄人压力不是大家逼着你去附和他们，而是一种要参与体验的欲望，而这些体验与群体认同密切相关。"青少年很少被逼着去附和群体的行为规范，他们在童年时就知道该怎么做了。

抽烟的青少年不仅有抽烟的同伴，他们的父母常常也是抽烟一族。大多数人，不管是心理学家还是非心理学家，都认为父母对孩子的抽烟行为有一定的影响。他们认为当孩子看到父母抽烟时，觉得这是大人做的事，因此为了表现自己是大人也想去抽烟。我在前面反驳过这种说法，用的是雅诺马马男孩绑阴茎的例子。抽烟的行为比绑阴茎复杂得多，但它的一个好处是：我们有许多研究抽烟的数据。

过去在美国的许多社区里，抽烟在成年人文化中是被接受的行为，甚至在孩子文化中也是被接受的。青少年抽烟，是因为每个同龄人都在抽，父母也不太反对。抽烟就像雅诺马马人绑阴茎一样，一代一代地传下来了。

现在情况就很不一样了，因为现在美国社区中很少有人抽烟，也很少发现父母赞同孩子抽烟，即使他们自己抽烟，他们也不希望孩子抽烟。现在抽烟更像是青少年团结的一个象征，表示你对所属群体的忠诚，表示你对那些好学生、书呆子群体的蔑视，表示你对大人的关注和规则不屑一顾。它很像穿某一种夹克衫来表明你是哪一个帮派的，也像头顶上剔掉一小块头发表明你是哪一个部落的。

研究发现，要预测青少年是否会抽烟，最好的方式就是看他的朋友是否抽烟，而不是看他的父母是否抽烟。抽烟的青少年同时也会有其他的“问题行为”，如喝酒、吸毒、过早有性生活、逃课、辍学或犯罪等。在他们的群体里，以上行为被认为是正常的行为。

但是，抽烟是一个复杂的行为。抽烟会让人上瘾。在一项测量人们对可卡因、尼古丁上瘾程度的实验中，研究者发现每个人上瘾的程度不同，这里面有遗传因素在起作用。研究者发现，抽烟跟人格特质一样，有相同基因的人会比较相像，他们要么抽烟、要么不抽烟，但是相同的家庭环境对一个人是否抽烟没有影响。父母抽烟，孩子多半也会抽烟，因为抽烟在一定程度上是由基因决定的。

亚利桑那大学的行为遗传学家大卫·罗（David Rowe）分清了环境和遗传对抽烟行为的影响。环境以单一的方式影响一个青少年是否抽烟：如果同伴抽烟，那么她也会抽。基因对抽烟行为有两个方面的影响。一个是对人格的影响：一个追求刺激的人通常会加入到喜欢抽烟的群体。另一个是基因会让她对尼古丁上瘾。

与抽烟的同伴在一起决定一个青少年是否会尝试抽烟，而她的基因决定她是否会上瘾。

既然我们对他们的基因爱莫能助，唯一不让他们上瘾的办法就是不让他们尝试抽烟。那些认为香烟盒上写着“危险！有毒!”就能奏效的人忘记了青少年是什么样子。幽默作家戴夫·巴里（Dave Barry）刚满十五岁时就开始抽烟，他说当时抽烟的理由与今天青少年抽烟的理由一样令人信服：

> 反对抽烟的论证：抽烟是一种令人厌恶的癖好，会将你慢慢变成一个上气不接下气、皮肤苍白、肿瘤缠身的病号，不停地从残留的肺中咳出有毒的、褐色的浓痰。
>
> 赞成抽烟的论证：其他青少年都抽烟。
>
> 判决完毕！让我们点上火、开始抽烟吧！

告诉青少年抽烟对健康的危害（抽烟会让你脸上长满皱纹！抽烟会让你阳痿！抽烟会让你死掉!）毫无用处。这是大人的宣传，是大人的观点。正是因为大人不赞同抽烟，说抽烟有害，才使青少年更想抽烟。

正如我相当不快地得知，告诉他们抽烟很恶心也不管用。如果大人认为某件事情很恶心，那么对非大人而言，这件事情的吸引力就更大。

让同龄人给他们宣讲也无济于事，宣讲者会被看成是变节者，如梅尔、书呆子、溜须拍马的人，是大人的稻草人。

让他们不容易买到香烟也没有用。当马萨诸塞州有些城镇制裁向未成年人销售香烟的商店时，青少年们仍然继续在抽烟。越是难弄到香烟，越有人想抽，因为抽烟变成一种挑战了。

成年人对青少年的影响力极其有限。青少年创造自己的文化，每个群体的文化都不一样。我们不知道他们保留或摒弃哪些成年人文化，也不知道他们又想出什么新的点子来。

但我们并不是对他们完全没有影响力。我们控制了他们文化的主要输入源：媒体。媒体将抽烟者塑造成叛逆者和冒险者，通过抽烟表达“我不在乎”，这使抽烟对青少年更有吸引力。我看不出有什么方法可以解决这个问题，除非电影制片人和电视剧都自愿停拍演员（不管他们演的是好人还是坏人）抽烟的场景。

大幅度提高香烟的价格可能会有一点效果，至少能减少尝试抽烟的人数，也减少上瘾的人数。

反对抽烟的广告？这个很棘手。我建议最好的方式就是将抽烟设计为是大人谋害孩子的一种计谋，并加以宣传，而这些大人就是烟草公司的老板。荧屏上显示青少年每一次买一包香烟，烟草公司的大老板就阴险地笑一下。或者也可以拍成：大老板想方设法地用广告来促销香烟，所以把香烟拍得很酷，把抽烟者拍得很性感。最好把抽烟拍成是他们让我们做的，而不是我们自己想做的一件事情。

我的小女儿已经不是青少年了，她有好多年不抽烟了。我不知道巴里现在是否还在抽烟。

惹是生非的人

正如特瑞·莫菲特所说的，违法是青少年生活中的一部分。大多数人犯罪（尤其是男性）的时候都是十岁到二十岁的年龄。在莫菲特研究的青少年中，只有百分之七的十八岁的青少年说他们从来没有犯过法。犯罪行为在童年和二十五岁之后很少，惹是生非的人是那些已经不是孩子，但又不是大人的人。

大多数犯法的青少年，都是不错的孩子，以后也会变成遵纪守法的成年人。莫菲特说，他们的犯罪行为是暂时的，带有情境性，犯罪取决于当时的社会情境。总的来说，少年犯罪不是孩子一个人干的，通常是与朋友一起干的。

他们的行为可能具有反社会性，但他们并不是没有社会化。他们可能是惹麻烦的一群人，但大多数情况下，他们并非不正常、有问题。如果他们看起来很生气，那很可能是他们被抓到了。他们大多数都是正常的孩子，在他们自己的社会情境中行为举止恰如其分。他们认同所在群体的行为规范，去做一些可以提升自己在群体中地位的事，或避免去做一些失去地位的事。你想改变他们？那么最好先改变他们群体的行为规范。祝你好运！

不，我过于悲观了。成年人的确有影响力。青少年群体的行为规范部分是基于成年人群体的行为规范，并且受其他文化源的影响，尤其是媒体。我认为媒体渲染暴力，使暴力庸俗化，是过去三十多年里犯罪行为上升的主要原因。圣安德列斯长大的孩子认为攻击性行为很正常，因为村庄里许多人都这样。北美和欧洲长大的孩子认为攻击性行为很正常，因为电视上许多人都这样。孩子们将这些观念带到所在的群体中，由于他们的同伴与他们住在同一个村庄或看同样的电视剧，他们就将这些理念融进所在群体的行为规范中，他们认为，我们社会中的人就应该有这样的行为举止。

在有些社会中他们就是这样表现的。如果雅诺马马男人不喜欢自己的妻子，就用棍棒打她们或用箭射她们身体非致命的部位。你可以问问海伦娜，那个被雅诺马马人绑架的巴西女孩。当年已经有四位妻子的酋长福西魏，占有了海伦娜。按照雅诺马马人的标准，福西魏是个好男人，海伦娜很爱他，但有一次为了一件事情，而这件事并不是她的过错，福西魏居然打断了她的胳膊。

在这样的社会里，没有攻击性的男孩与社会是不合拍的。然而在美国，人们对攻击性行为的容忍度，以及对商店里小偷小摸、对吸毒等的态度，都因文化、地区的不同而不同。

在中学里，也因群体的不同而不同。物以类聚，人以群分。那些具有攻击性的青少年和那些喜欢刺激和危险的人发现他们彼此之间很相像。这种人格特征在一定程度上是有遗传性的，因此，当孩子寻找像他们一样的孩子时，在某种程度上他们是在寻找相同的基因。

要解开青少年犯罪的谜团，必须了解四个因素：文化，文化中的年龄类别，年龄类别中的同辈群体，以及个体。有的文化培养冲动的、攻击性行为。在有三到四个年龄类别的文化中，青少年和成年人之间容易出现麻烦。在有不同群体的学校里，有的群体以表现差为荣，与表现好的群体相对照。在有许多群体的情况下，孩子们基于他们的个体特征，选择那些有利于自己的群体。

为犯罪青少年设计的矫正项目很不成功，参加过这些时髦项目的孩子再次犯罪的比例与那些没有参加过项目的孩子一样高，有时候甚至更高。这些孩子被送到监狱或工读学校，受到粗暴的待遇，他们再次犯罪的比例会更高。从这些信息里，我希望你能看出来，为什么一些犯罪的孩子跟另一些犯罪的孩子关在一起无法消除他们犯罪的想法是很正常的。

在下一章我将更多地谈论犯罪行为。

从童年到老年

青少年时期通常被认为是附和、从众的年龄，这个年龄的人最容易受到同伴的影响。但事实上人们在每一个年龄段都会受到同伴的影响。我认为童年比青少年更容易受同伴的左右。社会心理学家所罗门·阿希在所有被试者中，发现十岁以下的孩子最容易受到多数人的影响（该实验在第七章中已谈过）。在大多数孩子作出错误的判断时，只有少数年龄最小的被试会坚持自己正确的视觉判断。童年时期是感知从众压力最强烈的时期。

如果你问孩子谁对他的影响更大，例如，当父母与他朋友的意见不一样时，他们怎么办。小一点的孩子会说他们听父母的。但如果在语境之外问这个问题，并且提问的人是大人，那么小孩对问题的理解就是“你更爱谁一些?”当然他们更爱自己的父母。这个问题是他们大脑中负责关系的部门回答的。但是从长远来看，是负责群体的部门决定他们在家庭以外的地方该有什么样的行为。

童年是同化的时期，是孩子向同龄、同性别的人学习同样行为的时期，这是他们社会化的方式。在只有两个年龄群体的社会里，十四岁就可以成为大人了。在这种社会里，男人和女人应该做什么是很明确的，没有什么选择的余地。

但是童年也是分化的时期。通过与群体内成员或其他同龄、同性别的孩子比较，孩子得知自己是什么样的人，是长相漂亮还是相貌平平，是强悍还是软弱，是敏捷还是迟缓。当他们进入下一个年龄类别时，他们就会将这些理解一起带过去。

如果一个社会中有青少年这个类别，那么就要利用这个类别。在发达社会中，成年人一定要有一定的特长，和许多可供选择的专业。青少年就是选择的时期。当他们进行自我分类时，他们是在自我界定。他们选择走这一条路而不是走另一条路，这种选择并不是不能反悔，我小女儿就证明了浪子回头金不换的道理。但是错误的选择的确让他们失去了其他的机会。一个中学的同等学历不能等同于中学的文凭，二十八岁进大学跟十八岁进大学是不一样的。

像孩子一样，成年人也会根据社会情境去修正自己的行为。威廉·詹姆斯曾经谈到过一个对自己的孩子很温柔，但对手下的士兵却很严厉的人。但是这些短暂的修正行为并不会产生永久的改变。童年和青春期是行为养成的时期，而伴随这些行为的内在思想和情感会伴随这个人的终生。成年人的性格很难改变。詹姆斯说过："性格就像石膏一样，一旦定型了就不能改变了。"一百年前，他就说："人不能改变自己的习惯，就好像大衣的袖子不可能突然有一个新的褶痕一样。"

成年人的语言也一样难以改变。总之，语言习惯在很短的时间内就已形成。一个人大约只有十三年的时间习得一种语言而不带任何口音。在一个移民家庭里，当他们来美国时，大孩子已经是青少年，而小孩子比大的小一两岁，那么成年之后，他们两人说话就有不一样的口音，小的说不带任何口音的美式英语，而大的说的英语则带有外国口音。

童年时期是人们学习与所在社会相匹配的行为和谈吐，这种学习发生在深层次，一般不在我们的意识中。听到父母开始抱怨，孩子才发现自己把同伴的口音和行为带到家里来了。到了成年时期，当人们试图改变自己的行为方式和谈吐方式时，会发现要改变这一切已经不可能了。这些大部分潜意识、不自觉的行为就是本书要谈的，这些就是我认为是从自己的同伴那儿学到的，而不是从自己的父母那儿学到的。

心理学家用"关键期"表示，在生命中的某一个阶段，如果某些事情要发生，就一定会发生。鸭子的印刻现象就是一个常见的例子。他们使用"敏感期"说明某些事情可以在某一个时期很轻松地完成，但在别的时期完成就变得极其困难。童年是习得母语和塑造人格的敏感期，虽然在青少年时期可以进一步得到完善，但基本的框架在童年时期就已经形成了。

我们在童年和青少年群体获得的人格特质将伴随我们的一生。即使我们的眼睛需要戴眼镜聚焦，但始终是"我"透过眼睛看世界。这个永久不变的"我"对它所栖息的身体发生的变化常常感到吃惊，多数时候是感到不满，偶尔会觉得有趣。因为外表变得越来越奇怪，老年人害怕年轻人不认得他们了。现在科技很发达，有些老年人试图停止或挽回身体上的变化，从而使外在的变化与内在的"我"不至于相差太多。

我也非常强烈地感到自己外表的变化，但并没有试图做什么中止这种变化。偶尔，看到镜子中的我——灰白的头发，鼻子周围、嘴角和眼角的皱纹，让我震惊不已，感到可笑。就像“我”穿着傻傻的服装，在中学的戏剧里扮演一个老奶奶的角色，白色的粉撒在我的头发上，那些线条是用眉笔画出来的——只是它们再也洗不掉了。

差不多在十七岁到二十五岁之间，内在的“我”停止了变化，这可能是因为大脑成熟的缘故。如果是这样的话，男性大脑的可塑性应该比女性大脑的可塑性长久一些，因为男性成熟得慢一些。这也可能是成年人没有像他们小时候那种同辈群体了。如果是这样的话，那些上大学的人的大脑可塑性应该比那些没有上大学的人的大脑可塑性长久一些。或者有可能是因为成年人即使不从众，对他们的惩罚也微乎其微。如果是这样的话，大脑就不会因性别或教育的不同产生差异。

在童年和青少年时期形成的人格，将跟随我们直至坟墓。我的母亲得了老年痴呆症，已经不怎么说话了，但八十岁的时候还能说话。在她八十岁生日的时候，我问她多大年纪了，她听懂了这个问题，但是已经没有任何记忆帮助她回答这个问题，所以她猜了一个答案。

“二十岁吗?”她说道。

第十三章

问题家庭和问题孩子

《美国医学会杂志》的一篇社论认为，卡尔·麦克厄尔希尼（Carl McElhinney）是一个儿童杀人凶手。不是谋杀儿童的凶手，而是一个七岁的男孩犯了谋杀罪。这篇社论是1896年写的，作为历史之谜，一百年之后这篇社论被《美国医学会杂志》重印。

我不能描述卡尔杀人的细节，因为这篇社论没有谈到卡尔如何杀人，而是将火力集中到他母亲的身上。

> 在卡尔出生之前，麦克厄尔希尼太太酷爱读小说，从早到晚她的脑海里充满了血腥犯罪的场面。作为一个具有细致入微感知能力的妇人，她对书中所描写的巨大的痛苦、杀人的动机、邪恶的罪行等，都有着深切的体会。在卡尔出生前的数周里，她的内心浸淫在这种痛苦中。卡尔喜欢残忍的行为，他需要很强烈的恐怖才能满足他奇特的爱好。我认为从来没有一个犯罪记录像这样令人瞩目。当这个孩子长大的时候，他的这部分心智也会变得成熟，对这个社会构成威胁。

写社论的医生认为，卡尔不正常的发展是因为他母亲怀他的时候读了侦探小说。“女人怀孕时心中强烈的印象，会扭曲或阻止胎儿的发育，或造成胎儿的缺陷。”

如同所有其他的社论，这篇社论最后以寓意结束：

> 我们作为信仰科学的医生，应该指导大家如何照顾孕妇，让她们远离对她们造成影响的危险。斯巴达人养育出勇士，我认为我们这一代人也可以养育出更好的后代。有一件可以帮助子孙后代的事情，就是告诉他们母亲影响力的力量，用更好的方式照顾我们的孕妇。

“更好地照顾我们的孕妇”大概包括仔细筛选母亲的阅读材料。

这无疑听起来很傻。一百年前的人真笨，我们现在知道的更多。

我请你想一下，在谈到为什么小孩长大之后变坏这个话题时，现代“专家”会怎么说，他们自以为是的口气，跟一百年前的专家没有什么两样。

母亲影响力的想法，即孕妇所做、所见、所思都会影响到胎儿，这不是写社论的医生发明的。这是一个古老而普遍的看法，在许多文化中都存在。我在第五章中提到，早先的父母不相信他们的教养方式会对孩子产生长远的影响，然而，他们也意识到同一个家庭的兄弟姐妹并不完全一样，有的孩子的前途比另一些孩子的前途好一些。既然同样的父母养育出如此差异的孩子，那么，用遗传来解释这些差异就不是一件容易的事了。因为许多差异是孩子一出生时就有的，所以将这些差异归因为在母亲的子宫里就已形成的想法是可以理解的。

这种推理的结果是在许多传统文化中，孕妇受到诸多限制：如她们可以做什么，看什么，吃什么等。有时候有的禁忌甚至延伸到父亲身上。如果孩子将来成不了材，邻居会责怪他的父母：在怀他的时候，他们一定做错了什么事，他们一定没有遵守规矩。你可以看到，从那以后事情并没有发生多大改变！主要的不同是，以前的父母只要担心九个月的时间。

但是现在，父母却要担心一辈子。如果你对孩子不好，他们将来就不能成才（根据教养假设的说法），他们也不能成为好父母，因此，他们的孩子也不能成才，而这都是你的错。

我要让你看一些证据，让你知道孩子不好根本不是你的错，从而使你得到解脱。但是这是一个双向的交易，我得让你保证不要到处告诉人们，说我认为父母怎么对待孩子都没有关系。我并没有这样说，也没有这种寓意，更不相信这种说法。如果你忽略孩子，残酷地对待他们当然不对。不对的原因有许多，最重要的是因为孩子是有思想、有情感、很敏感的人，他们在生活中还完全依赖大人。我们无法掌控他们的明天，但是我们掌握了他们的现在，而且我们有能力让孩子现在的日子过得很悲惨。

我们也不要忘了父母也是有思想、有情感、很敏感的人，孩子对父母也有影响力，孩子也可以让父母的日子不好过。

老掉牙的东西

在父亲节那天有一个卡通，画面是可爱的、胖乎乎的凯茜跟父母一起坐着看相册。“这是一岁的时候在父亲节照的，爸爸。”凯茜说，“你给我买了第一支冰淇淋甜筒。”在第二个画面里，父亲给凯茜买了第一根棉花糖，在下面的画面里是爸爸给凯茜一大盒巧克力，安慰她在学校戏剧演出的失败。炸马铃薯、糖浆爆米花、麦芽糖牛奶等等，全都是爸爸给的。

这时妈妈开口说话了：

> 啊哈！这些都是被记录下来的证据！所有会发胖的食物都是你

爸爸叫你吃的，所有的坏习惯都来自你爸爸，我是无辜的！终于找到证据了，如果你有体重问题，都是他的错！！

但是，妈妈们并没有因此逃避责任。凯茜并不相信妈妈是无辜的。而卡通画家给了我们两种选择：要么是妈妈的错，要么是爸爸的错。

教养假设的威力如此强大，使我们立即想到如果凯茜体重有问题，那一定是她父母的错。以下是报纸专栏作家引用“专家”的话来回答一位肥胖儿父母的问题：

小儿科医生南希·赫尔德（Nancy A. Held）说，父母要做的第一件事，就是树立一个好榜样。“如果父母饮食不正常，不爱运动，孩子就会模仿他们。”

小儿科医生错了，卡通漫画家也错了。凯茜父母的过错在于他们把肥胖的基因遗传给了她。她的父母也很胖、很可爱，凯茜的可爱和肥胖都来自她的父母。

我在第二章中曾谈到遗传和环境被行为遗传学方法混为一谈。用这种方法研究肥胖，也会得出同样的结果。同卵双生子，无论他们是在同一个家庭中长大，还是在不同家庭中长大，他们长大成人之后体重都很相似，比异卵双生子更相似。被收养的孩子在胖瘦方面与养父母或养父母家的兄弟姐妹都没有相似之处。

设想一下这个情形：两个被收养的孩子在同一个家庭中长大，有同样的父母。他们的父母可能整天窝在沙发上一边看电视，一边吃焦糖爆米花；或者他们的父母酷爱吃花椰菜，每天都去健身房。两个孩子都接触到父母相同的行为，吃相同的饭菜和其他的食物，结果一个孩子又瘦又结实，而另一个孩子却肥肥胖胖。

胖和瘦的遗传性比人格特质的遗传性还要高，大约是百分之七十。但问题是，不是由基因引起的而是环境造成的体重差异，不应该怪罪到家庭环境上。目前还没有证据显示父母的行为对孩子的体重有长期的影响，却有很好的证据显示父母的行为对孩子的体重不会产生长期的影响。然而，报纸的专栏作家和小儿科医生仍然非常肯定地告诉家长说，如果他们为孩子树立一个好榜样，那么他们的孩子就会一辈子不发胖。

这不仅是错误的，更是不公平的。如果你不幸体重超重，你的孩子也一样不幸的话，那么你不但要为你自己的体重负责，你还要为你孩子的体重负责。别人会怪罪你不爱运动和不健康的饮食方式，别人会说你太胖是你的错，你的孩子太胖也是你的错。

肥胖的父母会有肥胖的孩子，这不是因为他们给孩子吃太多东西，也不是因为他们是坏的榜样。肥胖主要是遗传使然。

一百年前，《美国医学会杂志》将七岁孩子卡尔·麦克厄尔希尼“犯罪行为的不正常发展”归因为他妈妈在怀孕期间读的书上。今天，《美国医学会杂志》无疑会将麦克厄尔希尼的不正常怪罪到他妈妈身上，说他出生以后，他的妈妈做错了什么。这两种情形都没有考虑卡尔的遗传因素。麦克厄尔希尼太太被形容为一个对犯罪小说痴迷的人，“从早到晚，她的心中充满了血腥的犯罪场面”。卡尔跟他妈妈有百分之五十相同的基因，他们对血腥的犯罪都充满激情。

在第三章中我曾讲到在不同家庭中长大的同卵双生子，在他们中间，有爱笑的双胞胎；有都喜欢咬指甲、做木工活、喝同一个牌子的啤酒、抽同一个牌子的香烟、开同一个牌子汽车的吉姆兄弟；有倒着读杂志、上厕所之前先冲洗马桶、在电梯里喜欢打喷嚏的双胞胎；有都成为消防志愿者的双胞胎；有在海边游泳时，都背着走退到水里，而且水只能到他们膝盖那么深的双胞胎；有都是做枪支的双胞胎；有都是时装设计师的双胞胎；有都结过五次婚的双胞胎。这些报告不是小报记者们想象出来的东西，它们均来自有声望的科学家，并且都刊登在有声望的期刊上。这些故事多到用“巧合”二字已经不能解释了，然而，这种巧合在从小被分开、不再一起长大的异卵双生子身上却很少看到。

行为遗传学研究已经证明了人格中有很大一部分是遗传的。有些人比另一些人脾气暴躁一些或外向一些或谨小慎微一些，这些差异是遗传以及后天的经验所致。这里面各占多少比例并不重要，重要的是遗传是不容忽视的。

但是，通常遗传被忽视了。以艾米这个被收养的孩子为例，这是一个不成功的收养故事。艾米的父母对她很失望，对她的哥哥更偏爱一些。对她的父母来说，学业成绩很重要，而艾米有学习障碍。她的父母认为质朴、不随意流露感情很重要，但是艾米沉浸在光鲜亮丽的生活中，而且喜欢装病。当她十岁的时候，她已经有很严重的心理障碍。她在生理上不成熟，在社交上不适应，个性肤浅，表情夸张。

很自然，艾米是一个没有人喜欢的孩子。但有趣的是，艾米有一个孪生妹妹贝丝，被另一个家庭收养，贝丝则是她妈妈的心肝宝贝。收养贝丝的家庭不太关注教育问题，因此贝丝的学习障碍在他们看来不是什么太了不得的事。贝丝的妈妈，不像艾米的妈妈，她是一个富有同理心、外向、快乐的人。然而跟艾米一样，贝丝也有人格问题。研究她们的心理分析家承认，如果他只看到她们其中一个，他会轻易地将她的问题归结于家庭环境的影响。但这两个有同样症状的孩子，生长在完全不同的家庭里。

同样的症状，同样的基因，所以绝对不是巧合。艾米和贝丝从亲生父母那儿获得的基因，注定了这对双胞胎有问题。如果我说，艾米和贝丝遗传了她们亲生父母的问题，请不要误解我，她们的亲生父母可能压根儿没有这些问题。基因排列稍有不同就会得到完全不一样的结果，只有同卵双生子的基因组合完全一样，异卵双生子之间有着惊人的不同。

父母和孩子之间也是如此，一个孩子可以有他父母没有的特质。但从统计学上来看，一个有心理问题的人，他的父母有心理问题或他的子女有心理问题的可能性非常大。

父母有问题，孩子通常也会有问题，遗传只是其中的一个原因。这是一个简单、明显、不容否认的事实，然而，这是所有心理学最经常忽略的事实。从发展心理学家和临床心理学家对遗传的忽略情况来看，你可能以为我们还处在约翰·华生的时代，华生曾许诺将一打健康的婴儿变成医生、律师、乞丐和小偷。

小偷，这是一个很好的话题切入点。让我们看看我是否能解释孩子的犯罪行为，而不去责怪父母为孩子提供的环境，如父母的教养方式上。别着急，我不会将它完全归因到遗传因素上，但我的解释不可能完全离开遗传因素。

犯罪行为

你如何将一个孩子变成一个小偷？查尔斯·狄更斯的《雾都孤儿》中的费金也许可以教华生一两招。找四五个孩子，把他们放在一块，使他们形成“我们”这个群体，给他们鼓鼓劲、加加油，教他们一些做扒手的技巧，让他们向“他们”——富人发起进攻。群体间的战争是我们人类的传统，你可以在任何人身上看到，尤其是男生。每天早上脸洗得干净发亮的小男生，其实是一个伪装了的小勇士。

费金的方法对伦敦贫民窟其他的孩子很奏效，但对奥利弗却不管用。狄更斯认为奥利弗秉性善良，但还有另一个原因：奥利弗不认同费金手下的男孩，他们都是伦敦人，而奥利弗不是。他们说的是小偷的黑话，对奥利弗来说就像外国话一样。他们之间还有许多差异，奥利弗很快就被警察抓住，使他有机会去适应新的伙伴。

《雾都孤儿》是一八三八年出版的，那时人们仍然相信有的人生性善良，有的人天生就是坏人，坏人可以从他的种族和肤色来判断。狄更斯给费金取的另一个名字是“犹太人”。在那个时候这并不是最坏的事，但也不是最好的事。

今天，这种对个人的解释（有些孩子天生就是坏蛋）和对群体的解释都站不住脚了。西方文化又转向哲学家卢梭的观点，即所有的孩子生性善良，是他们所处的社会环境使他们变坏。我不确定这是乐观主义还是悲观主义，但是这种观点并不能解释一切。即使在狄更斯年代的伦敦贫民窟里，也并不是每一个孩子都会变成滑头道奇。即使在同一个家庭里，也可能一个孩子成为遵纪守法的公民，另一个孩子成为罪犯。

尽管我们不再说有的孩子生下来就是坏人，但是，不幸的是事实的确如此，因此人们用了一个委婉语。现在心理学家说有的孩子天生就比较“麻烦”，让父母不好带，自己难以社会化。他们的“麻烦”表现在以下几个方面：好动、任性、具有攻击性、易怒；对常规活动感到厌倦、乐于寻求刺激；不害怕受到伤害；对其他人的情感不敏感；更有甚者，在强壮的体魄下，智商低于一般的孩子。所有这些特征都有重要的遗传成分。

发展心理学家解释了问题出在哪里，他们认为孩子麻烦、家长搞不定，是因为家长管理能力太差了。感谢大自然的不公平，如果基因在制造新的一代人时，随意组合，这种事情的确会发生。一个男孩（通常是男孩）和他的妈妈（常常没有父亲）陷入恶性循环中，使事情变得越来越糟糕。妈妈让孩子做什么或不做什么，他都不听，她再次要求他做时，他会很生气，她只好放弃。最后，她也非常生气，很严厉地惩罚他，但是太迟了，已经没有任何教育意义了。总之，这个孩子是属于不怕伤害的类型，他这样做至少让他的无聊得到了释放。

问题家庭，是的，这样的家庭的确存在。你不会想去拜访这种家庭，你也不愿住在那里。即使亲生父亲也不愿意住在那里，有一个笑话这样说道：

心理学家：你应该对约翰尼好一些，他来自一个破裂家庭。

老师：我一点也不感到惊讶。约翰尼可以让任何一个家庭破裂。

有些孩子家长难以管教，他们自身难以社会化。对于大多数心理学家来说，这两个阶段完全是一样的，因为孩子社会化也被看作是家长的事情。我认为这是两个不同的事情，它们之间有相关性，因为无论孩子走到哪里，他们身上都有遗传的特质。但是相关性不强，因为家庭内的社会情境（教养发生的情境）与家庭外的社会情境（社会化发生的情景）大不相同。在家里令人讨厌的孩子在外面不一定让人讨厌。约翰尼可能走到哪里都让人讨厌，但是这种孩子并不多见。

“社会化”经常被用来指孩子在家里接受的道德教育。父母有责任告诉孩子不能偷窃、不能撒谎。但是孩子在家里的行为表现与在其他地方的行为表现之间没有相关性。在家里违规的孩子不一定比其他孩子更容易在考试中或操场上作弊。道德，像其他习得的社会行为一样，与习得的情境密切相关。滑头道奇在他老妈的眼里也可能是完美无缺的，如果他有妈妈的话。

如果奥利弗的妈妈还活着的话，很难让人相信奥利弗会给他妈妈带来麻烦。奥利弗走到哪里都能交到朋友，女人们都喜欢她，一个令人愉快的性格和一张漂亮的面孔每次都能做到这一点。正如狄更斯所描绘的，奥利弗身上恰恰有那些让孩子容易把握的品质。他对其他人的感情很敏感，害怕惩罚和痛苦，他很害羞。他令人愉快、不任性、没有攻击性。

狄更斯是对的吗？有的孩子生性就是善良的吗？让我们做一个华生会赞许的实验。把两组孩子放在一个收养家庭中，其中一组孩子的亲生父母是罪犯，另一组孩子的亲生父母是诚实的人。把两组孩子混合在一起，把一些孩子放在诚实的养父母家里，把另一些孩子放在骗子家里。你会说这个实验不道德吗？领养机构通常是这么做的。当然，他们不是有意把婴儿放在罪犯的家里，但有时候这种情况的确发生了。有的地方有领养和犯罪的详细记录，例如，在丹麦，研究者获取了四千多名丹麦男子在幼年时被收养的数据，人们可以对这些结果进行研究。

研究结果显示，亲生父母的犯罪率远远高于养父母的犯罪率，因此，亲生父母诚实的孩子在骗子家里长大的情况并不多。即使在这个小组里，也只有百分之十五的孩子成为罪犯。但差不多有同样比例（百分之十四）的孩子，他们的亲生父母诚实，他们的养父母也诚实，他们仍成为了罪犯。所以，生长在罪犯家庭里的孩子不一定成为罪犯。这给了华生又一个沉重的打击。到目前为止，华生的僵尸一直在被彻底地鞭挞，为了体面起见，我们还是让它安息吧。

这个故事与那些亲生父母是罪犯的男孩有点不一样。由诚实的父母抚养的孩子，只有百分之二十成为罪犯。但在那个小组里，有的孩子两次都不走运，亲生父亲是罪犯，养父也是罪犯，这些孩子中差不多有百分之二十五变成了罪犯。因此，这不仅是遗传的作用，看起来家庭环境也有一定的影响。无论你怎样努力，你都没有办法把奥利弗变成小偷，但像滑头道奇就可以向两个方向发展了。把他放在一个罪犯的家庭中，他很有可能变成一个罪犯。

但不会这么快。罪犯家庭能否培养出罪犯孩子还要取决于这个家庭住在哪里。在丹麦被罪犯家庭收养的孩子中，只有少数住在哥本哈根或哥本哈根附近的孩子变成了罪犯。在小城镇及农村地区，被罪犯家庭收养的孩子也没有变成罪犯。

并不是罪犯家庭把罪犯的儿子变成罪犯，而是这些孩子成长的社区环境使然。不同社区有不同的犯罪率，我猜在丹麦的乡村地带，很难找到高犯罪率的社区。

人们通常会住在与邻居有共同的生活方式和价值观的地方，大家彼此相互影响。尤其在城市，物以类聚，人以群分。在一起成长的孩子，他们的父辈通常是朋友或是邻居。这些孩子形成一个群体，在这个群体中他们得以社会化。如果他们的父母是罪犯，他们朋友的父母也可能是罪犯，这些孩子将在家里习得的态度和行为带到群体中，如果这些态度和行为相似，那么这个群体就会保持这些态度和行为。

我跟你讲了有关罪犯收养的研究，其实，还有双生子和兄弟姐妹的研究。对双生子和兄弟姐妹的行为遗传学研究显示，生长在同一个家庭的孩子，家庭环境对他们没有什么影响。但有一个例外，生长在同一个家庭的双生子或兄弟姐妹，他们在犯罪倾向方面很相似，要么两个人都是坏人，要么两人都是好人。这种相关性通常被归因为家庭环境，换句话说，就是父母的影响。但是生长在同一个家庭的孩子也有一个共同的社区，有时候甚至有同样的同辈群体。如果两个孩子性别相同、年龄相近，那么两个人都倾向犯罪的可能性就大。双生子都倾向犯罪的可能性比普通的兄弟姐妹的更大一些，并且整天黏在一起的双生子的犯罪率比各自有不同生活的双生子更高一些。

有证据显示环境对犯罪行为有影响作用，但并不是指家庭环境。事实上，有另一种解释。当双生子或两个兄弟惹是生非时，主要是他们彼此相互影响，同时，也受到来自同辈群体的影响。

在上一章中，我谈到特瑞·莫菲特对青少年犯罪的看法。莫菲特区分了两种犯罪行为：一种是从第一颗青春痘冒出来开始，到最后一支擦痘痘的药膏丢到垃圾桶为止；另一种是持续一辈子的犯罪。那些在童年时期表现很好，成年后遵纪守法的人，他们通常会经历一个阶段，在这个阶段里，他们的表现既不像童年时期的表现，也不像成年之后的表现。正如我在上一章中谈到的，这主要是群体的原因，是不同年龄群体之间较量的结果。这些孩子大多数心理上都没有毛病，也不是他们父母的错。他们社会化了，没错，只不过他们被同伴社会化了。

终身犯罪行为并不多见，只有一小部分人，且多半是男性。这种犯罪行为很早就开始了，卡尔·麦克厄尔希尼七岁时就成为杀人凶手。他们就像一只只精力充沛的兔子，但显然没有兔子的迷人之处。职业罪犯具有以下明显的特征：具有攻击性、缺乏恐惧心、缺乏同情心、渴望刺激。每一个社会都有这样的人，即使在那种会遭致放逐或早逝的社会亦是如此。阿拉斯加西北部的爱斯基摩人曾经告诉一位人类学家，在过去如果某一个人不停地制造麻烦，没有什么能够阻止他，那么就会有人悄悄地把他推到冰下面去。因为他就像卡尔·麦克厄尔希尼一样，对社会构成了威胁。

有的人天生就是坏人吗？更好的表述应该是这些人生下来就不适合做大多数社会中诚实的工作，迄今为止，我们还不知道如何对付他们。我们有可能成为他们的受害者，但他们也是受害者，他们是人类演化史上的牺牲品。没有任何一个过程是完美无缺的，演化也是如此。演化让人类有了一颗大脑袋，但有时候一个婴儿的脑袋太大，无法通过产道。在早期这些婴儿必死无疑，他们的母亲也不能幸免。同样的道理，有时候演化选中了一些特征，让它们言过其实，从而使它们成为负担而不是财富。几乎所有“天生罪犯”的特征，只要略微淡化一下，就是狩猎采集社会中男子和他的群体所需要的。他的无畏、兴奋和冲动是他战胜敌人最强大的武器，他的进攻性、力量和铁石心肠使他能够在群体中占据支配地位，并在狩猎采集中捷足先登。

然而，不像成功的狩猎采集者，职业罪犯通常智商低于常人。我认为这是一个充满希望的征兆，它表明性情可以被理智控制。那些生下来具有罪犯潜质、但智商又高于常人的人，他们很聪明，足以发现犯罪是不值得的，他们会发现其他的途径来满足他们寻求刺激的愿望。

爸爸在哪儿？

在狩猎采集或部落社会中，失去父亲的孩子很有可能失去生命。当生命悬于一线时，人们要做的就是把这根线剪断。在有的社会里，人们甚至等不及失去父亲的孩子自然死亡。演化心理学家大卫·巴兹（David Buss）说：

> 即使在今天的巴拉圭阿契印第安人中，如果一个男人在打架中被乱棍打死，那么村里的人通常会共同作出决定，即把他的小孩杀掉，即使孩子的妈妈还活着。人类学家吉姆·希尔（Kim Hill）报告说，一个十三岁的男孩在他的父亲死于乱棍之后也被杀死。总的来说，失去父亲的阿契印第安小孩的死亡率比父亲还活着的小孩死亡率高出百分之十。这种敌意是阿契印第安人的天性。

在传统社会里，父亲保护自己的孩子不受这种敌意的伤害。一个在群体中地位高的人比地位低的人更有能力保护自己的孩子。在工业化社会里，你经常听到小男孩告诉对方：“我爸爸可以揍扁你的爸爸。”虽然他们的父亲从来没有打过架，更别说用棍棒打架了。“我爸爸可以告你爸爸。”似乎还说得过去，但是小孩子都不这样说，因为这关乎权利，而不是金钱。这句话的意思是“你别来惹我，因为你要惹我的话，我爸爸会把你揍扁，而且他不怕你爸爸来复仇”。但在黑猩猩群体中，赶来救援的是妈妈，而不是爸爸。当两个黑猩猩一起玩耍时，有强势妈妈的小黑猩猩往往会占上风。如果玩耍过于粗暴了，它的妈妈会出面干涉，对另一只小黑猩猩大打出手，不怕对方妈妈的报复。

在“我爸爸可以揍扁你爸爸”的威胁仍然奏效的社会里，有一个强势的父亲还是软弱的父亲、有父亲还是没有父亲，都会对孩子在同辈群体中的地位产生重要的影响。因此，根据群体社会化理论，这也会对孩子的人格产生长久的影响。但在我们的社会里，父母和同伴在孩子的生活中属于不同的区间，因此，父母的地位对孩子来说不再是一个保护伞了。除非父母很有权力、地位显赫，连小孩子都能感受到这种威力。但这并不是一件好事，它还可能适得其反，尤其是当这个孩子没有特别的才能使他在群体中占据重要地位时。

在一个发达社会中，有没有父亲对一个普通的孩子来说影响有多大？我不否认双亲健在的孩子会更快乐一些，我也不否认如果父母很疼爱他、关心他，他会更快乐一些。但是今天的快乐并不能帮助孩子抵挡明天的不快乐，自然法则也没有说痛苦一定会有续集。这本书讲的是在你成长的过程中所发生的一切带来的长久效应。从长远来看，有父亲的孩子比没有父亲的孩子更有出息吗？如果他们更有出息，是因为他们有父亲吗？

多数人会这么认为。一九九二年，副总统奎尔（Dan Quayle）公开批评电视剧中的女主角墨菲·布朗，指责她未婚生子。电视剧中的主人公的性生活不采取任何保护措施*。我不认为奎尔因此而感到烦恼，我

* 至少它给人们这种印象。奇怪的是，主人公没有保护措施的性生活并没有导致她们怀孕。这个现象值得探讨，但不是在这里探讨。

想他是因为那个可怜无辜的小孩在成长的过程中没有父亲而烦恼不已。两年后，社会学家莎拉·麦克拉娜罕（Sara McLanahan）和加里·桑迪弗（Gary Sandefur）写了《成长在单亲家庭的孩子》（*Growing Up with a Single Parent*）一书，支持奎尔对“父亲身份”的赞颂。这本书的第一页这样写道：

> 无论父母的种族、教育背景如何，无论父母在孩子出生时是否已婚，也无论父母是否是再婚，一般情况下，出生在单亲家庭中的孩子没有出生在双亲家庭中的孩子快乐。

这些孩子是怎样不快乐呢？麦克拉娜罕和桑迪弗认为有三个指标表明他们不快乐。没有与亲生父母一起生活的青少年通常会辍学，四处游荡（既不工作又不上学）。女孩通常在十几岁时就当妈妈了。当然，没有父亲并不是导致这些问题的唯一因素，但是，麦克拉娜罕和桑迪弗认为是一个重要因素，重要到“父母要被告知，他们分居的决定可能会对孩子产生怎样的后果”。

分居的决定可能会对孩子产生怎样的后果。很明显，麦克拉娜罕和桑迪弗认为父母分居是孩子问题产生的主要原因。如果父亲在身边，那些情况糟糕的孩子至少能高中毕业，找一份工作，不像墨菲·布朗那样未婚先孕。

但是麦克拉娜罕和桑迪弗书中的图表中有一些奇怪的发现：许多你认为有影响的东西却没有对孩子产生影响。例如，继父没有改善孩子的状况，孩子与亲生父亲的接触也没有起到任何作用。“全国范围内大规模的调查研究表明，没有发现与父亲频繁接触为孩子带来任何好处。”家里有另一个亲戚，如祖母住在家里也无济于事。与有亲生父母的家庭相比，有祖母陪伴的孩子一般不会单独留在家里，但这并不能阻止他们辍学和过早怀孕。与有亲生父亲的家庭相比，有继父的孩子虽然得到同样的监管，如继父知道孩子的去向、检查孩子的作业，但这也不能阻止他们辍学和过早怀孕。生长在单亲家庭中的时间长短也没有多大的关系：那些到了青少年时期父亲才离开家的孩子，跟那些还在婴儿或胎儿时期父亲就离开家的孩子没有什么区别。

非常奇怪的是，没有父亲但过得比较好的孩子是那些父亲已去世的孩子。麦克拉娜罕说："与寡妇母亲一起长大的孩子比其他单亲家庭里的孩子生活要好一些。"事实上，在有的研究中，研究者发现这些孩子跟双亲健在家庭里的孩子生活得一样好。研究者试图解释父亲失踪与去世对孩子造成什么不同的影响。寡妇比单亲母亲更有经济保障吗？但是再婚母亲经济上也有保障，只不过继父不起什么作用。难道家长去世给孩子带来的压力比家长离婚给孩子带来的压力小吗？父母早逝的原因通常有自杀、犯杀人罪、癌症、艾滋病等，这些原因在我看来并不是没有压力。

研究者很喜欢用"结果"这个词，尽管他们克制自己不去用它，但你知道他们是这么想的。但是他们用来支持他们观点的数据并没有显示出原因和结果：他们的数据都是相关的。他们表明有些事情的发生总是伴随另外一些事情发生。我在第二章中谈到，如果流行病学研究者发现，一般情况下，喜欢吃花椰菜的人比不喜欢吃花椰菜的人更健康，那么做出以下假设就太轻率了：如果你开始吃花椰菜，你的工资就会上涨，如果你停止吃花椰菜，你就会失去所有的钱。如果你的彩票中奖，你就会开始喜欢吃花椰菜了。双亲家庭中的女儿比单亲家庭中长大的女儿更有可能高中毕业，并避免过早怀孕。这是相关关系。如果你得出"如果父母分手，那么他们的女儿就可能辍学或怀孕生子"的结论，还不如得出"如果你停止吃花椰菜，你就会失去所有的钱财"，这可能是事实，但数据并不支持这些结论。

当亲生父亲还活着，但不跟孩子住在一起，那么，从统计学上看，这种家庭状况会给孩子带来不利的后果。我来为你解释一下这些不利的后果，暂且不看孩子在家里的体验，也不看他得到的教养质量如何。

许多单亲母亲像墨菲·布朗一样，多数人都很贫穷，差不多一半这样的家庭都生活在贫困线以下。离婚通常让家庭的生活水平急剧下降，也就是说，让单身母亲和她监护的孩子的生活水平急剧下降。

收入的减少以几种方式影响着孩子。第一，它影响孩子在同辈群体中的地位。被剥夺了奢侈品，如昂贵的衣服和运动器材、看不起皮肤科和牙科医生会降低孩子在同伴中的地位。金钱也影响孩子是否想读大学。如果读不起大学，他们就没有足够的学习动机完成中学学业，以及避免过早怀孕。

但到目前为止，金钱对孩子最重要的作用是决定孩子在什么样的环境中长大、在什么样的学校读书。大多数单身母亲都住不起我住的社区，在我居住的社区里，孩子们几乎都念完高中，几乎没有女孩中学就怀孕。贫穷迫使单身母亲住在有许多其他单身母亲、有很高失业率、辍学、青少年怀孕和犯罪的社区里。

为什么这些社区的孩子会辍学、怀孕、犯罪呢？是因为他们没有父亲吗？这种解释很流行。但我的结论却不一样：社区有社区的文化，并且这些文化可以永远保持下去，它们从父母的群体传到孩子的群体。文化传递的媒介不可能是家庭，因为如果你把一个家庭从一个社区连根拔起，移植到另一个社区，孩子的行为就会随之发生改变，就会附和和认同新社区中同伴的行为。

是社区而不是家庭在影响孩子。如果你观察一下某一个社区的孩子，就会发现有没有父亲对孩子来说没有多大的区别。研究者对美国西北部地区一个城市里的 254 名黑人青少年进行了调查，发现大多数孩子跟单身母亲一起生活，有的男孩跟亲生父母一起生活，有的男孩跟母亲和继父一起生活，还有其他形式的家庭组合。研究者的结论是：

> 在这个样本中，无论是喝酒、吸毒、青少年犯罪、辍学或心理压力方面，单亲家庭的孩子与其他家庭的孩子没有什么区别。

在经济条件不好的城市中心社区里，跟父母一起生活的孩子并不比跟单亲家长一起生活的孩子好。但是在这种社区中，大部分家庭都是单亲家庭，因为他们住不起其他的地方。收入较高的家庭表示有一个男人在赚钱，孩子和父母有可能住在有中产阶级文化的社区去，因此，更可能认同中产阶级的文化。

但是，为什么那些高收入、有继父存在的家庭对孩子没有什么帮助呢？答案是这些孩子有另外一个问题，即搬家太频繁。他们从一个住处搬到另一个住处，次数比其他任何形式的家庭的孩子都多。每搬一次家，孩子就失去原有的同辈群体，每次都得重新开始。每搬一次家，孩子都得适应新的群体的行为规范，都得从群体里的最底层混起。

搬家对孩子来说是一件很难受的事情。常常搬家的孩子，不管他们有没有父亲，都比较容易被同伴排斥。与那些住在原地不动的孩子相比，经常搬家的孩子有更多的行为问题和学业上的问题。麦克拉娜罕和桑迪弗发现经常搬家会导致一半以上没有父亲的孩子高中辍学，在青少年时期怀孕以及游手好闲、四处闲逛。经常搬家和低收入两个原因加起来，就可以解释有父亲和没有父亲的孩子之间的差别了。

这两个不利因素是外部因素。频繁搬家会危害孩子在群体中的地位，干扰他的社会化，因为他很难去适应群体的行为规范，尤其是当这些行为规范不断发生变化时。家庭收入决定了孩子住在什么样的社区，决定了他有什么样的同辈群体。频繁搬家和低收入会增加孩子辍学和怀孕的危险。

我们已经知道辍学和怀孕很容易受同辈群体的影响，但是为了说服你，我将要谈一个比较大的话题：离婚效应，即离婚对孩子的人格、心理健康以及对他们将来婚姻稳定性的影响。父母离婚真的会对孩子造成这么坏的影响吗？如果不是的话，为什么每一个人都是这么想的呢？

离　婚

临床心理学家朱迪思·沃勒斯坦（Judith Wallerstein）做了一个关于离婚如何影响子女的研究，该研究是迄今为止最有名、也最悲观的研究。沃勒斯坦发现，中产阶级父母离婚对孩子的情绪困扰特别大。她的书销量很大，但是从科学的角度看，一点价值都没有，因为她所研究的家庭都在求助婚姻咨询，正在闹离婚。她没有控制组与向她咨询的顾客的孩子进行比较，因此，她无法过滤掉个人的偏见。在沃勒斯坦写这本书之前，曾经有一个研究显示专家是多么容易被自己先入为主的观念所左右。研究者分别给两组教师放一段八岁男孩的录像，第一组老师被告知这个男孩的父母离婚了，第二组老师被告知这个男孩生活在稳定的家庭中。相对于第二组老师，第一组老师认为这个男孩子的适应能力较差。

另一个控制得比较好的、对离婚家庭子女的研究结果比沃勒斯坦的研究乐观一些。被试来自英国两次人口普查中生于1958年的孩子。在这个研究进行时，他们都是23岁。在调查中，他们要回答一些有关他们心理健康的问题，如："你经常感到很痛苦、很沮丧吗？""你经常会无缘无故地害怕吗？""人们经常惹你生气吗？""你经常担心自己的健康，搞得自己精疲力竭吗？"在测试中，分数值越高代表回答"是的"

的次数越多，表明这个人心理压力越大。

父母离婚会增加孩子在这项测试中的得分，但差别不大，在父母离婚的孩子中，有百分之十一的孩子的得分在平均值以上。而在父母未离婚的孩子中，有百分之八的孩子的得分在平均值以上。两组被试的差距只有半个测试项目。

虽然有差别，但只是一个小差别而已。我在前面就一直暗示过研究结果会是这个样子。我说过，在同一个社区里，有没有父亲对孩子没有多大的影响。我也说过，频繁搬家和低收入是造成有父亲和没有父亲孩子之间差异的重要因素。还有一些差异我没有提到，现在从英国对离婚孩子的研究中也显示出来，因此，我们不必再对此掖着藏着了。

目前，在对离婚或没有父亲的家庭进行的研究中，研究者都知道应该去控制一些“相互混淆”的因素。例如，他们会控制经济地位。离婚和没有父亲的家庭通常在低收入、受教育水平较低的社区中比较普遍，所以这个变量一定要加以控制。研究者同时还控制了种族变量，因为不同的种族对婚姻有不同的看法。

他们没有控制的是遗传因素，因为他们没有办法做到这一点。他们研究环境对孩子影响的方式，我已经在第二章中批评过了：比较在狗窝里和在公寓里养大的猎狗。研究者从每一个家庭中选取一个孩子进行研究，这个孩子通常是父母的亲生孩子，父母给了他基因，也给了他生长的环境，因此你无法将这些效应区分开来。要想区分开来，你就必须用行为遗传学的方法，去研究被收养的孩子或双胞胎或兄弟姐妹。

请放松，大多数关于心理特征的研究都是以这种方式进行的。在北美和欧洲所做的研究中，大部分中产阶级的被试都得出相同的结果。差异中遗传占一半、环境占一半，但是不能将环境因素归因到家庭上。事实上，生长在同一个家庭的两个孩子，他们所受的家庭环境影响在他们成年之后几乎荡然无存。

在研究的样本中，许多家庭是离婚家庭。相当一部分被试是由单亲母亲带大的，或者是由母亲和继父带大的，或者在其他某种形式的组合中成长，后一种形式显然得不到具有“家庭价值观”的奎尔的赞同。很抱歉，奎尔，但是没有证据表明不同的家庭形式会造成不同的影响。如果父母存在与否或父母关系好坏与否对孩子产生长久的影响的话，我们应该可以从行为遗传的数据中发现这种影响，但是我们并没有发现。

更准确地说，如果父母存在与否对孩子产生长久的影响的话，那么对每一个孩子的影响都应该不一样。不幸的是，这并没有支持一些研究者的观点，他们认为“家长应该被告知分居将对孩子产生的后果”。什么后果呢？如果你没有看到后果是什么——父母分居将使一个孩子更害羞、另一个孩子更大胆，或者让一个孩子更喜欢笑、另一个孩子更不喜欢笑，或者没有什么总的趋势，那么你将告诉家长什么呢？

没有发现差异的研究报告在发展心理学期刊里比比皆是，偶尔还会出现在报纸和杂志上。但只有当研究者没有控制“遗传”这个变量时，才会发现后果或差异。只有当遗传影响被抽掉，家庭环境才被证明对孩子不会产生任何影响。如果研究方法不控制一些变量，遗传影响不排除掉，它们就会被错误地认定是家庭环境的影响。亲切、能干的父母通常有亲切、能干的孩子，大多数研究者会想当然地认为是因为父母为孩子提供了温暖、有序的家庭生活。

错误结论最好的例子是离婚。众所周知，在破裂家庭中长大的孩子通常也有失败的婚姻。为什么父母的罪过又造访他们的孩子呢？是因为孩子长期面对父母的冲突和矛盾所产生的焦虑与他们如影随形直至成年？还是自从父亲搬出去后被压抑的愤怒最终爆发了？是朱迪思·沃勒斯坦让我们这样想的。

但是对双生子离婚的研究为我们提供了不同的解释。1 500 多对同卵双生子和异卵双生子就有关自己的婚姻史以及他们父母的婚姻史作了回答。父母婚姻状况正常的双生子的离婚率是百分之十九，父母已经离婚的双生子的离婚率高达百分之二十九。异卵双生子中一个人离婚，另一个人的离婚率是百分之三十。同卵双生子中一个人离婚，另一个人的离婚率高达百分之四十五。研究者得出的数据与那些行为遗传研究的数据非常相似，也非常无趣：离婚率的差异一半归因为遗传的影响，他们与另一个双生子或父母有着同样的基因。差异的另一半归因为双生子生长的家庭环境。他们婚姻状况的相似是因为他们有同样的基因。然而，他们共同的体验，如他们共同体验到父母的和谐或矛盾，父母同居一室或分居，却没有明显的影响。

是遗传因素，不是家庭环境，是造成离婚父母的孩子有可能离婚的原因。但是你不必花时间去找染色体上的离婚基因，因为没有离婚基因。相反，由基因经过环境塑造、打磨的人格特质才是造成人们婚姻不幸福的原因。

因此，不要去找离婚基因，去找那些增加各种生活不快乐的特质，那些与人难以相处的特质，如攻击性，对他人情感不敏感等。去找那些增加人们作出不明智决定的特质，如冲动，容易厌倦等。这些听起来是否有点耳熟？是的，这些是罪犯的人格特质，是孩子成为费金学校最佳候选人的特质，同时也是降低他们拥有快乐婚姻概率的要素。在童年时期，具有这些特质的孩子通常被精神科医生诊断为“品行障碍”。如果是成年人的话，就叫做“反社会人格障碍”，有研究显示这些特质是可以遗传的。

那些最终离婚的父母，早在他们分手之前，他们的孩子就已经开始有行为问题了。观察显示孩子的问题不是离婚本身造成的，而是离婚之前的家庭矛盾和冲突造成的。但是有冲突倾向的父母通常有问题孩子，这可能是因为孩子与父母有共同的基因，而不是生活在同一个家庭的缘故。佐治亚大学的研究者发现，通过父母的人格而不是父母是否离婚，可以预测孩子的品行障碍。如果父母有反社会人格障碍，他们的孩子很可能有品行障碍。

父母离婚、人格问题与孩子问题行为之间的关系非常复杂，它们之间相互影响。有人格问题的人很难与他人相处，所以他们比较容易离婚。因为基因的关系，这些人的孩子也有可能有问题。除此之外，还有可能有孩子对父母的效应，因为一个问题孩子会加剧婚姻的紧张程度。在本章中，我曾讲过约翰尼可以使任何一个家庭破裂的笑话。但如果你的孩子像约翰尼一样，就一点也不好玩了。有些孩子使家庭中的每一个成员都想逃离这个家庭。朱迪思·沃勒斯坦也谈到父母离婚给孩子带来沉重的负罪感，孩子认为父母离婚是自己的错。沃勒斯坦没有想到，有时候孩子的负罪感可能有一些道理。有儿子的家庭的离婚率比只有女儿的家庭的离婚率低。儿子的存在使父母比较快乐或者使父亲不太愿意离家出走。但是如果这个男孩令人失望，除了闯祸，一无是处，又怎么样呢?

当然，大多数离婚的人并没有人格问题，大多数离婚父母的孩子也没有品行障碍。英国的一项研究表明，从长远来看，大多数离婚家庭中的孩子过得都还不错。在一些父母离了婚的二十三岁的孩子中，他们抑郁、焦虑和愤怒程度略高一些。

那么，为什么像沃勒斯坦等临床心理学家如此确定父母离婚对孩子产生坏的影响呢？因为，正如社会心理学家大卫·迈尔斯（David G. Myers）指出的，离婚的确对孩子不好，但不好的原因不是沃勒斯坦所说的，也不是她所想的。

离婚对孩子不好表现在以下几个方面。第一，它会带来严重的经济惩罚。父母离婚后，孩子的生活水平会严重滑坡，经济状况将决定他们住在哪里，住在什么地方对他们有很大的影响；第二，孩子要搬到新的地方去。有时候他们要搬好几次家；第三，增加他们遭受身体虐待的风险。和与双亲一起生活的孩子相比，与继父母一起生活的孩子受虐待的可能性大得多；第四，离婚破坏了孩子的个人关系。

在第八章中，我区分了群体意识和个人关系。群体意识使孩子社会化。我们与生俱来的粗野性格必须要经过塑造、打磨使之更适应我们的文化，而这发生在适应群体的童年时期。长期的人格修正和社会行为的形成是由大脑中群体意识区域负责的。

负责个人关系的区域不会对人格产生长久的影响，但是并不意味着它不重要。在我们的思想和情感中，掌管关系的区域比负责人格的区域更容易浮出水面，更容易进入我们的意识心理。关系控制我们每时每刻的情感和行动，并在我们的记忆中留下痕迹，就像阁楼上留下的旧情书一样。

关系很重要，对人类来说尤其如此，这就是演化为什么要赋予我们形成关系和保持关系的动机。强烈的情感，如爱情和悲伤为人类提供动力，斯蒂芬·平克在《心智探奇》（*How the Mind Works*）一书中解释了它们是如何发挥作用的。

离婚与围绕离婚的矛盾使孩子很不幸，它破坏了孩子与父母之间的关系，使孩子的家庭生活变得一团糟。临床心理学家、发展心理学家研究离婚对孩子的影响时，目睹了这些不幸福、糟糕的亲子关系和家庭生活，在这些离婚研究中，孩子在家里或与父母一起接受采访。更糟糕的是，研究者依赖父母对孩子行为的报告，有的研究者甚至在父母关系很好、没有准备离婚的阶段，就对父母进行采访。在这种情况下，父母对孩子行为的描述与中立观察者的报告相去甚远。

当家庭生活变得一团糟时，孩子的家庭行为变得一团糟时，他们对家的情感也会变得一团糟，这是研究者看到的变化。如果想知道孩子在外面的生活如何受离婚的影响，研究者应该去家庭以外收集数据，并且应该请不带任何偏见的中立观察者（不知道孩子家庭情况的人）帮助收集数据。在这样的条件下，研究者会发现父母离婚对孩子在家庭以外的行为不会产生长久的影响，对他们的人格也不会产生长久的影响。

体罚和虐待孩子

我是带着不安和惶恐来谈论这个话题的。我不担心你会误解我，我是害怕那些没有读过这本书，从别人那里道听途说的人误解我。话语可以被断章取义，有人也会因他从来没有说过的话而倍受谴责。如果我被大家谴责的话，我宁愿这些真的是我的个人意见。所以，让我现在阐明我的意见和想法。

首先，我不赞成打孩子，也不赞成对他们造成伤害或持久的痛苦。其次，我认为在适当的时候，对孩子身体不重要的部位偶尔打一下，不会对孩子造成伤害。

全世界的父母都会使用体罚，在美国，大多数家庭也会用到体罚。动物也用体罚。我认为这是嵌入到父母行为的一个组成部分。我写这本书的目的就是要解除各种教养专家加诸到父母身上的负罪感。如果你偶尔发脾气，打了你的小孩，你不会给他们造成永久性的伤害，但是会伤及你们之间的关系。如果你不公正，而他们已经意识到这一点的话，你就会失去他们的尊敬。

但是你失去孩子的尊敬的原因，并不是如专业顾问警告的那样，他们说打孩子会让孩子变得更有攻击性。

这个逻辑很有说服力。你打了孩子，你就为他们树立了攻击性行为的榜样。你在教你的孩子：为了让别人照你说的做，伤害他们也没有关系。

许多年来，我真诚地相信这个故事，并通过我编写的儿童发展教科书传递给读者。我没有注意到，我们也为孩子提供了许多其他事情的模式，许多我们不想让他们做、事实上他们也没有做的事情，如想离开家的时候就离开家；还有许多我们想让他们做、他们却不做的事情，如吃花椰菜。

儿童教养方式以令人眩晕的速度发生着改变，正如一代顾问被另一代顾问所取代一样。如果新一代的顾问给你的忠告与他们的前辈一样的话，那他们在这个行当里就无法立足了。但是不同的人群对顾问的意见反应不同。美国是一个拥有许多子文化的国家，儿童教养的观点因地域的不同而不同。亚裔美国人和黑人不太重视白人给予的忠告，他们不太反对打孩子。中产阶级的白人不赞成打孩子，相反，他们喜欢用“暂停”来惩罚不听话的孩子。上个星期，一个长着浅棕色头发的小男孩在当地的超市里疯狂地奔跑时，他的爸爸跑在后面，大声地喊道：“马修！你将得到暂停的惩罚！”

黑人父母对这种方法不感兴趣，他们告诉采访者：“暂停是白人的方法。”

也许白人太容易上当受骗了。许多关于惩罚的研究（基于这些研究，顾问给出忠告），与沃勒斯坦关于离婚的研究一样，毫无价值。其中一个原因是研究者没有考虑到儿童教养方式中子文化之间的差异。

有大量证据显示少数民族群体、低收入社区的父母经常打孩子。在有些群体中，当然不是全部，孩子们更有攻击性、更容易闯祸。很容易将这些子文化中的差异错误地当作研究者希望找到的“结果”。中产阶级白人家的孩子挨打的次数少一些，攻击性差一些，因此，如果将中产阶级白人社区的孩子与低收入黑人社区的孩子放在一起，研究者保证能找到打孩子与攻击性之间的相关关系。然而，如果他们将许多亚裔美国孩子放进他们的研究中，他们的希望就会破灭，因为亚裔父母常常用体罚，但是他们的孩子并没有攻击性。

大多数有关体罚的研究存在的另一个问题是，它们没有分清楚原因和结果。在任何一个民族或社会阶层里，有的孩子更具有攻击性，有的孩子挨打的次数比别的孩子多。如果攻击性强的孩子挨打的次数比较多，那么孩子的攻击性是因为父母经常打他形成的，还是父母不喜欢孩子的攻击性行为而经常打他呢？在多数情形下，这个问题无法得到回答。

研究者解决因果关系的一个方法是做长期的跟踪研究。1997 年 8 月份的《小儿与青少年医学档案》（*Archives of Pediatrics and Adolescent Medicine*）上发表了一篇文章，记录了心理学家默里·施特劳斯（Murray Straus）和他同事做的一个研究。研究者主要观察孩子在一段时间内的行为变化。如果一个孩子在六岁时，挨打的次数比别人多，那么当他八岁的时候，他是不是更喜欢惹麻烦？研究者发现的确如此。在研究的两年期间，经常挨打的孩子变得更加喜欢惹是生非，更具有攻击性。“当父母用体罚来减少孩子的反社会行为时，”研究者说，“它的长期效应正好相反。”

这个研究上了新闻，美联社在全国的报刊杂志上都刊登了它，冠以“体罚导致不端行为”的标题。文章的摘要上了《美国医学会杂志》，但是无论是美联社还是《美国医学会杂志》都没有提到发表在《小儿和青少年医学档案》同一期的另一篇文章，这篇文章的选题和研究方法与上一篇非常相似，但结果正好相反。这篇文章的作者是玛乔丽·甘诺（Marjorie Gunnoe）和凯莉·马里纳（Carrie Mariner）。甘诺和马里纳的结论是：“对大多数孩子来说，体罚让孩子具有攻击性的说法是没有依据的。”她们发现，对于研究中的黑人孩子（任何年龄）和小一点的孩子（任何种族）来说，体罚事实上降低了孩子的攻击性行为。

唉！这种事情在心理学里发生了太多。各类研究得出的效果较弱，结果短暂。请大家将《小儿和青少年医学档案》丢到废纸篓里去吧！

不，等一下！把它拿出来，再仔细看看研究方法。啊哈！果然不一样。在第一个研究中，研究者向孩子的母亲了解孩子的行为，而母亲正是打孩子的人。母亲是根据孩子在家里的表现回答问题的。在第二个研究中，研究者是向孩子提问，问他们在学校跟人打过多少次架。研究者发现在家里经常挨打的孩子，在学校里也喜欢打架。

在家里挨打可能使孩子在家里的行为变得更糟糕，或者挨打是母子关系的一个标示，或者是母亲的日子过得不如意（孩子的行为可能并没有他母亲想的那么坏）。不管怎样，在家挨打不会使孩子在家以外的地方更具有攻击性。第一组研究者的结论是，如果父母不再打孩子了，“就可以降低美国社会的暴力程度”，这似乎有点太夸张了。

不过，我这里讲的体罚是在正常范围之内，例如，偶尔打一下屁股之类的。我绝对不是说，超过正常范围的虐待孩子对孩子不构成危害。

首先，过度的暴力会对孩子造成长久的伤害，尤其是大脑。另外一个后果是创伤后的精神失调。

但是，我们在这里谈论的是大范围内的父母行为，对于那些不太严重、没有造成上述后果的虐待，我不清楚是否会对孩子的心理造成持久的影响。也许有，但目前尚无定论。

当然，有许多这方面的研究。研究报告表明，受虐待的儿童有许多问题，除了攻击性较强之外，他们很难交朋友，学校的功课也跟不上。当他们长大成人后，他们很有可能虐待自己的孩子。心理学家把这叫做“虐待儿童的代际传递”，意思是通过经验和学习来传递，通过环境因素来传递。心理学家指的不是基因。

心理学家几乎从来不谈基因，我知道为什么。如果你把他们逼到角落，很少人会否认心理特质有一部分是来自遗传，但是，在做研究和写文章时，他们就将基因置之不理。现在他们承认孩子的行为影响父母对待他们的方式，因此，很难区分孩子对父母的效应、还是父母对孩子的效应，只有行为遗传学家提到父母行为和孩子行为之间的相关性可能是由于基因导致的。其他人除了贬低它之外，压根不提基因。即使他们的研究方法不允许他们排除基因影响的可能性，他们仍然贬低基因的重要性。

为什么父母会虐待自己的孩子？一个原因是患有精神病，精神病部分是遗传的，在家庭成员、主要在有血缘关系的家庭成员中遗传。

也许只有少数虐待孩子的父母患有精神病，但是许多人有某种人格特质，想必你现在应该对这些特质很熟悉了。那些有攻击性、冲动、易怒、容易感到厌倦、对其他人的情感不敏感、不擅长管理自己事情的人，多半也不擅长管理自己的孩子。成为这些人的孩子简直是遭受了双重的不幸：悲惨的家庭生活加上遗传了父母的基因，这大大地降低了孩子今后成功的概率。

灰姑娘的生活很悲惨，但是她没有遗传她继母的基因。这个民间故事的寓意是：如果你遗传了好的基因，你终将会苦尽甘来，变得有出息。《雾都孤儿》也传递了同样的信息。小说中的坏人原来是奥利弗的同父异母兄弟，同父异母兄弟的妈妈很坏。奥利弗的妈妈，像奥利弗一样，也非常善良。从政治立场上看，这种故事现在不再是正确的了，因为它们好像不公平，很不公平。

不公平的原因是在同一个家庭里，有一个孩子总是被欺负。如果这个孩子被送到收养家庭，有时候他还是被欺负。有些特质（如长相不好看，个性不讨人喜欢）会加大被别人欺负的风险，同时，经常被别人欺负的人也可能缺少某些特质。令人感到奇怪的是为什么有些孩子总是被人欺负，为什么大多数孩子却不被欺负。孩子真的是太麻烦了，有时候让人烦恼不已。但是大多数父母不会伤害自己的孩子，大多数孩子也没有受到伤害，即使在童年时期受到过虐待的父母也不会伤害自己的孩子。演化赋予孩子的一些特质使我们消除愤怒，让我们去保护他们、爱护他们。但是有些孩子可能缺乏这些保护机制，或者这些机制不够健全，没有发挥作用。

更不公平的是，在家里受到欺负的孩子，通常在学校里也没有人喜欢他们。有些孩子走到哪儿都被欺负，如果他们长大了没有什么出息，我们是应该怪罪他在家里的体验还是在学校操场上的体验呢？心理学家们不知道答案，他们也不追究，他们只是假设家庭里的体验更重要。

挑战这个假设的是加拿大约克大学的社会学家安玛丽·安伯特（Marie Ambert），她让约克大学的学生将他们读大学之前的生活按自传体的形式写出来，为了让他们能更好地完成写作任务，她给他们附了一些问题。其中一个问题是："什么使你最不快乐？"学生的回答让她非常吃惊。只有百分之九的大学生说父母对自己不好，但是百分之三十七的大学生描述了他们如何被同伴欺负的经历，并认为这些经历对他们产生了持续的负面影响。安伯特总结说，"同伴虐待"是一个严重的问题，但迄今为止还没有引起人们足够的注意。

> 这些大学生在自传中叙述了来自同伴的负面影响比来自父母的负面影响要多得多。这得到了其他研究者的支持，研究结果让只专注于父母的儿童福利工作者吃惊不小，因为他们忽略了造成青少年心理问题的最主要原因是同伴冲突或同伴虐待……在自传中，研究者发现有的学生开始时非常快乐并能很好地适应学校生活，但在经历了被同伴排斥、孤立、说闲话、种族歧视、嘲笑、欺侮、性骚扰、奚落、追赶或暴打后，他们的心理会迅速崩溃，有时候甚至到了生病无法上学的地步。

受虐待孩子不幸福生活的另一个原因是他们经常变换住的地方，频繁搬家。即使他们还与父母一起生活，但是搬家的次数远比那些幸福家庭搬家的次数要多。但在许多情况下，他们不跟父母一起住：当一个孩子被判断受到虐待，通常他要被送到收养家庭。如果这个收养家庭不行，他就会被送到第二个也许第三个收养家庭中。人们认为收养家庭的坏处在于孩子一次又一次地失去父母或养父母，但是频繁搬家也剥夺了孩子稳定的同辈群体。即使不友好的同伴也比没有同伴强，因为缺乏稳定的同辈群体中断了孩子的社会化进程。

婴儿毫无疑问需要父母或养父母。我认为婴儿熟悉的看护者是环境的一部分，像光线和图案一样，是婴儿大脑发育所需要的环境因素。但是对于五六岁的孩子来说，父母或养父母并不是必要的。对于大一点的孩子来说，同辈群体更重要。收养家庭的理念是孩子需要家庭，而我认为他们更需要一个稳定的同辈群体。一些机构出于好心想方设法，一而再再而三地给孩子找领养家庭，殊不知他们剥夺了孩子的同伴。

正如我所说的，被虐待的孩子有各种各样的问题。一般来说，他们的攻击性更强一些，但这可能要归因于遗传，因为他们有虐待行为的父母也具有攻击性。被虐待孩子的其他问题也可能是因为受到同伴的欺负引起的而非因受父母的虐待。我们不知道答案，到目前为止还没有这样的研究（见附录 2）。

孩子闯祸，父母担责

一直以来，我总是看到一些让我气愤不已的新闻。史密斯家的孩子闯祸了，法官威胁说要将他的父母送进监狱。琼斯家的孩子入室盗窃，他的父母因为没有监管他的行为而被罚款。威廉姆斯家的孩子未婚先孕，她的父母因为不知道她在哪里、在干什么而备受指责。还有一对夫妇，因为没有办法让自己十几岁的女儿不出去闯祸，把她拴在暖气片上，结果他们以虐待孩子的罪名被捕。

如果你还没有当父母，责怪父母是一件很容易的事。有时候，把孩子拴在暖气片上可能是父母唯一没有尝试过的方法。听话孩子的父母不会意识到监控孩子的行为多么需要孩子的配合与合作。一个不愿意配合的孩子是无法监控的，我和我丈夫早就发现了这一点。如果你以不准出去玩来惩罚他们不守规矩，他们索性就不回家了。如果你不给他们零花钱，他们就向朋友求助或者去偷。能被父母监控的青少年是那些愿意被父母监控的，而恰恰他们最不需要监控。那些最需要父母监控的青少年，他们的父母往往无能为力。

最需要监控的青少年通常加入他们父母不赞同的同辈群体，父母不愿意他们与这样的群体发生关系，但是父母能对此做什么呢？无论家长是否愿意自己的孩子见她的朋友，她都要去的。所有正常的青少年宁愿更多地与同伴呆在一起，这就是为什么父母要对他们实施宵禁的原因。宵禁意味着青少年宁可呆在别的地方也不愿意回家。如果父母认可孩子的朋友，父母对孩子不愿意回家也只能一笑而过，但如果父母不认可孩子的朋友，那他们就很难做到一笑了之了。

有时候青少年加入犯罪群体，是因为在他所住的社区里，犯罪的态度和行为都很正常。但是即使在很好的中产阶级社区（就像我住的地方）也有青少年犯罪群体。有的孩子加入这些群体，是因为他们被其他群体排斥，有的孩子则是自愿加入。孩子认同某一个群体，因为他觉得这个群体中的其他人“很像我”。父母认为这个群体对他们的孩子产生坏的影响，因为不管这个群体的共同点是什么，这个共同点会随着大家彼此的影响和组间对照效应而被放大。但是影响是相互的，因为孩子们一开始就有共同之处。

那么孩子加入青少年犯罪群体是父母的过错吗？研究父母教养方式的社会化研究者认为，“权威型”的教养方式，既不太严，也不太松，孩子不大可能加入一些不好的群体，不大可能去惹是生非。不过这种说法所依据的数据值得质疑。

最早研究父母教养方式的是发展心理学家戴安娜·鲍姆林德(Diana Baumrind)。鲍姆林德最开始研究的是学龄前儿童，在研究中，她发现相对于“太严型”或“太松型”家里的孩子，“正好型”家长教育的孩子较少有社会问题和行为问题。她的研究没有控制基因的影响，因此，无法区分孩子对父母的影响和父母对孩子的影响，并且，研究结果有性别差异，不同的教养方式对男孩和女孩的影响不一样。但是没有人抱怨鲍姆林德的研究结果，并且该研究结果被所有的儿童发展教科书引用。

现在，鲍姆林德的追随者不再研究学龄前儿童，他们主要研究青少年。研究青少年的好处是他们可以填写冗长的问卷。你可以问他们，他们的父母是如何对待他们的，是太严、太松还是正好，然后你再问他们打了多少次架、吸了多少大麻、代数考了多少分，研究者要找的相关关系就是青少年对父母的看法和对他们自己看法之间的相关。

这种研究仍然没有控制基因影响，也不能区分孩子对父母的影响和父母对孩子的影响，并且不同种族的被试得出不同的研究结果。但是这里又多了一个引起混乱的要素：即同一批青少年提供了两组数据，他们既提供了关于父母的数据，又提供了关于自己情况的数据。我注意到默里·施特劳斯关于惩罚效应的研究也有相似的问题：同一个母亲既告诉研究者她多长时间打一次孩子，又告诉研究者孩子的表现如何。

每当你向同样的人问两种不同的问题时，你试图在找他们回答第一种问题和第二种问题之间的相关性，这种相关是由统计学家所说的“共同方法变异”引起的。有的人有回应偏差，表现在他们对所有问题的回答都有偏差。一个快乐的人对所有的问题都选择积极乐观的答案，例如，“是的，我的父母对我很好。”“是的，我还好。”一个在意社会形象的人通常会选择能被大家接受的回答，例如，“是的，我的父母对我很好。”“不，我没有打过架，也从未吸食过毒品。”一个愤怒或情绪低落的人的回答通常是愤怒或令人沮丧的，例如，“我的父母都是混蛋。”“我的代数考试不及格。”“去他妈的问卷调查。”

青少年对研究者所说的父母如何对待他们（太严、太松、正好）与父母自述的管教方式相差甚远。一项从多种渠道收集父母教养方式信息的研究，没有仅仅依赖孩子提供的信息，这项研究并没有发现“正好”的教养方式比其他的教养方式好，即使研究者事先剔除了那些不符合鲍姆林德界定的三种教养方式的父母，他们剔除了几乎一半的家庭。

但是我现在说的太多了，对研究方法进行的深奥的批评不能引起你的兴趣。你只想知道为什么我的女儿让我头大，你只想知道我犯的错误，这样你才不会重蹈我的覆辙。

我的孩子现在没事了，就像所有曾让父母伤脑筋的青少年一样。随着年龄的增长，她逐渐平静下来，变得越来越明智。她变成一个很好的成年人了。我曾问她，我们到底哪里做错了，应该怎样做，她说她也不知道。她现在有两个女儿，她也想知道应该怎么做。然而，我注意到她选择让她的女儿生活的社区，与她当年住的社区非常相似，是她当年迫不及待要逃离的社区。

我和我丈夫对待两个孩子的方式不一样，因为她们本来就不一样，因此，不可能对她们尝试同样的方法。在教养方式研究者犯的错误中，最严重的错误就是认为父母的教养方式是父母的个性特征，是父母与子女关系的特征。事实上，父母和孩子双方都对教养方式产生影响。

真理和结果

社会学家莎拉·麦克拉娜罕和加里·桑迪弗说：“父母要被告知，他们分居的决定可能会对孩子产生什么样的后果。”麦克拉娜罕和桑迪弗认为，如果父母决定分居后，他们的孩子辍学、未婚生子，那么父母就应该对此负责。麦克拉娜罕和桑迪弗犯的错误在心理学和社会学中很常见，即使在第一天上心理学入门时，老师一再告诫学生不要犯这种错误。这种错误混淆了相关关系与因果关系。

好的事情常常聚在一起，坏的事情也是如此，这就是相关。教育心理学家霍华德·加德纳（Howard Gardner）说，人有好几种不同的智力，有些人这个方面不好，但是那个方面好。但事实上，那些在智力测试中得低分的人，在其他的测试中也会得低分。当我们听说一个智障的孩子在绘画或计算方面很有天赋时，我们会感到很高兴，因为它满足了我们的公平感。但是这种情况并不多见。更加不公平的是，大自然既没有给予智障孩子天分，又让他们身体笨拙不堪，这就是他们为什么参加残奥会而不是一般奥运会的原因。

好的事情常常会聚在一起。在智力测试中得高分的孩子，在其他测试中也会得高分。某个测试中的高分，并不会导致另一个测试中的高分，但是它们之间有相关性。没有人知道为什么它们之间有相关性。

有一位统计心理学家说："每一件事情都和其他事情相关。"他讲了一个故事，有两个研究者收集了明尼苏达州 57 000 名学生的数据，了解学生的业余活动、学业计划、是否喜欢学校、有多少个兄弟姐妹，并询问他们的父亲是干什么的、父母的受教育情况、家庭对大学的态度如何等。一共有 15 个问题，得到了 105 个相关关系*。这 105 个相关全部都达到统计学的显著水平，意义水平小于0.000 001。

虽然每一件事情都与其他事情相关，但相关不是随机的，通常好的事情与好的事情相关。饮食健康的人通常更喜欢运动，并不时地进行体检，寿命会更长一些。成功人士的个头和智商都更高一些，婚姻生活更

---

* 15 乘 15 等于 225，其中包括该项目与自己的相关，其余是逆向顺序的相关，即 A 与 B 之间的相关和 B 与 A 之间的相关是相同的，因此，这些不能计算在内，减去这些后剩下 105 个相关。

稳定一些。老师和父母对好学生的期望值更高一些，学生将来也会发展得更好。在学校表现好的孩子不大可能去抽烟、做违法的事情。得到许多拥抱的孩子的性格比挨打次数多的孩子的性格好。

相关关系中没有任何区分原因和结果的指向。如果有的话，指向可能是双向的，因为，结果也可能是双向的。有的没有任何指向，因为研究者没有测量原因。

心理学家迈克尔·瑞斯尼克（Michael Resnick）和他的同事做了一项研究，研究结果发表在 1997 年 9 月的《美国医学会杂志》上，题目是“保护青少年远离伤害：有关青少年健康的全国性纵向研究结果”。研究者向许多青少年提了许多问题，发现答案之间存在着大量的相关关系，但当研究结果刊登在报纸上时，题目就变成了“父母关系与青少年幸福的研究”。研究者把这叫做“父母家庭连通性”，并认为“父母家庭连通性”能保护青少年远离各种对身体有害的行为。有较多的“父母家庭连通性”的青少年不大可能去抽烟、吸毒、过早地发生性行为。

研究者发现那些说与父母关系好、父母很爱他们、对他们期望值高的青少年不会说他们抽烟、吸毒、过早发生性行为，研究者的结论完全基于青少年对问题的回答，研究者犯了与教养方式研究者同样的错误。如果一名对新药做实验的医生知道哪些病人服的是新药，哪些病人服的是无效对照剂，那么《美国医学会杂志》是不会发表这种文章的，因为发放药物与判断药物效果的人员应该分开，不应该是同一个人。然而，这个期刊却发表了这样一篇文章，青少年的回答是探讨他们生活中的“保护因素”与假定效应的唯一信息源*。根据《时代周刊》的报道，《美国医学会杂志》的研究花了联邦政府两千五百万美元。报道这则新

---

* 研究者也向父母问了一些问题，但发表在《美国医学会杂志》上的文章的数据分析没有包括父母的答案。

闻的评论家是一位青少年的母亲，对这个研究结论表示了质疑。

> 这项得到十八个联邦机构资助的研究，大概也引起了人们的注意，因为它给无数的父母带来了安慰，因为父母可能正在为一些事情感到不安，例如，家里的小玛丽做什么都要先打电话给她的好朋友茉莉，但是却把自己的妈妈当作家里的一盆植物，对她不理不睬。明尼苏达大学教授迈克尔·瑞斯尼克说："父母的权威和重要性一直持续到孩子青春期的晚期。"这个结果着实令父母感到安心：虽然你的孩子看起来不大搭理你，但是她仍然在享用在她穿耳洞之前与你建立起来的亲子关系，这个亲子关系将是她一生中最重要的东西。

也许她是对的。虽然我批评研究者的方法，但是我丝毫不怀疑有些孩子在青春期也会与父母相处得很好，他们不会去做诸如吸毒、发生危险性行为等蠢事。也许十八个联邦机构被误导，认为他们花的两千五百万美元很值得，因为研究者是用正面的语言来报道他们的研究结果：好的亲子关系对孩子具有保护作用。如果用另一种方式来表述，听起来就没有那么有趣了，例如，跟父母相处不好的青少年更有可能吸毒和发生危险的性行为。如果用下面的方式表达就更无趣了：吸毒和发生危险性行为的青少年通常与父母不能很好相处。

我们这里的相关研究中，没有任何指向，因为研究者不测量原因。这里缺少的一个环节是人格，是被试的人格特征。具有某些人格类型的人更容易有危险的行为，这些人的人际关系通常很糟糕，他们不仅与父母、与所有的人的关系都很糟糕。

新西兰的卡斯皮（Avshalom Caspi）和他的同事做了一个研究弥补了这个缺失的环节，在《美国医学会杂志》那篇文章出现之后的一两个月发表在一个心理学期刊上，但《时代周刊》没有注意到它。

新西兰研究者对一千名年轻人做了人格测试，发现某些特质能很好地预测危险性行为。冲动、易怒、无所畏惧、喜欢刺激的十八岁的年轻人通常会大量饮酒、超速驾驶、发生危险的性行为。这些年轻人通常很难与人建立和保持亲密的人际关系。

研究者指出，与好的人格特质一样，不好的人格特质也是遗传来的，个体差异中的百分之五十是由遗传造成的。人格特质很早就显现出来，研究者在被试三岁的时候，就能看出一些端倪。是的，这些数据是被试三岁时，由训练有素的研究者对他们的行为进行评估之后得到的。有些孩子比另一些孩子更冲动、更易怒、更难将注意力集中在某一项任务上，他们会一直这样。随着年龄的增长，他们更有可能发生一些危害身体健康的行为。

坦诚地说，这听起来比《美国医学会杂志》报道的研究结果更令人沮丧。为了找到解决问题的方法，我们必须首先了解发生了什么。生物学不是主宰一切的力量，基因影响人们特质的事实并不意味着他们不能改变，我们必须得找出改变的方法。如果我们以前没有这样做，或许是教养假设妨碍了我们这样做。

为什么大众心理学责怪老爸和老妈

在我住的社区图书馆的书架上，有许多书是名人写的，如约翰·布拉德肖的《功能失调的家庭》（*Dysfunction Families*），苏珊·佛渥德（Susan Forward）的《恶毒的父母》等。当我需要一本更加学术化，像麦克拉娜罕和桑迪弗的《成长在单亲家庭的孩子》时，我得填写一份申请表，让图书管理员帮我从大学图书馆借。我想我花了太多的时间来批评麦克拉娜罕和桑迪弗的研究，但我没有公开谴责布拉德肖和佛渥德的研究，这有点不公平。尽管我没有打算，也没有消除这种不平衡的欲望，但是说实话，我无法忍受那些充斥社区图书馆书架上的书。为什么像布拉德肖和佛渥德这样的临床心理学家如此确定自己病人的问题是他们的父母造成的呢？我为什么认为他们错了呢？

我已经提到过多次，行为遗传学家发现在同一个家庭中长大的兄弟姐妹之间不会太相似，这对布拉德肖和佛渥德来说是没有问题的，因为他们并不期望孩子们之间相像。他们认为问题父母会将他们的坏影响作用于每一个孩子，因为每一个孩子所扮演的角色不同，在不同的时间出生，像不同的祖父母。布拉德肖和佛渥德不会因为担心行为遗传学的数据而睡不着觉，他们不会担心任何数据而睡不着觉，他们的理论弹性大到无所不包，我对他们的批评对他们丝毫没有任何影响。不是根据科学的方法或研究结果建立起来的理论，是很难用科学的论据去推翻它的。

我所能做的，就是告诉你为什么他们会得出这样的结论，告诉你可以从不同的视角审视同一个事物。我不是质疑他们的观察，而是质疑他们对事物的解释。

以下是一个很典型的例子。一位病人来到心理治疗师的办公室，说自己很痛苦。她与心理治疗师聊了一会儿后，心理治疗师认定病人的问题是由她的父母造成的。她的父母贬低或抑制她，他们不给她足够的自由、让她有负罪感或性虐待她。心理治疗师让病人相信，她所有的问题都不是自己的过错，都是她的父母造成的。过了一会儿，这个病人会说："非常感谢你！医生，我感觉好多了。"

让我感兴趣的问题不是为什么病人感觉好多了或者她是否真的好多了，我把这些留给其他的作家。我的问题是：为什么心理治疗师如此确定这都是父母的过错呢？是什么使他如此确定呢？

他认为他病人的父母也一定有问题，他认为这些父母用不同的方式对待不同的孩子，让每一个孩子在家里扮演不一样的角色。负担过重的孩子、家里的替罪羊、父母不愿意撒手的孩子最终都在心理治疗师的诊室里排队。他认为那些不快乐的人都有不快乐的童年。

当然，他没有直接看到这些，他主要是通过病人看到这些问题，他了解的情况都是病人告诉他的。有时候他也对病人的父母进行访谈，但是通常父母的情形比病人描述的更糟糕，他也看到病人在父母面前的反应，她会变得更年幼无助、病情更严重。因此，心理治疗师得出结论：病人的问题是在她成长过程中父母对她虐待的结果。

还有哪些解释是心理治疗师没有想到的呢？他可能犯了什么错误呢？我想到有九条。

第一个可能性是问题父母将自己的问题基因遗传给了孩子。心理治疗师不喜欢这种说法，也许因为他们认为，这意味着他们病人的问题是不能治愈的。其实根本不是这样的，许多由生物因素造成的问题是可以被解决的，许多由环境因素造成的问题反而不能。因此，就算我们的命运已经写在了我们的基因里又怎么样呢？如果这是真的（其实不是真的），拒绝承认又能解决什么问题呢？

第二个可能性是病人在家里被指定了某种角色是因为这个角色适合她，这个角色就是为她设定的。父母只是顺应了她的特性，而不是引发这些特性的人。

第三种可能性是其他人也同样顺应了她的这些特性。如果她真的具有让其成为家里替罪羊的特性，那么在学校她也可能成为替罪羊。也许她在学校操场上的体验引发了她现在的问题。

第四，也许她的父母有一些问题，对她的生活造成了一定的影响，但只是影响到她的社会环境。如果她的父亲是个酒鬼，他可能失业，他们就会生活在贫困之中。如果她的父母离婚了，她可能会频繁地从一个地方搬到另一个地方。

第五是她在父母面前的表现。无论多大年纪的人，在父母面前的表现与在其他人面前的表现是不一样的。各类心理学家犯的一个共同的错误就是，他们认为人们在父母面前的行为表现比在其他场合下的行为表现更有意义、更重要、更持久。我在这本书里展示的证据表明，人们在父母面前的行为表现没有在其他场合下的行为表现那么重要、那么持久。孩子们将他们在外面的行为方式带回家里，却不会将他们在家里的行为方式带出家门。在父母面前，我们看到的病人是她在家里的人格特征，这虽然反映了父母在家里如何对待她，但并不像治疗师想的那么重要。

第六是父母在心理治疗师办公室的表现。在你对家长进行评判之前，你要设身处地，要对他们有同理心。他们是审判中的被告，但在这种审判中，没有陪审团、没有律师，只有跟病人站在一边的法官。父母因为制造了一个问题孩子而受审，他们知道在走进办公室之前就已经被宣判有罪。那你还能指望他们在心理治疗师面前有什么样的表现呢？

第七是一个问题：谁是父母的证人呢？答案是：他们的问题孩子。她出现在心理治疗师的办公室就意味着她不快乐。你可以预期她对童年的记忆是不快乐的。她不快乐的童年可能并不是造成她不快乐的原因，可能正相反，她目前的不快乐可能导致她对童年产生不快乐的记忆。记忆并不能精确地记录我们所思和所感受的，这一切取决于我们在回忆时的感受，从记忆储存室中提取或幸福或悲伤或中性的记忆配合我们当时的心情。情绪低落的人通常会回忆，他们的父母对他们不好，然而，当他们情绪不再低落时，他们对父母的回忆就会变得好一些。同卵双生子对童年的回忆是惊人的相似，尽管他们在不同的家庭中长大。他们有着相似的记忆，部分原因是他们成年后是同样的快乐或不快乐。是的，这也是基因对幸福的影响。

第八，引起我们痛苦或愉快的事情不一定有足够的力量改变我们的人格或让我们产生心理疾患。关系对我们来说非常重要，父母无疑是我们生命中最重要的人。我们介意他们对我们的看法，但并没有让自己任由他们摆布。那位病人想到父母时、对父母有着强烈的情绪，并不意味她所有的问题都是父母造成的。如果你剥夺了她的食物，那么她对奶酪汉堡包也会有强烈的情绪，但不会有人认为她的饥饿是奶酪汉堡包的过错。

第九是治疗师们所忽视的：教养假设的影响无孔不入。治疗师和病人都生活在认为“父母有能力将孩子变成快乐、成功的人，也能把他们的生活变得一团糟”的文化中。人们认为，如果孩子有什么问题，那一定是父母的错。

在我们的文化中有一个神话，该神话认为孩子天生纯洁善良，像一块白板，父母可以在上面设计孩子的未来，这个神话没有错。但神话的另一面，即如果孩子没有变成父母所期望的人，那一定是父母的错，这个观点就有害了。通常为了免除孩子的罪过，我们就将责任推到父母的身上。

临床心理学家确信孩子会被父母不正确的教养方式毁掉。《美国医学会杂志》也确信，麦克厄尔希尼太太在怀孕期间读了太多的悬疑小说，使她的儿子卡尔成为一名杀人犯。

第十四章

父母能做什么

如果你认为你在一个空白页面上发现了这一章的标题，你要么高估了我的幽默感，要么低估了我的放肆程度。不过，我在前面十三章中谈到许多育儿专家和顾问的忠告之后，要把这几个字作为标题，的确要有一点勇气。但是，如果只给你留下了父母是墙纸，在孩子成长过程中作壁上观的印象是不公平的，也是不准确的。

另一方面，我不想引起人们虚幻的希望。我给大家讲一个关于一对生活在不同家庭中的双生子的真实故事，是我原来的同事大卫·莱肯（David Lykker）告诉我的。这个研究是明尼苏达大学一个研究团队做的，莱肯是其中的一员。

这是一对同卵双生子，在幼儿时期被分开，在不同的收养家庭中长大。一个成为钢琴演奏家，非常有才能，在明尼苏达州交响乐团演出时担任钢琴独奏。而另外一个连一个音符都不会弹。

既然这两个人有相同的基因，那么，她们之间的差异一定是由环境引起的。果然，有一个双生子的养母是钢琴老师，在家里教钢琴，而另一对养父母则什么乐器都不会。

但是，是不懂音乐的父母造就了一位钢琴演奏家，而音乐教师的小孩连一个音符都不会弹。

孩子在家里学到了什么？

莱肯最初是临床心理学家，在心理学不同的领域里作出了重大的贡献。他坚信父母有能力塑造孩子的生活。他是这样解释那对不相匹配的双生子的矛盾的：

> 身为钢琴老师的养母的确教自己的孩子学了钢琴，但没有坚持让她学下去。而另一个不懂音乐的养母决定让女儿上钢琴课，并要求她一定要学好，这位母亲坚定不移地塑造了女儿的早期环境。

不懂音乐的母亲坚持让女儿上钢琴课，并确保她花一定的时间练琴。当然，孩子一定要有一些天赋，并不是每一个有决心的母亲都能培养出音乐家的。但是如果母亲没有决心，孩子即使有音乐天分也会被浪费掉，双生子中的另一个就是这种情况。

我再举一个自己女儿的例子。我的大女儿虽然没有资格参加明尼苏达交响乐团的演出，但她为高中合唱团担任伴奏，多次参加过公演。我让她上钢琴课，但是从来没有坚持一定要她上，也没有坚持让她练琴，她完全是自觉自愿地练习。我女儿很肯定地说，如果我逼她练琴是不会起作用的，她一定会放弃。我曾经问她，是什么使她坚持练下去。她说："我喜欢弹琴，我想弹得更好。如果我练习了，我才能弹得更好。"对艺术的喜爱本身就是奖励。

尽管我没有逼我的女儿上钢琴课或逼她练琴，我却为她提供了一个有一点音乐气息的家庭环境。在她童年时期，我在一个合唱团里唱歌，有的时候合唱团在我家里排练。如今我的女儿弹钢琴主要是为了消遣。在闲暇时间里，她学习声乐，并在合唱团唱歌。

是的，在很多方面父母对孩子的确有影响。那位不懂音乐的双生子是个特例，我等会再来谈论她。往往爱好音乐的父母有爱好音乐的孩子，医生的子女会成为医生。否认父母影响孩子择业和课外活动是一件愚蠢的事情。我不否认父母对孩子有影响，但这并不是你想的那么一回事。

父母影响孩子在家里的行为，他们也为孩子提供知识和训练，让孩子走出家门后能应付外面的世界。在家里学会说英语的孩子，跟同伴交流时，可以不必从头再开始学习英语，其他的行为、技能和知识也一样。孩子把在家里学到的东西带到同辈群体中去，如果这些东西跟其他孩子在家里学到的东西一样，孩子就会将它保留下来。

孩子也会在家里学到一些东西，但他们不会把这些东西带到同辈群体中去，即使与同伴所学的东西不一样，他们也会将它们保留下来。这些东西是不会在同伴情境中出现的：宗教就是一个例子。除非他们都上教会学校，不然他们不会与同伴一起做礼拜。他们通常跟父母一起做礼拜，这就是为什么父母仍然有一些权利将宗教传给孩子。凡是文化中涉及在家里做的事情，父母都有影响力，烹饪就是一个很好的例子。任何在家里学到的、在家里保留的东西，基本上都是父母传授给孩子的，例如，如何持家。小孩子在幼儿园玩的过家家游戏，让他们知道社区中家庭生活的大致轮廓，但是其中许多细节都被省略掉了。

此外，一些在家里学到的东西被带到同辈群体之后，即使它们与其他人学到的东西有所不同，也会被保留下来。因为群体对个体从众的要求有一定的限度，有些行为是强制性的，有些行为则是选择性的，这取决于你所处的群体。例如，语言在儿童群体中具有强制性，当一个孩子加入某个群体时说不同的语言、带有不同的口音时，他必须要做出改变，通常也会发生变化。在童年中期的男孩群体中，男孩必须要有男子汉气概：坚强、不情绪化、关注地位。而女孩子的群体就不会这么严格，可以与女性化行为有些距离。群体行为方式如何得以执行反映了性别差异，男性的群体意识更强一些（见第十章）。

强制性的行为也因时代的不同而不同。在战争年代，爱国主义是每一个群体成员的义务，是强制性的，但在和平年代，却具有选择性。由于成年人文化的改变，也可能使男孩群体更大范围地接受群体成员的行为。然而，截至目前，发展心理学家还没有看到这种变化。

如果在家里习得的某一个领域的知识、技能或意见被认为具有选择性，孩子就可以将它们保留下来。大多数的孩子同辈群体允许其成员在才能、兴趣爱好、政治倾向、未来职业规划等方面上存在差异。一个小孩会弹钢琴不是缺点，不需要对他进行打压。

孩子在家里学会弹钢琴；在家里，他们了解到医生是什么样的人，为什么当一个民主党员是最好的选择，如何用玉米叶包玉米馅卷等。他们在家里学不到的是：如何在公共场合行为得体，他们是什么样的人，这些都是在同辈群体中学到的。

家庭可以是一个群体吗？

在第七章结尾，我谈到为什么家庭不能行使群体的职能。在现代北美和欧洲人家里，家庭不是一个显著的社会类别，因为它是独一无二的，没有其他的群体与之竞争，从而使家庭呈现出群体意识。因此，家庭最终分散为几个个体，每一个个体都有自己的一亩三分地。家庭中的自我归类通常是“我”，而不是“我们”。

亚洲的文化可能不一样，人们更加认同家庭，而不是个人成就和自主性。在殖民时期前的中国，如果一个人犯下了严重的罪行，会株连到九族，整个家族都要为此负责。也许亚洲孩子在家时，他们将自己归类为“一个姓曾的人”或“一个姓中村的人”。也许亚洲人的家庭既可以同化，又可以分化。

在有些情况下，西方家庭也是如此。你可以观察一下一个美国家庭去一个不熟悉的地方旅行的情形，那个地方虽然有其他的人，但孩子们不用担心被自己的同学看到。一离开熟悉的领地，家庭成员就团结起来，形成一个群体，兄弟姐妹之间的对抗立刻烟消云散，但是休战只是暂时的。一旦家长和孩子回到车里，群体意识立刻瓦解，彼此间的对立又出现了，他们又回到几个个体的状态，每个人都有自己的一摊事儿。“妈，他把脚放在我这边了。”

当群体意识不强或不存在时，分化就占了上风。家庭成员多样化，每一个人都有专长，都有自己合适的位置，这扩大了家庭成员的技能种类，减少了兄弟姐妹之间的竞争。在孩子的眼里，家长也找到了自己的位置。也许这就是为什么养母会弹钢琴，而女儿没有学习弹钢琴的原因。如果女儿也学习弹钢琴，她就要与她的母亲竞争，因为家里已经有一个会弹钢琴的人了。她的父母应该鼓励她学习大号的。我的大女儿在家里没有竞争对手，因为父母都不会弹钢琴，而妹妹又太小了。

在家庭中找适合自己的位置对培养各种兴趣爱好有持久的影响。弹钢琴的双胞胎姐姐把弹钢琴作为职业，她的妹妹即使在成年时期恶补钢琴课，也没有达到合格的业余水平。童年时期在家里作出关于职业、政治或宗教的选择对孩子的一生都有影响，这些选择可能被带到同辈群体中去，但没有被群体修正、改变，因为孩子们压根没有注意到这些决定。

然而，至于人格和社会行为就是另外一回事了。有证据显示家庭内部角色的选择对人格没有长期的影响。影响孩子人格的一种方式是出生顺序：在父母的眼里，老大比弟弟妹妹更有责任心、更敏感、更有依赖性，但是在弟弟妹妹的眼里，老大喜欢发号施令。但在成年人填写的人格测试中没有发现一致性的出生顺序差异。研究者也没有发现独生子女和非独生子女存在一致性的人格差异（见第三、第四章和附录 1）。

家长可以成为领导者吗？

我在第十一章里谈到，领导者能影响一个群体的行为规范，可以界定群体成员的刻板印象和群体的分界线，分清“我们”是谁，“他们”是谁。家长可以成为这样的领导者吗？他（她）能将家庭形成一个有凝聚力的群体、勾勒出它的目标吗？

可以。但很少发生在西方社会，因为西方通常是小家庭。家庭群体对家庭的大小有一定的要求，要求家庭人口达到一定的数量，同时，对家长也有要求，它要求家长具有坚韧不拔的意志。

马上跃入人们脑海的是肯尼迪家族。但我要告诉你另一个、你从来没有听说过的家庭。他们就是桑顿一家，生活在新泽西的长枝，离我住的地方不远。父母都已过世，父亲叫唐纳德，以前是个劳工。母亲叫塔斯，以前在一家旅馆当女仆。两个人都来自贫穷的黑人家庭，唐纳德十四岁时辍学，塔斯曾在南方的一所师范学院短暂地读过书。

唐纳德和塔斯有五个女儿，年龄都很相近，后来他们收养了一个与他们女儿年龄相仿的女孩。排行第三的女儿伊冯娜说，没有理由指望这六个孩子会有什么了不得的出息。

> 从小我们就跟邻居的孩子没有什么差别。一般人对住在新泽西长枝地区的孩子的期望就是高中毕业，在工厂做工或找一份职员的工作。也就是说，如果我们没有当未婚妈妈或中途辍学或成为单亲母亲靠救济金过活、每隔一年养一个私生子的话，我们就很幸运了。

但是唐纳德的想法不一样，他决定让女儿都成为有成就的女人，而且他一生都在致力于达到这个目标。伊冯娜在《挖壕沟工人的女儿》一书中说：

> 这个想法并不是来自骄傲和野心，它源自一个笑话。父亲在新泽西的蒙茅斯要塞挖壕沟时，母亲生下第四个女孩、接着第五个，那些挖壕沟的工友开父亲的玩笑，笑他生不出男孩，只能生出几个丫头片子。父亲说："当我的女儿当了医生的时候，你们就笑不出来了。"

许多父母都说过同样的大话，但是很少有人像唐纳德一样有恒心、有毅力。他让他的女儿形成了一个群体，帮她们树立了一个自我形象：你们比邻居的孩子都强。你可能没有他们聪明，但是你比他们更用功。他为她们树立了一个目标：你们将来要当医生。并且他界定了这个群体的分界线。

> "我不要任何人冲淡这个信息。"他跟妈妈说。因为母亲觉得我们还是小孩，应该到外面去溜冰、打球，但是父亲不让。"她们有五个人，"父亲争辩说，"她们可以自己在一起玩，为什么还要到外面去玩？……如果我们团结一心的话，这个家庭没有什么事情是办不到的！"

像第十一章中出现的杰米·艾克兰特老师一样，唐纳德也让他的孩子觉得自己是"一群正在执行一项艰巨的秘密行动的英勇战士"。他的女儿不仅像父母一样聪明、勤奋，并且像她们的母亲一样，有音乐天赋。她们不读书的时候，就练习乐器，她们没有时间与其他的孩子交往，也没有时间出去闯祸。桑顿姐妹组成了一个非常成功的乐队，在阿波罗剧院演出过，在东海岸的各个大学校园巡演过。她们演出挣的钱足够支付自己的学费。

唐纳德没有让所有的女儿都成为医生，但是那些挖壕沟的工友早就不敢再取笑他了。唐纳德的两个女儿成为医生，其中一个还是医学博士。在其他的女儿中，一个是口腔外科医生，一个是律师，一个是法庭速记员，养女是护士。就像伊冯娜说的，她和她的姐妹们都成为“有成就的女人，自立的女人，有能力照顾自己的女人”。

这种事不常发生，但有时候一个家庭可以成为一个群体，有时候家长就是领导者。

有时候父母也会使孩子误入歧途。我知道新泽西的另一个家庭，父母也不让孩子跟邻居家的孩子玩，而是要他们做功课、做练习。父母的经济条件比较好，都受过良好的教育。但是家里只有三个孩子，两个男孩一个女孩，这个情况有所不同，因为只有当同一性别的人数达到一定的数量时，才能形成群体意识。这家人住在很偏远的地方，孩子们除了上学之外，不能结交其他的朋友。家里的女孩很不快乐，要求住校，这是我听说的唯一一个提这种要求的孩子。排行老二的孩子很聪明，毕业于一所拔尖的大学，但是社交能力很差，因为黑客技术惹上了官司。最小的孩子从大学退学，找了一份修剪树木的工作。

另外一种家长领导者是他们终其一生将孩子培养成神童。高尔夫球星泰格·伍兹的父亲和波姬·小丝的妈妈就是两个典型例子。在著名的体操运动员、花样滑冰选手、象棋选手的观众席里还能找出许多这样的例子。在大众媒体中，这些家长部分因为孩子的成功获得称赞，而多数却是因为孩子的烦恼而受到指责，在某种程度上，这都是他们应该得到的。但是你不可能让任何一个孩子成为明星，家长必须有可教的孺子才行。如何能让孺子可教呢？家长必须加以培养，他们用一半的基因产生了一个后代。伍兹很像他的父亲，两个人都有恒心、有毅力，就像我描述的唐纳德·桑顿一样，有专注于某一个目标并坚持不懈地直至达到目标的能力。遗传在人格中起作用，在这个方面也同样起作用。

神童是一个很有趣的现象。许多孩子天生就有一种动力，如果孩子没有动力，家长是爱莫能助的。事实上，孩子是原本动力，而家长是孩子强烈兴趣的服务员。在学术上有天分的孩子从父母那儿得到很多东西，如书、电脑、参观博物馆等。他们得到这些，是因为他们想要这些。不是家长逼迫他们这样做，而是孩子自己想要这样做。

把孩子培养成神童的危险在于这些孩子没有同辈群体，他们会错过与其他同龄孩子建立正常关系的机会，没有同辈关系的孩子很容易变得古怪异常。尽管普通的有天赋的儿童一般都过得比较好，但是那些有超常天赋的孩子更容易出现心理问题。有时候家长对此也爱莫能助，因为，有的孩子的智力远远超过了同龄人，他们与同龄人没有任何共同之处。有些孩子除了练习高尔夫球、体操或下棋之外，对什么都没有兴趣。但是如果父母意识到同辈的重要性的话，他们也许会努力让自己的孩子交一些朋友。

父母选择孩子同辈的权利

这是所有父母的权利，这是他们决定孩子未来生活的方法之一。至少在孩子童年时期，父母可以决定孩子的同伴是谁。当约瑟夫的父母把他带离波兰的学校，移民到密苏里州的一个小镇上，他们不只改变了他的童年，还改变了他的人生之路。约瑟夫现在是美国人了，有着美国人的优点和缺点。他已经不是波兰人了，即使在梦里也不是了。尽管他的父母没有教他怎样做一个美国人，但是他还是应该感谢或责怪他们，因为是他们把他带到美国来，让他有了美国朋友。

你不必用这么极端的方法来影响你孩子的生活，你只要搬到一个不同的社区，或选择一所不同的学校，你就可以改变孩子的生活轨迹。听起来有点吓人，不是吗？尤其是你不知道你的决定会带来什么样的后果。总体而言，孩子在聪明孩子多的学校学到的东西会多一些，在犯罪率低的社区不大会惹是生非。但是一个智力在中等以下的孩子如果上了一所学校，里面孩子的智力都是中等以上水平，那么他很有可能会受到同伴的排斥。一个来自贫困家庭的孩子，在一个大家都很有钱的地方往往会觉得不自在。

被同伴排斥还不是世界的末日，只是在当时很受伤，并且会留下永久的疤痕，但是被同伴排斥并不能阻止孩子的社会化（虽然某个群体排斥你，你还是认同它）。我注意到许多有趣的人在童年时期被同伴排斥，或者搬来搬去。我小时候经常搬家，也有过四年被排斥的经历。无疑，如果这些没有发生过，我一定是一个不一样的人了。我可能变成一个比较会交际也比较肤浅的人，但绝对不会成为一名作家，因为成为作家的首要条件是愿意花很多时间独处。生物学家威尔逊这样回忆他的童年：

> 我是家里的独生子，我的家在亚拉巴马南部和佛罗里达西北部之间频繁地搬来搬去。在十一年期间我读过十四所学校。我想这也许是我长大之后变成一个孤僻的人，觉得大自然才是我最可靠的朋友的原因。一开始，大自然带给我探险的乐趣，后来，它逐渐变成深沉的情感和审美快乐的源泉。

如果是我，我一定会冒着孩子被排斥的风险，把孩子送到一所最好的学校，一所有聪明、用功学生的学校，一所没有人因为你爱读书或拿A取笑你的学校。这样的学校的确存在，在纽约布鲁克林区有一所学校叫米德伍德中学，这是一所非常拥挤的老学校。四千名学生中有一半来自附近社区，另一半学生是凭考试成绩和初中成绩进来的。这是一所

“有吸引力的学校”，孩子们必须经过激烈的竞争才能进来。据《纽约时报》报道：

> 一旦进入学校，两千名经过竞争进来的学生与来自附近社区的两千名学生混杂在一起，一起上许多课。校长路易斯·弗罗利希说，高期望具有传染力。与纽约市其他学校的百分之二十五相比，该校有百分之七十的学生能拿到学校颁发的学位证书，辍学率不到百分之二，百分之九十九的学生继续上大学。

这位校长是对的，如果一个群体中有足够多的人，而这个群体又是原封不动、没有分裂成小群体的话，态度是可以传染的。在这所学校，不只是那些经过竞争进来的学生是好学生，几乎所有的学生都是好学生。《纽约时报》记者采访了一些进入“西屋科学奖”半决赛的选手，问他们有没有因为是“科学狂”而被同学作弄。这个问题让学生大吃一惊。在米德伍德中学，科学狂是交朋友的一个好方法，有野心一点也不丢脸。这个学校的许多学生都是移民，他们将父辈重视教育的理念带到同辈群体中并保留下来，因为大多数同辈的父母也有相同的理念。米德伍德中学的孩子没有分裂成两个对立的群体（喜欢上学和讨厌上学）。这样的学校需要认真研究，找出它为什么成功的原因。我现在无法给你答案。

态度的传染也有不好的一面：坏的态度跟好的态度一样也会传染。许多父母担心他们的孩子交到坏朋友，担心这些朋友对孩子有坏的影响。通常他们是对的，但是他们的孩子同样也在影响别人。不管怎样，有犯罪倾向的孩子与有犯罪倾向的孩子在一起的时候更容易惹麻烦，你的孩子最好不要交这样的朋友。

不幸的是，你对孩子友谊的影响会随着他们年龄的增长而缩小。对于小孩子来说，父母几乎能控制他们交什么样的朋友，至少能控制他们在校外交什么样的朋友。但一旦他们满了十岁之后，情形就不一样了。如果你禁止大一点的孩子见她的朋友，而她与这些朋友情趣相投的话，那么，她一定会背着你与朋友见面，并对你撒谎，而说谎很快就会变成习惯。

你的选择很有限。我不推荐你把她拴在暖气片上，尽管我知道你很想这么做。你可以给她转学或搬家。当然，这些都不是最好的解决方式。如果她想交那些你不愿意她见的朋友，转学或搬家也无济于事，她可以找到跟她老朋友一样坏的新朋友。

但有的时候地点发生变动也有一定的作用。我曾经在"文字完美"帮助热线上与一位叫玛丽昂的妇女有一段有趣的对话。她住在犹他州的普罗沃，她有十一个孩子，最大的三十岁，最小的十来岁。当她听说我是儿童发展教科书的作者时，她给我讲了她倒数第二个孩子的故事。她说，其他的孩子都不错，就是这个孩子结交了坏朋友，还要辍学。玛丽昂说："我以迅雷不及掩耳的速度把他从学校弄出来，搞得他晕头转向。"然后把他送到犹他州的一个偏远的小镇上，跟他的大姐住在一起。这个方法虽然很严厉，但很管用。后来，这个男孩高中顺利毕业，还准备上大学。

还有一种情况，即你的孩子总是被人欺负时，家长应该考虑搬家。如果我的孩子在一个群体里地位最低，地位高的孩子总在打他，我一定会让他脱离这个环境。受害者总是受害，部分原因是他们有好欺负的名声，而要改变群体成员的看法是很难的。一般来说，搬家对孩子不利，因为他失去了同辈群体、失去了在同辈群体中的地位。但如果同辈群体让他过得很痛苦，并且他在群体中没有任何地位，搬家对他来说不是一件坏事。

最后一个选择是家庭教学。如果家里有几个年龄相近的兄弟姐妹或有来自其他家庭的孩子，这是一个不错的方法。如今在家里接受教育的孩子经常参加由社区学校资助的运动会或俱乐部，这样他们就有机会与其他孩子见面，参加更多的活动。只要孩子不完全与同辈隔离，家庭教学不失为一种好方法。

自尊和地位

专家们指出，自尊是父母给予孩子的最宝贵的东西。《纽约时报》的科学版记者简·布罗迪（Jane Brody）宣称："父母在培养孩子自我意识的过程中起了最大和最重要的作用。"如果父母培养得好，那么孩子最终会有足够的自尊，否则，孩子手上拿的就是一张通往失败的单程车票。莉安娜·克拉克（Liana Clark）医生在《美国医学会杂志》发表文章抱怨道："缺乏自尊使许多年轻人半途而废。女孩过早地与人发生性关系，当上未婚妈妈，男孩把注意力转向毒品和枪支。这些悲剧之所以发生，是因为他们不相信自己的能力。"

这些作家错把结果当作原因了。成功人士有较高水平的自尊并不意味着高水平自尊能够通向成功，证据显示恰恰相反。最近一个研究综述总结到，提升孩子的自尊不会提高他们的学业成绩，也没有证据显示具有高水平自尊的青少年不酗酒、不吸毒、不与人发生性关系。自我感觉良好的专家们倡导的方法实际上适得其反，"不加选择的表扬可能会助长孩子的自恋情绪"。

自我感觉太好甚至可能是危险的。问题是高自尊的人通常认为自己不会受到伤害。有一个理论认为，暴力是由低自尊引发的，但研究者发现恰恰相反，"暴力通常是自尊受到威胁的产物，也就是说，是自我评价好的人与他人或环境产生矛盾冲突的结果"。研究者指出，暴力是一件冒险的事，它青睐那些自认为有体力、有聪明才智和有好运的人。也有证据表明高自尊的人倾向于酒驾或超速。一个对女大学生的研究结果表明，高自尊的女大学生低估了自己怀孕的概率，她们认为无保护措施的性行为风险不大。虽然她们也不想怀孕，但她们的高自尊使她们认为"这种事情不可能发生在我身上"。

但我得承认低自尊也不是一件令人兴奋的事。许多低自尊的人最终都成为精神病医生和临床心理学家的病人，他们被称为“内化者”，他们通常责备自己，而不是出去杀人。传统的精神疗法是让他们停止自责，而去责怪自己的父母，偶尔这个方法还是奏效的。因为这些病人通常会抑郁，低自尊是抑郁的表现，也是抑郁的原因，他们会挖掘童年不愉快的记忆。因此，很容易让他们相信自己的问题都是老妈和老爸的错。

专家认为，你可以通过培养孩子良好的自我感觉来应对充满敌意的世界。我不相信这个说法。你不能指望通过给予孩子柔情蜜意让他去抵挡外面世界的尖酸刻薄。自尊就像人格的其他方面一样，与社会情境紧密相连。一个孩子可以在家里感觉良好，但在其他地方觉得很糟糕，或者就像第四章中提到的灰姑娘一样，正好相反。父母偏爱一个孩子，让他觉得自己很特别，与自己的兄弟姐妹不一样，但是这种自我膨胀并不能维持太久。研究者发现，认为自己是父母宝贝的大学生不一定有高水平自尊。他们只是在某一个情境中有较高的自尊，研究者将这个情境叫做“家庭与父母的关系”。

一般来说，自尊是一个人在群体中地位的应变量。学龄儿童已经意识到当自己与同学相比较时，自己是比别人强还是比别人差。如果在群体中的地位很低，并且这种情况持续很久的话，会在孩子的人格上留下永久的烙印，甚至会毁掉孩子的童年。

在群体中占据什么样的地位往往带有偶然性。群体会以很不起眼的原因，如偶然发生的事情、表面上的差异等来为自己的成员定位。例如，一年级第一天上学尿湿了裤子，一年级第一天用了一个三音节的词，像这样的小事都会成为孩子身上永久的标签。我认识一个中年妇女，到现在还被她的老朋友叫“胖墩”，尽管她在小学五年级时就瘦下来了。

父母无法阻止自己的孩子不被群体做负面的角色匹配，然而，父母可以减少这种情况的发生。在某种程度上，他们对孩子的外表有一定的控制力，让孩子看起来正常、有吸引力，因为外表的确很重要。“正常”指给孩子穿其他孩子都穿的衣服。你可以做这样一些事情，让你的孩子具有“吸引力”，例如，带有皮肤问题的孩子去看皮肤科医生，带牙齿不整齐的孩子去看牙科医生。如果你能负担得起，或健康保险可以支付的话，带脸部畸形的孩子去做整形手术。

孩子不希望自己与众不同。在群体中，与别人不一样不是一种美德。即使你给孩子起一个很奇怪或很土的名字也会害了他。我听说一个父亲觉得用一个诗人的名字给自己的儿子起名字是一件很聪明的事，但不幸的是，他最喜欢的诗人是荷马。

亲子关系

有时候有人问我：“你的意思是我怎样对待我的小孩都没有关系吗?”他们从来不问：“你的意思是我怎样对待我的丈夫或妻子都没有问题吗?”但是情况是相同的。我不指望我今天怎样对待我丈夫，就能决定他明天成为什么样的人，但我认为会影响他跟我在一起过得是否幸福，我们是否还是好朋友。

你可以跟你的配偶学到很多东西，婚姻能够改变你的想法、影响你对职业或宗教的选择，但是不会改变你的人格，除了短暂的、与情境相关的时候。一个人可能对他的妻子很温柔，对他的员工很严厉，或正好相反。如果一个丈夫不断贬低自己的妻子，那么每当妻子与丈夫在一起的时候，她都会感到很悲哀或者很焦虑。即使丈夫仍然轻视她，她还是跟着他一起过日子，当丈夫不在跟前的时候，她还是一副苦瓜脸，这时，你就无法判断她的人格问题是她婚姻不快乐的原因（为什么嫁给这个混蛋，为什么不离开他），还是婚姻不快乐的结果（不停地被贬低）。事实上，你可能会把她的抑郁和顺从怪罪到她妈妈身上，是她妈妈从小贬低她的后果。关于这一点，你可能错了。但是你可能也会同意，在她嫁给这个混蛋之前就已经有人格问题了。

研究婴儿对母亲依恋行为的人喜欢用“工作模式”这个词，他们认为婴儿的心智有一种母子关系的工作模式，可以告诉他从妈妈身上可以期待得到什么。我接受这个观点。只是研究者认为这个工作模式可以一直持续下去，他们认为这个工作模式也让婴儿知道从其他人那里可以期待得到什么。如果这个婴儿因为母亲一听到他的哭声就赶紧跑过来，于是期待全世界的人都会围着他转的话，他就会陷入深深的绝望。但是他并没有这样的期待，他不期待红色的风铃跟蓝色的风铃一样摆动，那么，他怎么可能期待临时看护他的保姆跟自己的妈妈一样呢？

我认为，我们心智中的工作模式包括我们生活中所有的重要关系。对于那些不重要的关系，我们自动采取类化的方式，就像我们类化所有属于“同辈”类别中的人和属于“员工”类别中的人一样。一旦我们对某人有了更好的了解，我们就会给他一个专属于他的工作模式。小孩在妈妈、老师、兄弟和朋友面前的行为是不一样的。例如，当他知道乔纳森人很好，布莱恩爱欺负人，那么他与这两个人在一起时的行为是不一样的。

父母也可能是霸道不讲理的人，孩子很快就了解这一点。虽然他不认为每一个人都是坏人，但他与父母的关系肯定不会好。如果他父母一直以这种方式对待他，那么他们之间的关系就一辈子好不了。如果你认为道义责任这个理由还不够充分让你善待自己的孩子的话，那么，你试一试下面这个理由：孩子小的时候你对他好，你老的时候他才会对你好。

孩子不仅能敏锐地觉察到自己的父母怎样对待他，也知道相对于他的兄弟姐妹，他的父母是对他好还是坏。如果他感觉到父母偏心，更喜欢他的兄弟姐妹，那么这种怨恨就会破坏他与父母、他与兄弟姐妹之间的关系，有时候这种怨恨会持续一辈子。有一个关于瑞典成年人和他们父母关系的研究显示，那些认为父母偏心，更喜欢自己的兄弟姐妹的人，与他们年迈的父母之间的关系更为冷漠一些。

我在提到这个研究时，还有一些迟疑。因为该研究中有一个因果关系，也许父母因为什么原因不喜欢这个子女，也许因为她本身就是一个难带的孩子，这都是可能的。我认为，那些小时候被父母善待的孩子长大成人后，跟父母关系更密切是说得通的。我并不是我父母喜欢的小孩，他们更喜欢我的弟弟。现在我弟弟与我的父母住在同一个镇上，照顾他们的晚年生活，而我住在美洲大陆的另一端，只是偶尔去探望他们。

另一方面，我的确是一个难带的孩子。也许我的父母是对的，我的弟弟乖一些。

演化与孩子教养

当孩子不跟你在一起时，你无法控制他的行为，但你可以决定他们在家里的行为表现。你没有办法决定外面的世界怎样对待他，但是你有很大的权力决定他们在家里是否快乐。

市面上有一些关于孩子教养的手册，指点你如何为自己和孩子创造一个更加愉快的家庭生活。不幸的是，这些书都基于一个错误的前提，即大多数都没有考虑到孩子天生就是不一样的，并且废话连篇。

如果我已经说服你接受“那些专家都是胡说八道”的说法，那么，我的书究竟要告诉你哪些教养孩子的方法呢?

当然，我希望我已经让你意识到同辈对孩子现在及未来生活的重要性，但是我也希望你意识到人类演化历史的重要性。对世世代代祖先童年的了解，可以为我们反思现代家庭出了什么问题提供一定的启示。

在第五章，我谈到部落和村庄社会中孩子教养的情形，也谈到狩猎采集社会中的情形。对传统社会的观察可以为我们提供一些线索，在人类演化过程中如何教养孩子。在传统社会里，婴儿在头两年得到精心的照顾。白天，妈妈走到哪儿，都会带上婴儿。夜晚，婴儿也是跟妈妈一起睡觉。在世界上大多数社会里，婴儿都是跟母亲一起睡觉，即使在今天也是如此。

在美国，父母抱怨最多的是睡不好觉，因为婴儿不肯睡觉，所以他们整个晚上没法睡。许多小儿科医生建议父母让婴儿养成独自睡觉的习惯。但是在狩猎采集社会中，在正常情况下，婴儿从来是不会独处的。如果婴儿发现自己是一个人，而且哭泣不能让妈妈赶到他身边，那他的麻烦就大了。因为这种情况表明，他的母亲要么已经死了，要么再也不能照顾他了。族人马上要出发，他们不会带上他！如果他不能迅速说服他们改变主意的话，他只有死路一条。大声哭喊是他唯一能说服族人的方法，他大声地哭，因为他既害怕又生气。

婴儿有惊人的适应能力。在美国，大多数孩子都是适应了独自睡觉，但有些孩子不行。当你告诉那些为人父母者，包括我的小女儿在内，婴儿可以跟父母一起睡觉时，这是天性使然，他们会感到如释重负。他们讨厌让婴儿哭泣，让婴儿哭是违背天性的。但是许多父母还是让他们哭，尽管婴儿哭的时候，父母跟婴儿一样难受，因为专家说让婴儿哭一会儿是没有关系的。

专家还告诉你，你必须为婴儿提供适当的刺激，使他们的大脑得以正常发育，使神经元突触更好地形成。你应该跟他们说话、给他们读书、让他们看有趣的东西。这个建议基于两种数据，两种没有被理解或者被误读的数据。第一种数据是基于对动物的研究。当动物（如老鼠、猫和猴子）小的时候被严重地剥夺了感官刺激，会给它们的神经带来永久性的伤害。第二种数据是基于相关性研究。给孩子读书和在婴儿摇篮上挂上漂亮风铃的父母，他们的孩子更聪明。

如果大脑需要诗歌阅读和漂亮的风铃，才能使它的神经元发育完善的话，那么我们祖先的大脑就应该有缺陷了。传统社会中婴儿的体验让我们对人类大脑在发育过程中需要什么样的环境有所了解。传统社会中的婴儿，没有人给他们读书，甚至没有人跟他们说话，但是他们有很多东西可以看、有很多声音可以听。虽然这些婴儿在他们生命的头两年里没有学到什么东西，但一旦时机成熟，他们自然而然学会作为一个大人所必须知道的全部事物。

至于相关，我相信你现在已经知道怎样看待它了。给孩子读书的父母，孩子会更聪明，原因是这些父母也很聪明，孩子聪明是因为他们遗传了父母的智力。如果父母给孩子读书会让他们变得更聪明是环境因素造成的话，那么在收养家庭中，孩子的智商就不应该是零相关。因此，给孩子读书或给他们看漂亮的东西可以让他们变得更聪明，这完全是没有科学依据的说法。

最近在网络聊天群里看到一个帖子，一个自称为“研究大脑发育的研究生”谈论她那非常聪明、活泼的二十一个月大的儿子。这位研究生的父母认为孩子聪明，是因为他的爸爸、妈妈都聪明，但是她觉得这个解释“是对我教养方式的侮辱，因为我努力营造了一个充满爱的亲子关系，并为孩子提供了恰当的刺激”。

我不怀疑她的努力，我给她打满分。但是不应该觉得养孩子是一件苦差事，养孩子应该和性一样，应该是一件很自然的事。演化是一个既有胡萝卜又有大棒的过程。大自然让我们愉快地去做她想让我们做的事情，如果为人父母是个苦差事的话，你认为黑猩猩会去做吗？父母意味着享受为人父母的快乐。如果你不觉得快乐，那说明你做得太过头了。

父母是朋友

演化过程既有胡萝卜又有大棒。大自然遵循弱肉强食的法则，让庞大、强壮的动物统治弱小的同胞，大的告诉小的应该怎样做，如果小的不听，大的就会惩罚它们。这的确不公平，但是大自然本来就是不公平的。在黑猩猩群体中，大的雄性黑猩猩统治着小黑猩猩，如果小黑猩猩不尊重大黑猩猩，就会挨打。雄性黑猩猩打雌性黑猩猩，小黑猩猩打更小的黑猩猩，都是为了同样的原因。

传统社会中一直保持着这个不漂亮的模式，已经由来已久了。我们现在流行的对公平、美好的迷恋是一个新生事物。

父母本来就是应该支配自己的孩子，他们本来就应该掌控一切。但是现在父母对于行使自己的权利感到非常地犹疑不定，这种犹疑是专家强加给他们的，使父母无法有效地管理家庭。

我认为今天的孩子不比"教养假设让父母就范"之前的孩子好到哪里去。前辈的经验表明，将孩子培养成适应社会的人、不让他们觉得自己是宇宙的中心的教养方式是完全可行的，让他们知道如果不听话，最严厉的惩罚是运用暂停手段。父母本来就比孩子知道的多，应该理直气壮地告诉他们怎么做。父母也有权利过快乐、平静的家庭生活。

在传统社会中，父母不是朋友，也不是玩伴。对传统社会中的人来说，让父母取悦孩子是一件不可思议的事情。如果你告诉他们什么叫做"有品质的时间"，他们一定会笑得趴在地上。

政治经济学家罗伯特·瑞克（Robert Reich），曾担任克林顿政府时期的劳工部长，辞去华盛顿的职务，回到马萨诸塞州的家中，部分原因是他想多花时间陪自己十二岁和十六岁的儿子。但是事情并不如他的意：

> 忘了什么"有品质的时间"吧！青少年根本不需要它，他们有更好的事情可以做。当我辞去克林顿总统内阁的职务回到家后，突然发现我周末有了空闲时间，我等我的孩子来找我跟他们一起过"有品质的时间"，结果是，"抱歉，爸爸，我真的很想跟你去看球，但是大卫、吉姆和我想去广场逛逛。""那个电影很酷，爸爸，但

是……说实话，我还是想跟戴安娜一起去看。”

他的孩子并不是完全不想跟他在一起，有的时候，他们也会征求他的意见，这使他觉得好过多了。他们并不是想伤他的心，他们也很爱他，但是……唉！

小一点的孩子不像青少年那样玩欲擒故纵的把戏，这可能是因为小一点的孩子去不了他们想去的地方，所以，他们的选择较少。如果有选择的话，即使是刚学会走路的孩子也喜欢跟其他的孩子一起玩耍，不过他们喜欢自己的家长站在旁边。

兄弟姐妹是同盟

在传统社会中，刚学会走路的孩子脱离母亲的怀抱之后马上进入一个游戏群体，这个群体大多由他的亲戚组成，如他的兄弟姐妹、同父/母兄弟姐妹、堂/表兄弟姐妹等。在这些社会里，通常的模式是将新加入的刚学会走路的孩子交给比他大一点的孩子，如果小孩子受到伤害，大一点的孩子就要为此负责。这个新的加入者就是篡夺他的地位，在妈妈的怀抱中独占了妈妈两年注意力的人。

大一点的孩子有权利管理他的弟弟或妹妹。在传统社会中，大的管小的是天经地义的事，没有人会去阻止它，因为没有人关心什么平等和公正。

在我们的社会中，对平等和公正的关注导致了兄弟姐妹关系的不和，父母阻止大孩子管小孩子，反而使两个人之间产生恶意。父母为了维护小孩子的利益，运用自己的权利阻止大孩子管小孩子，在多数情形下，会让大孩子觉得父母更偏爱他的弟弟或妹妹。

我并不是建议你让五岁的孩子去管三岁的孩子，至少不要这么突兀。但是如果你了解了两个人之间发生了什么，你就会更加同情大孩子。第一，他被剥夺了父母对他的注意，因为每一个社会里父母都比较关注小一点的孩子；第二，大孩子管小孩子是很自然的事情。在传统社会中，你失去了父母对你的关注，但你赢得了对弟弟妹妹的支配权。但在我们的社会里，大孩子与小孩子之间比分是0∶2。

我在前面的章节中曾经讲了这样一个故事，非洲的一个小男孩为了从黑猩猩的嘴里把弟弟夺下来，自己却受了重伤。这个男孩救了弟弟一命，却差一点送了自己的命。他的母亲叫他负责看管弟弟，这是任何一个美国母亲做梦都不敢想的事，但是这个男孩很严肃、认真地接下了这个任务。在传统社会里，兄弟姐妹不是敌人，是盟友。

猜猜看

一个母亲没有决断地让女儿学钢琴，结果，她的女儿连一个音符也不会弹，另一个母亲也没有特意让女儿学钢琴，但她的女儿却成为有造诣的钢琴家。你永远不知道为什么会是这样。有的孩子拥有得天独厚的条件，所以走上了成功之路，而另一些孩子克服重重困难，获得更大的成功。有一个傻傻的名字或不断地搬家，对孩子来说是一个灾难，但有傻傻的名字或游手好闲父母的孩子，最后当上了总统、诗人、著名的生物学家。如果一所学校的学生都很聪明，那么去这所学校就会学到很多东西。但是我在亚利桑那州却比在高傲自大的郊区表现还要好，我在亚利桑那州上学的第一天，生物学考试就拿了个“A”，因此得到了“聪明人”的称号。你永远都不知道孩子究竟会怎么样。

专家也不知道，你知道这一点后，可能感觉会好一点。

你过去听从专家的建议，你现在怎么样了？如果你没有公平地爱你的孩子，尽管这不是你的错，因为大自然让一些孩子比另一些孩子更可爱，他们仍然让你有负罪感；如果你没有花足够的“有品质的时间”在孩子身上，尽管你的孩子宁可花有品质的时间跟朋友在一起，他们仍然让你有罪恶感；如果你没有给孩子正常的（一男一女）父母，尽管还没有确切的证据说明这会对孩子有长久的影响，他们仍然让你有罪恶感；如果你打小孩，尽管大的类人猿打小的类人猿已有数百万年的历史了，他们仍然让你有罪恶感。责怪父母是一件很容易的事情，父母是最容易被击中的目标。自从弗洛伊德点上第一支雪茄之后，父母就成为攻击的对象了。

专家们总是想方设法把快乐和自发行为从儿童教养中抽取出来，将儿童教养变成一件苦差事。很久以前，华生就开始抨击“爱孩子爱到死”的做法。他带着不加掩饰的厌恶描述了一次乘车的经历，因为车上的大人完全忽视了他的警告。在描述中，他的数学技能发挥到了极致：

> 不久前，我与两个男孩（一个四岁、一个两岁），还有他们的妈妈、祖母、保姆坐在一辆车里，在两个小时的行驶中，一个孩子被亲吻了三十二次，其中他妈妈亲了他四次，保姆亲了他八次，祖母亲了他二十次。另一个孩子也同样沐浴在爱的海洋中。

我认为妈妈亲吻孩子次数最少的原因是，她是华生的妻子。如果她亲吻儿子，就违背了她丈夫的意愿。那些都是偷吻。

今天的专家又走到另一个极端，认为亲吻孩子是义务，而不是犯罪了。如果我是一个小孩，我宁愿一年有一次偷吻，而不是一天三个，尽管这是医生开的处方。

负罪的旅行到此结束

在这一章里，我谈到父母能做什么来影响孩子的人格、行为、态度和知识。我没有提到给孩子提供健康的饮食、带孩子接种疫苗等内容，因为这些不是这本书要谈的内容。我已没有资格就心理疾患给家长提一些建议。除了这本书讲的内容之外，还有许多事情会让孩子误入歧途。如果你看到孩子身上有这样的苗头，要立即带他/她去看专业人士。

至于你如何影响孩子的人格、行为、态度和知识，我想你可能对我的答案并不满意。有些人在听到他们不必因为自己不喜欢孩子的某些方面而怪罪自己时，不会因此松一口气。相反，有些人会对此感到不安，尤其是当孩子小的时候，他们希望自己能影响孩子，他们觉得自己还是可以做一些事情来增加孩子以后成功的机会、改变孩子身上他们不喜欢的东西。如果他们足够努力的话，他们还是可以有所为的。

他们已被专家的花言巧语骗取了信任，他们有权利感觉到上当受骗了。为人父母并不像大家所想的那样，不是你付出真诚和努力就一定能成功的。有时候，优秀的父母不一定有好孩子，但这不是他们的错。

我们现在拥有各种神奇的技术，我们已经消除了许多导致孩子死亡或伤残的疾病，我们也成功地解决了大自然给我们出的难题，也许这就是为什么我们产生了攻无不克的错觉。

我们以为自己可以让孩子成为我们理想中的人，这完全是一种错觉。放弃吧！孩子不是一张空白的画布，父母可以在上面描绘自己的梦想。

不要去理会专家们怎么说。爱你的孩子，因为孩子很可爱，不是因为你认为他们需要爱。享受养育孩子的过程，教给他们你所知道的一切。放轻松点，他们将来如何并不能反映出你对他们的照料，你既不能使他们变得更完美，也不能毁灭他们。他们是属于明天的。

第十五章

接受拷问的教养假设

你的老爸和老妈把你毁了，
虽然他们不是有意为之，但是他们实实在在地把你毁了。
他们把自己的缺点传给了你，
又专门为你定制了专属你的缺点。

—菲利普·拉金

可怜的老爸和老妈公然被自己的诗人儿子控告，却没有辩白的机会。他们应该有辩解的机会才是，我在这里大胆地为他们说几句话。

听到你的孩子如此大惊小怪，
他的话语竟比毒蛇的牙齿还尖利。
这不公平，这不是真的，
他被毁掉了，但不是我们的错。

不过，在这里受审的不是菲利普的老爸和老妈，这里的被告是教养假设，这是他们的儿子在拙劣的打油诗中，简洁地总结出来的东西。陪审团的女士和先生们，我请求你们给教养假设这个被告定欺诈罪和盗窃罪。人们被剥夺了对真相的了解，而教养假设就是那个罪人。

无时无刻不在欺骗着人们

菲利普·拉金不是唯一将自己的失败怪罪到父母身上的人，每一个人都是如此，包括我自己在内，责怪父母比责怪自己容易得多。但是利己主义还不能解释为什么教养假设如此深入到我们的文化中。我在第一章中提到教养假设是精神分析（弗洛伊德）和行为主义（华生和斯金纳）的产物，还不足以说明教养假设的普遍性。虽然作为学术心理学的一部分，但它一开始就从象牙塔里走出来了。很快地，脱口秀的主持人和嘉宾，诗人和农夫，你的会计师和你的孩子，他们每一个人都将自己的失败怪罪到父母身上，怪罪自己是他们的孩子。

为人父母已经被促销过了头。你一直相信你对孩子的影响的程度，比你真正可以做到的还要多。在本书的开头，我引用了科学记者的话：我们不必等到父母可以选择孩子基因的那一天到来，因为父母对孩子的未来已经有很大的影响了。《纽约时报》的另一位科学记者说："父母在孩子塑造自我概念的过程中，扮演了最大、最重要的角色。"一位自称为"妈妈医生"的专家叮嘱你不要忘了"每天要以非言语的形式，给孩子足够的爱和赞许"。她说，无论孩子有多大，他们都需要触摸和拥抱。另一位专家佩内洛普·里奇（Penelope Leach）认为，如果你做到了这一点，你的孩子就会成为一个快乐和充满自信的人。孩子一生的根基，都建立在你与他的关系以及你对他的教诲上。体罚和批评被专家们认为是不合法的。你不要跟孩子说他很坏，你只能说他做的事很坏，不，最好说，他做的事情令你感到难过。

孩子没有那么脆弱，他们比你想象中的坚强。他们必须这样，因为外面的世界并不会因为他们是孩子而对他们特别优待。在家里，他们可能听到你说："你这样做让我感到难过。"但在操场上，他听到的可能是："你这个笨蛋！"

教养假设是一个文化的产物，这个文化的座右铭是："我们可以战无不胜。"凭借令人眩晕的电子设备、神奇的生物化学炼金丹，我们可以战胜大自然。当然，孩子天生就有差异，但这不是个问题。我们只要把他们放进这个奇妙的机器里，加上独特的配方，如爱、限制、暂停规则、教育玩具，瞧！出来的就是一个个快乐、聪明、适应性强、充满自信的人！

也许这就是我们时代的趋势，把事情推向极致，甚至超出逻辑的界限。教养假设变得如此膨胀，使父母不堪重负，看起来它已经熟透了，并开始腐烂。

首先，不要有任何伤害

如果我认为它只是一个没有任何害处的幻想，我对它也不会有如此强烈的反应。毕竟，教养假设可能还有一些好的副作用。至少在理论上，它能使父母变得更加温和。如果父母认为自己的任何差错都会对孩子产生长久的影响，那岂不是鼓励他们在对待孩子时少一点严厉、多一点谨慎吗？但是父母的谨慎并不会减少对孩子的虐待，也没有迹象表明，现在的孩子比两三个世纪之前的孩子更快乐、心理更健康。

虽然没有任何证据显示教养假设有什么好处，但是它的坏处却是显而易见的。如果父母把孩子放进那个奇妙的机器，但没有得到一个快乐、聪明、适应性强、充满自信的人，那么，教养假设就会让父母背上负罪的十字架。这些父母不仅要承受与难以相处或者达不到社区标准的孩子一起生活的痛苦之外，还要受到社区的指责和羞辱，甚至要面临罚款和牢狱之灾的威胁。

教养假设把孩子变成父母焦虑的对象，父母整天担心不已，唯恐做错事，害怕一个字或一个眼神都会毁了孩子的一生。父母变成了孩子的仆人，还是令人不满意的仆人，因为教养假设的鼓吹者把仆人的标准定得如此之高，根本没有人可以达到这个标准。当那些连晚上睡觉时间都没有的父母被告知他们没有给孩子足够多的有品质的时间时，他们会立刻觉得自己是不称职的家长，于是，他们给孩子买大量的玩具作为补偿。现代的美国孩子拥有的玩具数量是惊人的。

教养假设把虚假的因素带到家庭生活中，使真诚的爱的表达失去了意义，因为它已经变成义务的、虚假的形式了。

教养假设的确阻止了科学研究的进程，无意义的研究大量繁殖（例如，研究父母的叹气与孩子打哈欠之间的相关性），取代了真正有用的研究。实际上，有许多事情需要研究者关注和追问：我们如何防止一个班上的学生分裂为喜欢上学和不喜欢上学的两个对立的群体？为什么有些老师、有些学校、有些文化可以防止这种分裂，使学生凝聚在一起、有强烈的学习动机？我们如何阻止那些有不良习性的孩子进一步变坏？有些孩子因为在童年时期被同辈排斥、在青少年时期又和与他们气味相投的人混在一起而具有攻击性，我们如何介入并打破他们变得更有攻击性的恶性循环？有没有什么方法可以让同辈群体的行为规范变得更好？有没有方法可以防止大文化对青少年群体的行为规范产生有害的影响？多少个孩子才能形成一个群体等？

我在这本书中无法给你答案，因为这些研究还没有人做过。

辩方的诉讼

教养假设认为父母对孩子的未来产生重要的影响。我们在这里不是谈智商的高低，也不是在有一百多个问题的问卷上多勾一个“是”的答案，我们这里谈的是孩子在学校里是一个受欢迎的人、还是一个没有朋友的人，是大学毕业还是中学辍学，是神经过敏类型还是适应性强的人，是处女还是未婚先孕。我们谈论的是影响你的行为和你的生活是否成功的心理特质，这些特质是你自己知道、跟你住在一起的人知道、一起工作的人知道的特质。这些特征要跟随你一辈子，人们都是这么想的，对吧？父母对孩子产生巨大、深远的影响。

但是如果父母对孩子真的有影响的话，那么对每一个孩子的影响是不一样的，因为一旦剔除共同基因的成分，你就会发现即使是同一个父母带大的孩子都不一样。在人格特质上，生活在同一个家庭中的两个养子，他们之间的相似性并不比生活在两个不同家庭中的养子的相似性大；即使生活在同一个家庭的同卵双生子之间的相似性也不一定比在不同家庭中长大的同卵双生子更相像。不管家庭对孩子有什么影响，它都不会让孩子变得更加认真，或更有攻击性，或焦虑程度更低，或更有可能拥有幸福美满的婚姻。至少，家庭没有对所有的孩子产生以上影响。

发现这一点的是行为遗传学家，这使他们陷入麻烦之中，因为他们中的多数人跟其他人一样，也确信家庭环境的重要性。所以他们想出一个主意，即家庭对每一个孩子的影响是不一样的。两个孩子之间的共同之处没有预测作用，他们之间的不同之处就成为教养假设赖以成立的证据。

这听起来不是那么牵强附会。毕竟，我们不指望父母对所有的孩子一视同仁。优秀父母难道不希望自己的每一个孩子都独一无二的吗？这就是马克思主张的教养方式：各尽所能，各取所需。

在一定程度上，的确如此。父母的确想让自己的孩子之间有所不同，至少在某些方面有所不同。如果老大活跃、健谈，老二安静一点，父母就会很高兴。如果老大是个钢琴家，父母可能非常希望老二学大号。但这并不意味着，如果老二成为职业拳击手或贩毒的人，父母会同样的高兴。当我们的老二出生时，我们并没有说：“我们已经有一个爱念书的孩子了，没有必要再来一个爱念书的。让我们把老二培养成其他人才。”相反，如果两个孩子都学习好，尽管有点单调，但我们还是会非常高兴的。父母希望在所有的孩子身上都看到一些共同的品质，如善良、有责任感、聪颖等，其他的品质在合理的限度内就可以了。但是还没有证据说明家庭环境对无论是父母所希望的品质还是其他品质有任何长期的影响。

父母对待每一个孩子的方式都不同，而每一个孩子也的确不同，存在着个体差异。但是如果行为遗传学家坚持教养假设，那么，他们必须说明父母不同的行为导致了孩子之间的差异，并不是对孩子天生个体差异的回应。这一点还没有被证明。事实上，有证据显示父母对孩子的态度比较一致，但孩子之间的行为表现却有很大的差异。

有一个证据，即出生顺序对教养假设有利，但也没有被证实。父母对待老大和老小的方式不同，并不是对孩子天生特质的回应。研究者花了半个多世纪的时间试图证明出生顺序对人格造成永久的影响，但他们没有成功。他们想找到独生子女和非独生子女之间的差异，也没有成功。如果父母对孩子造成重要的影响，那为什么他们没有把独生子女的人格搞得一团糟？

研究者没有找到出生顺序效应和独生子女效应，这两个令人失望的发现击倒了支撑教养假设的最后一根支柱。

但教养假设并没有因此坍塌，还有东西在支撑它。他们宣称行为遗传数据（显示家庭环境对孩子没有预测效应）没有广泛地覆盖不同的家庭环境。问题是所有的被试都来自“好家庭”，是正常范围内的家庭。有些理论家现在公开承认，不管孩子在什么家庭中成长都没有关系，只要是正常的好家庭都可以。但是他们仍然认为，在正常范围之外的、特别糟糕的家庭还是会对孩子产生影响。

他们说的是好家庭和好子女之间没有关系。他们的数据来自范围很广的家庭，有“优秀的家庭”，也有“糟糕的家庭”，但没有“可怕的家庭”。好家庭和好子女之间有关联，这种情况只在一小部分家庭中存在，但是他们并没有这方面的数据。他们目前所收集的证据要么与上述命题无关，要么表明教养假设是错误的。他们相信有一些证据可以证明教养假设是正确的，只不过他们还没有收集到这部分证据。

这是一个非常无力的支撑。这个说法的意思是：像你和我一样的普通家长不会对孩子产生任何影响，我们就像工厂流水线上的工人一样，可以相互交换。对孩子造成显著影响的是那些把孩子打到住进医院，或把孩子丢在充满屎尿味和食品腐烂气息的冰冷的公寓中的父母。这是教养假设最后赖以支撑的希望：家庭环境可以糟糕到对孩子造成永久的伤害。

我对教养假设的控诉到此为止，对大多数家庭来说，它是不成立的，只有对极少数特别可怕的家庭来说，它可能会成立。以教养假设作为武器来指责普普通通的父母，因为他们的孩子长大后没有如父母的愿，是完全没有道理的。

五个错误的观念

孩子是如何被他们的成长体验塑造的？这个问题本来应该是教养假设要回答的。但是它的答案是错的，因为它基于对儿童错误的理解。

第一个错误与孩子的环境有关。孩子的自然环境应该是她的核心家庭，这在上个世纪前五十年非常流行。父亲、母亲以及两三个孩子舒适地住在一起，但是这不是一种自然的安排。分离出来的核心家庭是现代社会的发明，只有几百年的历史。一夫一妻制也是新生事物。在人类学家所研究的社会中，至少在百分之八十的文化中是一夫多妻制，只要男人负担得起，他可以娶多个妻子。一夫多妻制在人类历史上很古老，并且很普遍。孩子必须与同父异母的孩子共享一个父亲，或者在没有父亲或没有母亲的情况下成长，因为当时父母早逝就像现代社会中父母离婚一样普遍。

第二个错误与社会化的本质有关。孩子的任务不是去学习社会中其他人的行为，因为其他人的行为并不一样。在每一个社会中，一个行为能否被接受取决于你是小孩还是大人，是男人还是女人。孩子必须去学习他自己所属社会类别中其他孩子的行为。在大多数情况下，孩子都是自觉自愿的。社会化不是大人对小孩做的事情，而是小孩对自己做的事情。

第三个错误与学习的本质有关。习得的行为被假定为一个背包，可以从一个地方带到另一个地方，例如，从家里带到学校。其实人们都知道，不同年龄的人在不同的情境中有不同的表现，因为他们在不同的情境中有不同的体验。在一个情境中，他们被赞美，在另一个情境中，他们被嘲笑，因此他们相应地有不同的行为表现。“如果孩子在家里的行为与在学校的行为不一样时，那么，在家里的行为更重要”的假设也是错误的。

第四个错误与遗传的本质有关。尽管每个人都听说过这样的故事，即生活在不同家庭中的同卵双生子在成年后第一次见面时，都穿着蓝色、带有肩章的和两个口袋的衬衫，但到目前为止，基因还没有得到应有的重视。拉金注意到自己身上有许多他父母也有的毛病，但他不知道这些毛病是他从父母身上遗传来的，他误以为是他出生之后，父母对他施加的影响。

第五个错误是忽视了我们的演化史，忽视了百万年来，我们的祖先群居的事实。因为群体的存在，才使没有毒牙和利爪的柔弱的人类得以在豺狼猛兽横行的环境中生存下来。食人动物不是人类祖先最大的敌人，人类最危险的敌人是其他群体的人。这种情形直到今天依旧如此。

另一个出路：群体社会化理论

群体是孩子的自然环境，这个假设把我们带到另外一条路上。童年时期是小孩将自己变成群体中被接受和尊敬的人，因为这是在远古时代他们就必须做的事情。

在童年时期，孩子学习与他同年龄、同性别孩子的行为。社会化是改变自身的行为，与同一社会类别中其他成员的行为相适应的过程。在小说《航运新闻》（*The Shipping News*）中，一位父亲为女儿的特立独行感到担心，他的姑姑这样安慰他：

> 孩子，别着急，等等看。她九月份就开学了……我同意你的看法，她的确有点与众不同，甚至有的时候很怪异，但是你知道，我们都与众不同，但我们假装和大家一样，我们的内心也很怪异。但随着我们的长大，我们学会了如何掩饰自己与大家的不同之处，只是邦妮还没有学会这样做罢了。

我们学会掩饰自己与他人的不同之处，社会化使我们变得不是那么怪异，但是这种掩饰到了成年后就逐渐消失了。我把社会化看作是一个沙漏，一开始沙漏的上方是一群完全不同的个体，当他们在群体压力的挤压下，从沙漏上方漏下来的时候，彼此就变得很相似。到了成年后，压力逐渐减小，人们又逐渐变回了自己。人越老就变得越古怪，因为他们不再去掩饰自己与他人的不同之处了。与众不同的代价已经不那么严重了。

儿童认同与他相似的人组成的群体，并采用该群体的行为规范。他们不认同自己的父母，因为父母跟他们不一样，父母是大人。孩子们认为自己是孩子，如果有足够多的男孩和女孩形成群体，那么，他们就在这些群体中完成社会化。今天，社会化主要发生在同年龄、同性别的群体中，因为发达社会能够使孩子形成这样的群体。过去，地球上的人口稀少，孩子只能在混合年龄、混合性别的群体中社会化。

父母和孩子之间总是有纽带连接的，但是我们今天看到紧张、充满罪恶感的教养方式却是前所未有的。在孩子不用上学、没有专家渗透的社会中，孩子从其他孩子身上学到许多东西。尽管不同文化中的父母教养方式有很大的差异，有的文化中的教养方式很严厉，有的文化中的教养方式很宽松，但在全世界范围内，孩子群体都是大同小异的。这就是为什么孩子在任何一个社会中都可以得到社会化的原因，即使他们的父母没有读过史博克医生的育儿手册。这也是为什么每一个社会中儿童的大脑都能正常发育，即使他们的父母没有为他们读《晚安，月亮》。

现代社会中的孩子从父母身上学到很多东西，他们把在家里学到的东西带到群体中去。如果父母教给他的语言与其他孩子说的语言一样，那么，他就会保留这种语言。文化中其他的东西也是如此，因为大多数孩子生活在邻近的社区，文化相同，语言相同，大多数孩子都可以保留许多在家里学到的东西。这看起来好像是父母在传承文化，其实不然，是同辈群体在传承文化。父母是移民或聋哑人的孩子照样习得了同龄人的语言，并更喜欢使用它，最终这种语言变成了她的母语。

在托儿所可以看到这种现象，一个三岁的孩子，也许更早就把同龄人的口音带到家里。心理学家苏珊·萨维奇（Susan Savage）和特里·欧（Terry Kit-forg）在发表在《儿童发展》的一篇文章中讲到这样一个故事：

> 我们知道的一个婴儿很早开始就面临一个困境。从十二个月起，当她想喝牛奶的时候，她能非常好地向父母说："奶！奶！"

（“牛奶”在中文里的说法）。同时，她注意到日托中心的其他婴儿说“Ba！Ba！”她十五个月时也学会这样说。这种双重生活对她来说，显然负担太重了。一两天之后，当她的妈妈问她“奶？奶？”时，她用力地摇头，带着强调的语气说：“Ba！Ba！”

即使某一个孩子的父母与同龄人父母同属一个文化，他也不能把在家里习得的所有的行为带到群体中去。一个男孩可以在家里抱怨而不受任何惩罚，他可以随意表达自己的焦虑和喜爱之情，但在群体中，他必须要保持坚强和冷静。坚强和冷静的形象成为他在公开场合的人格特征，并伴随他直到成年。然而，在家里习得的性格并不会完全消失，它会在圣诞晚餐时像昔日的圣诞精灵一样跑出来。

在儿童和青少年群体中，孩子们采用同龄人的行为和态度，并与不同的群体（如性别、种族、社会阶层、爱好和兴趣等方面）进行对照。群体之间的差异逐渐在扩大，因为每一个群体的成员都对自己所在的群体情有独钟，并不遗余力地将自己所在的群体与其他群体区分开来。群体内的差异也在扩大，尤其是当该群体不能有效地与其他群体竞争时。与此同时，孩子们在某些方面变得与群体成员更加相似，在另一些方面变得更加与众不同。通过与群体成员的比较，孩子对自己有了更多的了解。他们在群体中竞争更高的地位，要么成功、要么失败。群体成员决定自己的角色定位，有的角色是他们自行选择的，有的是强加给他们的。即使是同一个群体中的成员，同卵双生子也不会有同样的人格特质，因为他们在群体中有不同的体验。

在儿童和青少年群体中的体验有助于孩子形成终生的人格特质。群体社会化理论的假设是：如果我们让孩子在家庭以外（学校和社区）的生活保持不变，让所有的家长撤离，那么，这些孩子会成长为与其他人一样的大人。

你呆呆地在想什么呢？

基于科学依据的争论还不能让你改变主意，你对教养假设的信任不是基于冷静的科学，而是基于情感、想法和记忆。如果你的父母对你的个人履历不重要，也就是说他们对你没有任何影响，那为什么在你童年所有的记忆中，父母都扮演着重要的角色呢？他们为什么会如此频繁地出现在你的思绪中呢？

在《心智探奇》（*How the Mind Works*）一书中，演化心理学家斯蒂芬·平克讨论了意识心理只能访问某些信息。

> 当我问："你呆呆地在想什么呢？"你会告诉我你做的白日梦：你一天的计划，你的头疼脑热，你面前的颜色、形状、声音等。但你不能告诉我你的胃正在分泌的酶，你此刻的心率和呼吸频率，你的大脑将2D视网膜中的图形恢复成3D模型的计算过程，你说话时词语排序的句法规则，或者肌肉收缩使你能端起水杯等。

并不是说你的白日梦比你的大脑让你看到三维物体、说出合乎语法的句子、端起水杯的计算更重要，只是有些东西能够被我们的意识访问到，有些东西则不能。

大脑工作机制的另一要点是：它是模块化的。大脑由一些专门的部门组成，它们各自收集数据、发布指令，就像身体的器官各负其责一样，如肺部将氧气与血液合并，心脏将血液输送到全身，大脑也是由心理器官或模块或部门组成。一个部门让你看到了一个三维的世界，另一个部门让你能够端起杯子。大脑中有些部门发送的报告能够被我们的心理访问到，有些则不能。

我认为人类大脑中至少有两个不同的部门处理社会行为，一个与个人关系有关，另一个与群体有关系。

群体部门的历史由来已久，在许多物种中都存在。例如，鱼是成群结队地游来游去。它们的行为必须与群体中其他成员的行为保持一致，但它们用不着认识自己的同伴。尽管它们有雌雄之分、大小之分、亲戚和非亲戚之分，但它们记不住每一个个体，甚至记不住自己的孩子。

灵长目动物的社会生活要复杂一些，它们也要与群体行为保持一致，但同时又与它们生命中的个体保持联系。它们必须了解群体中的哪些成员值得它们信赖、哪些成员需要回避。这种才能在人类中更加成熟。对于人类来说，谁帮了他们的忙、谁欠了他们的，都记得清清楚楚。他们通过亲身经历和人们的口口相传，知道哪些人值得信任，哪些人不值得信任。如果有人对他们做错过什么，他们有时候会记恨一辈子，并伺机报复。那些对别人做错过什么事的人最好记住受害者。我们有很好的记忆力来记住其他人，因为我们的大脑中有一个特殊的区域，专门用于识别人脸。

负责处理关系的心智部门可以随时被意识心理访问，负责调整你的行为使之与群体行为保持一致的部门不是不重要，但它们是意识心理无法触及到的，因为，许多活动都是在自动化的层面上进行，就像肌肉运动使你能端起水杯一样。

在我们收集的外界信息中，大部分信息是在潜意识状态下收集的。我们不知道自己竟然知道这么多东西，也不知道是怎么知道的。小孩子知道红色的水果比绿色的水果甜，如果你让他们选，他们会选红色的，但他们无法告诉你他们为什么作出这样的选择。收集数据、建构类别、平均类别中的数据，这些活动都是在意识之下进行的。

我在这本书中谈的过程都是在意识之下进行的。如果我们认同某一个群体，我们就学习他们的说话方式和行为举止，采用他们的态度，形成所在群体和其他群体的刻板印象。这些东西可以被带到意识中，但平时它们并不栖息在意识中。在这本书里，我谈到孩子做了许多事情，但并没有察觉到这些事情，也没有有意识地付出努力。

群体与关系对我们都很重要，但是侧重点不同。在童年时期，我们与同龄人的体验和我们在家里与父母的体验，对我们来说都很重要，但是侧重点不同。

父母与孩子之间的纽带会连接一辈子。我们无数次地吻别父母，但不会与他们失去联系。每一次回家都把我们带入家庭回忆之中。然而，我们童年的朋友都消失了，我们也忘记了操场上发生的一切。

当你想到童年，你就会想到父母。你只能怪罪负责处理关系的心智部门，因为它唤起了太多的思绪和记忆。

至于你有什么不对劲儿，不要怪罪你的父母。

附录 1

人格与出生顺序

长子/女会一辈子有优越感吗？与兄弟姐妹一起长大的孩子会更加叛逆吗？任何一个有兄弟姐妹的人都会对这些问题感兴趣，对社会科学家来说，这些问题也具有理论意义。大半个世纪以来，心理学家从阿尔佛雷德·阿德（Alfred Adler）到罗伯特·扎荣茨（Robert Zajonc）等人一直致力于建构出生顺序理论，并搜集证据力图证明长子/女与后面出生的子女在人格、智力、创造力、叛逆性等方面存在差异。这些差异被叫做“出生顺序效应”。

虽然人们发现这些差异存在，但结果却具有欺骗性，常常使人误入歧途。只要当不用兜售自己的理论的评论家认真仔细地审视出生顺序效应数据时，就会发现出生顺序效应是多么的不堪一击。

评论家知道自己的结论不符合读者的期望，因此，他们用一些感叹号、斜体等点缀自己的论文。卡迈·斯库勒（Carmi Schooler）1972年在《心理学报》（*Psychological Bulletin*）发表的一篇文章，题目是：“出生顺序效应：此时此刻不存在!”西尔·厄恩斯特（Cécile Ernst）和朱尔斯·昂斯特（Jules Angst）在1983年出版的书中坚定地说：“出生顺序和兄弟姐妹多少对人格不会产生强烈的影响……高度相关的环境变量却遭到人们的否定，认为它不能预测孩子的人格和行为。”朱蒂·邓恩（Judy Dunn）和罗伯特·普罗明（Robert Plomin）在1990年出版的一书中承认他们的结论“违背了广为人们接受和珍爱的信念”，但宣称“普罗大众在人格和精神病理方面的个体差异与个体的出生顺序没有明确的联系”。

这些有力的说明不仅被大众忽视了，还被社会科学家们忽视了。阿尔伯特·索米特（Albert Somit），阿兰阿维尼（Alan Arwine），史蒂文·彼得森（Steven Peterson）1996年在一本关于出生顺序与政治行为的书中谈到人们对出生顺序效应坚定的信念。索米特等人说“这是一个深入人心的非理性的信念”，并谨慎地说“要永久性地杀死这个吸血鬼”，即出生顺序效应，需要来一剂猛药。他们建议在正午太阳高照时，将刀直接插入它的心脏。

要杀死这个吸血鬼怎么这么难？因为它有一个强大的护身符，一个神奇的盾牌：即教养假设。心理学家和非心理学家们都理所当然地认为，孩子的人格由环境塑造，但主要是由家庭环境塑造的。既然孩子在家里的体验主要受在家庭中排行的影响，因此，许多研究者理所当然地认为，出生顺序一定会给孩子的人格打下永久的烙印。他们从教养假设出发，寻找证据，拒绝接受否定的答案。因此，人们对出生顺序效应的信仰没有死，它只是躺在棺材里，等待人们再次把棺材盖掀开。

掀开棺材盖，让出生顺序效应跳出来的代表人物是科学史家弗兰克·萨洛韦。在《生而叛逆》一书中，萨洛韦提出了出生顺序效应理论。该理论比较复杂，萨洛韦借用了演化心理学中的概念解释了一个行为遗传发现，即生长在同一个家庭的孩子的表现不一样。他指出，兄弟姐妹之间相互竞争，争相获得父母的关注。兄弟姐妹会相应地做一些调整，使出“八仙过海、各显神通”的招数，在家庭中找到适合自己的位置，扮演不同的角色，这些差异反映了孩子自己的对策，这些差异不是家长强加给他们的。我同意萨洛韦的这些观点。在《生而叛逆》中，萨洛韦提供了大量来自不同渠道的数据来支撑他的理论。

我们的前提是相同的，但各自的路径却渐行渐远。萨洛韦用家庭内部地位的选择来说明成年人的人格差异。他认为长子/女通常因循守旧、墨守成规，后出生的孩子更愿意接受新的体验和新的思想。长子/女通常有紧张、攻击性强、渴求得到地位、妒忌心强等特质，而后出生的孩子通常随和、善良。不用说，萨洛韦是后出生的孩子，而我是生而叛逆的老大。

萨洛韦搜集了堆积如山的数据来支撑他的理论，我仔细地审视了这些数据，却得出不同的结论。以下的批评不仅针对《生而叛逆》一书，还针对一般的社会科学，因为他们使用的方法和出现的错误都是一样的。我的发现证明了研究者最初的假设是正确的，但最终也可能是错误的事实。

萨洛韦对厄恩斯特和昂斯特调查研究的再分析

当我读了《科学》上发表的《生而叛逆》一书的书评后，我开始对萨洛韦堆积如山的数据警觉起来，感觉萨洛韦的数据并不像它看起来那么坚固。书评的作者是历史学家约翰·莫代尔（John Modell），他对《生而叛逆》一书赞誉有加，但也提出一些令人不安的批评。就萨洛韦1983 年重新分析的出生顺序文献，莫代尔说：

> 我为萨洛韦对文献的重新整理感到折服，直到我试图用它来复制手头上的文献时才发现，无论我多么努力，我都没有办法做到。

我在第三章中就描述过谈到的文献综述。文献综述是由瑞士心理学家厄恩斯特和昂斯特做的，该综述出现在他们 1983 年出版的书中。通过搜集全世界 1949—1980 年间的出生顺序的文献，他们总结道，大多数研究都没有价值，因为这些研究缺乏有效的控制，例如，研究者没有控制孩子数量这个变量，没有控制家庭的社会经济地位这个变量。因为孩子少的情况通常出现在社会经济地位高的家庭中，长子/女通常出现在孩子数量少的家庭中，对这些变量不加以控制就会混淆出生顺序的人口统计学因素。成功的人士通常是长子/女，他们获得成功不是因为在家族里的特殊地位，而是他们的家族在教育和收入方面比较特殊而已。

一旦变量被混淆，便很难将它们梳理清楚。如果研究者做研究时，没有将孩子人数或社会经济地位记录下来，那么这个研究就毫无价值。厄恩斯特和昂斯特聚焦了少数控制了上述一到两个变量的研究，结果发现出生顺序对人格有少许或没有影响。

正是基于这些少数对孩子人数和社会经济地位加以控制的研究，萨洛韦提出了出生顺序对人格影响的理论，事实上，这些研究是他用来支持他的理论的唯一数据。在《生而叛逆》一书中，大多数统计资料与人格没有直接的关系，而是与历史人物公开表达的意见和态度有关。尽管这些意见和态度由不同的人表达的，但成年人的人格是不会有多大变化的，然而一个人的意见在一生中的任何时候都会发生改变。达尔文的《物种起源》改变了许多人的意见和看法，但却不可能改变他们的人格。

因为萨洛韦有关出生顺序对人格的影响很大程度上取决于他对厄恩斯特和昂斯特研究的再次分析，《科学》评论家声称他无法复制萨洛韦的分析，这个问题值得重视，我决定再次尝试复制萨洛韦的分析。

萨洛韦在《生而叛逆》一书中说："如果我忽略掉那些缺乏对社会阶层或孩子数量控制的研究，那么还剩下 196 个研究，涉及 120 800 名被试。"萨洛韦报告说，在 196 个研究中，有 72 个研究支持他的理论，即长子/女比后出生的孩子更顺从、更传统、更有成就导向、更有责任心、更有对抗性、更有嫉妒心、更加神经过敏、更有主张。有 14 个研究结果与他的理论相反，另外 10 个研究没有发现出生顺序对人格有影响。萨洛韦在《生而叛逆》中的表 4 中报告了以上结果。根据萨洛韦的统计分析，出生顺序效应不是偶尔出现的。

我做的第一个工作就是对萨洛韦在厄恩斯特和昂斯特书中找到的 196 个有关出生顺序与人格的研究进行了梳理，浏览了厄恩斯特和昂斯特书中的文本和表格，发现只有 179 个研究，其中有 13 个研究不成立，109 个研究没有发现有出生顺序效应，只有 52 个研究证明有出生顺序效应，还有 5 个研究我根本没有办法对它们进行分类。

当我将从厄恩斯特和昂斯特书中选取的数据输入到数据库中，按作者的名字进行分类，我的疑虑进一步加深了。我发现在 179 个研究中，有的研究在厄恩斯特和昂斯特的调查中出现过好几次。如果某一个研究与关于人格的几个不同的问题相关，就会被厄恩斯特和昂斯特几次提到，除去同一出版物中同一作者名下的研究或用到同样被试的研究，那么，只剩下 116 个研究。

这时，我注意到萨洛韦书中表 4 下面的说明："表中每一个发现构成一个研究。"在信件中，我没有注意到这个句子，也没有意识到这句话的意思。但是《科学》评论家也被"研究"这个词难住了。萨洛韦保证在下一版中把这个问题说清楚。这个问题是：一个研究可以有几个发现，比我在厄恩斯特和昂斯特调查中找到的发现多得多。

萨洛韦给我寄的信息，以及在《生而叛逆》上加的一条脚注，让我更好地理解他是如何重新分析厄恩斯特和昂斯特的调查研究的。

首先，他并没有把厄恩斯特和昂斯特说的话当回事。尽管他在表格下面说明：表格中的数据来自厄恩斯特和昂斯特。然而，大多数情况下，他撇开厄恩斯特和昂斯特的综述文章，重新解释原始数据。在某些研究是否有效地控制一些变量、是否产生了有意义的研究结果等问题上，萨洛韦与厄恩斯特和昂斯特的意见不一致。萨洛韦增加了对他的理论有利的研究数量，减少了没有差异的研究数量，他认为厄恩斯特和昂斯特对寻找出生顺序效应存在着偏见。

萨洛韦除去了另外一些研究，因为研究者没有说明被试的人数以及测试的次数，或者因为这些研究结果与萨洛韦的理论没有关系。

萨洛韦把他对厄恩斯特和昂斯特调查数据的再次分析叫做“元分析”。在元分析中，修正错误、排除做得不好的研究是合理的做法。然而，接下来就有点与众不同、独辟蹊径了。有时候，如果某一个研究得出的结果涉及人格的不同方面，厄恩斯特和昂斯特就会在书中多次提到这项研究，然而，他们没有对此进行多次统计分析。萨洛韦重新将研究界定为“发现”，他就将罗列了多次的研究引向深入。如果某一个研究者给一群被试进行人格测试，发现长子/女更顺从、更有责任心、更有对抗性、更焦虑、更有主张，那么，萨洛韦就将这五个发现记为五个“研究”。

准确地说，萨洛韦书中列举的研究实际数量只有 116，共有 75 000 名被试。如果我们忽略那些没有有效控制某些变量的研究，萨洛韦在书中说的“保留了厄恩斯特和昂斯特调查中的 196 个研究，120 800 名被试”是有误导性的。

即使只有 75 000 名被试也已经足够多了。但是萨洛韦所做的统计分析是基于 120 800 名被试。数据分析要求每一个有利的结果独立于其他的结果，就像掷一枚硬币一样。对某一个样本的重复测试是不可能独立的，因为该样本具有的任何特质，例如，长子/女比较神经质都会影响同一个样本的其他测量。一个样本碰巧产生了统计学家所说的达到百分之五意义水平的有意义的结果，那么，该样本也可能产生其他有意义的结果。

另一个更严重的问题是萨洛韦的计算少报了出生顺序没有造成差异的研究。他的统计基于这样的假设，即如果你 196 次掷 100 个硬币，72 次得到了超过 50 次的正面，总体结果就不大可能是巧合。但是如果掷硬币超过 196 次，结果不是你预期的，你说“这不算”怎么办？

当研究者测试了大量被试，没有发现有意义的结果，他们通常会用“分步解决，各个击破”的方法，用各种形式拆分数据，希望一些分组的被试产生有意义的结果。这种做法不仅能增加产生可发表成果的概率，还带有偏见地发表了研究者先入为主的研究结果，因为有意义的分组效应得到报道，没有差异或不利的研究结果在发表的文章中却没有被提到。

“分步解决，各个击破”的痕迹在厄恩斯特和昂斯特综述的研究中比比皆是，例如，出生顺序效应发生在男性而不是女性身上，或正相反；或者发生在中产阶级的被试而不是工人阶级的被试身上，或正相反；或发生在来自小家庭而不是大家庭的人身上，或正相反；或发生在高中生而不是大学生身上。研究者想出这些聪明的方法分解数据，因此，在一项研究中，“长子/女”被界定为“某种性别的老大”，在另一项研究中，出生顺序效应只发生在高焦虑的被试身上。这个段落列举的例子出自 52 个有利于萨洛韦理论的研究。

从技术上讲，这些发现被叫做“交互作用”，然而，有意义的交互作用是可以被复验的，只在一个研究中出现的交互作用是没有意义的，它只不过是为研究者提供了另一次找到所期待的结果的机会，也就是说，再将一百个硬币掷一次，如果得到的正面不够多，那么就没有必要报告这个结果。

分割被试只是一个开端。一旦拥有一群被试，你会对他们进行大量的测试，或者给他们一个大的测试，然后将他们的答案分解为几个“因素”，对每一个因素进行单独分析和研究。在我记录的对萨洛韦理论有利的 52 个研究中，有一个研究发现长子/女在一个条件下（共两个条件）容易屈服于群体压力，有一个研究发现长子/女在一种要素下（共五个要素）对群体活动更有兴趣，一个研究发现长子/女恐惧程度较高，但在总体恐惧测试中，却没有发现出生顺序效应。我之所以知道这些形形色色的研究结果，是因为研究者报告了这些研究结果，而厄恩斯特和昂斯特碰巧提到了它们。还有许多研究我不知道，因为有些研究没有产出有意义的研究结果，研究者没有予以报告。那 100 个硬币显然不是被掷了 196 次，我们不知道到底被掷了多少次才得到萨洛韦计算的 72 个有意义的结果。

元分析的问题

萨洛韦在《生而叛逆》一书中说："对任何一个研究我们都要问，它的有意义的研究结果是否超出意外的预期，元分析可以帮我们回答这个问题。元分析允许共用一些研究以获得统计学功效。"

的确如此，但是萨洛韦并没有按常规使用元分析。一般来说，元分析要考虑两个重要的信息，一个是研究的规模，即有多少被试，另一个是效果的大小，这两个信息萨洛韦都没有考虑。产生重大效应的大规模研究肯定比产生极小效应的小型研究有价值，在一个好的元分析中，大规模研究的确很有价值。

出生顺序效应通常很小，然而，如果研究的规模足够大，微小的效应也可以十分有意义。因此，如果出生顺序效应是真实而微小的，那么，大规模的研究更能产生有意义的效应。

但在厄恩斯特和昂斯特综述的研究中恰恰相反。根据被试的人数，我将 179 个研究分成 3 个组，排除了没有提供被试人数信息的 16 个研究。这些研究呈现出与我们预期相反的趋势，即有意义的结果较频繁地出现在小规模研究中。超过 375 名被试的研究在 54 次试验中只有 10 次得到正面的结果。

研究的规模	结果 对萨洛韦理论有利的研究	对萨洛韦理论不利的研究	没有差异，结果不一致，或不清楚的研究	总　数
小型（31—140）	22	4	29	55
中型（142—371）	17	4	33	54
大型（384—7 274）	10	4	40	54

这些结果并不表明小型研究更容易产生有意义的效应，而是如果小型研究没有得出有意义的效应，它们通常不会被发表。研究者只能耸耸肩，去做别的事情。

在社会研究中，不能发表没有差异性的结果是一个问题，但并不危及生命。这种问题在医学研究中也存在，但后果就很严重了。如果一种昂贵的新药或一个痛苦的外科手术不能增加病人康复的可能性，那么，没有差异性的研究结果就很重要。然而，即使在医学界，没有差异性的研究结果也很少被发表，或要等很长的时间才能付印。

"输入垃圾，输出垃圾"，这是计算机科学中的一句话，同样适用于元分析。将许多小的研究放在一起，你就得到一个大的研究，但不一定是一个好的研究。在医学研究中，小型研究通常没有得到较好的控制，例如，病人不是随机选取的，那些得到新治疗方法的病人可能比用老方法治疗的病人的病情更重一些或更轻一些，并且，研究不是"双盲的"，采用新方法的医生又是决定治疗方法是否有效的人，病人也知道自己得到的是老的治疗方法还是新的治疗方法。

典型情况是：一种新的治疗方法首先由许多小型、控制较差的研究来评估。如果结果比较有希望，那么就有人做一个决定性的研究，也就是医学研究者说的具有"黄金标准"研究。黄金标准研究通常规模较大（至少有一千个病人），具有随机抽样、双盲等特点。研究者与治疗方法提供者以及供药商没有任何往来。我们的研究领域很少有这种研究，心理学研究偶尔尝试往医学期刊上投稿，但如果用同样的评价标准来评判，这些文章通常不能发表。

《新英格兰医学期刊》(*New England of Medicine*)上有一篇文章，比较了黄金标准研究与在此之前发表的小型研究做的元分析，这是研究者得出的结果："十二个大型随机抽样、控制较好的研究结果没有精确地预测出前面发表的元分析研究的百分之三十五。"当出现偏差时，知识渊博的医生就会依赖大型的、控制得较好的研究，而不是把一堆小型研究放在一起做的元分析。

有关出生顺序研究中，最接近黄金标准的研究是厄恩斯特和昂斯特做的，目的是肯定或否定他们调查的结果。这个研究出现在该书后面的一章里。厄恩斯特和昂斯特的研究非常严格，他们很好地控制了一些变量，测试了 7 582 名年轻人，他们比其他研究者更勤奋。他们测试了人格的 12 个方面，包括开放度。对于家里有两个孩子的被试，在人格的各个维度的测试中，厄恩斯特和昂斯特没有发现出生顺序效应。对于家里有三个以上孩子的被试，厄恩斯特和昂斯特只发现了一个有意义的效应：即后出生的孩子在男子汉气概维度上得分略低一些。

不知道为什么萨洛韦在《生而叛逆》一书中没有提到这个研究。

1980 年后的出生顺序

厄恩斯特和昂斯特综述的出生顺序文献截止于 1980 年，萨洛韦也是如此，但有关出生顺序效应的研究还在继续进行。我决定搜索 1980 年之后的文献。如今搜索文献不是一件难事儿，即使对不能使用大学图书馆的人来说也不难。我购买的互联网服务能让我进入"心理学摘要"，通过输入关键词，便可以得到相关文章的摘要。

我在"心理学摘要"中输入"出生顺序"和"人格社会行为"，共搜索到 123 篇文章。除去不是研究出生顺序对人格或社会行为产生影响的研究，以及那些在结论部分没有提到研究结果的研究，剩下 50 个研究。我将它们按对萨洛韦理论有利、对萨洛韦理论无利、混杂的、没有差异、不清楚等进行了分类，结果如下。我与厄恩斯特和昂斯特的结论一致：出生顺序效应对成年人的人格没有影响，或者影响很小、不可靠，没有实际意义。

与萨洛韦理论有关的结果	研究的数量
有　利	7
无　利	6
混杂的	5
没有差异	20
不清楚	12

你在家里得到的

如果出生顺序真的对成年人的人格没有重要影响，那为什么每一个人都这么认为呢？为什么有关长子/女和后出生的孩子的观点这么多年来一直在流传，没有任何改变呢？萨洛韦对后出生的孩子的描述与大家对他的印象非常吻合：脾气随和、快乐、叛逆，像一个不成熟的小男孩。如果这个印象不准确，那你是从哪儿得到这个印象的呢？

你在家里得到的，它来自家长对孩子行为的观察，来自孩子对兄弟姐妹行为的观察。观察他们在家里的行为。

在厄恩斯特和昂斯特综述的文章中，有几个研究都是要求家长描述孩子的人格，孩子描述兄弟姐妹的人格。这些研究得出的结果与萨洛韦的理论以及流行的刻板印象一致。家长对长子/女的描述是：严肃，敏感，有责任心，焦虑，有成年人倾向；后出生的孩子是独立的、快乐的、叛逆的；老二通常说老大专横，攻击性强。

请家长和兄弟姐妹评估的小型研究为萨洛韦的计数贡献了不成比例的数据：大多数研究都有几个发现，并且都对萨洛韦的理论有利。事实上，在厄恩斯特和昂斯特综述的基于家庭成员评估的研究结果中，有百分之七十五对萨洛韦的理论有利，在自我报告式的问卷调查研究中，只有百分之二十二的研究对萨洛韦的理论有利。

厄恩斯特和昂斯特注意到两种测量中出现的不一致，并批评使用家庭成员评估人格的做法。他们指出，首先，家长对孩子评价的效度值得怀疑。我在这本书中也提到过，家长的评价与家庭以外的人做的评价之间的吻合度极差，另外，家长对孩子的描述必然会对长子/女与后出生的孩子进行比较，大孩子通常成熟一些。

出生顺序效应经常出现在家长和兄弟姐妹的评价中，而在家庭之外情境中的测量却没有发现出生顺序效应。对于这种偏差，厄恩斯特和昂斯特作出了几种解释。他们的一个假设是人格与社会情境密切相关。但与父母或兄弟姐妹在一起的时候，长子/女更像长子/女，后出生的孩子更像后出生的孩子。厄恩斯特和昂斯特说："长子/女的人格是父母特定的。"我在第四章中列举的证据与这个假设一致。孩子与父母和兄弟姐妹在一起习得的行为方式不会迁移到其他的情境中。

出生顺序对人格的效应的确存在，但它只存在于家庭中。当人们离开家的时候，就会把这个效应留在身后。这就是为什么大多数不依赖家庭成员评价的对行为或人格的研究没有显示出生顺序效应的原因。

创新与叛逆

《生而叛逆》一书主要不是关注一般意义的人格，而是关注创新与叛逆。萨洛韦认为，后出生的孩子更容易接受他人激进和创新的思想，排斥自己父母过时的想法。为了支持这些假设，萨洛韦呈现了一些历史人物公开发表的意见和行为方面的数据。

在《生而叛逆》的书评中，历史学家约翰·莫代尔发现在书中很难找到这些历史数据，作者“热情的鼓吹产生出来的文本让读者不知所措，而不是将原始数据放在读者面前，让读者作出判断”。我也得出相同的结论。于是，为了测试《生而叛逆》一书的观点，我必须依赖其他研究者提供的数据。

萨洛韦的理论预测长子/女与后出生的孩子有不同的政见：长子/女更保守一些，后出生的孩子更开明一些。阿尔伯特·索米特、阿兰阿维尼、史蒂文·彼得森在1996年出版的关于出生顺序与政治行为的书中综述了相关文献后总结道：

> 我们审视了能找到的有关出生顺序与政治行为关系的文献。研究的范围很广，包括个人对政治的参与，对政治的兴趣，自由主义与保守主义，对自由言论的态度，对领导的偏爱，权术主义与非传统行为，以及选举和任命等。在许多研究中，数据显示出生顺序与上述方面没有关系。有些报道了出生顺序与上述方面有关系的研究，其研究发现的效度存在一定的问题。

萨洛韦声称后出生的孩子更加叛逆，不愿意遵循父母的标准。儿童和青少年一种反叛的方式是拒绝做功课，这样做使研究者很容易收集到数据。收集的数据与大众信仰相矛盾：在学校成绩差与出生顺序无关。心理学家罗伯特·麦考尔（Robert McCall）认为：“系统的研究没有证实，在后出生的孩子中学习不好更普遍。”

萨洛韦声称后出生的孩子更容易接受创新思想。研究“发散性思维”的心理学家马克·阮寇（Mark Runco）认为这离开老套路了。他发现在发散性思维的测试中，后出生的孩子没有得高分的倾向。事实上，长子/女和独生子女往往在发散性思维测试中得高分。

总的来看，研究表明如果丈夫和妻子的人格和态度相似，婚姻就更成功。如果出生顺序对人格和态度有影响，那么老大跟老大结婚、老小跟老小结婚会更幸福一些。但是我找到的证据刚好相反：心理学家沃尔特·托曼（Walter Toman）报告说，出生顺序不同的人结婚，离婚率会低一些。

最后，萨洛韦理论预测社会动荡往往会发生在人口中后出生的孩子的比例较高的时候。弗雷德里克·汤森德（Frederic Townsend）用21世纪的数据验证该预测，有力地证明了该预测不成立。在参与上世纪60年代美国反叛行为的20至25岁的年轻人中，后出生孩子的比例较低。在平和的50年代后出生的孩子的比例较高，到了70年代后出生的孩子的比例又提高了，但这个时候，青年人的叛逆行为正在逐步消失。

出生顺序，演化和社会变革

萨洛韦的理论基于达尔文的适者生存的观念，即弱肉强食的演化观。萨洛韦认为，兄弟姐妹为了争夺家庭内部的资源，进行着你死我活的斗争。他的有关兄弟关系的模式来自该隐和亚伯，以及蓝脚鲣鸟。蓝脚鲣鸟是一种鸟，为了减少竞争，第一个孵化出来的鸟啄死后面孵化出来的小鸟。

兄弟姐妹之间的残杀主要发生在一次养一窝幼崽的物种中。灵长类动物一般来说，一次生养一个子女。我在第六章中解释过，黑猩猩兄弟在童年时期是玩伴，成年之后结成同盟。在传统社会中，人类亦是如此。虽然该隐和亚伯之间相互残杀，但是兄弟之间相互残杀在大多数人类社会中极其罕见。

但是兄弟之间相互残杀在有的情况下变得越来越普遍，例如，当所有的资源，如王国、封号、农田都给了长子，老幺什么也没有。从表面上看，在这种情况下发生的杀人行为像萨洛韦描述的兄弟姐妹之间的敌意，是争夺父母的宠爱、争夺家庭资源的斗争。然而，我认为杀人的动机不是弟弟想在父母面前提高地位（因为把哥哥杀了并不能达到这个目的），而是想要提高他自己的社会地位。长嗣继承制使哥哥在群体而不是家庭中占统治地位。对群体内部统治权的争夺可以导致谋杀，这在每一个人类社会，以及许多物种中都会发生。

兄弟姐妹之间的关系不仅取决于家庭内部的因素，还取决于家庭外部的因素，这就是为什么出生顺序效应在某些条件下存在的道理。当长嗣继承制在欧洲国家盛行时，不论走到哪里，弟弟妹妹都生活在长子的阴影里。在富家子弟在家里接受教育、穷人家的孩子没有机会接受教育的年代里，孩子们一天中的大部分时间是与兄弟姐妹一起度过的。不论是在家里还是在游戏群体里，弟弟都受哥哥的支配。我的理论预测，在群体中地位较低，且这种情况持续多年，就会对孩子的人格造成永久的影响。

在今天的西方社会中，长嗣继承制已经消失，孩子在家里主要与兄弟姐妹在一起，在其他的场合与同龄人在一起。在家里被哥哥姐姐支配的弟弟很可能在群体中是支配他人的人。当现代社会中的孩子一旦迈出家门，他们与兄弟姐妹关系中发展起来的行为模式就会遗留在家里，就像移民的后代将父母的语言遗留在家里一样。

也许在长嗣继承制的年代，出生顺序效应的确存在，这可以解释萨洛韦书中的某些历史数据。在现代运用有效的人格测试的研究中，没有发现出生顺序效应，或有些出生顺序效应微不足道。卡迈·斯库勒将他文章的题目定为“出生顺序效应：此时此刻不存在！”是对的。

出生顺序对智力是否有影响呢？不时有长子/女的智商略高一筹的说法，并得到许多宣传，但我一直没有被说服。如果长子/女真的更聪明一些，那他们的功课应该比弟弟妹妹的功课好，但事实并不是这样，他们也不是能更容易上大学。幸运的是，我没有参与这场论战，我的理论与人格和社会行为相关。人格不受出生顺序影响，因为在家里习得的行为方式不适用于家庭之外的情境。相反，你在家里获得的信息和认知能力却适用于你去的任何地方。

附录2

测试儿童发展理论

这本书包括你没有见过的三个命题。命题 1 是父母没有能力塑造孩子的人格。在人格方面，孩子与父母相像有两个原因：因为他们继承了父母的基因，因为同属于一种文化或子文化。

命题 2 是孩子被社会化，他们的人格是被家庭以外、与同辈在一起的体验塑造的。

命题 3 与类化有关。长期以来，心理学家们认为行为方式，以及与行为方式相关联的情感，会从一个社会情境迁移到下一个社会情境中。根据命题 3，这个假设是错误的。一个个体在不同的社会情境中有相同的行为模式倾向，在大多数情况下，是因为基因的作用。你的基因与你如影随形，但是你与父母和兄弟姐妹相处时习得的行为模式，只有当你与他们在一起的时候才是有用的。孩子不会被迫将以前习得的行为吃力地带到新的情境中，他们完全有能力根据目前的环境习得新的行为。

当人们总结我的理论时很少提到命题 3，但我认为这是我的理论中最重要的部分。我的观点被媒体总结为以下几个字："家长不起任何作用。"家长当然起作用！但是他们在哪里起作用？如何起作用？我对"哪里"问题的回答基于命题 3：家长在家里起作用。我对"如何"问题的回答是，关系对所有的人类都起作用。

正确的研究

在这本书里，我收集了大量的证据来支持这三个命题，但是仍然需要更多、更好的数据。在该书第一版面世后，出现了一些相关的研究。我来描绘一些研究，说明有成效或没有成效的研究方法。

柯比·戴克-戴卡德（Kirby Deater-Deckard）和罗伯特·普罗明做的研究非常漂亮地验证了我的理论，他们研究了亲生子女和养子/女的攻击性行为。在一段时间内，孩子的攻击性行为被父母和老师评判好几次。研究结果证实了我的理论：父母认为大孩子比小孩子更有攻击性，然而，老师对他们的评判却是，大孩子与小孩子的攻击性一样。长子/女在家里更有攻击性（父母的判断），但他们在学校还好（老师的判断）。长子/女对弟弟妹妹的支配行为，弟弟妹妹对哥哥/姐姐的让步行为只发生在家里。在学校的操场上，长子/女可能会屈服于更大的孩子，而弟弟/妹妹可能是班上长得最高的孩子。

有两个要素使这个研究设计非常有力。首先，柯比·戴克-戴卡德和罗伯特·普罗明在大孩子和小孩子之间进行比较。我们可以假设这些被试有相同的基因，没有基因差异。因此，这个比较控制了基因对测量结果的影响。

其次，戴克-戴卡德和普罗明同时得到了父母（虽然不完美，但可以作为孩子在家里行为的指标）和老师的判断（作为孩子在学校行为的指标）。既然长子/女和后出生的孩子在学校的体验大体相同，但是在家里的行为却有差异，那么父母和老师的两种不同的判断能让我们看到我的理论预测到的不同的结果。不同的结果，为命题 3 提供了强有力的支持。

现在来看看另外两个研究，分别由阿伏沙龙姆·卡斯皮（Avshalom

Caspi）和特瑞·莫菲特（第十二章提到莫菲特关于青少年犯罪的文章）领导的研究团队完成。两个研究采用的被试都是双生子，这是我赞同的研究方法。第一个研究显示，与好父亲在一起生活的孩子会生活得更好，但是对于那些有“高水平反社会行为”父亲的孩子来说，他们不与父亲一起生活会更好一些。如果他们与这样的父亲在一起生活的话，他们自己也会变坏。第二个研究显示，那些遭受虐待的孩子也有可能变坏，即从事反社会行为。

这两个研究也是采用母亲和老师两组不同数据。是母亲报告了父亲是否在身边、父亲的反社会行为以及回答了孩子是否遭受虐待的问题，也是母亲填写问卷，评估孩子的行为问题和反社会行为。老师填写了同样的问卷。但注意研究者是如何对待这两套问卷的：“母亲和老师对孩子反社会行为的报告被总计为反社会行为的一个综合得分。”

研究者综合了母亲和老师对孩子反社会行为的报告，而不是将它们独自分开。因此，从发表的文章来看，读者无从知道一个坏父亲存在与否，或者在家里遭受虐待的经历，只影响孩子在家里的行为，还是也影响他们在学校的行为。事实上，即使孩子在家里的行为都存在着疑问，因为有关父亲的反社会行为和孩子遭受虐待的经历等信息是同一个人提供的。当同一个人回答两套不同的问题时，它们之间一定存在着相关性，把老师的判断加进去也无济于事。如果老师的判断没有显示出父亲的反社会行为和孩子遭受虐待对孩子在学校的行为有任何坏的影响时，那么，即使加上母亲的判断，也很难得出总体研究结果。其中一个研究的研究者试图说明这个致命的缺陷，报告说老师的判断与母亲的判断之间的相关系数是0.29（五岁的孩子）和0.38（七岁的孩子）。然而，这些弱相关可能只反映了基因对测量行为的影响。我预测孩子在家里和在学校之间行为的转移是由于基因的作用。柯比·戴克-戴卡德和罗伯特·普罗明的研究就不存在这个问题，因为没有理由认为大孩子与小孩子在基因方面存在着差异。

孩子对家长的效应

2000年出版了一本重要的书，该书总结了一个历时十二年才完成的研究。研究者是大卫·赖斯（David Reiss）（专攻家庭治疗的精神病专家），詹妮·内德希瑟（Jenae M. Neiderhiser）（行为遗传学家），梅维斯·赫瑟林顿（E. Mavis Hetherington）（发展心理学家），和罗伯特·普罗明（行为遗传学家）。被试是720对兄弟姐妹，年龄十至十八岁，他们都与双亲住在稳定的家庭里，但有的家长是再婚，因此有的被试是同父异母或同母异父的兄弟姐妹。被试中还有同卵双生子和异卵双生子，因此，每一对被试的基因比例从全部（同卵双生子）到无（再婚家庭中的异父异母的兄弟姐妹），中间还有两个层次。这种设计使研究者有强大的力量去评价基因对测量行为或特质的影响，包括反社会行为、交际性、勤奋、自尊、自主性、抑郁等。研究者通过多种渠道搜集了评价信息，信息来自母亲、父亲、被试以及经过培训的观察者。研究者求出各种评价信息的平均值，在这种情况下是可以的，因为家长和孩子报告的行为和人格特质反映的是孩子在家里面的行为和人格。研究者没有将家里的报告与学校的报告混为一谈。

这个研究的目的是要考察我在第三章中说的“二者皆不是”，即兄弟姐妹之间的人格差异既不是基因引起的，也不是家庭环境造成的。研究者寻找家庭内部的微环境差异，例如，父母用不同的方式对待不同的孩子，认为这可以解释兄弟姐妹之间的一些差异。

研究者发现了父母用不同的方式对待不同的孩子，但是这并没有解释兄弟姐妹之间的差异，也没有解释兄弟姐妹之间的关系（兄弟姐妹之间的关系由于年龄不同，是一种不对称的关系）。赖斯承认：“尽管我们这个大规模的、历时十二年的研究目的是确定非基因、非共有的因素，但是稀少的研究发现不禁令人失望，还令人受刺激。”

这个研究结果令赖斯感到失望，而我并不感到失望。这个研究有一个重要的结果，即家长用不同的方式对待不同的孩子，是对不同孩子的行为的回应，而不是影响孩子行为的原因。兄弟姐妹之间的行为差异部分原因是他们之间的基因差异，家长只是对这些基因差异外部表现作出回应而已。

至于兄弟姐妹之间的非基因差异，我认为“稀少的发现”是一个公平的描述，研究者所测量的东西都不能解释兄弟姐妹之间的非基因差异。其中一位研究者罗伯特·普罗明表达了一种遗憾，即他们只在家庭内部找寻差异的根源。他说，“正如哈里斯 1998 年尖锐地指出”，在家庭外找寻差异这种两头下注的方式可能更有意义。

这样做至少不会使研究的时间和努力完全浪费掉。这个大型仔细的研究为孩子对父母的效应提供了最明确的证据。当父母用不同的方式对待两个孩子，是因为两个孩子不一样，但不一定是基因的差异。父母对待小孩子的方式与对待大孩子的方式不同，对待患病的孩子与对待健康的孩子不同，他们甚至用不同的方式对待同卵双生子。2008 年发表在《美国人类遗传学期刊》（*American Journal of Human Genetics*）上的文章报告说，即使在同卵双生子之间也存在细微的基因差异。

有些发展心理学家认为同卵双生子为大家提供了一个控制孩子对父母效应的很好的途径。如果父母用不同的方式对待他们，不可能是对他们的基因差异作出回应，是吧？但即使在我们知道同卵双生子之间存在基因差异之前，我们也很清楚他们之间并不完全一样，甚至一出生就不一样。认识他们的人能一眼就可以把他们区分开。由于发展过程中的一些随机性，叫做“发育噪音”，他们也存在着一些身体上的差异，例如，不同的指纹，不同的雀斑，略微不同的大脑。一个双生子可能会得糖尿病或精神分裂症，另一个双生子却可能身体很健康。即使在婴儿期，每一个双生子都有独特的个性。因此，即使对待同卵双生子，父母也会对孩子先前存在的、微妙的差异作出回应，而不是引发这些差异。

研究反社会行为

无论在发展心理学，还是在社会学和犯罪学中，对反社会或攻击性行为的研究都是一个活跃的领域。在犯罪学中，目前凯文·比弗（Kevin Beaver）和约翰·赖特（John Paul Wright）等人做了一项具有开创性的工作。大多数犯罪学家都是教养假设坚定的信奉者，比弗说，他们认为“家长是引起犯罪的主要原因”。他们受我研究的启发，比弗和他的同事从事了一系列研究测试教养假设。

第一个研究的标题是：“父母在孩子产生自控力过程中起作用吗?”研究者测量了父母的做法，例如，他们给予孩子多少爱和关注，是否给孩子制定规则并予以实施等。他们请老师和家长分别评价孩子对冲动和情绪的控制力，以及在学校的行为表现力，但他们将老师和家长的评价分开。这个研究的被试是双生子，因此，研究者可以估计基因自控力的影响。一旦他们将基因纳入考虑范围内，他们就发现父母的做法与老师对孩子自控力的评价之间没有任何关系。

如果父母在孩子产生自控力过程中不起作用，那什么起作用呢？基因起作用，第一个研究已经显示了这一点。但还有什么起作用呢？第二个研究再次观测自控力，父母和老师评价孩子的行为，家长报告自己的做法。尽管对基因缺乏足够的控制，但是家长的做法与孩子的自控力之间存在着微弱的关系。在研究者观察的因素中，到目前为止最能够有效地预测孩子行为的是班上其他孩子的表现。事实上，如果某一个孩子的同学表现不好，那么这个孩子即使在家里的自控力都会比较差。在第八章中，我提到一个小孩子在幼儿园学会同伴的口音，并把它带回家。这里有证据显示其他类型的行为也会发生这样的情况。

众所周知，来自问题家庭的青少年更有可能采取一种比弗和赖特所说的“反社会生活方式”。第三个研究对这个关系进行了观察。我要回到起点。研究结果表明了家庭功能，例如，青少年的行为是否被仔细地监控、父亲是否在家、父母对孩子的要求是否一致、家庭条件好还是不好等，对青少年是否采取反社会生活方式的影响极其有限。“然而”，研究者报告说，“沉浸于反社会生活方式的青少年对家庭功能产生负面的影响”。也就是说，反社会青少年与问题家庭之间的相关是孩子对家长的效应。

最后一个研究与青少年参与反社会同辈群体有关。没有人会质疑反社会同伴对孩子有负面的影响，但是大多数犯罪学家和发展心理学家认为正确的家教可以防止孩子加入到犯罪团伙中去。赖特、比弗和同事在他们最后的一个研究中验证了这个假设，这次他们运用了行为遗传学的研究方法（被试是双生子），评估遗传对青少年成为反社会群体成员的影响。他们发现遗传在青少年加入反社会群体过程中产生了相当大的影响，而家教方式却没有影响。父母对双生子相同或不同的管教方式对青少年加入同辈群体或从事反社会行为没有任何影响。

基因是如何影响青少年加入什么样的群体？基因间接地影响青少年的人格、智力和才能。有聪明和责任心基因的孩子多半会加入爱学习的群体中，有冒险和寻求刺激基因的孩子多半会加入他父母不首肯的群体中。我在第十二章中谈到，物以类聚，人以群分，有攻击性的孩子和喜欢刺激、危险的孩子往往去寻找并与他们同类的人为伍。这些人格特质一部分是遗传的，因此，当孩子们去寻找同类的孩子时，在某种程度上，他们是在寻找那些与他们有相同基因的人。

测试命题 2

我重复了第十二章中的段落，因为有些发展心理学家很明显一开始就漏掉了这一段。人们用群体成员一开始就有相同点来支持我的理论是错误的。我主张孩子通过认同某一个群体、并采取该群体的行为和态度，从而实现社会化，结果是孩子与群体成员越来越相像。但是孩子一开始就有相同点，我不能用他们的相同之处来支撑我的理论。

这就是我为什么没有用组间相似性的标准化研究来支撑我的理论。金德曼在他的研究中用了一个很聪明的研究方法，即对原因和结果进行梳理。当孩子从一个群体换到另一个群体时，金德曼将他们态度的变化记录下来。他的研究结果显示，一个群体中的孩子最初有相同之处，由于同化，他们会变得更加相似。另一个很好的例子是罗伯斯山洞研究。一群同类的男孩被随机分为两个组，罗伯斯山洞研究者控制了男孩原先存在的相似性。

然而，群体成员并不是各个方面都一样，他们主要是在一些使他们汇集在一起的特质方面有相同之处，例如，在金德曼的研究中，孩子对学校功课有正面（或负面）的态度，或在反社会帮派的研究中有冒险的倾向等。尽管这些相同之处由于同化得到进一步加强，但是群体成员的许多其他方面并没有变得越来越相似。分化加大了群体成员之间的差异。社会化主要是同化的结果，但人格的差异主要是分化的结果。

我在第一版中没有将这一点解释清楚，因此，许多读者认为我将人格差异归因为他们隶属于不同的群体。他们假设可以通过以下方式来测试我的理论，即属于同一个群体的兄弟姐妹的人格是否更加相同。可能的确如此，但是假如是这样的话，相同之处可能是他们为什么加入同一个群体的原因，而不是结果。我的理论不是预测参加同一个群体使双生子或兄弟姐妹的人格更相同，尽管他们在某些方面的确相同，如对待学校功课有相同的态度。

对我的理论的另一个误解就是混淆了群体与友谊的关系。的确，大多数人会在群体内部选择自己的朋友。但正如我在第八章中解释的，一个孩子认同一个群体，但可以不喜欢（或被喜欢）它的成员。负责社会化的群体也不一定是真正的同辈群体，负责社会化的群体是一个社会类别。学龄女孩认同某一个群体，尽管她们并不经常跟该群体的成员呆在一起，她们可能只喜欢其中一两个朋友。朋友对彼此的行为相互产生影响，但是效果是短暂的。根据群体社会化理论，友谊没有长久的效应。

也许我的错误在于将命题 2 说得像一个命题，事实上它有两个子命题。命题 2a 与社会化有关，我将它归因为群体认同和同化。命题 2b 与人格发展有关，主要因为群体内部的分化而形成。有大量支持 2a 的证据，例如，有金德曼的研究、罗伯斯山洞的研究、比弗和同事关于同学行为影响的研究等，但是命题 2b 的研究需要更多支持。

我预测在童年时期和青少年时期群体中享有较高地位的人，在成年时期更有自信。但是群体内部的地位不等同于被群体的接受程度，与被同学喜欢或不喜欢也不一样。发展心理学家收集了大量关于“受欢迎”或“不受欢迎”儿童的数据，但那些大多数研究不能用来测试我的理论，因为多数情况下他们使用的问卷不能让他们区分“受欢迎”的不同的含义。攻击性儿童可能不被大家喜欢，然而，他们在群体中有较高的地位。被试为大学生的研究也显示群体认同与群体地位之间有重大的差异。

我找到了一个很好的关于同辈群体内部分化的长期效应的例子，这是一个小型的研究（我在第八章描述过），研究者琼斯比较了两组处于青春期的男孩，一个组的男孩个子矮小，没有达到他们年龄应该达到的高度，另一个组的男孩个头很大，超过了他们的年龄应该达到的高度。

琼斯发现，在他们之间存在着人格差异。十年之后这些差异仍然存在，尽管发育迟缓的男孩个子长高了。在青春期，个头比同龄人小的男人仍然缺乏自信，常常感到不自在。那些在青春期个头超过同龄人的男人通常有可能在职业生涯获得更大的成功。身材高大、长相好看的青少年通常在群体中享有较高的地位。

琼斯的研究发表于 1957 年，迫切需要复制，但是最近由经济学家做的研究为此提供了间接的支持。经济学家试图发现为什么高个子男人比矮个子男人的薪水要高一些。一般来说，高个子的成年人通常在青春期个子也高，但它们之间并不是完全相关。经济学家通过统计手段，可以将青春期个子高的效应与成年个子高的效应分开，他们发现决定成年人薪水的不是成年人的个头，而是他们在青春期的高度。

我将这些研究结果解释为，在青春期同辈群体中地位的高低对人格有长期的效应。高个子男人挣得多，不是因为他们个子高，而是因为他们有更占优势和更自信的人格。

第八章还提到另一个证据，即个头小的男孩更有可能有心理问题。但是到目前为止，我还没有看到关于长期效应的结果，也没有看到相关的人格数据。这类研究需要极大的耐心和大量的被试，因为大多数小个子男孩成年之后个头仍然矮小。在测试童年时期或青春期个头矮小的长期效应过程中，为了控制成年人的个头（作为常量），研究者需要大量的数据。

评定女性地位的长期效应更难，因为对于女孩来说，个子高不一定会赢得较高的地位。长得漂亮会使女孩赢得较高的地位，有证据显示长得好看的女性更自信一些，但是她们的自信是源自现在的美貌还是源自青春期的美貌呢？控制“漂亮”这个变量不像控制“高度”那么容易。

尽管对一个男孩来说，个头高能够赢得较高的地位，但对于处于童年期和青春期男孩和女孩来说，成熟有可能为他们赢得更高的地位。如果是这样的话，那么，我们可以从孩子的入学年龄找到人格的差异：一般来说，那些在小学和中学比同学年龄大的人与那些比同学年龄小的人之间存在差异。在美国的许多州，幼儿园的入学年龄的划分往往使班上年龄最大的孩子几乎比最小的孩子大一岁。将入学早或晚，跳级或留级，搬到另一个有不同入学年龄的州的孩子排除掉，还应该有大量的被试。研究者将这些被试分成两个组（一半年龄大的，一半年龄小的），或分成四组，比较最大的和最小的。数据还包括成年时填写的问卷。这种方法的好处在于它在内部控制了基因的影响。我们知道早熟和晚熟的孩子之间，高个子和矮个子之间存在基因差异。我们不能排除这些基因差异可能对人格产生的直接影响。但是，如果认为长子/女与后出生的孩子之间有基因差异没有道理的话，那么，认为九月份出生的孩子与三月份出生的孩子之间有基因差异，同样也是没有道理的。

语言和口音

你已经注意到，我最喜欢的排除基因影响的方法是观察语言和口音。儿童习得某一种语言而不是另一种语言，不是由遗传决定的，而是由他们所处的社会环境的功能决定的，准确地说，是他们与同龄人共享的环境。我在第九章中展示的证据来自对移民子女、聋哑人父母的听力正常的孩子以及听力正常父母的聋哑人子女的观察。在所有的情形中，这些孩子成年之后使用的主要语言是他们在童年时期和青春期与同伴交流时使用的语言。

但是不要对我产生误解。有时候移民的子女成年后说话带有“外国”口音，有几个原因导致这种情况的发生。少数情况是因为社交障碍所致，患有自闭症的孩子保留了父母的口音，因为他们对同龄人没有认同。多数情况是，在说话人成长的社区、上的学校里，有许多来自同一个地区的移民。在这些地方，与同龄人一样，孩子们常常是双语使用者。他们保留了口音，因为他们与同龄人交流时也带有口音。

保留口音的另一个共同的原因是年龄。当人们十几岁时移民到一个新的国家，他们可能不会完全失去原来的口音。但是截止年龄不同，没有人知道为什么。有些人有语言天赋，擅长模仿，可以在任何年龄习得一种新的口音。有的人十二岁到美国，说英语仍然带有口音，而有的人读大学时才来美国，结果说了一口流利的美国英语。这与生理成熟的快慢有关吧？如果有关系，女性的截止年龄比男性的截止年龄早吗？

另一个有趣的问题是，在世界上有些地区，男孩和女孩的口音略有不同。我注意到男孩群体更喜欢用一种在他们父母听起来“下层社会”的口音。也许他们自己所在的社会经济阶层的成年人的口音在他们听来软弱无力，有娘娘腔。

男孩不喜欢娘娘腔。当你听一个小孩说话，即使你没有看见说话者，你通常都能分辨出是男孩还是女孩。男孩的语调通常较低，即使在青春期将他们的声带变长之前。在童年中期，语调的性别差异大大超出了人们基于生理学做出的预测。根据群体社会化理论，语调差异主要是因为处于童年中期的孩子在不同性别的群体中社会化的缘故。对照效应，扩大了女孩和男孩群体之间的差异，也夸大了语调的差异。

群体社会化理论对语调差异做出一些预测。上男子学校、与女孩群体没有什么接触的男孩与上男女同校的男孩相比，有更高的语调。上男女同校的男孩在学校使用的语调比在家里使用的语调低。

研究的准则

首先，研究方法要排除或控制基因对测量结果的影响。并不仅仅是对双生子或养子的研究能做到这一点，还有其他的方式也可以控制基因影响。但是，如果不使用行为遗传手段，许多研究问题就无法得到回答。理论上，研究者可以通过对每一个被试的全部基因进行排序，就可以直接控制基因的影响，但是，我们还无法弄清楚这些信息的意义。行为和人格是许许多多基因的产物，它们之间相互作用、相互影响，研究者还没有开始了解到这些复杂的方式。现代技术只能让研究者一次研究少量的基因。尽管这个方法可能会产生有趣的结果，但它不能控制所有的对行为产生影响的基因和基因组合。

第二个原则是研究者应该意识到人类对环境极其敏感。如果他们预测孩子在学校的行为受一定的环境变量影响，并对其进行测试，那么研究设计要有对孩子在学校的行为进行不带任何偏见的测量。只向孩子的母亲或孩子提问（在家里提问）不是一种令人满意的方法。即使在实验室，如果母亲把孩子带到实验室，并且一直呆在旁边，那么，孩子的家里行为和家外行为（或情感或态度）的界限就变得模糊起来。当实验室里没有其他孩子，只有家长在的时候，此时的实验室更像家里的情境，而不是学校的情境。

在任何情形下，像实验室这种不熟悉的环境都不是测试基于群体社会化理论预测的好场所。早些时候，我说："孩子不会被迫将以前习得的行为带到新的情境中去。根据目前的环境，他们完全有能力习得新的行为。"但是习得新的行为需要时间。一个被丢在不熟悉实验室里的孩子没有机会弄明白他在这个环境中应该有什么样的表现，往往会依赖以前习得的相关行为。如果母亲在旁边，那么这个孩子就会依赖在家里习得的行为。如果母亲不在旁边，那么这个孩子就会依赖在学校习得的行为。情境的新颖性和不确定性意味着研究者没有注意到的细小的事情会以一种或另一种方式影响研究结果。我的预测适用于熟悉情境中的行为。

另一个说明是，提供孩子行为信息的人不应该在研究中再提供其他信息或服务于其他目的。判断孩子攻击性的老师与接受如何应付孩子攻击性行为培训的人不应该是同一个人；每周接受家庭护士咨询服务的母亲不应该对该干预项目对孩子是否有利做出判断；涉足犯罪和毒品的青少年也不应该向研究者报告他的父母是如何对待他的。（不用说，这种类型的研究也需要控制基因，共同的基因会同时影响家长和孩子的行为。）

最后，研究者应该知道一些重要的区别：

· 群体接纳与群体中享有的地位不同。

· 群体接纳和群体地位与友谊不同，不被群体接纳或在群体中地位较低的孩子可能会发展出成功的友谊。

· 群体关系导致分化和同化。社会化是由于同化产生的，而人格发展主要依赖分化。

这本书主要是关于社会化的。社会化很重要，但它只是故事的一半。

图书在版编目(CIP)数据

教养的迷思:父母的教养方式能否决定孩子的人格发展? / (美) 哈里斯(Harris, J. R.)著;张庆宗译.
—上海:上海译文出版社,2015.9(2025.4 重印)
书名原文:The Nurture Assumption: Why Children Turn Out the Way They Do
ISBN 978-7-5327-6990-2

Ⅰ. ①教… Ⅱ. ①哈… ②张… Ⅲ. ①家庭教育
Ⅳ. ①G78

中国版本图书馆 CIP 数据核字(2015)第 095282 号

图字:09-2013-383 号

教养的迷思: 父母的教养方式能否决定孩子的人格发展?
〔美〕朱迪斯·哈里斯/著 张庆宗/译 封面插画/刘昆
责任编辑/刘宇婷 装帧设计/柴昊洲

上海译文出版社有限公司出版 发行
网址:www.yiwen.com.cn
201101 上海市闵行区号景路159弄B座
上海景条印刷有限公司印刷

开本 890×1240 1/32 印张 15 插页 2 字数 288,000
2015 年 9 月第 1 版 2025 年 4 月第 18 次印刷
印数:91,001-95,000 册

ISBN 978-7-5327-6990-2
定价:68.00 元